21世纪国际经济与贸易系列教材

国际经济合作教程

（第三版）

International Economic Cooperation

陈 建 主编

中国人民大学出版社
·北京·

图书在版编目（CIP）数据

国际经济合作教程/陈建主编. —3 版. 北京：中国人民大学出版社，2012.2
21 世纪国际经济与贸易系列教材
ISBN 978-7-300-15028-4

Ⅰ.①国… Ⅱ.①陈… Ⅲ.①国际合作：经济合作-高等学校-教材 Ⅳ.①F114.4

中国版本图书馆 CIP 数据核字（2011）第 268547 号

21 世纪国际经济与贸易系列教材
国际经济合作教程（第三版）
陈 建 主编
Guoji Jingji Hezuo Jiaocheng

出版发行	中国人民大学出版社		
社　　址	北京中关村大街 31 号	**邮政编码**	100080
电　　话	010－62511242（总编室）		010－62511770（质管部）
	010－82501766（邮购部）		010－62514148（门市部）
	010－62515195（发行公司）		010－62515275（盗版举报）
网　　址	http://www.crup.com.cn		
经　　销	新华书店		
印　　刷	北京昌联印刷有限公司	**版　　次**	1998 年 4 月第 1 版
规　　格	185mm×260mm　16 开本		2012 年 2 月第 3 版
印　　张	21.5 插页 1	**印　　次**	2019 年 9 月第 6 次印刷
字　　数	518 000	**定　　价**	38.00 元

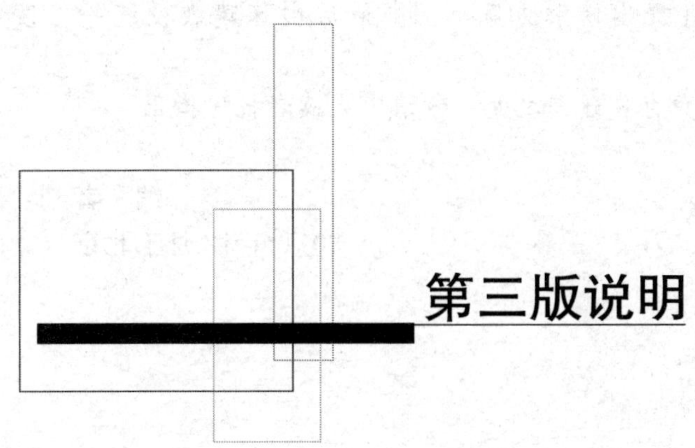

第三版说明

随着21世纪初期互联网的广泛普及和通讯技术的迅猛发展，以跨国公司为主导的国际贸易、投资、金融、生产、信息、技术日益全球化，在这些领域的国际分工不断深化，经济合作不断加强，合作范围不断扩大，合作方式也出现了许多新变化，为国际经济合作研究提供了大量新的理论素材。

随着我国对外开放的全方位铺开，我国经济逐渐融入世界经济，尤其是世纪之初我国成功加入世界贸易组织之后，我国经济与世界经济体系全面接轨，与各国之间在贸易、投资、金融、生产、科技、服务等各个领域中的合作全面展开，使拥有13亿人口的大国全面融入世界，在加速经济全球化和一体化进程，推动世界经济持续增长的同时，也使自身的国力和经济实力迈上了一个崭新的台阶：2010年，我国的GDP已超越日本，成为仅次于美国的世界第二大经济体。而在国际方面，2008年由美国次贷风暴引发的世界金融危机以及近期愈演愈烈的欧洲主权债务危机，给经济全球化和国际经济合作蒙上了一层阴影，提出了许多崭新的课题，也给广大研究者们留下了更多反思的空间。

有鉴于此，我们对本书第二版进行了修订与更新，删除了一部分已显过时的内容，增补了一些反映最近发展的新内容，在此基础上形成《国际经济合作教程》第三版。修订后的第三版，全书仍由十章和附录组成，大体上可归纳为三大部分：前三章为第一部分，概括论述国际经济合作的基本特征、合作领域、合作模式、发展趋势及相关理论；第四章为第二部分，从宏观角度分析当前各类区域经济一体化集团开展国际经济合作及国际经济协调的机制、模式、成果、矛盾及发展趋势；后六章为第三部分即实务部分，用较大篇幅从微观上介绍各类国际经济合作项目的基本内容、主要特点、运作程序及注意事项。附录部分选登了一些我国国际经济合作活动方面的涉外法律、法规及管理条例（中英文对照），供参考之用。

参加本书第三版编写及修订工作的中国人民大学经济学院部分教师和博士研究生有：

陈建、王卓、王博、郑直、孟秀惠、王剑雨、尹永威、陈华文、蔡伊鸽。由陈建教授提出总体设想，拟定全书章目，组织讨论并提出修改方案，全书最后由陈建教授统一修改完稿。

由于时间仓促和水平有限，本书难免存在疏漏之处，敬请广大读者批评指正。

编　者

2011年12月于北京

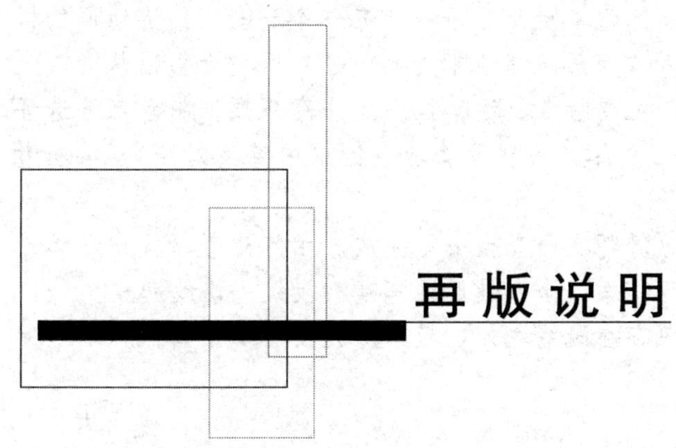

再版说明

20世纪80年代以来，在第三次科技革命的推动下，国际分工不断深化，国际经贸活动迅速发展，各国间由此而形成的经济合作关系也日益密切。随着经济关系的日益国际化、全球化，各国之间的经济合作也由以往的贸易领域而逐渐向资本、金融、科技、生产、服务等领域扩展，无论从合作的范围来看，还是从合作的方式来看都有了重大发展，出现了许多新变化，从而形成一个以综合性生产要素跨国移动并实现最佳组合为主要标志的崭新的国际经济合作关系。

随着我国改革开放事业的持续深入发展，特别是加入WTO之后，我国经济与世界经济体系全面接轨，与各国在贸易、投资、金融、生产、科技、服务等各个领域中的合作全面展开。就实践而言，国际经济合作已成为我国改革开放事业及国民经济发展的重要组成部分之一；就理论而言，国际经济合作学科也已成为我国经济学界的一门重要的新兴学科。自20世纪80年代中后期以来，我国经济学界开始陆续展开对国际经济合作学科的系统研究，相继出版了一些著作和教材。近年来，随着我国对外经济合作活动的迅猛发展，区域性、集团性国际经济合作趋势的不断加强，我国国际经济合作学科的研究工作也有了长足的进展，各种科研活动频繁，研究成果颇丰。

为适应我国国际经济合作活动的发展需要，我们于1998年编写了《国际经济合作教程》一书，力图从宏观上和微观上全面、系统、深入地介绍国际经济合作的各种理论、知识及实际运作程序。本书初版发行以来，作为高等院校财经类专业基础教材之一，在国内被广泛使用，受到广大读者的一致好评，虽经多次印刷仍供不应求。而与此同时，近几年来国际经济合作又呈现新的发展态势，出现不少新的领域、内容及特点。

有鉴于此，我们对本书第一版进行了修订与调整，删除了一部分已显过时的内容，增添并补充了一部分新内容，在此基础上形成《国际经济合作教程》第二版。修订后的第二版，全书由十章和附录组成，大体上可归纳为三大部分：前三章为第一部分，概括论述国际经济合作的基本特征、合作领域、合作模式、发展趋势及相关理论；第四章为第二部分，从宏观角度分析当前各类区域经济一体化集团开展国际经济合作及国际经济协调的机制、模式、成果、矛盾及发展趋势；后六章为第三部分即实务部分，用较大篇幅从微观上介绍各类国际经济合作项目的基本内容、主要特点、运作程序及注意事项。附录部分选登了一些我国国际经济合作活动方面的主要法律、法规及管理条例（中英文对照），供参考之用。

本书由中国人民大学经济学院的部分教师及研究生编写完成。由陈建教授提出总体设想，拟定全书章目，组织讨论并提出修改方案，全书最后由陈建教授统一修改完稿。

由于时间仓促，水平有限，本书难免存在疏漏之处，敬请广大读者批评指正。

编　者

2005年2月于北京

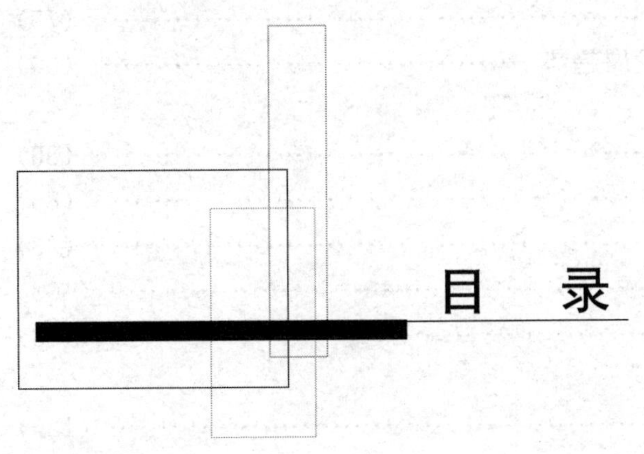

目　录

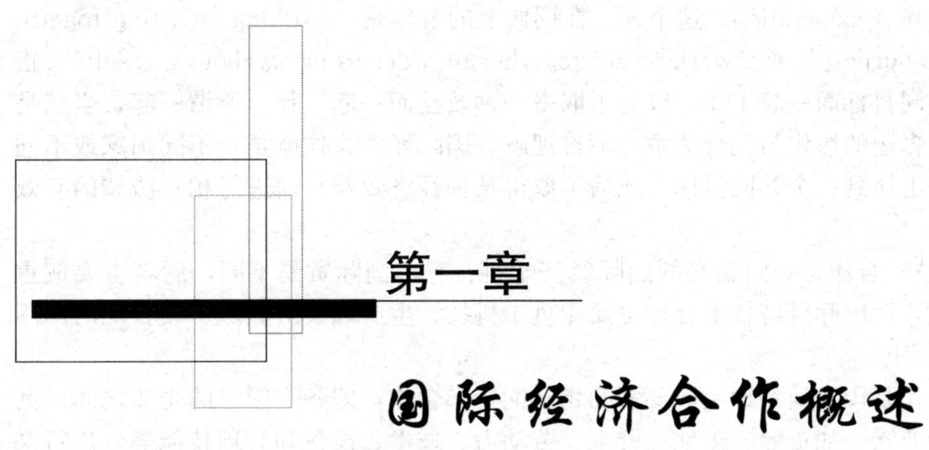

第一章 国际经济合作概述

[重点问题]

- 宏观国际经济合作
- 国际经济合作的特征
- 微观国际经济合作
- 生产要素的国际移动
- 国际经济合作的类型与方式

第二次世界大战以来，在新的科技革命推动下，国际经济合作已经成为世界经济交往的重要内容，发挥着十分重要的作用。国际经济合作的类型逐步增多，内容越来越丰富，方式越来越灵活多样。国际经济合作受到各国政府和国际组织的普遍重视，成为国际经济理论界的一个热门话题。本章将概要论述国际经济合作的宗旨、研究对象、类型与内容，以及国际经济合作的基本特征。

第一节　国际经济合作的概念与宗旨

对于国际经济合作的概念，理论界的意见还没有取得一致，本节将在考察已有几种定义的基础上，提出我们对国际经济合作概念的看法。国际经济合作的宗旨在于：加强国家间的协调，为世界各国经济发展提供良好的外部条件；加速生产要素的跨国流动，为公共和私人经济主体带来规模经济效益和比较利益。

一、国际经济合作的概念

当前，我国国际经济学界对国际经济合作所下的定义，主要有以下几种。

“国际经济合作是世界上不同国家（指主权国家）与地区在国际分工基础上进行运转

的重要机制，它符合人类社会经济发展的进步趋势，是经济生活日益国际化的必然结果。什么叫合作？合作（cooperation）这个词，在词典上的解释是‘working or acting together for a common purpose’或‘work or act together in order to bring about a result’，指的是为了一个共同目标而一起工作，或为了取得一种效益而一起工作。所谓一起，当然是指具有双边的或多边的协作与配合关系。不难理解，国际经济合作就是指不同国家或不同地区为了在经济上达到一个共同目标（或为了取得某种经济效益）而进行相互协调的有效机制。”①

“国际经济技术合作是一门新兴的国际经济学科，它与国际贸易不同，后者主要侧重于国际流通领域，而国际经济技术合作主要侧重于科技、生产和投资领域、较长期的国际经济合作活动。”②

国际经济合作是国家间各种生产要素的相互配合和合作，即各个国家的企业之间以其占有优势的生产要素（如资源、土地、资本、劳动力、技术、设备和管理技能等）进行某种形式的合作，并根据一定的协议章程或合同分担一定的义务和风险，共同分享合作的收益。当代国际经济合作是战后，尤其是20世纪60年代以来出现的新事物。

国际经济合作是指两次世界大战以后，不同主权国家政府、国际经济组织和超越国家界限的自然人与法人为了共同的利益，在生产领域中以生产要素的移动与重新组合配置为主要内容而进行较长期的经济协作活动；国家间的经济政策协调也是国际经济合作的重要内容。

国际经济技术合作是主权国家间（包括主权国家与经济组织之间、主权国家间的企业之间、国际经济组织之间，以及国际企业法人之间），通过竞争与协调，在自愿基础上进行经济活动。

上述定义从不同侧重点揭示了国际经济合作的内涵，但对国际经济合作外延的确定意见不太一致。参考各家看法，根据对当代国际经济合作进行的深入考察，我们认为：国际经济合作是超国界的经济主体根据协商确定的方式，在侧重于生产领域或生产与交换、分配、消费等相结合的领域进行的经济合作活动和政策协调活动。

界定国际经济合作的外延要注意以下三个问题：

（1）对国际经济合作主体，要注意两点。1）国际经济合作主体的组织形式，从自然人到各种法人，到主权国家，再到国际经济组织，已经出现了多元化格局，而其中以跨国公司为主体；2）超国界的含义，并不是指不同国家之间，在一国范围内居民与非居民的经济交往也是国际经济合作的内容。

（2）对国际经济合作方式，要注意其不断发展演变的特点，只要经济主体协商同意，可以采取任何可能的方式进行经济合作。

（3）对国际经济合作的客体，也要注意两点：1）合作的范围，不仅是在生产领域，更多是在生产与交换、分配、消费相结合的领域，因此纯贸易不属于国际经济合作的范围；2）国际经济合作的内容，既可以是经济活动，也可以是经济政策协调。

---

① 王世浚主编：《国际经济合作概论》，4页，北京，中国对外经济贸易出版社，1991。

② 彭天祥主编：《国际经济合作实务》，1页，北京，中国对外经济贸易出版社，1992。

二、国际经济合作的宗旨和目的

国际经济合作打破了传统的以商品贸易为主的国际经济交往格局，一方面为国际经济联系增添了新内容和新方式；另一方面又影响了国际贸易的范围、数量和流向。国际经济合作的宗旨和目的主要有以下几点。

（一）加强国家间的经济协调，为世界各国经济发展提供良好的外部条件

国家间的经济协调，是国际经济合作的重要内容。发达国家加强经济合作的主要方式，一是组织跨国组织，如经济合作与发展组织（OECD）；二是召开国际会议，如始于1975年的西方七国首脑会议，始于1985年的西方七国财长和中央银行行长会议等。发展中国家联合起来，为建立国际经济新秩序而进行合作，如始于1961年的不结盟运动，始于1964年的七十七国集团会议。发达国家与发展中国家之间，也致力于加强经济合作，如20世纪80年代的南北对话，当前的北美自由贸易区（NAFTA）和亚洲太平洋经济合作组织（APEC）。国家间经济协调活动，已经大大改善了国际经济合作格局和环境，使世界经济一体化有了很大发展。在此形势下，世界的主题由战争与革命转变为和平与发展，极大地改善了各国经济发展的外部环境。可见，加强国家间的经济协调，是国际经济合作的首要目的。

（二）加速生产要素的跨国流动

加速生产要素的跨国流动，提高公共和私人机构的规模效益和比较经济利益，是国际经济合作的又一目的。实现国际经济合作的这一目的，可以从以下四个方面进行论述：(1) 国际经济合作促进了生产要素在国家间的互通有无。生产要素的互通有无，既表现在不同生产要素在国家间的直接移动，也表现在同类生产要素在数量、质量和结构的互补上。(2) 国际经济合作推动生产要素在国家间的合理配置。国际经济合作不仅可以实现生产要素的互通有无，更重要的还在于进行生产要素的跨国合理配置，提高生产要素的利用率，取得比较经济利益。(3) 国际经济合作带来了规模经济效益。通过国际经济合作，一个国家可以从其他国家获得稀缺生产要素，将自己所拥有的优势生产要素与其他国家的优势生产要素相结合，扩大产品的生产规模，可以抑制密集使用一种生产要素而带来的边际收益递减，带来规模经济效益。(4) 国际经济合作扩大产品的销售市场，降低销售成本。这样，生产过程中生产要素的最佳配置与销售过程中的最佳市场容量有机结合在一起，产生完整意义上的全球规模经济效益。

第二节 国际经济合作的研究对象

国际经济合作和国际贸易已成为当今世界国际经济关系的两种重要形态，并且相互补充、相互促进。本节旨在论述国际经济合作的研究对象，以及其与国际贸易的区别与联系。

一、国际经济合作的研究对象

国际经济合作的研究对象，主要是国际之间各种生产要素组合与配置的运动规律，以及这一领域中进行国际经济协调的有效机制。具体讲，国际经济合作的研究对象主要包括以下三方面的具体内容。

（一）研究国际经济合作产生与发展的理论依据

目前，国际经济理论界对国际经济合作的产生与发展提出了各种理论。研究这些理论，需要我们根据马克思主义的辩证法和唯物史观的基本原理进行分析批判，以揭示国际经济合作产生和发展的规律，提高我们对国际经济合作的认识水平，指导我们参与国际经济合作的实践。

（二）研究宏观国际经济合作

从宏观角度看，国际经济合作主要研究区域或集团一体化、不同类型国家进行经济合作的两重性，以及为促进生产要素国际移动，主权国家所采取的宏观调控政策和便于国际协调而采取的经济措施、国际惯例与规范。

（三）研究微观国际经济合作

从微观角度看，国际经济合作主要研究合作的具体内容（领域和范围）、合作的方式，以及合作的环境和合作的国际规范。这也是国际经济合作的狭义内容，即指各国政府、国际经济组织及超越国界的法人和自然人，根据一定的协议、章程和合同，通过一定的形式在生产、科技、投资和劳务领域中开展的国际经济合作。

二、国际经济合作与国际贸易的异同

国际经济合作与国际贸易都是国际分工的表现形式，从历史发展进程看，国际经济合作是在国际贸易的基础上发展起来的，两者之间存在着密切的联系。然而国际经济合作无论就其内容、方式还是就其运动规律看，都具有与国际贸易完全不同的特殊性。

（一）国际经济合作与国际贸易的共性

（1）二者都是国际经济交往的重要形式，是各个国家参与国际分工、获得比较利益的重要手段，都需要在国际市场上进行交换，都须受到平等互利和相互尊重主权等原则的制约。

（2）二者都与生产要素相关，生产要素的禀赋既决定了国际经济合作中各种生产要素的组合形式和结构类型，也决定了国际贸易中各国参与交换的商品种类和数量。

（3）二者都与国际性商品生产有关，在国际经济合作中，合作者以自己占优势的要素参与合作，共同生产商品，在国际贸易中，各国利用自己占相对优势的要素生产商品，通过商品的国际交换实现生产要素的间接转移、获得比较利益。

（4）二者常常结合在一起，形成国际经济合作和国际贸易的综合性国际经济活动。

（二）国际经济合作与国际贸易的主要区别

（1）研究对象不同。国际贸易属于流通领域的范畴，研究国际商品流通的规律性，亦即生产要素间接国际移动的规律性。国际经济合作研究生产要素在国际上进行直接移动和重新组合配置的规律及其协调机制，重点在于生产领域内的直接协作。

（2）采取的方式不同。国际贸易的业务程序，往往是一笔商品交易经过洽谈、成交、签约后，出口方的责任是以合同要求的商品品质、规格、数量及时交货；进口方的责任是按合同规定及时支付货款。一旦完成交货与付款后，交易即告结束。国际经济合作则采取更为复杂的方式，在项目谈判中，双方根据项目的特点共同研究与选择方式，达成协议后，往往需要组成一个联合性质的经济实体。参加实体的有关各方，对项目的经营成败有着共同的利害关系，有的项目还要共同管理、共担风险、共负盈亏。

(3) 国际经济合作期限较长，一般均在一年以上，有的长达几十年。国际买卖合同一般期限较短。

(4) 开展国际经济合作可以获得独特的经济效益，发挥国际贸易难以发挥的作用。20世纪70年代以来，世界性贸易保护主义抬头，关税壁垒、非关税壁垒和限制性商业惯例等贸易保护主义措施严重地影响了国际贸易的正常开展。而国际经济合作则为进入他国市场和获得别国先进的生产管理技术开辟了有效途径：在东道国投资设厂，就地生产，有利于资本输出国家自身在国际市场上的生存与发展；通过国际经济合作，可以直接在生产领域使用别国先进的技术和管理经验，有利于提高本国科学技术水平和管理水平；进行国际性项目合作，可以建设一些本国难以单独进行的大型建设项目，有利于改造本国落后的产业结构或建立新的产业，使产业结构优化。

第三节 国际经济合作的类型与方式

国际经济合作的内容十分丰富，从不同的角度，可以将国际经济合作分成不同的类型。国际经济合作的方式灵活多样，而且随国家间经济交往的扩大，国际经济合作的方式不断翻新，经常会出现一些新的具体合作方式。对这些方式的归纳与分类，理论界意见并不一致，因此也就出现了一些差异不大但又不完全一致的国际经济合作方式分类。

一、国际经济合作类型

(一) 根据经济发展程度和经济制度的不同划分

根据经济发展程度和经济制度的不同，国际经济合作可以划分为：北北合作，南南合作，南北合作，区域经济一体化。北北合作是指发达国家之间展开的经济合作，南南合作是指发展中国家之间展开的经济合作，南北合作是在发达国家与发展中国家之间展开的经济合作。经济一体化是更加复杂的一种经济合作方式，最初以区域经济一体化为特点，主要形式有自由贸易区、关税同盟、经济与货币联盟和政治联盟；最近经济一体化出现了洲际合作的趋向，如亚太经合组织、欧亚会议等。

(二) 根据所含经济内容的不同划分

根据所含经济内容的不同，国际经济合作可以划分为：广义国际经济合作和狭义国际经济合作。广义的国际经济合作，包括一切超出国家界限的经济交往活动：它不仅包括了第二次世界大战以后发展起来的新的国际经济交往方式，而且涵盖了国际商品贸易、国际金融服务等传统国际经济交往的方式。狭义的国际经济合作，特指第二次世界大战以后发展起来的、以生产要素国际转移为本质内容的、主权国家间的经济协作活动，它是指除国际商品贸易和金融服务以外的一切国际经济协作活动。因此，国际经济合作与国际贸易、国际金融等学科有严格区分，作为特定的历史经济范畴，成为国际经济合作这门新学科的研究对象。

(三) 根据参加国际经济合作主体的不同划分

根据参加国际经济合作主体的不同，国际经济合作可以划分为：宏观国际经济合作和微观国际经济合作。宏观国际经济合作是指不同国家政府之间以及不同国家政府与国际经济组织之间通过一定的方式展开的经济协作活动。它具体包括四方面的内容：(1) 各国政府通过本国与世界其他有关国家签订双边或多边协定来保护本国自然人或法人在国外的合法权益；（2）遵照国际惯例，通过本国的涉外经济立法来明确外国自然人或法人在本国应享有的权益和应尽的责任、义务；（3）通过国家经济发展战略和规划协调本国对外经济合作的各种关系，使对外经济合作的开展符合本国经济发展的长远目标和宏观利益，即国际经济协调；（4）不同国家政府与有关国际经济组织之间的经济协作活动。微观国际经济合作指不同国籍的自然人和法人之间通过一定方式开展的经济合作活动，其中主要指不同国家的企业或公司间的经济合作活动。不同国家的生产厂商，通过契约、合同等方式确定各自的权利、义务和责任，明确合作的方式和内容，以此来建立较长期和较稳定的经济关系。

（四）根据国际经济合作参加方多少来划分

国际经济合作可以分为双边国际经济合作和多边国际经济合作。双边国际经济合作是指两国政府之间进行的经济合作。多边国际经济合作指两个以上国家政府之间，以及一国政府与国际经济组织之间进行的国际经济合作。区域性经济组织内部的经济合作、有关国际经济组织的经济合作、国家集团内部及国家集团之间的经济合作均属多边国际经济合作。双边经济合作与多边经济合作都属于宏观经济合作的范围。

（五）根据经济发展水平不同划分

参加方展开的混合经济合作，根据经济发展水平的不同又可以具体划分为：水平型国际经济合作和垂直型国际经济合作。水平型国际经济合作是指经济发展水平差异不大的国家、科技及装配水平接近的厂商或商品生产处于同一产品阶段的企业之间的经济合作。垂直型国际经济合作则指经济发展水平差异较大的国家之间、科技及装配水平差异较大的厂商或处于商品生产前后不同阶段的企业之间的经济合作。垂直型国际经济合作和水平型国际经济合作，既包括宏观国际经济合作的内容，也含有微观国际经济合作的内容。

二、国际经济合作方式

根据对国际经济合作概念与研究对象的界定，根据当代生产要素国际移动的特点和当代国际经济协调的一般做法，以及根据国际经济合作业务性质的不同，我们把国际经济合作的主要方式概括为两大类八种方式。

（一）宏观国际经济合作方式

宏观国际经济合作方式，是指不同国家政府之间以及不同国家政府与国际经济组织之间开展经济协作活动的方式，主要有三种。

（1）各类国家及地区的国际经济合作。主要有发达国家之间的经济合作——北北合作；发展中国家之间的经济合作——南南合作；发达国家与发展中国家之间的经济合作——南北合作，以及区域经济一体化。

（2）国际经济协调。包括联合国系统国际经济组织进行的协调，区域性经济组织进行的协调，政府首脑会议及互访进行的协调，以及国际性行业组织和其他有关国际经济组织进行的协调。

（3）国际发展援助。包括项目、技术、物资和劳务的无偿援助以及资金援助等。

（二）微观国际经济合作方式

微观国际经济合作方式，是指不同国籍的自然人和法人之间开展经济合作活动所采用的方式，主要有以下五种。

(1) 国际工贸合作。主要包括国际加工贸易、国际补偿贸易、国际租赁贸易和国际生产合作。

(2) 国际投资合作。主要包括国际直接投资和国际间接投资。

(3) 国际信贷合作。主要包括国际公共信贷和国际私人信贷，具体讲有外国政府信贷、国际金融组织信贷、出口信贷、商业银行贷款、项目融资和混合贷款。

(4) 国际科技合作。主要方式有国际技术贸易、国际技术援助和国际科技交流。

(5) 国际服务合作。主要包括国际承包工程、国际劳务贸易和国际旅游。

第四节 国际经济合作的基本特征

国际经济合作的基本特征，主要体现在国际经济合作的基本内容、结合方式、层次结构、国家间关系诸方面，另外，在整个国际经济合作过程中还具有斗争与合作并存的特征。

一、国际经济合作的基本内容是生产要素的国际移动和国际经济协调

国际经济技术合作是以现代科学技术和现代化工业大生产为基础的，生产要素的国际移动与重新组合配置成为国际经济合作的主要内容之一。生产要素的国际移动可以是单一要素的移动，也可以是多种要素的复合移动。例如，国际承包工程，是以劳务出口带动其他资源像原材料、机器设备、管理技术等复合移动；再如国际项目融资，也是多个单位就一个复杂工程的多方面合作，实现了项目的全球性资源组合。所以生产要素的国际复合流动构成国际经济合作的一个特征。

国际经济合作的内容，除生产要素的国际移动外，还有国际经济协调。国际经济协调常常不直接伴随生产要素的跨国移动，但作为主权国家在经济合作问题上的相互承诺，成为生产要素跨国移动的国际规则，对国际经济合作所起的作用日益增大。例如，正是1985年西方五国财长和央行行长广场饭店会议，达成了关于美元汇率软着陆的协议，使国际外汇市场上的汇率变化出现了重大转折，深刻地影响了生产要素的国际移动。所以国际经济协调已经成为国际经济合作的重要内容，构成国际经济合作的特征。

二、国际经济合作采取直接结合的方式实现生产要素的国际移动和国际经济协调

生产要素的国际移动和国际经济协调，往往都是采取直接结合的方式，而不是像一般制成品和货币那样，生产要素要以一定的商品、货币为媒介实现间接结合。因此，一般制成品和货币的国际移动，仅仅是生产要素转移的中介和经济效果。至于国际经济合作所采取的手段，则是灵活多样、不断翻新的。两次世界大战以后，国际经济已经形成了一个完整的国际经济合作体系，这是第二次世界大战前国家间偶然发生的经济协作所无法比拟的。可见国际经济合作采取直接结合的方式，运用灵活多样的手段，是国际经济合作的又一特征。

三、国际经济合作形成了一个多层次结构

国际经济合作的领域由第一、二产业发展到第三产业，延伸到国际经济关系的各个领域，形成了一个多层次结构。

国际经济合作的领域正在继续扩大，几乎包括了国际经济关系的每一个领域。从产业角度看，第三产业的国际经济合作蓬勃发展，大有超过第一、二产业的国际经济合作之势，尤其表现在高科技领域的合作，为了争夺21世纪国际经济的制高点，各国纷纷制定本国高科技发展战略，并无一例外地积极参与国际科技合作。从国际经济关系角度看，国际经济合作已经渗透到国际贸易、国际金融、国际投资的各个方面，并且延伸到国际经济政策协调，尤其是国际经济协调已经成为影响整个国际经济合作体系和格局的重要领域。可见，国际经济合作已经形成了多层次、全方位、全球化的结构体系，成为国际经济合作的重要特征。

四、国际经济合作反映出一种新型的国家间关系

国际经济合作是主权国家间的经济协调，国际经济合作中反映出一种新型的国家间关系。

当代国际经济合作的一个必要前提和基本原则是相互尊重国家主权，坚持平等互利，这也是判断主权国家间是否进行经济合作的主要标志。对平等互利的理解，既不能笼统、抽象，也不能绝对化。平等应理解为主要是政治上的平等，即参与国际经济合作的各个国家都要相互尊重，不能损害对方的政治独立和主权，丝毫不得压服对方接受自己的合作条件。互利和平等是紧密联系在一起的，只有在平等的基础上，双方才能根据自己的需要和可能，独立地自行决定合作的方式与内容，在合作过程中兼顾对方的利益，各自以自己占优势的生产要素参加合作，按照国际惯例和有关法律规定协调各方面的利益和解决各种矛盾和纠纷。两次世界大战以后，取得民族独立的广大发展中国家之间发生了广泛的国际经济合作，在和平共处原则基础上进行互利的合作与交往。作为独立的主权国家，广大发展中国家才有可能与西方发达国家平等地探讨经济合作问题，发展互利的经济关系。当然这种平等关系的发展还有赖于广大发展中国家的共同努力和斗争，有赖于旧的国际经济秩序的彻底打破和新的国际经济秩序的牢固确立。可见，当代国际经济合作的性质是一种平等互利的新型国家间关系，这是国际经济合作的又一特征。

五、斗争和竞争是国际经济合作的基本特征

在国际经济合作的整个过程中，不论是宏观国际经济合作还是微观国际经济合作，都充斥着斗争和竞争，所以斗争中求合作、合作之中有斗争，是国际经济合作的基本特征。

战后40多年来的国际经济合作的发展，并不是一帆风顺的，始终处于竞争、矛盾、协调、合作的错综复杂的状态中。在宏观国际经济合作中，主权国家在追求特定的价值利益和目标的过程中难免会发生矛盾和冲突。我们必须认识到：一方面，虽然国家间的矛盾与冲突是客观存在的，但这并不排除国家间和平共处和开展经济合作的可能性。国家间在某些问题上会有利益冲突，目标不一致，而在另一些问题上可能会存在共同的利益和目标，进行某种形式的合作。另一方面，合作与矛盾冲突也不是一成不变的，有时合作可能会转化为矛盾和冲突，冲突也可能导致新的合作。在微观经济合作中，超国界的自然人或

法人在进行经济合作的过程中也存在着利益分割的矛盾，例如，美国跨国公司在拉美曾为谋求自身利益而推翻东道国政府；在微观国际经济合作过程中，一个始终难以解决的问题是跨国公司内部使用转移价格，等等。有人将当代宏观国际经济合作和微观国际经济合作中的这种合作与斗争的关系，总结为“4C 规律”：竞争（competition）—矛盾（contradiction）—协调（coordination）—合作（cooperation），可见它是国际经济合作的一个基本特征。

[思考题]

1. 什么是国际经济合作？
2. 国际经济合作的研究对象是什么？
3. 试述国际经济合作的类型与方式。
4. 国际经济合作的基本特征有哪些？

第二章

国际经济合作的产生与发展

[重点问题]

- 国际经济合作的产生
- 经济全球化与国际经济合作的关系
- 当代国际经济合作的发展趋势
- 我国的对外经济合作
- 我国加入WTO之后的对外引资新特点

国际经济合作是国际关系在一定条件下所采取的一种方式。在第一章中，笔者考察了国际经济合作的宗旨、研究对象、领域与方式，以及国际经济合作的基本特征。在本章里，笔者将着重介绍国际经济合作的产生与发展，包括国际经济合作产生的基本动因、早期的模式、当前的发展趋势以及我国的对外经济合作。

第一节　国际经济合作产生的基本动因

我们知道，国际经济合作是一个历史范畴，是国际经济关系在一定历史条件下所采取的特殊方式。国际经济合作的产生与发展有其基本动因，亦即深刻的社会、历史和经济原因。

生产力的发展，在人类发展的历史长河中，始终是推动社会进步的第一动力。每一次社会形态的更迭，都是社会生产力不断发展的要求，是生产关系和生产方式的质的变革。在历史发展的每个时期，都有该时期的国际经济关系及其所需要的国际经济合作。据此，我们结合人类历史发展的历程，从总体上可将国际经济合作的产生和发展分成两个阶段，即早期的国际经济合作和当代国际经济合作。前者大概包含从国际经济合作关系产生一直到第二次世界大战止的较长历史时期；后者则指第二次世界大战后至今形成的真正意义上的国际经济合作。在这两个阶段国际经济合作产生的动因，既有本质上相似的一面，也有各自不同的一面，特别是产生于第二次世界大战以后的国际经济合作，更有其深刻的政治、经济和社会原因，是科学技术发展、国际分工深化和经济生活国际化的必然产物。

究其原因，可以归纳为以下几个方面。

一、战后世界政治、经济格局的变化为国际经济合作创造了良好的条件

第二次世界大战以后，随着旧殖民体系的瓦解，世界政治经济格局出现了根本性变化。(1) 战前几个主要资本主义国家完全主宰整个世界命运的时代结束了，但是它们仍在世界政治经济格局中占据主要地位；(2) 许多新独立的国家加入了发展中国家的行列，使广大发展中国家成为当今世界政治经济舞台上的一股不可忽视的力量；(3) 社会主义国家的出现，形成了影响世界政治经济生活的新的力量。这样，世界上形成了发达资本主义国家、社会主义国家、发展中国家三支重要的政治经济力量，整个世界经济呈现出一个多极化和多元化的局面。

战后 60 多年中，世界基本格局的特征是雅尔塔体系所形成的东西方冷战。在这期间，国际经济关系的特点是，资本主义和社会主义两大经济体系之间的经济往来减少，而两大体系内部各自的经济关系发展迅速。发展中国家也大力提倡南南合作、南北对话，积极参加国际经济合作。因此，尽管这三极经济实力不同，类型不同，但彼此却不是相互隔绝的，而是相互联系、相互渗透、相互依赖、相互斗争的。在多极化的世界里，各个国家、地区和利益集团仍共同在一个统一的世界上活动，它们的对外依赖性不是减弱了，而是加强了。它们一方面相互竞争，一方面相互依存于世界经济这个矛盾统一体中。

第二次世界大战后形成的这种国际政治经济格局的变化，为各国间开展广泛的经济合作提供了条件。不同社会性质和不同经济发展水平的国家间相互和平共处，在平等互利的原则基础上进行合作，有效地推动了世界经济的发展。进入 20 世纪 90 年代以后，随着冷战的结束，国际经济区域一体化的浪潮来势迅猛，世界各国的政治经济联系更加紧密，为国际经济合作的发展创造了前所未有的良好条件。

二、科技革命浪潮是战后国际经济合作产生和发展的主要动因

战后从 20 世纪 50 年代开始，由于新的科学技术革命的开展，人类在科学技术方面不断取得新的突破，并不断地把它们运用于生产领域，出现了以电子计算机为核心的电子技术以及以生物技术、生物工程、激光和光导纤维为主的通讯技术、海洋工程、宇宙空际工程、新材料、新能源等一系列新学科、新技术。

这次被称为第三次科技革命的浪潮，无论在规模上还是在深度及影响上，都大大超过以往两次科技革命，对社会生活的各个领域，特别是经济生活产生了极为深刻的影响。科学技术作为第一生产力，它的发展，使世界各国经济发展速度普遍加快。科学技术已成为一个国家综合国力的象征，成为一个国家生产力水平高低的最重要的因素和最主要的标志。

科技革命使生产活动发生了巨大变化。一方面，科技革命使生产规模日益扩大，出现了诸如宇航工业、超级计算机生产等大规模的生产部门。跨国公司在世界经济生活中的地位和作用进一步加强，它不但经营范围广泛，资金雄厚，而且还掌握了全世界 90%以上的

先进技术，占50%左右的国际贸易额，跨国公司与其子公司、分公司一起，活动遍及全球。另一方面，也出现了生产规模小型化的趋势，许多企业以高技术的研究与开发为基础，不断利用新技术，开发新产品，研究新品种和产品的新功能，产品的生命周期不断缩小，利用产品的差异性在市场竞争中取胜。

科技革命也使各国经济结构产生了很大变化，传统的产业部门比重下降，一些落后的生产部门逐渐被淘汰，而大量采用新技术的新兴产业部门不断兴起并取得迅速发展。由于科技革命成果在农业部门的大量应用，出现了农业生产的革命——绿色革命，获得很大成功。更为重要的是，科技革命使第三产业获得了空前大发展，第三产业在整个国民经济中的地位越来越重要，作用越来越突出。信息业的兴起，使人类社会生活出现了一系列新的变化，使传统的投资结构也发生了变化。

科技革命使以生产要素的国际转移为基本内容的国际经济活动成为新的国际分工格局中的重要内容。技术要素、资本要素、人力资源、土地资源的开发，以及新技术的广泛应用，使得生产效率有了很大提高；新材料、新能源的开发为经济发展开辟了美好的前景。

科技革命促使国际经济关系和国际分工发生了深刻的变化。大规模的生产和高技术的应用客观上要求世界各国在国际范围内进行更广泛的合作。科技革命也使各国生产的专业化程度不断提高，各国间的相互依存加深，除了原有的垂直型国际分工外，水平型的国际分工也取得了迅速的发展。

总而言之，第三次科技革命使国家之间在生产等领域进行更广泛的合作成为可能，为生产要素在各国之间直接转移和重新组合配置提供了必要的条件和实际内容。因此，科技革命的浪潮是国际经济合作在战后产生与发展的直接动因。

三、战后国际分工的新发展是国际经济合作产生与发展的基础

国际分工是指生产的国际专业化，是社会分工超越国家界限的结果，国际分工是生产力发展和科技进步的必然产物，也是国际经济关系的具体体现。早期的国际分工沿着世界城市与世界农村的对立不断加强的方向进行，并以国际的工业与农业的分工为特征，“工业日美欧、原料亚非拉”是这一时期的写照。

第二次世界大战后，世界经济进入了一个新的发展阶段。由于第三次科技革命的影响，国际分工出现了一些新的特征：(1) 由于帝国主义殖民体系的全面瓦解，许多殖民地国家成为独立的主权国家，帝国主义的剥削和掠夺遭到抵制，改革不合理的旧的国际经济秩序、建立新的国际经济秩序的呼声越来越高。(2) 国际分工的地域和范围不断扩大，各国间的经济联系进一步加强，几乎所有的国家和地区都被纳入当代国际经济体系中来，自觉不自觉地参与了国际分工。(3) 国际分工的深度进一步发展，部门间和部门内的分工成为显著特征。世界经济从商品国际化、资本国际化发展到生产国际化。社会再生产过程中的生产、分配、交换、消费等各个领域都日益呈现出国际化的趋势。

四、经济生活国际化和各国间的相互依赖是促进国际经济合作发展的重要因素

时代的发展告诉我们，当今国际经济关系越来越密切，任何一个国家都不可能在封闭的状态下求得发展，任何一个国家的经济活动必然会以某种方式、通过某种渠道传递到其

他国家；同时也接受着他国对自己的传递影响。各国间的经济依存日益加强，经济生活国际化已成为当代世界经济发展的主要趋向。

战后以来，各国间的相互依存主要表现在两个方面：一是经济技术领域，包括生产、流通、信息传递等方面；二是国际经济协调机制的相应加强。而国家间的相互依存又具体表现为经济生活国际化。这种经济生活国际化包括以下几个方面。

（一）生产领域的国际化和跨国公司的广泛发展

生产领域的国际化是经济生活国际化的基础。随着以电子技术、生物技术、宇航工程为代表的第三次科技革命的出现和继续深入发展，人类的生产活动进入到现代化大工业生产时期。为了适应现代化大工业生产的需要，各国之间在生产领域里的合作大大加强，共同致力于新技术、新产品的开发、研制和生产，实行跨越国界的分工与合作。由此可见，现代化大工业生产对于推动生产的国际专业化协作，使生产社会化发展成为生产国际化起了决定性的作用。跨国公司在战后迅速发展并日益成为生产国际化的主体，反映了国际分工和国家间经济相互依赖加深的趋势。跨国公司利用不同国家和地区各不相同的有利条件，与不同国家的企业合作，通过生产要素在国际范围内的移动与合理组合，联合生产资本、技术、知识密集型产品，销往世界各地。跨国公司的这种生产与经营活动促使国家间经济交往的重点从流通领域转移到生产领域和国际投资方面，从而又促进了生产国际化的发展。

（二）货币资本及其市场的国际化进程迅速发展

战后，资本的国际运动以空前的规模和速度向前发展。不仅国际金融市场（国际货币市场和资本市场）空前发展，而且货币资本的国际运动同商品资本的国际化和产业资本国际化的联系越来越紧密。资本来源也呈多元化，虽然国家资本输出的绝对量和相对量在近些年来都有所下降，但私人国际借贷资本却空前增加。促使货币资本国际化迅速发展的原因，除了战后国际经济关系发生了重大变化以外，主要是发达工业化国家自身经济增长需要进一步寻求和扩大资本输出，以及跨国公司和跨国银行起着资本国际运动的主要承担者的作用。

随着生产和资本的国际化，作为国际资本以货币形态进行交易和流通场所的国际金融中心迅速发展，其发挥的作用也日益提高到一个新的水平。战后形成的包括外汇、黄金、货币、资本交易的巨大的国际资本市场包括了世界所有的货币金融中心，在这些中心存贷的货币几乎包括世界所有主要货币，借款人可以随时随地任意选择，这些金融中心的业务活动不再受到任何国家国内银行政策法令的约束。

（三）世界经济一体化趋势加强

在经济生活国际化的基础上，世界经济一体化的趋势日益加强。究其原因，战后生产力的巨大发展和生产的国际化过程是经济一体化的客观基础；垄断资本国际化的发展为经济一体化提供了可能性和必要性；战后国家垄断资本主义的空前发展和国家对经济生活的干预与调节程度的深化，是经济一体化产生的重要推动因素，经济一体化又是这种发展和干预调节深化在国际经济领域中高层次的表现形式。此外，发展中国家为了摆脱自己在国际分工、国际交换和国际货币领域中的不利地位，为发展民族经济和建立国际经济新秩序，在集体自力更生的基础上也实行了经济一体化。

世界经济一体化，扩大了一体化经济集团内部市场；深化了集团内部成员国之间的生产专业化和协作化；促进了成员国彼此间的投资和第三国对集团成员国的投资；提高了成员国集体进行科学研究的水平；加强了当事国对本国经济和国际经济进行更深入广泛调节的需求；加强了集团与集团之间的经济贸易与经济合作。

（四）国际经济协调机制日益加强和发展

战后随着经济生活国际化的进程，各国经济依赖程度的提高，相互之间的矛盾与摩擦也不断发生。为了维护共同的利益，客观上提出了加强与改善国际经济运行机制和国际经济协调机制的必要性。于是，超国家的协调逐步加强，联合干预措施已被广泛采用。国际经济协调活动包括世界性和地区性两个方面，世界范围的经济协调涉及贸易、金融、技术转让、劳务合作等诸多方面的内容，并取得了进展，对国际经济及其合作的发展起了重要的推动作用。

五、各类国际经济组织在国际经济合作发展的过程中发挥了重要的作用

所谓国际经济组织，包括全球性经济组织和区域性经济组织。前者主要包括联合国系统的有关经济组织和一些经济水平相似国家间缔结的经济组织。联合国系统的经济组织包括联合国机构中的经济组织（联合国经社理事会及其下属的区域委员会等）、联合国附属机构中的经济组织（联合国开发计划署、联合国贸易和发展会议、联合国人口活动基金、世界粮食计划署和世界粮食理事会等）以及联合国专门机构中的经济组织（国际货币基金组织、国际复兴开发银行、联合国粮食及农业组织、世界知识产权组织、联合国工业发展组织、世界卫生组织、世界贸易组织等）。联合国的这些经济组织在战后经济协调与发展中发挥了十分重要的作用。经济发展水平相似国家间的组织有经济合作与发展组织、七十七国集团等，这些组织在协调组织内部合作、促进南南合作和推动南北合作等方面发挥了一定的作用。区域性经济组织指地理区域比较接近的国家间建立的组织或缔结的条约与同盟，如欧洲联盟、北美自由贸易协定、东南亚国家联盟、拉丁美洲一体化协会、非洲统一组织等。这些区域经济组织在协调经济发展目标、采取协调经济政策、进行区域内的经济合作等方面发挥了良好作用。

总之，第二次世界大战后各种类型的国际组织大量涌现，它们在推动国际经济政策协调和各种方式的国际经济合作发展过程中发挥了重要的作用。

第二节 当代国际经济合作发展新趋势

与早期的带有某种意义的国际经济合作性质，或在某些方面符合国际经济合作的一些原则的国际经济协作相比，真正意义上的国际经济合作，也即当代国际经济合作是第二次世界大战以后才产生和发展起来的。战后 60 多年来，国际政治经济形势都发生了多次重大变化，这些变化总的来说扩大了国际经济合作的范围，加深了国际经济合作的层次，使当代的国际经济合作发展成了一种涉及一切国家、遍及各个社会经济生活领域、多层次和多形式的国际经济关系体系，同时也增加了开展国际经济合作的复杂性和竞争性。

国际经济合作作为世界经济学体系的一个重要组成部分，研究它的发展变化离不开国际经济的发展变化。下面笔者将结合世界经济在当前变化发展的一些新的趋势，来探讨当前国际经济合作的发展新趋势。

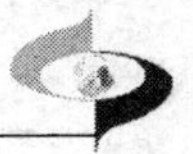

（1）随着世界经济的深入发展，国际经济合作也日趋活跃，合作的方式灵活多样。国际经济合作归根到底是生产要素在各国间的移动与重新组合配置。生产要素在国家间的移动和重新组合配置可以采取单一要素移动方式，也可采取多种要素复合移动方式。根据当前生产要素发生国际移动时的特点和当代国际经济协调的一般做法，以及依据国际经济合作的业务性质，我们可以把当前国际经济合作的主要方式归纳为这样几种类型：国际工贸合作、国际信贷合作、国际投资合作、国际科技合作、国际劳务合作、国际土地合作、国际信息与管理合作、国际发展援助、区域经济一体化、国际经济政策协调与合作等。我们在以后各章将详细介绍这些合作方式。

国际经济合作的多样化不仅表现为各国采取的合作方式多种多样，而且表现为合作层次的多种多样。当前国际经济合作的层次有逐步升高的趋势，也就是说已经由企业与企业间以及政府与政府间的合作向区域合作和跨区域合作发展。这些区域性和跨区域性的经济合作一般都是由参加国政府书面商定的，有固定的组织机构，有成员国共同签署的宣言、章程，定期开会研究统一行动纲领，总结工作，处理重大问题。这样，就使区域经济合作和跨区域经济合作有了组织保证，便于协调行动，加强团结。

（2）为了应对金融危机促生更加紧密的国际经济合作，另一方面也凸现出一些潜在的矛盾。金融危机给世界各国经济都造成了严重的损害，在应对危机的过程中，各国发现凭借一国之力很难收到成效，因而纷纷选择加强国际经济合作的方式应对危机。20国集团峰会、金砖四国峰会、中美战略与经济对话等多边和双边合作机制成了令人瞩目的焦点，早已成为当今时代重要特征的国际合作大潮进一步强化。① 在金融危机爆发之后，20国集团在不到一年时间里举行了三次峰会，专门讨论如何应对金融危机，各国领导人在大方向上达成了明显的共识。此外，发展中国家在峰会中的表现给人留下了深刻的印象。20国峰会凸显出在金融危机背景下，发达国家越来越重视同发展中国家之间的合作。在金融危机背景下，发展中国家之间的合作同样有了长足发展，其中最具代表性的就是金砖四国合作。从已有的实践推测，金砖四国未来的合作领域将涉及国际金融机构改革、粮食安全、能源安全、气候变化、发展援助、海利根达姆进程等等。②金砖四国合作对于未来开展发展中国家合作具有意义重大的示范作用，同时也有利于促进发展中国家整体发展，并推动世界格局的转变。

当然，金融危机下的国际经济合作并不能消除国家之间存在的利益分歧，反而随着合作的发展，潜在的矛盾慢慢凸现。一方面是发达国家和发展中国家之间的矛盾。发达国家和发展中国家处于经济发展的不同阶段，位于国际产业格局的不同地位，具有不同的利益诉求，因此在国际经济合作过程中必然存在利益的博弈。在20国集团内部以八国集团为代表的发达国家和发展中国家之间的矛盾会在很长一段时期内存在，而且成为20国集团有效发挥作用的障碍。当前，20国集团已经取代八国集团成为国际经济合作的主要平台，但是八国集团不会这么心甘情愿让出自己在世界经济中的主导权。如何平衡集团内部各小集团之间的利益，避免20国集团被架空，是亟须解决的问题。另一方面是发展中国家之间的矛盾。发展中国家虽然在面对发达国家的时候，有着一些共同的利益诉求，但是，发展中国家之间的利益诉求还是存在很大差异的。这不仅是因为发展中国家在经济发展程度

①② 刘建飞：《应对金融危机助推国际经济合作》，载《中国党政干部论坛》，2009（11）。

上存在差异，经济上的互相竞争非常激烈，而且因为发展中国家的经济在一定程度上都依赖发达国家，容易受到发达国家政策的影响，从而分散发展中国家之间合作的合力。就目前来看，金砖四国合作的象征意义更大一些，将来发展前景如何，还要看四国的共同努力。这种状况不仅因为四国内部存在不同的利益诉求进而缺乏战略上的互相信任，同时因为四国综合实力相对于发达国家而言仍然比较薄弱，容易被其他发达国家挟持干扰四国的内部合作。

(3) 快速的经济发展速度和强劲的发展潜力使得新兴经济体在国际经济合作中的表现越来越抢眼。新兴经济体的界定和内涵各有差异，而比较具有代表性的是金砖四国。事实上，以金砖四国所包含的领土、人口和经济规模而言，其在国际经济合作中的表现基本上代表了世界发展中国家的表现。四国的发展以不同的方式为世界经济作出了贡献。巴西和俄罗斯为世界提供原材料与能源，印度和中国为世界提供廉价的软件服务和制造业产品。中、印两国在全球最具投资吸引力的国家排名上仅列美国之后。规模因素在四国的发展中构成了显著的经济优势，国内市场潜力巨大，对外购买力与投资吸引能力迅速上升，使四国的发展成为世界经济的重要拉动力和积极的稳定因素。① 金砖四国的发展，改变了世界产业结构布局和贸易流向，改变了世界经济格局。四国庞大的外汇储备，提升了其在世界金融改革中的话语权，深刻影响了世界金融结构的变化。同时，四国对其他寻求经济发展的发展中国家提供了借鉴和信心。目前，金砖四国加强合作，对世界经济的影响正在增强。四国的合作正在以循序渐进、积极务实的方式不断推进。在世界经济事务中，四国开始用同一个声音说话，而其声音也是符合广大发展中国家的利益的。四国的合作对于推动建设一个结构更为合理、发展更为公平、关系更为和谐的国际社会具有重要的意义。

(4) 协调机制的完善。在国际分工和生产与资本国际化不断深化的基础上，国际经济联系与合作广泛发展，为解决发展过程中的矛盾，国际协调机制将不断得到相应的加强。国际分工和国际经济关系的变化，客观上很自然地加强着世界各国之间的经济联系，生产社会化进一步扩展，并发展到一定阶段时，必然要求打破国界，提出诸如消除市场障碍和实现经济一体化的要求，实现生产要素的自由配置和自由流动，而这种联系与要求在经济发展水平相当的邻近国家之间更为迫切。

前面我们谈到国际经济合作过程中必然会伴随着矛盾与冲突，而作为国际经济合作内容之一的国际经济协调本身就是解决矛盾、缓解冲突和促成合作的过程。早在 20 世纪 70 年代以来，国际经济协调已成为世界经济生活的重要内容，受到越来越多的国家的重视，国际经济协调机制呈现出不断扩大的趋势。与此同时，国际经济协调机制自身也依照发展、互利、自由、协商、平等的原则而进行相应调整，以适应世界经济和国际经济合作的发展。调整的方向主要包括以下内容。

1) 加强多边国际协调，其意义在于增强各国的抗危机能力，在更大范围内消除各国经济政策的摩擦，促进世界经济的结构调整，排除国际要素流动障碍。

2) 促进资金、技术向发展中国家的转移。扩大发展中国家在 IMF 和世界银行的份额，增加向它们的贷款；坚持并积极敦促发达国家执行联合国国际发展战略目标，使官方发展援助额占援助国 GNP 的比重达到 0.7%～1.0%，扩大区域性开发银行和投资公司的

① 张幼文：《“金砖四国”的由来及其国际经济合作》，载《求是》，2010 (8)。

资本，并在其中增加或新设专门对发展中国家投资的发展基金；鼓励对发展中国家的私人投资，建立全球及地区性的多边投资保证机构，向发展中国家的外国投资者提供风险保障，协助发展中国家制定有利于吸收外资的政策；减轻发展中国家的债务负担，免除它们的部分债务应与向它们提供新贷款、实行促进其经济增长的措施并行，以增强发展中国家的偿债能力；修订《保护工业产权巴黎公约》和相应的工业产权制度，改变其中不合理的国际专利制度；尽快完成《国际技术转让行动守则》，约束跨国公司的技术转让行为，纠正技术转让中各种不合理的商业习惯和过高定价，发达国家应通过减少技术转让限制，简化转让手续，通过科技合作与交流计划及技术援助等方式，推动向发展中国家的技术转让。

3）促进世界生产布局的调整，加强对跨国公司的管理。国际经济协调将有助于克服发展中国家经济结构单一、工业生产落后的状况。跨国公司在世界经济布局调查中扮演着重要角色，但也存在许多不规范的活动，为了在调整的同时规范跨国公司的行为，应建立对跨国公司具有监督管理职能的国际体制，尽快通过、实施《跨国公司行动守则》。

综上所述，对于当前的国际经济合作，我们既要看到它相互依赖、相互依存、形式多样、广泛发展的趋势，又要看到当前国际经济合作领域中仍存在着各种各样的矛盾和冲突，合作与斗争并存，以协调、斗争求合作。

第三节　我国的对外经济合作

我国是世界上最大的发展中国家，其经济发展及对外经济关系，也是国际经济关系的重要组成部分。新中国成立以来，特别是党的十一届三中全会以来，对外开放被确定为一项基本国策。30 多年来，全国人民在党和政府的领导下，解放思想，锐意开拓，开创了对外经济贸易关系的新局面。以对外经济技术援助、吸收利用外资、对外承包工程及劳务合作等为内容的对外经济合作取得前所未有的发展。

一、我国对外经济合作历史、现状和发展趋势

1. 历史与现状

中国对外经济合作事业可以粗略地划分为改革开放前、改革开放后和入世后三个阶段。中国的对外经济合作事业开始于对外提供经济技术援助。新中国成立不久，即使面对国内国民经济恢复的重重困难，中国政府仍然不忘向亚非友好国家提供经济技术援助。另一方面，为了加快国家的工业化建设，中国政府非常重视利用外资发展国内工业。与前苏联等社会主义国家的经济合作为中国工业化打下了初步基础。后来随着与西方国家关系的改善，开始利用延期付款的方式从西方国家引进设备和技术。对外开放基本国策的确立和“走出去”战略的制定推动了改革开放后我国对外经济合作事业的全面发展。接受国际社会的援助，积极发展双边合作，解决国内资金和技术短缺问题。在更加积极利用外资发展国内工业的同时，参与海外投资广泛设立海外合资合营企业，提出国际化经营理念。同时，努力拓展工程承包和劳务合同，开拓海外市场。入世以后，中国进一步扩大了开放程度，全方位、多层次、多领域参与国际经济合作。利用外资的数量和产业都不断扩大，同时利用外资的质量也有所提升，外资开始向服务行业、科研和技术服务行业转移。在海外

投资和工程承包、劳务合同稳步增长的同时，原来比较薄弱的服务合同也有了较快的发展。

2. 对外经济合作发展趋势

在我国对外开放进入稳定发展阶段后，有意识地以比较优势作为开展国际经济合作的依托，然而我们的现状是发挥现存的比较优势有余，培养新的比较优势不足。我们片面强调我国廉价劳动力优势，有意或无意地以忽略我国保护生态环境作为开放的代价。这就造成我们过度地将廉价劳动力与环境代价当成是竞争力的主要基础。而社会主义市场经济体制是我们建设和谐社会的重要部分，企业不仅是市场的经济主体，而且需要承担相应的社会责任。在国际经济合作中，我们必须充分照顾到劳动者的利益，使其得以分享经济发展带来的成果。同时，在经济发展的同时还要充分兼顾环境保护。作为制造业大国和贸易大国，中国承担着重要的节能减排任务，不能继续延续之前高耗能高排放的生产模式。

我们要坚持对外开放的基本国策，把“引进来”和“走出去”更好地结合起来，扩大开放领域，优化开放结构，提高开放质量，完善内外联动、互利共赢、安全高效的开放型经济体系，形成经济全球化条件下参与国际经济合作和竞争新优势。第一，转变对外贸易增长方式。优化出口结构，立足以质取胜；加快我国服务合同的发展；调整进口结构，增加国内能源、资源和初级产品的储备；加强双边多边贸易合作，尤其是与资源能源大国的合作。第二，提高利用外资的质量。引导外资投向符合产业结构调整和升级的行业；进一步扩大开放领域，如金融、交通、电信、保险等行业；创新利用外资，采用多种合作形式提升企业管理水平和创新能力；深化沿海开放、推进内陆开放，实现全方位开放格局。第三，推动对外投资的科学布局。鼓励企业向资源密集、市场机制完善的地区投资；鼓励资本投向资源能源和初级产品等行业；鼓励对外服务和工程承包合同的发展。第四，逐步扩大和完善对外经济援助。完善对外经济援助协调机制；将对外援助与工程承包、资源开放等有机结合。第五，维护经济安全，防范经济风险。促进国际收支平衡，维护宏观经济稳定；加强外资并购的管理和安全审查。

二、加强对外经济技术援助工作，推动我国对外关系发展

我国的对外经济技术援助工作始于20世纪50年代初，是我国对外经济合作不可缺少的组成部分，是我国政府和人民履行国际主义义务的重要内容。60年代，周恩来总理访问非洲时阐述了中国政府对外援助所遵循的八项原则。

(1) 中国政府一贯根据平等互利的原则对外提供援助，从来不把这种援助看作是单方面的赐予，而认为援助是相互的。

(2) 中国政府在对外提供援助的时候，严格尊重受援国的主权，绝不附带任何条件，绝不要求任何特权。

(3) 中国政府以无息或者低息贷款的方式提供经济援助，在需要的时候延长还款期限，以尽量减少受援国的负担。

(4) 中国政府对外提供援助的目的，不是造成受援国对中国的依赖，而是帮助受援国逐步走上自力更生、经济独立发展的道路。

(5) 中国政府帮助受援国建设的项目，力求投资少、收效快，使受援国政府能增加收入，积累资金。

(6) 中国政府提供自己所能生产的、质量最好的设备和物资，并且根据国际市场的价格议价。如果所提供的设备和物资不合乎商定的规格和质量，中国保证退换。

(7) 中国政府对外提供任何一种技术援助的时候，保证做到使受援国的人员充分掌握这种技术。

(8) 中国政府派到受援国进行建设的专家，同受援国自己的专家享受同样的物质待遇，不容许有任何特殊要求和享受。

为了扩大援助资金来源，提高援助效益，1995 年我国对援外方式进行了改革。我国在继续遵循援外八项原则的前提下，顺应国内外政治经济形势的潮流，借鉴国际上通行有效的援助做法，改革创新，走出一条既适合受援国需要，又符合中国国情的援外新路子。为了实现扩大援助规模，提高援助效益，更有效地帮助受援国发展经济，促进中国与发展中国家的友好合作这一宗旨，今后我国对外援助主要推行以下两种新的方式。

(一) 政府贴息优惠贷款方式

这是我国提供援款方式上的一项重大改革。这种贷款是具有政府援助性质、含有赠与成分的中、长期低息贷款。贷款的本金由中国金融机构筹集，政府补贴一部分利息，从而降低了对外提供贷款的利率，条件优惠。中国政府指定中国进出口银行为政府贴息优惠贷款的承贷银行。

政府贴息优惠贷款主要用于中国与受援国商定的项目，特别支持受援国企业与中国企业合资经营的生产性项目，包括中国援助建成项目和受援国有需求又有资源可以利用的新的生产性项目，还可以用于中国提供适合受援国需要的成套设备和机电产品等。

(二) 援外项目实行合资合作的方式

这是一种援外与投资、贸易和其他互利合作相结合的新的援助方式。它的特点是，我国政府和受援国政府在政策上和资金上给予扶持，我国企业与受援国企业间直接合作。其目的是帮助受援国发展经济，培养管理和技术人才，促进中国与受援国的共同发展。

这样做的好处是：将政府援外资金与企业资金结合起来，扩大资金来源和项目规模；双方企业在管理、技术上长期合作，项目效益与企业利益挂钩，能巩固项目成果，提高援助效益；受援国能增加收入和就业，双方企业也从中受益。

援外项目实行合作目前已形成三种形式：(1) 新建项目，受援国政府将中国贷款转贷给本国企业作项目资本，中方企业再投入部分资金，双方合资经营；(2) 已建成的生产性项目，转为双方企业合资合作；(3) 受援国政府与中国政府（或双方主管部门）签订原则协议，两国政府在政策或资金上给予扶持，由双方企业举办合资合营项目。自 1992 年推行援外项目合资合作以来，一些项目已经开始实施，一批项目正在商谈之中。

今后，我国将继续对发展中国家提供力所能及的援助，改革援助方式，提高援助效益，加强我国同发展中国家的友好关系和经济合作，把我国的对外经济技术援助工作做得更好。

三、大力开展对外投资，加强能源资源互利合作

危机过后的世界经济正处于艰难的恢复期，世界大多数国家经济呈现负增长、需求不足、投资热情下降。面对这样的世界经济大环境，我国企业积极开展境外投资活动，加强与有关国家的能源资源互利合作，不仅能够有力促进我国企业境外投资能力的提升，而且能够为促进当地经济复苏、增加就业发挥积极的作用。政府间的合作对于推动我国企业境

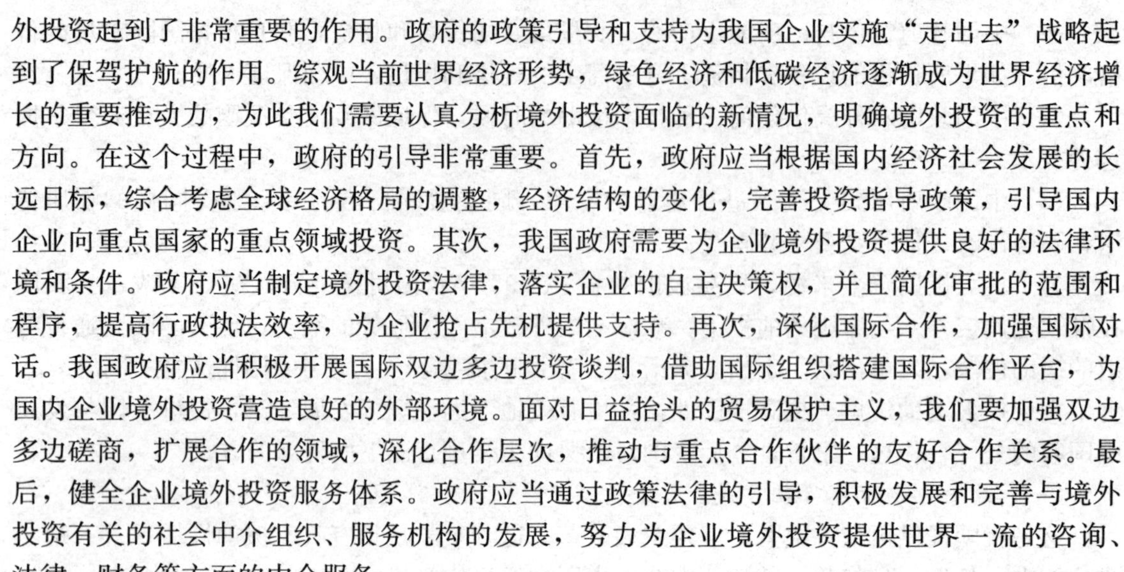

外投资起到了非常重要的作用。政府的政策引导和支持为我国企业实施“走出去”战略起到了保驾护航的作用。综观当前世界经济形势，绿色经济和低碳经济逐渐成为世界经济增长的重要推动力，为此我们需要认真分析境外投资面临的新情况，明确境外投资的重点和方向。在这个过程中，政府的引导非常重要。首先，政府应当根据国内经济社会发展的长远目标，综合考虑全球经济格局的调整，经济结构的变化，完善投资指导政策，引导国内企业向重点国家的重点领域投资。其次，我国政府需要为企业境外投资提供良好的法律环境和条件。政府应当制定境外投资法律，落实企业的自主决策权，并且简化审批的范围和程序，提高行政执法效率，为企业抢占先机提供支持。再次，深化国际合作，加强国际对话。我国政府应当积极开展国际双边多边投资谈判，借助国际组织搭建国际合作平台，为国内企业境外投资营造良好的外部环境。面对日益抬头的贸易保护主义，我们要加强双边多边磋商，扩展合作的领域，深化合作层次，推动与重点合作伙伴的友好合作关系。最后，健全企业境外投资服务体系。政府应当通过政策法律的引导，积极发展和完善与境外投资有关的社会中介组织、服务机构的发展，努力为企业境外投资提供世界一流的咨询、法律、财务等方面的中介服务。

四、吸收利用外资加速我国现代化建设

1. 利用外资的基本原则

我国利用外资工作，始终是遵循独立自主、自力更生、平等互利、促进民族经济发展的原则进行的。

独立自主、自力更生是我国社会主义建设的指导方针，也是利用外资的根本原则。我国是拥有13亿人口的大国，现代化建设所需资金主要依靠国内的积累，利用外资毕竟只是一种补充。在利用外资工作中贯彻独立自主、自力更生的原则，就是根据我国的实际情况，制定正确的方针政策和完善的法律法规，对外资实行有效的管理。借用国外资金力求来源多元化，避免因来源单一而受制于人。同时，从客观上控制利用外资的规模，充分考虑国内资金的配套能力和偿还能力，以免因债务负担过重而影响国民经济的发展。

平等互利，作为我国对外开放和利用外资的一个基本原则，首先是主权独立原则的体现。作为一个独立的主权国家，我国是国际活动中一个平等的参与者。在进行对外经济交流活动中，以平等的地位参与并获得自己应有的利益，是我们始终不渝地坚持的一个原则。在利用外资方面，平等互利表现为，一方面我们作为参与国际资本流动的一方，吸收和利用外国资金，并通过利用外资获得技术、管理、信息、市场、就业等方面的利益，从而加速社会主义现代化建设；另一方面，外商来投资，基于资本的本质是利润取向，就是要来赚钱，而私人资本通过投资谋取利润，无疑存在剥削，也就是说我们要付出代价，但这种代价是发展中国家利用外资所必须付出的。

促进民族经济的发展是利用外资的根本目的。在利用外资工作中，要正确掌握和引导外资的投向，使之符合国家经济技术发展的需要，有利于保护和促进民族工业的发展，为建立独立完整的现代化的国民经济体系服务。

2. 我国利用外资的发展及存在的问题

对外开放以来，我国利用外资的形式呈现出明显的阶段性发展特征。对外开放初期，资金来源主要以港澳台地区为主，投资规模一般偏小。之后随着改革开放的进一步深化，

以邓小平南方讲话为标志，大量的外商直接投资开始涌入中国。进入新世纪以后，中国经济稳定发展，投资环境日益完善，外商投资稳定增长的同时投资的领域和深度都得到不断拓展。当然，我国在利用外资的过程中也存在不少问题。第一，自主创新能力不足，导致我们无法吸收外资所包含的技术、知识和管理技术。对于通过引进外资方式引进的技术和设备，由于自身缺乏有效吸收和自主创新的能力，我们不能真正将其转化为国内自主掌握的技术和设备，从而出现相同的技术和设备重复引进的尴尬局面。第二，外资投向存在区域和产业不平衡，由于前期政策的倾向以及我国天然的比较优势，外资流向在区域上主要集中在东部沿海地区，在产业上主要集中在制造工业。这客观上造成了我国区域发展和产业发展不平衡，不利于经济和社会的和谐发展。第三，由于利用外资发展经济愿望迫切，我们一些地区在引进外资过程中存在很大盲目性，导致能源消耗和环境污染问题严重。我们在经济发展的过程中存在过资金短缺的问题，外资引进能够有效填补这一短缺，但是一些地区在对外资的选择上缺乏合理的依据和论证，盲目选择外资以致造成高能耗高污染产业的大量引进，造成严重的能源和资源问题。第四，实力位于世界前列的大部分公司都已经在我国设立分公司或者分支机构，外资越来越不满足于这种扩张方式，转而寻求通过资本市场并购我国公司，成为我国公司的股东。外资并购愈演愈烈，可能增加市场垄断风险，而且对并购之后可能产生的品牌保护、人员安置、利益相关者保护缺乏有效监管机制。

3. 利用外资的新形势

首先，我国对外经济发展对于出口贸易的依存度比较高，这是由历史原因和我国的比较优势决定的，但是这种外部条件现在正在慢慢改变。劳动力成本的增加和人民币汇率的升值使得出口成本开始增加，抑制了外贸出口的增长。其次，我国以往的经济发展更多是依靠能源、资源的高消费以及对环境的严重破坏，这种发展模式对我国的能源、资源安全和环境保护造成了严重的损害，不能促进经济和社会的和谐发展。在科学发展观的指导下，我们对于能源、矿产资源以及环境保护方面的约束不断强化，推动经济发展环境成本大幅度上升，使得依赖资源投入的粗放型扩张模式难以继续。再次，由于全球股市遭遇重创，股市财富大幅缩水，投资者的投资信心不断下降，限制跨国投资规模，制约我国引进外资。最后，在金融危机之后，许多国家为了保护本国经济利益，纷纷出台政策保护本国企业发展，实行贸易保护主义限制进口数量，影响国际贸易和投资稳定运转。

4. 利用外资的战略措施

第一，改变原来缺乏科学选择的大量重复引进外资机制，提高外商投资项目的价值含量。由于经济建设资金的短缺，我们过去对于外资的态度几乎是不加任何选择，只要是能够给地方带来就业促进地方财政发展的外商投资项目，我们都会积极引进。这种机制不仅带来了严重的资源和环境问题，同时客观上造成我国长期处于国际产业格局的低端位置。今后对于外资的利用，我们应当更加鼓励引进技术含量高、价值高的项目，而拒绝那些高污染、高能耗的外资项目。鼓励外商投资高新技术产业是我们提高外商投资项目价值含量的一个方向。我们应当努力从目前依赖劳动密集型的组装加工环节努力向上下游扩展，比如向高新产业上游的设计、研发等环节和下游的营销、物流、金融、财会等环节延伸。

第二，合理调整外资流向的行业和区域分布。长期以来，我国引进外资存在严重的行业和区域分布不均衡，大部分外资投向了劳动密集型的加工制造业并集中在东部沿海地区，这客观上限制了我国经济的均衡和谐发展。对此，我国需要实行差别化引进外资政策，引导外资在行业和区域间合理分配。长期以来外资偏向我国加工制造工业，既与我国劳动力资源丰富，选择劳动密集型行业具备明显比较优势有关，也与我国服务市场开放程度不足以及政府产业政策引导偏向有关。我们应当根据产业发展现状和未来发展趋势，结合资源分布特点和生产要素供给特点，调整和改善利用外资的产业政策，通过税收、信贷和财政等多种手段引导外资在追求自身利益最大化的同时，促进我国产业结构的改造和升级。国务院《关于进一步做好利用外资工作的若干意见》明确提出：国家产业调整和振兴规划中的政策措施同样适用于符合条件的外商投资企业。这一意见表明，国内政策开始同样适用于外商投资企业，外商可以参照国家产业政策调整和振兴规划的有关政策享受与国内企业同样的财政、信贷、税收等方面的支持，外资企业可以在产业结构调整和振兴过程中更多参与企业合作、兼并和重组。虽然在产业结构调整的背景下，我国不再鼓励低附加值、低水平重复引进外资加工制造项目，但是考虑到东西部目前存在的外资流向的巨大差异以及西部现有的产业和资源的实际情况，还要增加中西部劳动密集型项目的引进，以逐渐实现外资流向的地区平衡。当然还要考虑相关项目的资源和环境影响，高能耗、高污染的项目仍然是不能引进的。鼓励东部地区外商投资企业向中西部地区转移，要加大政策的引导和技术资金等配套支持。国家重点引导外资投向西部地区具有比较优势的旅游、生态农业等产业，更要鼓励外资金融机构到中西部设立分支机构和发展业务。

第三，提升企业创新能力，努力掌握外资带来的先进技术、知识和管理理念。在我国长期的外资引进实践中，存在自主创新能力不足的问题，从而产生重复引进仍然无法掌握先进技术、知识和管理理念的问题。对此我们应当调整产业政策，加大优惠政策力度，加速高新技术向国内转移。鼓励跨国公司在华设立研发机构，通过多种形式与本土研发机构合作，提升跨国公司在华研发水平。完善知识产权法律，加大知识产权保护力度，消除跨国公司对华核心技术转移的顾虑和障碍。同时，国内企业和科研机构应当有效利用国外高新技术向国内转移的有利条件，努力培养自主创新能力。

第四、完善法律体系，加强对外资的监督和管理。外资在填补国内经济发展资金不足，技术短缺，促进产业结构调整，帮助产业升级的同时，可能造成对我国经济安全的影响。在引进外资扩大利用外资规模的同时，可能产生一种负效应，威胁国家的经济主权安全。比如，大型的跨国公司可能占据市场的垄断地位或者是通过并购等形式获得垄断地位，进而出现垄断市场的行为，危害国内相关产业的正常竞争秩序。同时由于经济主权的削弱，外商只关注利用我国廉价劳动力和资源赚取超额利润，缺乏技术引进和技术研发的动力，我国在全球产业链中也处于低端地位，并且很难改变这一状况。为此，需要完善市场的法律体系，以法律的手段加强对外资的监督和管理，尽量减少利用外资的负面效应，发挥其有利于经济建设的一面。

五、我国对外承包工程与劳务合作发展概况

我国对外承包工程与劳务输出起步较晚，是从 1979 年以后逐渐发展起来的。1979 年签订对外承包工程合同 27 份，劳务合同 9 份，合同金额仅分别为 0.33 亿美元和 0.18 亿美元。但截至 2011 年底，我国从事对外承包劳务经营的公司已发展到 1 021 家。这些公司从中央到地方、从企业到综合，有专门在某一地区开展业务的，也有全方位的。

三十多年以来，我国对外承包工程与劳务输出从无到有，从小到大，发展迅速。截至2009年底，已经先后在170多个国家与地区共签订承包合同85 043份，劳务合同965 725份，分别完成营业额达3 478.02亿美元与653.9亿美元。其中2009年对外签订承包工程合同7 280份，承包劳务合同154 801份，分别完成营业额777.06亿美元与89.11亿美元。

我国对外承包工程与劳务合作的指导思想和基本原则是"平等互利、讲求实效、形式多样、共同发展"和"守约、保质、薄利、重义"。在这一原则指导下，我国采取各种可利用的方式，积极开展各项业务活动，十多年来不仅规模不断扩大，业务范围也越来越广。对外承包工程与劳务合作，对我国扩大了影响，增进了友谊，带动和促进了商品出口，学习了国外的先进技术，培养和锻炼了一批技术和管理人才，为国家增加了外汇收入，为劳务人员个人增加了收益，一举数得，成绩喜人。

在对外承包工程与劳务合作事业上，我国应当大有作为。但目前我国一些承包公司还存在一些问题，例如，业务方式仍较单一，综合经营开展不足；虽具有技术力量，但流动资金有限，财务应变能力较差；劳务输出的人员素质还不能完全满足需要，管理体制尚不够完善，劳务输出的形式和经营范围还较单一，等等。针对当前存在的这些问题，我们应继续探索新的途径和方式，注意改进和完善经营管理机制，使企业逐步走向实业化、集团化、国际化，并向多功能综合经营的方向发展；加强人才培养选拔；特别是要注意大力加强承包公司的融资能力，开辟多种承包方式，提供一揽子服务，以获取较多、较大和在技术上具有较高层次的国际工程项目；加强承包工程、劳务输出与我国对外贸易和对外援助的结合，求得相互促进，共同提高，使我国商品和劳务的出口不断扩大，把我国对外承包工程与劳务合作事业提高到一个新水平。

除此之外，我国还有诸如国际工贸合作、国际投资合作、国际科技合作等对外经济合作的形式，将在以后的章节中作详细的介绍。

[思考题]

1. 国际经济合作产生的基本动因是什么？
2. 为什么第二次世界大战后出现的国际经济合作形式才叫真正意义上的国际经济合作？
3. 当前国际经济合作的发展趋势与世界经济的发展趋势有什么关系？
4. 我国为何对援外方式进行了改革？内容有哪些？
5. 试述我国利用外资的指导思想和战略目标。

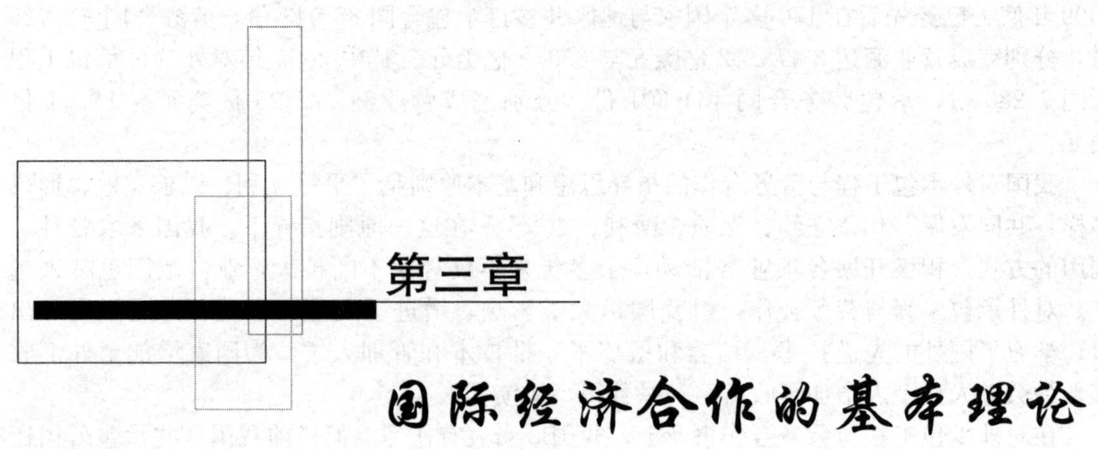

第三章 国际经济合作的基本理论

[重点问题]

- 早期国际分工理论
- 当代国际分工理论的新发展
- 国际相互依赖理论的产生与发展
- 国际相互依赖理论的现实意义
- 经济一体化理论的基本类型

第一节 国际分工理论

国际分工是国际经济合作的基础，它是社会分工从一国国内向国外延伸的结果，是社会生产力发展到一定阶段的产物。在社会经济生活中，国际分工就是指生产的国际专业化。从大的方面来看，国际分工的发展大体经历了三个历史阶段。

萌芽阶段。15 世纪至 16 世纪，随着地理大发现，国际贸易在地域、数量、种类上都有了前所未有的发展，各国之间通过商品交换已经初步显示出了生产的相互补充和各自优势，也即是说国际分工形成的基础已初步形成了，但这一时期的国际分工主要取决于自然条件的差异，尚未深入到物质生产领域深处。

形成和发展阶段。18 世纪至 19 世纪，兴起了两次工业革命，生产得到了飞速的发展，为国际分工的形成与发展创造了坚实的物质基础。国际分工在 18 世纪初次工业革命基础上形成，在 19 世纪末二次工业革命基础上充分发展。国际分工以机器大工业为物质基础，以国际的工业与农业分工为主要特征，最终导致先进的工业国与落后的原料供应国，城市与农村的对立。

新的发展阶段。第二次世界大战之后，发展中国家兴起，第三次工业革命产生，跨国公司大发展，在上述三大基础之上，国际分工发展到一个新阶段，工业国与农业国的分工已退居次要地位，而部门间和部门内的分工则成为战后国际分工的主要特征。

伴随着国际分工的发展，相关的国际分工理论也从无到有不断发展变化着，解释着国际分工的新现象，并试图预示着国际分工的发展趋势。正因为国际分工理论是建立在国际分工实际发展的基础之上的，相应地国际分工理论大体上也经历了三个发展阶段，下面简要介绍国际分工理论的产生与发展。

一、早期的国际分工理论：绝对优势理论和比较优势理论

15 世纪至 16 世纪，地理大发现促使国际分工的发现，早期的国际分工理论就这种分工出现的原因，作了最初的有益的理论探索。

1. 绝对优势理论

绝对优势理论是由英国古典经济学家亚当·斯密在其代表作《国民财富的性质和原因的研究》中提出的。绝对优势实际是指在某种商品的生产上，一个国家所耗费的劳动成本绝对低于自己的贸易伙伴国，在劳动生产率上占有绝对优势。各国如果都生产自己具有绝对优势的产品，继而进行自由交换，那么彼此都可以获得绝对优势的好处。

下面一个简单的模型可以说明这一理论，见表 3—1 和表 3—2。有 A 和 B 两个国家，分别生产 X 和 Y 两种产品。

表 3—1　　分工前

	X 产品		Y 产品	
	劳动天数	产量	劳动天数	产量
A 国	1	1	2	1
B 国	2	1	1	1
世界	3	2	3	2

表 3—2　　分工后

	X 产品		Y 产品	
	劳动天数	产量	劳动天数	产量
A 国	3	3	0	0
B 国	0	0	3	3
世界	3	3	3	3

很明显，如表 3—1 和表 3—2 所示，A 国在生产 X 产品上有绝对优势，B 国在生产 Y 产品上有绝对优势，按绝对优势原则进行分工，A 专门生产 X，B 专门生产 Y。其结果是，在劳动天数不变的情况下，世界总产量分别从 2 增加到 3，如按 $1X:1Y$ 进行交换则两国分别比过去多消费了 $1X$ 和 $1Y$。

绝对优势的产生，建立在严格的条件之上，即两国各自必须在某种商品的生产上具有劳动成本绝对低的优势，这是该学说的局限所在。

2. 比较优势理论

比较优势理论的提出者是英国古典经济学派集大成者大卫·李嘉图。目的在于说明决定国际贸易的基础是比较优势，而不是绝对优势，一国即使生产率在任何一种产品上都处于

绝对不利地位，仍有与他国进行生产分工的可能，并从分工中获得利益。这里需要遵循一个原则：两利相权取其重，两弊相衡取其轻。正是基于这一原则，在任何产品上均有优势的一国专门生产其相对优势最大的产品，而另一国则放弃生产其相对劣势最大的产品而专门生产相对劣势最小的产品，仍用上述模型作如下说明。

A、B两国同时生产X、Y两种产品，A国生产每单位X商品需1天，生产每单位Y产品需2天；B国生产每单位X产品需6天，生产每单位Y产品需3天（见表3—3）。A国在X、Y产品的生产上均处绝对优势，但在生产X产品上优势更大；B国处于绝对劣势，但在Y产品上劣势要小些（即$1:6<2:3$，$3:2<6:1$），因此专业化分工为A国集中生产X，而B国生产Y。分工以后，在世界总劳动天数（12天）未变的情况下，产量从过去的4单位，增加到6单位，每个参加国各增加1单位产品（见表3—4）。分工前，A国国内交换比率，如果按等量劳动相交换则为$2X:1Y$，B国为$1X:2Y$，因此国际交换比率将确定在两者之间，设为$1X:1Y$，按此比例两国分别比分工前多消费$1X$和$1Y$，这就是国际分工的利益。

表3—3　　分工前

	X产品		Y产品	
	劳动天数	产量	劳动天数	产量
A国	1	1	2	1
B国	6	1	3	1
世界	7	2	5	2

表3—4　　分工后

	X产品		Y产品	
	劳动天数	产量	劳动天数	产量
A国	3	3	0	0
B国	0	0	9	3
世界	3	3	9	3

虽然比较优势理论在更大程度上解释了国际分工的互利性，在揭示国际分工的产生原因方面具有一定说服力，但是，受当时国际分工发展水平所限，它还不可能更深入地解释国际分工的根本原因，其理论探讨还只局限于交换领域，但是，斯密和李嘉图的开创精神及以劳动价值论为基础的科学性理论具有十分深远的意义。

二、国际分工理论的发展：赫克歇尔-俄林模型及里昂惕夫反论

在18世纪和19世纪末，先后出现了两次工业革命，使生产得到了前所未有的大发展，机器大工业的现代生产方式最终得以确立下来，在此基础上，国际分工在深度、广度上都达到空前的水平。这使得对国际分工的理论探索在前人的基础上可以引入更多的因素，达到更深的层次。但是，理论发展也逐渐背离了劳动价值论。

（一）赫克歇尔-俄林模型

赫克歇尔-俄林模型（以下简称赫-俄模型）是20世纪上半叶由瑞典经济学家E. 赫克歇尔和B. 俄林提出来的，后者因此而获得1977年诺贝尔经济学奖。

前面说过，李嘉图比较优势理论认为比较优势是国际分工产生的基础，而产生比较优势的因素则是各国间劳动生产率的差异及由此产生的劳动成本差别。后人以机会成本的概念代替了劳动成本使分析形式有所变化。但是，劳动成本的差别或机会成本的差异的产生原因，李嘉图并未给出明确解答。赫-俄模型第一次引入资源禀赋这一概念，从生产要素供给角度对国际分工的原因作了更深入的研究。国际分工理论已经从交换领域进入到生产领域，这是该理论一个划时代的演进，正是在这个意义上，人们才认为赫-俄模型是现代国际分工理论的开端。

1. 赫-俄模型的基本假设前提

(1) 在各个区域内各个国家内部，生产诸要素可以自由流动，但在区际间或各国间，它们是不能自由流动的。

(2) 货物流通中的一切限制都不存在。

(3) 只有两个区域或国家，只生产两种产品，只有资本和劳动两种要素。

(4) 两个国家或区域间的技术水平是一样的，即生产函数相同。

(5) 两个国家或区域中，一个资本较丰富因而利息率相对低，另一个劳动力较丰富因而工资相对低。

(6) 生产要素是完全可以分割的，单位生产成本随着生产的增减而变化，因而没有规模经济效益。

2. 赫-俄模型的基本内容

赫-俄模型认为，各种生产要素彼此是不能完全代替的，所以生产不同商品对各种要素在量上有不同的要求。根据商品包含的要素密集程度不同可以把商品分为劳动密集型和资本密集型。每个国家都以自己相对丰富的生产要素从事商品的专业化生产和国际交换，就会处于比较有利的地位。假设有 A、B 两国，A 国劳动力相对丰富，资本却相对稀缺；B 国相反，资本相对丰富而劳动力相对稀缺。这样 A 国工资相对低些而 B 国利息相对低些。所以 A 国专门从事劳动密集型产品生产而 B 国从事资本密集型产品生产，然后两国间进行贸易。随着生产扩大，贸易扩大，A 国生产对劳动力需求越来越大，工资在提高，劳动力丰富程度相对下降，而 B 国生产对资本的需求增加、利息提高，资本丰富程度也相对下降。这种分工并进行贸易的最终结果导致两种要素在两国间重新配置，使两种要素相对价格分别在两国国内趋同。

总之，赫-俄模型认为按生产要素丰富与稀缺进行分工，能使生产要素得到最有效的使用，从而提高劳动生产率，增加生产、降低价格，各国均享其利。但要实现这种分工利益，必须进行自由贸易。

赫-俄模型是建立在几个严格的假设条件基础上的，这就影响了其理论的适用性，而且该理论忽视了科技进步这一当今世界经济中的要素。在赫-俄模型的现实应用与验证过程中，出现了很多悖逆的情况。

(二) 里昂惕夫反论

赫-俄模型的主要观点是，一个国家将生产并出口用自己相对丰富、密集的生产要素所生产的产品，将进口用自己相对稀缺的生产要素所生产的产品。在这样的推论下，一般认为美国资本充足，但劳动力稀缺，因而工资较高。所以，美国在生产、出口机器设备等资本密集型产品方面应具有相对优势，进口的则应是劳动密集型产品。美国经济学家里昂惕夫基于以上认识，于 1953 年利用他所创立的投人产出分析法，针对美国的实际情况，对赫-俄模型进行了经验检验，所发现结果与赫-俄的理论推论正好相反，引起了学术界的巨大反响，被称为里昂惕夫反论。

里昂惕夫在分析中以投人—产出法研究了美国 200 种产业的情况，分别考察了美国出口产品中资本与劳动力的含量，以及进口替代产品的资本劳动力含量。见表 3—5。

表 3—5　百万美元出口与进口替代产品对国内资本与劳动的需求

	1947 年		1951 年	
	出口	进口替代	出口	进口替代
资本(美元)	2 550 780	3 091 339	2 256 800	2 303 400
劳动(人/年)	182.313	170.004	173.91	167.81
人均年资本量(美元)	13 991	18 185	12 977	13 726

表 3—5 中显示出以人均年资本量表示的进口替代产品和出口产品的比值，1947 年为 1.30，1951 年为 1.06。这两个比值说明美国的出口产品与进口替代产品相比是更为劳动密集型的。就是说，美国参加国际分工是建立在劳动密集型生产专业化基础上，而不是建立在资本密集型生产专业化基础上。

继里昂惕夫之后又有很多学者用此方法对不同国家作了类似的检验，结果千差万别，有的符合赫-俄模型，有的与之相悖，并没有统一结论。由此可见，任何一个简单的有许多假设前提的抽象模型都无法说明纷繁复杂的国际经济现实。

三、当代国际分工理论的新发展：新要素学说和产品生命周期理论

第二次世界大战以后，出现了人类历史上的第三次科技革命，它再次推动了生产的飞速发展，同时也对国际分工产生了革命性影响，也推动着国际分工理论发展到了一个新的高度，出现了新要素学说和产品生命周期理论。

(一) 新要素学说

新要素学说在分析方法上对传统的要素贸易学说进行了某种改进，赋予生产要素以新的含义，极大地扩充了要素的范围，是人们对于生产要素认识的一次重大突破，把劳动者的智力投资、培训、科技进步与创新、广泛地获取的信息，都列入生产要素的范畴。

1. 人力资本说

人力资本是资本与劳动结合而形成的一种新的生产要素。人们通过对劳动力进行投资，如对劳动力进行教育、职业培训、卫生保健等，可以使劳动力素质得到改善，劳动生产率获得提高，从而对一个国家参加国际分工的比较优势产生积极作用和影响。

利用人力资本这一概念，可以解释里昂惕夫反论。因为美国工人受到更多的教育、更全面的职业培训，并且享有更好的卫生保健，也就是他们身上蕴含有大量资本投入，所以美国出口商品的劳动密集，实质上是一种资本密集。把美国劳动力身上的投资也算入资本要素的数量中，就可以纠正里昂惕夫反论与赫-俄模型的悖逆。

人力资本说在解释国际分工产生的原因时，引进了一种新的要素，即在劳动力身上的资本投资，并从这点出发否定了过去理论中劳动力有同质性的假设。同时，这一学说也表明，一个国家要想在人力资本方面占据优势，就必须在教育、卫生保健、职业培训等方面

进行投资，通过不断积累，逐步形成本国新的比较优势。近年来，人们的研究成果反映出这样的事实：在相对落后的国家中，人力投资的结构比投资总量更重要，为了尽快形成新的比较优势，这类国家应注重人力投资结构，投资重点下移，主要集中于普及教育、扫盲、职业培训及大众保健工作上，这样才符合这类国家的国情，才能够取得更好的投资效益。

2. 研究与开发说

这一学说是由美国经济学家格鲁伯、麦赫塔和弗农三人于 1967 年提出的。这一学说的核心思想是，研究与开发也是一种生产要素，对于研究与开发投入的多少可以改变一个国家在国际分工中的比较优势。对于研究与开发型产业的形成，他们认为有三个先决条件：丰富的资金、较丰富的自然资源、高质量的劳动力。有了这三个条件，再以国内对新产品的旺盛需求为基础，研究与开发要素就会使一国比较优势发生变化。研究与开发要素是通过在研究与开发方面多投资而形成的。

一般认为，新要素学说一方面受到里昂惕夫反论的刺激而兴起，另一方面也得到了哈罗德的启发。早在 1942 年哈罗德就在其《国际经济学》一书中提出了所谓特殊要素对于比较优势形成的重要性。哈罗德的特殊要素有四个：(1) 自然环境的差异，即自然资源和气候的差异；(2) 工人人数相对多寡的程度；(3) 劳动者质量的差异；(4) 从过去继承而来的物质资本、特殊知识、习惯和其他这类遗产间的差异。从中我们可以看出，赫-俄模型只涉及了其中 (2)、(4) 两种要素，而新要素说则谈到了第 (3) 种要素，并有了新的发展。随着生产力的发展，科技不断进步，新的要素范围将不断扩大，不仅包括有形的物质资料，而且包括无形的技术、工艺、创意及商情信息，这些无形要素正变得日益重要。

(二) 产品生命周期理论

产品生命周期理论是战后最有影响的国际分工理论之一。它侧重从技术进步、技术创新、技术传播的角度，分析国际分工的基础。

产品生命周期理论是在早期的技术差距贸易理论的基础上不断发展、完善而形成的。技术差距理论是由美国经济学家波斯纳提出来的，他认为新产品总是在工业发达国家先问世，在国内销售之后进入国际市场，创新国便获得了初期的比较优势。其他国家纷纷开始模仿生产新产品，但这需要一段时间，因为它们与发达工业国之间存在技术差距。在这段时间里，创新国仍保有该产品的技术领先地位，向其他国家大量出口这种新产品。但随着时间的推移，其他国家的模仿能力在加强，从而在这种产品上的技术差距在缩小，创新国逐渐丧失了比较优势，出口减少，最后甚至从其他国家进口廉价的该种新产品。

产品生命周期理论在上述理论基础上不断理论化、系统化而形成。产品生命周期原是市场学的概念，说明的是产品与生物一样具有诞生、发展、衰亡的生命周期，要经历投入期、成长期、成熟期和衰退期。在周期的不同阶段，不同国家的企业行为、生产、出口有着不同的特征。美国学者弗农和威尔斯将市场学的产品生命周期与国际分工理论结合起来，使比较优势学说从静态发展为动态。他们根据美国的实际情况，提出了产品生命周期的四阶段模型。

第一阶段是创新阶段，新产品在美国产生，美国完全处于垄断地位；第二阶段是成长阶段，其他国家开始仿制该种新产品，其他国家劳动成本的优势使美国产品竞争力下降；第三阶段就进入到成熟阶段，仿制国的产品因价廉而大规模挤占国际市场，美国出口大幅度下降；在第四阶段这种新产品的生产完全成熟了，美国已经不具有任何优势，不仅丧失了海外市场，而且大量进口该产品，国内生产趋于停止。这样这种新产品在美国就逐渐衰亡了。虽然生命周期在美国完结，但在仿制国中仍然进行着，可能尚处于第二或第三阶段。此后，更落后的国家可能才开始新的仿制，产品生命周期又在那样的国家中重新开始。

在这四个阶段中，要素的密集度也在相应地发生着变化。在创新阶段需要大量科学技术力量的投入，这时的产品是属于技术密集型的。在成长阶段，技术工艺基本定型，生产线日趋完善，大规模的批量生产需要的是资金投入，因此这时的产品转为资本密集型产品。当进入成熟期后，技术工艺完全成熟，对技术的要求降低，劳动可以弥补资本方面的不足，这时的产品生产已转入劳动力丰富而资本短缺的落后国进行，产品也就成为劳动密集型的了。新产品要素密集度的不断变化，使其具有不同的比较优势，所以产品的生产才能在不同类型国家间传递。

第二节 国际相互依赖理论

国际相互依赖是指国家之间或其他国际行为主体之间广泛的、一般的相互影响和相互制约关系。国际相互依赖所涉及的范围，既包括国家之间在政治、军事、经济方面的相互依赖，也包括广泛的社会生活领域中的相互依赖，其中，表现在经济方面最为突出，因此，经济上的相互依赖是整个国际相互依赖关系的基础。联合国国际货币基金组织《金融与发展》编辑部对国际经济相互依赖下了一个定义："1. 一个国家的经济情况将因其他国家发生的事件而受到影响；2. 一个国家要做的事情，在一定程度上取决于其他国家的行动和政策。这个定义通常包含这两个内容。"[①] 显然，国际经济的相互依赖，意味着任何一国的经济发展都会受到别国的行动和政策的影响。

一、马克思主义关于国际相互依赖的论断

早在100多年前，马克思、恩格斯就已指出了国家间相互依赖关系的存在，资产阶级，由于开拓了世界市场，使一切国家的生产和消费都成为世界性的了。……过去那种地方的和民族的自给自足和闭关自守状态，被各民族的各方面的互相往来和各方面的相互依赖所代替了。物质的生产是如此，精神的生产也是如此。马克思在论及资本主义生产方式的历史使命时又指出，一方面要造成以全人类互相依赖为基础的世界交往，以及进行这种交往的工具，另一方面要发展人的生产力，把物质生产变成在科学的帮助下对自然力的统治。

列宁进一步发展了马克思和恩格斯的观点。列宁指出，各民族之间各种联系的发展日益频繁，民族壁垒的破坏，资本、一般经济生活、政治、科学等的国际统一的形成是资本主义发展过程中的历史性规律之一。列宁创造性地特别指出不同社会制度的国家在经济上的相互联系是不可避免的。不同的社会经济制度国家之间存在着共同的经济关系，而且这种经济关系具有一种巨大的力量，把世界联结成一个整体。在实践中，列宁强调刚刚独立

① 联合国：《金融与发展》，1984（3）。

的社会主义的俄国在经济上不能走闭关锁国的道路，应努力保持同资本主义世界的经济联系，只要资本主义国家还存在，我们就必须同它们做生意。

马克思主义关于国际相互依赖的论断，可以归纳为如下要点：

(1) 经济生活的国际化，生产与消费的世界性，各国、各民族的闭关自守和互不相干必然被对外开放和相互依赖所代替。这是世界经济和科学技术发展的客观要求和必然趋势。

(2) 意识形态和经济制度的不同，不能妨碍各国之间相互依赖关系的存在和发展。

(3) 国家之间的依赖关系是相互的，而非单方面的依附。

(4) 国际相互依赖的内涵是多方面的，既包括物质领域的相互依赖，也包括精神领域的相互依赖。

(5) 国际相互依赖关系必须遵循互不干涉内政、尊重民族主权和平等互利的原则，这是国际相互依赖关系不可动摇的基础。

(6) 国际相互依赖的深化与发展，必将导致国际经济合作的顺利发展。

马克思主义关于国际相互依赖的论断，对于当代国际经济合作的理论与实际仍有极其重要的指导意义。

二、西方学者关于国际相互依赖的主要理论

(一) 国际相互依赖理论的形成

第二次世界大战后50年代末60年代初，西方国家关于相互依赖的理论研究开始兴起。当时集中在发达国家间的相互依赖关系，最典型的如欧共体。70年代，相互依赖理论有了新发展，研究领域扩展到发达国家与发展中国家之间的相互依赖关系。1968年美国经济学家理查德·库珀出版了《相互依赖的经济》一书，集中反映了西方学术界对国际经济相互依赖的理论研究成果。

理查德·库珀提出了一个基本观点：相互依赖的存在是第二次世界大战后国际经济的突出变化，它反映了当代经济社会的特征，它直接意味着一国的经济发展与国家间的经济交往中存在着一种敏感的反应关系。这一观点促使相互依赖理论迅速发展起来。

对于战后国际社会中相互依赖关系产生的原因，西方学者进行了深入探讨，提出了各种观点，主要可以归纳为如下几点。

(1) 核武器的威慑作用。第二次世界大战以后超级大国为争夺世界霸权，拼命扩军备战，核武器规模急剧膨胀，足以将地球毁灭几次。在核威胁下，谁也不敢轻易发动核战争，形成了一种可怕的均势。在此条件下，各国都考虑到了人类共同生存的现实问题，一国只有在不威胁他国生存的条件下才能享有自身的生存安全。

(2) 内政外交的重点发生变化。战后，和平与发展日益成为当今世界的主题，是大势所趋、人心所向。尤其近年来，冷战结束了，发展经济成为各国内政外交的重点。各国都认识到，要想发展本国经济决不能闭关自守，必须越来越多地进入相互依赖的世界经济体系中去，在对外政策上必须更加开放，积极争取与他国的合作。

(3) 现代化科学技术的发展，尤其是交通、通讯工具的现代化，使国家间、地区间更易于进行广泛的交流，增强了世界各国人民之间的彼此接近与了解，相互依赖观念日益深入人心。

(4) 各种类型的国际组织和国际机构的出现，特别是战后跨国公司的兴起，促使生产

社会化的程度超出国界而趋于国际化，使资本、技术与劳务等要素在国际范围内的循环与周转成为一种经常而普遍的现象，从而在国际经济中形成一种相互渗透、相互依赖的新局面。

(5) 对现实主义理论的补充与修正。现实主义理论在两次世界大战之间产生并在第二次世界大战之后迅速成长起来，对西方国际关系理论研究影响最大。其基本观点是：主权国家是国际关系中的唯一行为主体；权力（即指一国的实力）是解释一切国际关系及现象的关键因素；安全、均势、势力范围是国际关系中的主要问题。由于战后国际关系发展变化的某些事实，人们对现实主义的观点提出了不少质疑。在当今世界政治格局中冷战结束，两极趋向多极化发展，世界经济在科技进步的推动下迅速发展并走向区域甚至全球的一体化。这些国际关系的新变化充分表明，当代国际关系中的中心问题已不仅仅是安全问题，它往往被一些紧迫的社会经济问题所取代，成为影响国际关系的重大问题，如资源、生态环境、人口、粮食、世界经济危机等等。由于现实主义对国际关系的基本观点已经不能解释与回答国际关系中出现的新变化与新问题，许多西方学者纷纷提出新的看法，对现实主义理论进行批评与修正，国际相互依赖理论就在这种背景下应运而生。

（二）复合相互依赖论

复合相互依赖论由美国学者罗伯特·基欧翰和约瑟夫·奈提出。他们认为，当代世界已经与现实主义所描述的受权力政治支配的世界不同，而是一种“复合相互依赖”关系的社会。所谓复合相互依赖，具有以下三个特征。

(1) 多渠道的社会联系。这些渠道包括政府之间的官方正式外交关系与政府人士之间的非正式关系；非政府人士之间的非正式关系；跨国性组织（跨国公司、跨国银行等）的内部关系。无论哪一种渠道，都会促使国际相互依赖关系变得复杂化、多样化。其中尤以跨国组织的作用更为突出。如跨国公司以其雄厚的经济实力，通过制定严密的全球经营战略，其活动范围遍及世界各地和各个经济领域，对整个世界的生产、金融、技术、劳务及贸易等方面产生重大影响。与此同时，跨国组织的全球活动，已使本国政府难以控制。

(2) 多种多样的问题被提到国家间关系的议事日程。一方面，这些问题在国际关系的议事日程中并没有一种严格的轻重缓急的先后次序的排列，军事安全问题不再始终处于首要位置；另一方面，许多问题的国内界限与国外界限变得越来越难以划清，不仅许多过去被认为纯属国内政策的问题，现在往往也结合到外交政策上去考虑，很多属于国内经济政策的问题也逐渐纳入国际经济谈判桌上进行讨论。

(3) 在存在复合相互依赖关系的地区内，政府之间在解决多种问题时，一般不再以使用武力作为主要手段。但他们并不否认军事力量依然能起作用，在对一些敌对国家或敌对集团的政治和安全关系上，军事力量的使用还是不能排除的。

在上述观点的影响下，西方国际相互依赖论者又相应地提出了一套政策主张：

(1) 国际关系中要解决的中心问题是社会经济问题而不是安全、均势与势力范围等问题；

(2) 必须加强国家之间的合作，应当放弃你存我亡、我存你亡的传统法则；

(3) 要把不同国家结合在“相互依赖网”中，特别是使国家间在经济命运上相互依赖，以达到减少冲突、维护安全的目的；

(4) 在相互依赖关系的社会中，必须考虑多种问题的内在联系与相互影响，要从全球角度去解决问题，共同制定对所有国家都有利的办法。

（三）勃兰特委员会的观点

在德意志联邦共和国前总理维利·勃兰特的领导下，国际发展问题独立委员会曾先后发表两份著名的报告：《北方和南方：争取生存的纲领》和《共同的危机：南北合作争取世界经济复苏》。勃兰特委员会的这两份报告，从发达国家同发展中国家关系现存矛盾的角度，广泛地探讨和论述了国际经济和社会各个方面存在的严重问题，并对国际经济相互依赖与国际经济合作提出了一些新的见解。

(1) 人类日益面临越来越多的问题，这些问题的解决办法不可避免地具有国际性。他们认为，不同政治制度的社会面临着相当数量的共同性问题，也可称为“跨制度问题”，如能源危机、环境污染、消除饥馑和粮食问题，金融和贸易、国际经济协调问题，及控制军备、争取和平等等。所有这些，不仅是南方国家的问题，而是全球性的问题，问题的解决就要求各国人民之间、各个国家之间实现谅解，承担义务和相互支援，共同寻找解决全球性问题的新方法。

(2) 南、北方有着更多的共同利益，只有通过对话与合作才能产生合理的解决办法。他们强调，缩小富国与穷国之间的差距，消除歧视，逐步达到机会均等，这些不仅是谋求正义的问题，也符合各国的自身利益。因此，他们认为，一个国家的经济能否得到增长，越来越有赖于其他国家的做法。南方如果没有北方的协助就不能获得充分的发展；反之，如果南方没有取得更大的进步，北方也不可能繁荣，情况也得不到改善。显然，勃兰特委员会十分强调南北双方的相互依赖关系，并强调应该协调这种关系。

勃兰特委员会的报告坚持认为，南北之间共同的利害关系日益增多，这就需要对各国之间和各国人民之间的相互依赖关系采取一种新的见解。因此认为，通过对抗的办法不能有效地解决工业发达国家和发展中国家之间的任何重要问题，只有通过相互间的对话与合作才能产生合理的解决办法。

我们的目的应该是实现一个建立在契约而不是地位，协商一致而不是强制的基础上的全球社会。这是勃兰特委员会要求变革世界的呼吁，他们期望《北方和南方：争取生存的纲领》能得到广泛的支持。

（四）“依附”论

第二次世界大战后兴起的“依附”论观点，曾在拉美、非洲和西欧一些国家广为传播，引起了国际上较多的争论。“依附”论的主要代表人物有阿根廷的劳尔·普雷维什、埃及的萨米尔·阿明等。他们对国际经济相互依赖提出了不同的看法与主张，形成了许多流派，其中以普雷维什的“中心—外围”理论最为著名。

这一理论把世界分为两大部分：一部分是发达资本主义国家（叫作“中心”国家），另一部分是发展中国家（叫作“外围”或“边缘”国家）。“中心”国家在社会经济方面有着很多优势，而“外围”国家在社会经济方面都居于劣势地位。因此，“中心”国家和“外围”国家之间存在着根本上的不平等关系，前者愈来愈富，后者越来越穷。“外围”国家在经济上处于依附“中心”的不利地位，社会生活条件日趋恶化。

“外围”国家怎样才能摆脱对“中心”国家的不平等依赖关系呢？他们主张“外围”国家只有从世界经济体系中脱离出来，它们才有可能获得发展，“外围”国家只有独立自主地发展民族经济，打破旧的、不平等的国际分工格局，才有可能从恶性循环中解脱出来。

尽管“依附”论者在对问题的分析上各有特色，但他们的政策性结论却是基本相同的。他们坚持，“外围”必须与“中心”脱钩，改革国内经济制度，加强政府对经济的干预，采取进口替代发展战略，在封闭型经济中实现经济增长的良性循环。

西方相互依赖论者的有些观点，反映了第二次世界大战后国际经济关系发生重大变化的现实。相互依赖论者对传统的强权政治逻辑加以抨击，主张国家之间在解决多种问题时不再以武力作为主要手段；明确指出人类日益面临着相当多的共同性问题和共同利益；无论南方或北方，或不同社会制度的国家，只有通过对话与加强国际合作才能获得合理解决办法。他们的上述观点，有助于人们深入分析错综复杂的国际关系，从而制定出发展国际经济关系的正确政策和措施。但应指出，西方相互依赖论虽然强调并更多地分析了战后各国相互依赖关系的不断加强趋势，但对相互依赖与相互矛盾，作用与反作用之间的辩证关系，还缺少必要的实质性分析。“依附”论者比较深刻地分析了发达国家与发展中国家间不平等的经济关系，揭露了发达国家利用旧的国际分工，剥削与掠夺发展中国家的事实与本质，从而提出了独立自主地发展民族经济的道路，这些方面的观点还是具有进步意义的。可是，“依附”论的“中心”与“外围”的划分，“外围”必然依附“中心”的逻辑是不科学的。这一逻辑没有看到发展中国家经济发展的内部能动性，也忽视了发展中国家作为一支重要力量对世界经济发展的巨大作用。另外，“依附”论所谓发展中国家应同国际经济和世界市场“脱钩”的政策主张，显然是对又联系又矛盾的国际经济关系现实的否定，其结果必然是对发展中国家的经济发展非常不利。

第三节 经济一体化理论

一、关税同盟理论

对关税同盟理论研究较多的西方学者有范纳、李普西等。他们有以下主要观点。

（一）关税同盟的静态效果

关税同盟形成后具有以下静态效果：

（1）贸易创造效果。它由生产利得和消费利得构成。关税同盟成立以后，在比较优势基础上使生产更加专门化，这样，关税同盟中某个成员国的一些国内生产品将被其他生产成本更低的产品的进口取代。其结果，使资源使用效率提高，扩大了生产利益；同时，使本国该项产品消费开支减少，扩大了社会需求，结果会使贸易量增加。贸易创造效果使关税同盟国的社会福利水平提高。以图3—1进行说明。假定：在A、B、C三国中，A、B两国成立关税同盟；A、B、C三国的钢铁单位生产成本，依次为250美元、150美元、100美元；在成立关税同盟以前，A国对钢铁征收200%的进口税（从价税）。

从图3—1可知，在关税同盟成立前，A国将自行生产钢铁。因为在A国国内的钢铁价格，以A国产品的250美元最低，B国为450美元，C国为300美元。A、B两国成立关税同盟后，若它们的对外共同关税仍为200%，则B国产品价格就成为最低的（B国150美元，A国250美元，C国300美元）。因此，A国就从B国进口钢铁，A、B两国产生新的贸易。结果，钢铁生产就从成本较高的A国，移至成本较低的B国，创造出新的国际分工，这就是贸易创造效果。这时，A国可以用较低的价格（以前是250美元，现在是150美元）买到钢铁，从而提高了福利。从A、B两国整体来看，由于生产从高成本转

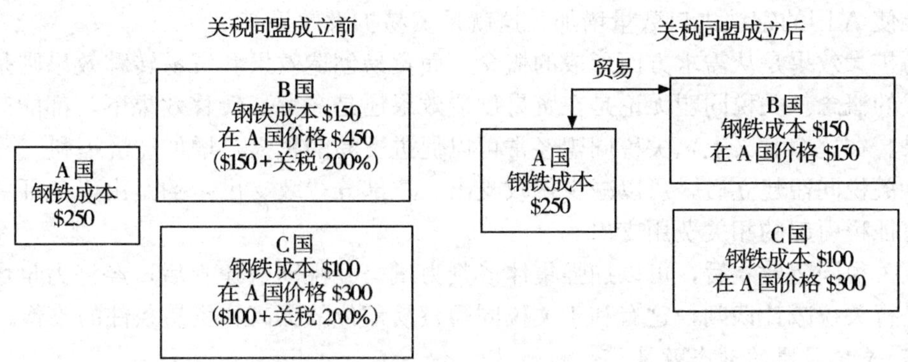

图 3—1　关税同盟成立前后贸易创造的效果

向了低成本，节约了资源，故能提高福利。对C国来说，因为它原来就不同A、B两国发生贸易关系，所以仍和新的贸易开始以前一样，没有什么不利。当然，如果把关税同盟国家增加收入、增加进口的动态效果计算在内，C国也会有利可得。因此，它对整个世界是有利的。

(2) 贸易转移效果。在关税同盟成立以前，关税同盟国从世界上生产效率最高、成本最低的国家进口产品；关税同盟成立以后，关税同盟国该项产品转由同盟内生产效率最高的国家进口。但如果同盟内生产效率最高的国家不是世界上生产效率最高的国家，则进口成本较前增加，消费开支扩大，使同盟国的社会福利水平下降，这就是贸易转移的效果。再以上例来说明。假定在成立关税同盟以前，A国对钢铁课征100%的进口税，其他条件与前例相同。在此种假定下，在关税同盟成立前，A国便自C国进口钢铁，因为C国钢铁在A国的价格为200美元（含税），比A国的250美元和B国的300美元（含税）都低。A、B两国关税同盟成立以后，若其对外共同关税仍为100%，则A国将改向B国进口钢铁，因为A、B两国的关税废除后，B国产品在A国的价格150美元就变为最低。结果，钢铁生产就从成本较低的C国，转至成本较高的B国。这就是所谓贸易转移效果。A国和C国当然受到了损失，并因不能有效地分配资源而使整个世界福利降低，见图3—2。

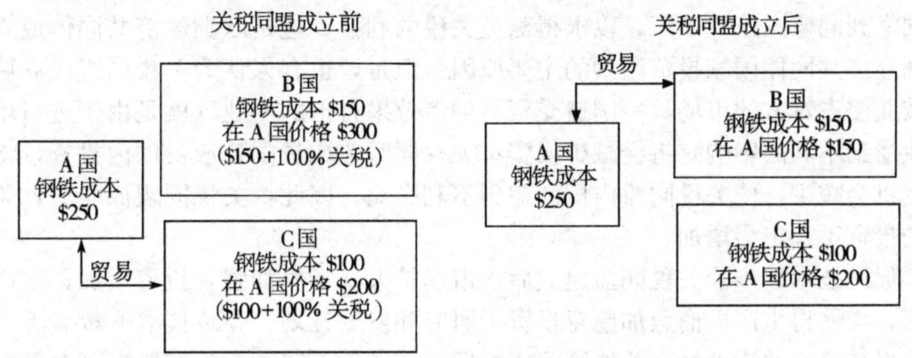

图 3—2　关税同盟成立前后贸易转移的效果

(3) 贸易扩大效果。如前两例，关税同盟成立后的A国国内钢铁价格均比成立前要低。因此如果A国的钢铁需求弹性大于1，则A国对钢铁的需求就会增加。这种需求的增加当然能使A国的钢铁进口数量增加，这就是贸易扩大效果。

贸易扩大效果是从需求方面形成的概念，而贸易创造效果和贸易转移效果则是从生产方面形成的概念。关税同盟无论是在贸易创造效果还是在贸易转移效果下，都能产生贸易扩大效果。在这个意义上，关税同盟经常可以促进贸易的扩大，增加经济福利。

（4）关税同盟建立后，可以减少行政支出。这部分行政支出指的是由于免征关税而减少的政府征税引起的相关费用支出。

（5）关税同盟建立后，可以加强集体谈判力量。关税同盟建立后，经济力量增加，统一对外进行关税减让谈判，这有利于关税同盟贸易地位的提高和贸易条件的改善。

（二）关税同盟的动态效果

关税同盟的动态效果主要是分析、考虑关税同盟对成员国就业、产出、国民收入、国际收支和物价水平的影响，又称之为次级效果。

（1）关税同盟使成员国之间的竞争力加强，专业化程度加深，资源使用效率提高。西托夫斯基认为关税同盟建立后，促进商品流通，可以加强竞争，打破孤立，经济福利因此可以提高。但是，有人持相反的看法，认为消除贸易壁垒，市场扩大，容易获取生产的规模经济，反而容易产生独占，从而使经济福利下降。具体的效果如何，还要视具体国家的特殊环境与条件而定。

（2）获取规模经济。关税同盟成立以后，成员国结为一体，自由市场可以扩大，因而可以获取专业化与规模经济的利益。持有此种观点的巴拉萨特别指出了形成关税同盟可以使生产厂商获得重大的内部与外部规模经济的利益。但金德尔伯格则认为欧洲经济共同体原成员国的厂商的原有生产规模已经很大，关税同盟建立后生产规模再扩大不一定更为有利。因为生产规模太大，效率反而会下降。这里体现了一种物极必反的哲理，但在关税同盟有利于厂商扩大规模经济方面，二者的观点是一致的。

（3）刺激投资。关税同盟建立以后，随着市场的扩大，风险与不稳定性降低，会吸引成员国厂商增加投资。关税同盟建立以后，商品的自由流通，会使竞争程度加强。为提高竞争能力，将促使关税同盟成员国原有的厂商增加投资，以改进产品品质，降低生产成本。关税同盟成立后，成员国之间关税完全免除，对外统一关税。其结果，会吸引关税同盟外的国家到同盟内设立工厂，以求得豁免关税的利益。这是欧洲经济共同体成立后，美国到欧洲经济共同体国家投资激增的主要原因。但是，也有人认为关税同盟成立后，成员国之间彼此侵占对方的市场，一国遭受贸易创造效果打击的产业（就是由于进口增加，进口替代业受到不利的影响）将会减少投资；关税同盟非成员国到成员国内投资，将会使成员国投资机会减少，使关税同盟内厂商遭到不利影响。因此，关税同盟成立后，关税同盟成员国的投资不一定会增加。

（4）促进技术进步。关税同盟建成后，市场扩大，竞争加强，投资增加，生产规模扩大等因素，均使得生产厂商愈加愿意投资于研究和发展计划，导致技术不断革新。

（5）提高要素的流动性。关税同盟成立后，市场趋于统一，生产要素可在各成员国间自由移动，因此会提高要素的流动性，促进要素的合理配置，降低要素闲置的可能性。

（6）加速经济成长。如果以上各有利之点均能成立，则关税同盟建立后，成员国的经济必可加速成长。

二、大市场理论

共同市场与关税同盟有所不同，它比关税同盟又进了一步。共同市场的目的就是把那些被保护主义分割的小市场统一起来，结成大市场，通过大市场内的激烈竞争，实现大批量生产等方面的利益。提出大市场理论的代表人物是西托夫斯基和德纽。

大市场理论的核心是：(1) 其目的是通过扩大市场来获得规模经济，从而实现技术利益；(2) 依靠因市场扩大化而使竞争激烈化的经济条件来实现上述目的。两者的关系是目的与实现目的的手段的关系。

德纽对大市场理论做了如下表述：(由于大市场化) 机器的充分利用，大量生产、专业化、最新技术的应用，竞争的恢复，所有这些因素都会使生产成本和销售价格下降；再加上取消关税也可能使价格下降一部分。这一切必将导致购买力的增加和实际生活水平的提高。购买某种商品的人数增加之后，又可能使这种消费增加和投资进一步增加。

这样一来，经济就会开始其滚雪球式的扩张。消费的扩大引起投资的增加，增加的投资又导致价格下降，工资提高，购买力的全面增加，增加的投资又导致价格下降，工资提高，购买力的全面增加……只有市场规模迅速增大，才能促进和刺激经济扩张。

西托夫斯基则以另一种方式论述欧洲共同市场产生和发展的原因，即西欧有一个“小市场与保守的企业家态度的恶性循环”。就是说，西欧（与美国相比）陷入了高利润率、低资本周转率、高价格的矛盾。由于人们交往于狭窄的市场、竞争不激烈、市场停滞和阻止新竞争企业的建立等等原因，高利润长期处于平稳停滞状态。因为价格高昂、耐用消费品等普及率很低，不能进行大量生产，因此，西欧陷入高利润率、高价格、市场狭窄、低资本周转率这种恶性循环之中。能够打破这种恶性循环的乃是共同市场或贸易自由化条件下的激烈竞争。如果竞争激化，价格下降，就会迫使企业家从过去的旧式小规模生产转向大规模生产。同时，随着消费者实际收入的增加，过去只供收入高的阶层消费的高档商品将被多数人消费。其结果是产生大市场→大量生产规模转换（以及其他的合理化）→生产成本下降→大众消费的增加（市场的扩大）→竞争进一步激化。其结果是出现了一种积极扩张的良性循环。

大市场理论为经济一体化提供了有力的理论基础，但仍然不十分完备，其主要原因有两个：(1) 大市场理论所强调的扩大市场后出现的累积的动态过程，并不一定要通过经济一体化的形态才能完成。只要企业家的经营方式从保守的消极状态转变为积极进取的态度，引进先进技术，扩大生产规模，同样可以实现。(2) 即使不组成区域性的经济贸易集团，只要有世界性的自由贸易，亦可能取得大规模市场的各种利益；而且就市场规模的大小而言，世界性的自由贸易，远远大于区域性的经济一体化。

对于区域性的经济一体化，除关税同盟理论、大市场理论外，尚有一种新理论予以补充，这就是协议性国际分工原理。

三、协议性国际分工原理

日本教授小岛清在考察经济共同体内部分工的理论基础以后，提出了国际分工的新的理论依据。

许多学者都以李嘉图提出的比较优势原理来说明经济统一体内的分工原理，把比较优势原理同“规模经济”和“竞争激化”并列。小岛清认为，光靠作为竞争原理的比较优势原理不可能完全实现规模经济的好处，完全依靠这一原理，可能导致各国企业的集中和垄断，影响经济共同体内分工的和谐发展和贸易的稳定发展。为了使经济共同体内的经济、贸易健康发展，小岛清提出了在经济共同体内实行协议性国际分工的原理。

他认为，以前的国际经济学所讲的只是在成本递增下通过竞争原理达成国际分工和平衡，而对成本递减（以及成本不变）的情况却没有论及。然而，需要说明的是这种成本递减的情况。这是因为，经济一体化的目的就是要通过大市场化来实现规模经济，这实际上也就是成本长期递减的问题。下面以图 3—3 来说明成本递减情形下进行协议国际分工的必要性与方法。

图 3—3 画的是 A 国和 B 国 X 和 Y 两种商品的成本递减曲线，实线的高度表示两国分别生产两种商品时的成本。现在假定 X 商品全由 A 国生产，并把 B 国 X_2 量的市场提供给 A 国；另一方面，Y 商品全由 B 国生产，并把 A 国 Y_1 量的市场提供给 B 国，两国如此进行集中生产，实行专业化之后，如虚线所示，两种商品的成本都明显下降。这只是每种商品的产量与专业化前两国产量之和相同时的情形，如果把随着成本、价格的下降两国需求相应增加的情况考虑进去，实际效果肯定更大。

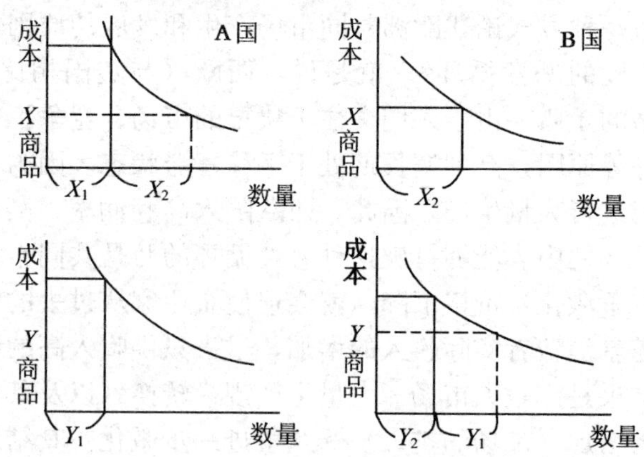

图 3—3 A 国和 B 国两种商品的成本递减曲线

在这里重要的问题是，A 国要把 Y 商品的市场，B 国要把 X 商品的市场分别提供给对方，即必须达成互相提供市场的协议，即必须实行协议性国际分工。达成协议的条件如下：

(1) 必须是两个（或多数）国家的资本劳动禀赋比率没有多大差别，工业化水平和经济发展阶段大致相同，协议性分工的对象商品在哪个国家都能进行生产。在这种状态之下，在互相竞争的各国之间扩大分工和贸易，既是关税同盟理论所说的贸易创造效果的目标，也是协议性国际分工理论的目标。而在要素禀赋比率和发展阶段差距较大的国家之间，由于某个国家可能陷入单方面的完全专业化或比较成本差距很大，还是实行价格竞争原理（比较优势原理）为宜，并不需要建立协议性的国际分工。

(2) 作为协议，分工对象的商品，必须是能够获得规模经济的商品。因此，产生出如下的差别，即规模经济的获得，在重化工业中最大，在轻工业中较小，而在第一产业中几乎难以得利。

(3) 不论对哪个国家，生产 X 商品或生产 Y 商品的利益都应该没有很大差别，也就是说，自己实行专业化的产业和让给对方的产业之间没有优劣之分，否则就不容易达成协议。这种利益或产业优劣主要决定于：1）规模扩大后的成本降低率；2）随着分工而增加的需求量及其增长率。

从第三个条件（没有优劣之分的产业容易达成协议）可以得出如下结论：协议性分工是同一范畴商品内更细的分工。

上述三个条件表明，经济一体化或共同市场必须在同等发展阶段的国家之间建立，而不能在工业国与初级产品生产国即发展阶段不同的国家之间建立；同时也表明，在发达工业国家之间，可以进行协议分工的商品范畴的范围较广，因而利益也较大。另外，生活水平和文化等相互类似、互相接近的地区，容易达成协议，并且容易保证相互需求的均等增长。

由此看来，拉丁美洲中部共同市场及经互会，是由国家间的计划决定分工的，所以属于协议性的国际分工类型。

四、综合发展战略理论

对于发展中国家来说，用什么理论来指导其自身的经济一体化，是一个十分重要的问题。一些经济学家认为，根据发展中国家国内外的经济与政治环境，不能把发达资本主义国家经济一体化的理论（如关税同盟理论、大市场理论）照搬到发展中国家。为此，他们提出了与发展理论紧密联系的综合发展战略理论，其著名的代表人物是发展中国家合作研究中心高级研究员和主任鲍里斯·塞泽尔基。他在《南南合作的挑战》一书中比较完整全面地阐述了这种理论。

（一）综合发展战略理论的原则

（1）一体化是发展中国家的一种发展战略，它不限制市场的统一，也不必在一切情况下都追求尽可能高级的其他的一体化。

（2）两极分化是伴随着一体化的一种特征，只能用有利于发挥较不发达国家优势的系统的政策来避免它，而这就要求强有力的共同机构和政治意志。

（3）拒绝古典和现代一体化理论中所阐述的一体化成功条件，虽然其中个别部分在某些具体情况下仍然适用。其主要条件是，把一般模式和具体理论有效地应用到特定集团和现存环境中去。

（4）在许多情况下，私营部门在发展中国家一体化进程中占了统治地位是失败的重要原因之一。有效的政府干预对于经济一体化的成功是重要的。

（5）鉴于世界被敌对性地划分成了发达和发展中国家，因而将发展中国家的一体化视为集体自力更生的手段和按照新秩序逐渐变革世界经济的要素。

（二）发展中国家和地区一体化的主要因素

（1）经济因素。诸如该区域经济（和总体）发展水平以及各成员国之间的差异；各成员国之间现存的经济和其他方面的相互依存状况；新建经济区的最优利用状况，特别是有关资源和生产要素的互补性及其整体发展的潜力；同第三国经济关系的性质，外国经济客体（尤其是跨国公司）在特定集团中的各国经济中的地位；特定集团中各国的经济地位；根据特定集团中的实际条件选择的一体化政策模式和类型的适用性。

（2）政治和机构因素，诸如区域政治协调程度。换言之，各成员国的社会政治制度的差异；在所有成员国中，有利于实现一体化的“政治意志”状况及其稳定性；该集团的对外政治关系模式，尤其是同超级大国和前宗主国关系的模式；共同机构的效率，它们进行有利于集团共同利益的创造性活动的可能性。

(3) 在制定发展中国家一体化政策时，应注意下列问题：各国发展战略和现行经济政策的一体化，决不能是外生的，或者甚至是残缺不全的，而必须使各国的发展努力完全一体化；生产和基础设施应该是经济一体化的基本领域，而集团内的贸易自由只应该是这个进程的补充；在形势允许时，一体化应该包括尽可能多的经济和社会活动（以便创立和加强有关国家的区域共同体）；应该特别重视通过区域工业化来加强相互依存性并减少发展水平的差异。通过区域内而不是通过区域间的工业专业化，即通过成员国之间的工业部门分工，可以最有效地减少发展水平的差异，加强相互依存；通过协商对待所有成员国的外国资本，以协调管理外国经济实体（尤其是跨国公司）的活动；诸如有利于较不发达成员国的优惠待遇（包括在集团内以及同第三国贸易中的优惠待遇）等条款，将会减轻或充分抵偿一体化的两极分化影响。

这种经济一体化的理论具有以下特点：

(1) 它突破了以往的一体化理论的研究方法。过去在一体化研究中，一种是以生产要素禀赋配置合理化为基础的研究方法，把一体化进程解释为通过自由贸易，逐渐把各国市场合并起来，最终目标是建立一个共同市场；另一种方法是以贸易保护主义和干预主义局限为基础的研究方法，把一体化认为是积极建立区域经济的过程，它要求经济和社会政策的协调化，以便建立经济共同体，而鲍里斯·塞泽尔基认为，以自由贸易和保护贸易理论来研究发展中国家的经济一体化过于狭窄，他强调应用与发展理论紧密联系的跨学科的研究方法，把经济一体化认为是发展中国家的一种发展战略，不限于市场的统一，主张经济的相互依存发展必须以生产领域为基础，强调有效的政府干预。

(2) 考虑到发展中国家实现一体化过程中的国内外的困难，诸如民族经济的软弱，跨国公司的作用，两极分化，旧的国际经济贸易秩序的存在，故而把一体化看作是集体自力更生的手段和按照新秩序逐渐变革世界经济的要素。

(3) 在制定经济一体化政策时，要进行综合考虑，一方面要考虑经济因素，另一方面要注意政治和机构因素，密切结合本国和本地区的实际（如反对外面强加的一体化）。生产和基础设施是经济一体化的基本领域，进行区域工业化，协调对待外国资本等等。

鲍氏的经济一体化理论比较切合发展中国家的实际，故日益受到发展中国家的欢迎，成为发展中国家经济一体化的重要依据。

以上简单介绍了经济一体化的一些有关理论。目前对于经济一体化的内涵尚无统一的、明确的说法。现有的一体化理论研究也处于不平衡的发展状况，理论重点多在发达国家之间的一体化问题上，如欧洲统一大市场等，而对发展中国家的经济一体化以及发达国家与发展中国家的经济一体化等世界经济中的新趋势、新重点研究甚少，甚至根本没有涉及。对于全球经济一体化这样的长远问题，研究得也很不够。在分析方法上，过分重视微观、单项因素的分析，对多项、宏观的综合分析不足；对经济一体化形成的内部原因与利益的分析强于对经济一体化外部原因与利益的探讨；从生产要素配置分析经济一体化的经济效益较多，而从生产力发展和生产关系的演变与要求分析不足。随着当今经济一体化现实的发展，一体化理论还需要一个长期的、不断完善的过程。

[思考题]

1. 什么叫国际分工？关于国际分工的理论有哪些？

2. 简述赫克歇尔-俄林模型。为什么说它是现代国际分工理论的开端？

3. 叙述产品生命周期理论。

4. 什么是国际相互依赖？马克思关于国际相互依赖的论断是什么？西方学者关于国际相互依赖的主要理论有哪些？

5. 叙述“中心—外围”学说的主要内容。

6. 关于经济一体化的理论有哪些？

7. 关税同盟的形成会产生哪些动态效果和静态效果？

8. 简述小岛清的协议性国际分工原理。

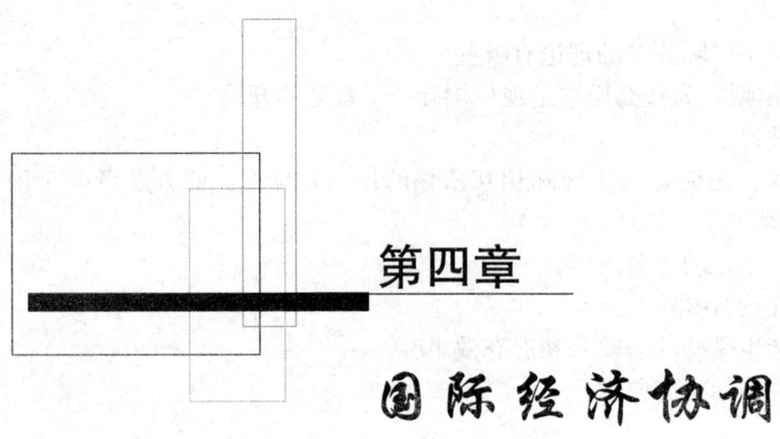

第四章 国际经济协调

［重点问题］

- 国际经济协调机制确定的原因及特征
- 经济关联度，经济均衡发展的对外依赖性
- 国际经济协调的组织形式，世界贸易组织，国际货币基金组织，世界银行
- 国际经济协调的基本内容
- 经济一体化集团，欧盟，北美自由贸易区，亚太经济合作组织

国际经济协调是指在国际分工高度发展的基础上，各国为了解决涉及彼此间在国际经济利益中的矛盾与问题，保障世界经济按比较正常的秩序进行，由各国政府出面通过一定的形式，对国际经济活动采取联合干预、管理和调节的行为。国际分工是国际经济协调产生与发展的根源；各国政府是实施国际经济协调的主体；缓解国与国之间的矛盾、维持较为正常的世界经济秩序、促进各国经济增长是国际经济协调政策行为的目的；共同或联合对国际经济运行过程进行干预和调节，是国际经济协调政策行为的特征。国际经济协调是国际经济合作及世界经济运行过程中出现的新现象，也是影响到国际经济合作以及世界经济发展状况的新的重要因素，将其从国际经济合作的研究中分离出来单独进行论述具有重要的理论意义和现实意义。

第一节 国际经济协调机制的确立与发展

所谓机制，是指具有内在联系、起规律作用或实现的形式。国际经济协调机制即在国际经济协调范畴起规律作用的形式。在当代世界经济领域中，国际经济活动受到三种机制的调节：（1）市场经济的自发调节；（2）各国政府单独制定的经济政策和措施的调节；（3）在国际协商的基础上若干国家政府的联合调节，即国际经济协调。市场机制的缺陷需要国际协调机制予以校正，而国家调节政策也需要国际经济协调机制予以协调。因而，本节将重点阐述国际经济协调机制所产生的背景，分析其产生的原因，明确其本质特征及其与国际经济合作的联系与区别。

一、国际经济协调产生的背景

马克思在《资本论》中指出，资本主义的基本矛盾是生产的社会化和资本主义私人占有制之间的矛盾。按西方经济学的理论，就是市场运行机制中所反映出的总供给大于总需求的现象。尽管市场机制通过价格、工资、利率等杠杆的调节，能在一定程度上调节总需求和总供给之间的矛盾，但受资本主义私人占有制性质的限制，市场调节手段只能以周期性经济波动为代价，当资本主义基本矛盾运动发展到一定程度时，市场调节手段就很奏效，以生产过剩为特征的周期性经济危机就会爆发。这就是“市场失灵”。

当资本主义进入国家垄断资本主义阶段之后，资本主义基本矛盾的表现形式发生了变化。根据凯恩斯主义的国家干预理论，国家干预的目的是针对以有效需求不足为特征的经济危机，干预的内容是靠政府增加支出来弥补私人部门的需求不足，解决资本主义市场中存在的需求不足问题。国家干预手段出现之后，缓解了资本主义的基本矛盾。由于市场机制的自发调节作用仍未被完全替代，对付市场失衡的国家干预政策效应常常被市场调节机制逐步抵消，于是产生了“国家失灵”。资本主义基本矛盾逐步演变为国家干预与市场调节之间的矛盾。矛盾的直接结果，就是 20 世纪 70 年代西方资本主义世界的经济“滞胀”顽症。在高通货膨胀与低增长率的双重围困下，一种新的解决手段——国际经济协调应运而生了。

二、国际经济协调机制产生与发展的原因

国际经济协调机制是相应于各国经济发展的需要，在可能的国际条件下建立、形成和发展的。其主要受以下因素的推动。

（一）国际经济关联度的提高

所谓国际经济关联度，是指随着各国对外经济活动的规模和范围的扩大，国家间的相互联系程度相应提高，它是生产国际化高度发展的结果，是国际水平分工的产物。各国的国民生产过程已发展到国际再生产过程。因此，一国经济的发展越来越多地面临着在改善国内条件、利用国内资源的同时，还需要改善外部条件和利用国际资源的双重任务。但外部条件的改善既不能听凭市场机制的自发调节，也不能单靠本国的政策干预就可以奏效，而需要有关国家经济发展状况的配合和经济政策的配合。这是国际经济协调产生与发展的根本原因。

（二）实现经济均衡发展的对外依赖性增强

在封闭经济下，一国经济的外部联系较弱，实现经济均衡的任务仅限于内部均衡。总供给等于总需求的条件是 $I=S$。总需求 Y 分成三个部分：家庭消费 C，企业投资 I 和政府支出 G，即：$Y=C+I+G$。总供给 Y 也分三部分：家庭消费 C，家庭储蓄 S 和政府税收 GT。$Y=C+S+GT$。均衡条件为 $I+G=S+GT$。但在开放条件下，经济均衡既包括内部

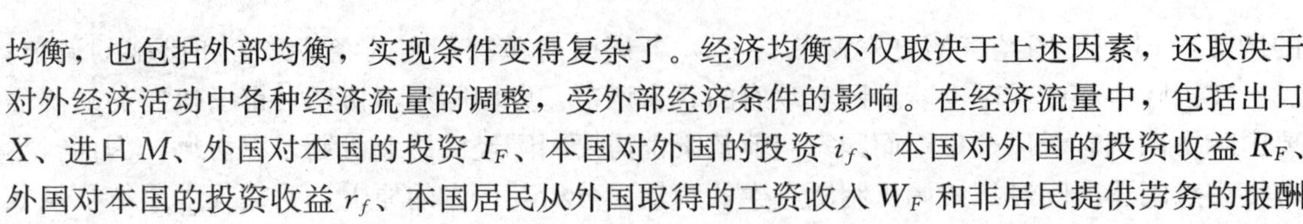

均衡，也包括外部均衡，实现条件变得复杂了。经济均衡不仅取决于上述因素，还取决于对外经济活动中各种经济流量的调整，受外部经济条件的影响。在经济流量中，包括出口 X、进口 M、外国对本国的投资 I_F、本国对外国的投资 i_f、本国对外国的投资收益 R_F、外国对本国的投资收益 r_f、本国居民从外国取得的工资收入 W_F 和非居民提供劳务的报酬 w_f。这时：

总需求：$Y=C+I+G+X+I_F+R_F+W_F$

总供给：$Y=C+S+GT+M+i_f+r_f+w_f$

实现经济均衡的条件是：

$$I+G+X+I_F+R_F+W_F=S+GT+M+i_f+r_f+w_f$$

各国经济均衡实现的条件复杂化了，受外部经济发展状况的限制和制约强化了，因而需要创造一个良好的外部均衡的经济环境。要创造一个外部经济均衡环境，仅仅依靠一个国家的调节是不能实现的，而越来越取决于别国经济发展状况和调节政策的相互配合。一国对外开放程度越高，外部均衡对实现总体经济均衡的意义就越重要。有关国家采取具体和相关的措施也就越有必要。

(三) 存在外部利益障碍

对外开放从总体上看能够促进一国福利水平的提高，这是由追求经济利益的自然倾向决定的。然而，福利水平的提高并不能自发实现，因为在存在国家民族利益的情况下，一国外部经济利益的实现，要受到别国经济发展状况和经济政策的限制和制约。这种利益障碍来自两个方面：一是市场准入障碍；二是过度竞争。这两种障碍，主要受非市场因素即各国宏观经济政策的调节，它的克服，除发挥市场机制的作用外，更重要的是通过对各国经济政策进行国际协调来解决。

(四) 政策调节的外部干扰

在封闭经济下，宏观经济政策对一国国民经济活动的调控能力较强。但在开放经济下，由于外部经济的介入，一国干预经济活动的政策手段的影响力明显减弱。从加强政策效果出发，同样有必要进行国际经济协调。

三、国际经济协调的本质特征

从表面上看，国际经济协调是资本主义生产国际化和资本国际化的产物。换言之，国际商品流通、劳务交换、资金流通，引起各国之间的支付和债权、债务关系，由此产生各国货币兑换、储备资产等的供应以及国际收支的调节等一系列问题，使国际协调的产生具有客观必然性。但这种客观必然性是社会化大生产所决定的国际分工的一般要求。这种必然性并非国际经济协调所独有，它不能决定国际经济协调的本质和特征。资本主义国际经济协调，除了反映社会化大生产的客观要求之外，还有以下本质特征。

(1) 资本主义国际经济协调仍然是针对资本主义经济危机、由资本主义国家联合起来协调一致以对付经济危机的一种手段。

(2) 国际经济协调是调节各国国内经济目标与外部经济目标的手段。通过国际协调，缓解国内经济目标与外部经济目标的冲突。一般来说，一国的宏观经济政策手段在同时调节内部和外部目标时的作用是有限的，要使国内的经济政策效应免受国外经济事件的冲击，只有通过国际经济协调手段建立稳定的国际经济秩序。

（3）国际经济协调的形式随资本主义国家间矛盾形式的变化而变化。以美元为中心的布雷顿森林体系，是在美国处于霸权地位时，美国协调与其他资本主义国家之间矛盾的形式。而七国首脑会议的首次召开，并非国际经济协调形式的简单变化，而是意味着以美国为主导的协调形式已被多国首脑协调形式所取代。

（4）国际经济协调的程度取决于国与国之间利益的大小。西欧的国际经济协调之所以起步早、发展快、程度深，是由于西欧各国经济、社会历史、地理环境较接近，较易形成共同的经济利益。而北美自由贸易区和亚太经济合作组织采取的国际经济协调形式也恰恰与其国（地区）与国（地区）之间的利益大小相适应，并伴随着区域集团的发展而发展。

第二节 国际经济协调的组织形式

国际经济协调的形式多种多样，一般均由政府或有关国家官方机构出面，或通过签订国际协议，或结成区域性的一体化经济集团，或在更大范围内参加跨区域的国际性组织，或通过主要资本主义国家的首脑定期会晤等等。国际经济协调的组织形式，按其协调的普遍性和层次的高低，可以分为以下三种主要形式：（1）国际经济机构；（2）区域经济一体化集团；（3）国际会议。

一、国际经济机构

国际经济机构是指活动于经济领域、跨越国界的政府间组织。

（一）关税及贸易总协定/世界贸易组织

关税及贸易总协定（General Agreement on Tariffs and Trade，GATT）是一项旨在降低关税、减少贸易壁垒的有关关税和贸易政策的国际性的多边协定。1947年10月30日由美国等23个国家在日内瓦签订，到1992年11月，总协定缔约方已达104个，其贸易额占世界贸易总额的90%以上，是一个有约束力的世界贸易契约组织。GATT的宗旨是：在互惠互利的基础上削减关税和其他贸易壁垒，消除国际贸易中的差别待遇，充分利用世界资源，扩大商品的生产和交换，促进各缔约国经济的发展。它奉行的基本原则是：非歧视原则、关税保护和关税减让原则、禁止采用进口数量限制原则、禁止倾销和限制出口补贴原则、磋商调解原则等。其目的在于为国际经济贸易制造一个多边的自由贸易环境。

GATT对于国际贸易的协调主要有以下几个方面。

（1）建立多边贸易谈判的协商机制。GATT的总部设在日内瓦，最高权力机构是缔约国大会，通常每年举行一次会议，讨论和处理总协定的重大问题和活动。每个成员国有一表决票，但一般采用协商一致的办法作出决定，如确需表决时，一般用简单多数通过、在特殊情况下采用2/3多数通过的办法。GATT的日常事务和紧急事项由缔约国理事会和秘书处处理。理事会下设各种委员会和专业机构，如国际收支、关税减让、补贴和反补贴、反倾销、进口许可证手续、海关估价、技术贸易壁垒、政府采购、民用航空交易、纺织品监督机构、牛肉理事会、国际制品理事会等。出版《关税及贸易总协定活动》、《国际贸易研究》及《年报》等刊物。

（2）建立全球性的多边贸易规则，以促进国际贸易自由化。其中具体的原则主要有三项：1）非歧视原则。各国对其贸易伙伴应一视同仁，不得有任何歧视。这项原则的宗旨是防止出现报复与反报复局面，避免贸易保护主义升级。2）透明度原则。缔约国的贸易政策、法规要具有透明度，应以直接税代替隐蔽而无法计量的各种贸易保护主义的做法。3）互惠原则。缔约方之间要相互提供关税优惠。

（3）协调各国关税政策。从1947年至今已举行了八轮贸易谈判，每一次谈判均称之为“回合”。在前六个回合的谈判中，降低关税率范围达60 000个税目以上，涉及商品占世界贸易的一半以上。在第七轮东京回合谈判中，削减关税的商品占世界贸易的1/5。在第八轮谈判——乌拉圭回合谈判中，涉及的谈判内容十分广泛，有15个议题，包括关税、非关税措施、热带产品、自然资源产品、纺织品和服装、农产品保障条款、多边贸易谈判协议安排、补贴和反补贴措施、争端解决、与贸易有关的知识产权问题、与贸易有关的投资措施和服务贸易等。其中关税仍然是GATT进行谈判和协调的主要目标。

（4）非关税协调和各国贸易政策的协调。20世纪70年代后，发达国家经济实力之间的相对差距在逐步缩小，使得战后以关税协调为基本框架的国际贸易协调受到冲击。跨国公司在全球的扩张活动，往往要求政府采取一些非公开的贸易保护主义措施来保障它们的利益，这些非公开的措施，并不是通过关税来保护本国利益，而是通过自愿出口配额限制、签订市场协定、提高商检标准、发放许可证等手段来限制进口，以及通过减免税收、信贷保证和隐含的政府补贴等措施来促进出口。这些非公开的、隐含的保护主义贸易政策，增加了GATT对其实施监督、制约的难度。因而，从GATT第六轮谈判——肯尼迪回合开始，在协调关税的同时，首次将非关税协调纳入谈判的范围。协调的组织形式同关税协调相同，通过理事会下设的各种委员会和专业机构进行协调，或者安排缔约方进行洽商和谈判。

1995年1月1日，GATT已被新成立的世界贸易组织（World Trade Organization，WTO）所取代。WTO是一个拥有更为严格的执法权力的常设机构，它将统辖乌拉圭回合谈判所达成的各种关税和非关税措施守则、知识产权协定和服务贸易总协定等。WTO以提高生活水平、确保充分就业、大幅稳定地增加实际收入和实际需求、持久地开发和合理地利用世界资源、拓展货物和服务贸易、促进世界经济增长为宗旨。

WTO协调世界贸易的特点与GATT有以下几点不同。

（1）适用范围明显扩大。WTO的管理范围要比GATT大得多。根据有关规定，除乌拉圭回合成果外，东京回合达成并经乌拉圭回合修改过的五个非关税措施的守则和协议包括：进口许可证手续协议、补贴反补贴守则、反倾销守则、技术贸易壁垒协议、海关估价协议；东京回合达成的另外三个多边贸易协定包括：民用航空器材贸易协议、国际奶制品协议、牛肉协议，都属于世界贸易组织管理和协调的部分。

（2）地位更明确。GATT从法律角度讲并非一个组织，而是一个临时生效的契约，只是这个契约“临时”了约半个世纪。而WTO是一个具有法人地位的机构，对其所有成员国具有严格的法律约束力，所达成的协定都具法律效力。WTO规定其所有成员国都必须“一揽子参加”，改变了因东京回合采用自由选择参加方式造成的各成员国权利与义务的不平衡。

（3）争端解决机制更为完善。GATT的争端解决机制存在以下主要缺陷：专家小组的权限很小，争端解决的时间拖得很长，监督后续行动不力。而WTO的争端解决机制建立在一整套严谨的条款基础上，其运作将更为有效，是一套比较完善的机制。WTO的法人

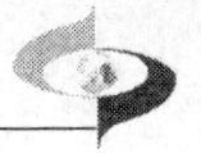

地位也有利于这套机制的运行。

(4) 建立了更完善的贸易政策评审机制。按照这一机制，贸易额占世界前 4 名的国家或地区每两年评审一次，排名第 5～12 名的国家或地区每 4 年评审一次；第 20 名以后的成员国或地区每 6 年评审一次。这套机制增强了贸易政策的透明化，有利于缔约方之间改善关系，有助于世界贸易组织在国际经济贸易领域发挥更大的作用。

世贸组织的主要职能是：组织实施各项贸易协定；为各成员提供多边贸易谈判场所，并为多边谈判结果提供框架；解决成员间发生的贸易争端；对各成员的贸易政策与法规进行定期审议；协调与国际货币基金组织、世界银行的关系，提供技术支持和培训。

世界贸易组织的目标是建立一个完整的，包括货物、服务、与贸易有关的投资及知识产权等内容的，更具活力、更持久的多边贸易体系，使之可以包括关贸总协定贸易自由化的成果和乌拉圭回合多边贸易谈判的所有成果。

世界贸易组织的基本原则是非歧视贸易原则，包括最惠国待遇、透明度和国民待遇条款；可预见的和不断扩大的市场准入程度，主要是对关税的规定；促进公平竞争，致力于建立开放、公平、无扭曲竞争的“自由贸易”环境和规则；鼓励发展与经济改革。

世贸组织的基本职能有：管理和执行共同构成世贸组织的多边及诸边贸易协定；作为多边贸易谈判的讲坛；寻求解决贸易争端；监督各成员贸易政策，并与其他同制定全球经济政策有关的国际机构进行合作。世贸组织的目标是建立一个完整的、更具活力的永久性多边贸易体制。与关贸总协定相比，世贸组织管辖的范围除传统的由乌拉圭回合确定的货物贸易外，还包括长期游离于关贸总协定外的知识产权、投资措施和非货物贸易（服务贸易）等领域。世贸组织具有法人地位，它在调解成员争端方面具有更高的权威性和有效性。

部长级会议是世贸组织的最高决策权力机构，一般每两年举行一次会议，讨论和决定涉及世贸组织职能的所有重要问题并采取行动。它对世贸组织的发展具有重要意义。

部长级会议的主要职能是：任命世贸组织总干事并制定有关规则；确定总干事的权力、职责、任职条件和任期以及秘书处工作人员的职责及任职条件；对世贸组织协定和多边贸易协定作出解释；豁免某成员对世贸组织协定和其他多边贸易协定所承担的义务；审议其成员对世贸组织协定或多边贸易协定提出修改的动议；决定是否接纳申请加入世贸组织的国家或地区为世贸组织成员；决定世贸组织协定及多边贸易协定生效的日期等。

自 1995 年成立以来，世界贸易组织已先后举行过七次部长级会议。

第一次部长级会议 1996 年 12 月在新加坡举行。会议主要审议了世界贸易组织成立以来的工作及上一轮多边贸易谈判即“乌拉圭回合”协议的执行情况，并决定成立贸易与投资、贸易与竞争政策、政府采购透明度 3 个工作组，同时将贸易便利化纳入货物理事会的职责范围。会议最后通过了《新加坡部长宣言》。

第二次部长级会议 1998 年 5 月在瑞士日内瓦举行。会议主要讨论了已达成的贸易协议的执行情况、既定日程和未来谈判日程等问题以及第三次部长级会议举行的时间和地点。会议的主要目的是为第三次部长级会议启动新一轮多边贸易谈判做准备。

第三次部长级会议 1999 年 11 月 30 日至 12 月 3 日在美国西雅图市举行。由于非政府组织的示威游行和干扰所产生的压力以及成员间在一系列重大问题上的意见分歧，会议未能启动拟议中的新一轮多边贸易谈判，最终以失败告终。

第四次部长级会议 2001 年 11 月在卡塔尔首都多哈举行。会议启动了被称为“多哈发展议程”即所谓“多哈回合”的新一轮多边贸易谈判。多哈回合涵盖大约 20 个议题。其中农业和非农产品市场准入被认为是最关键也是世贸组织成员分歧最集中的两个议题。这两个议题不解决，其他议题的谈判便无法取得进展。

农业和非农产品市场准入议题非常复杂，基本上归为三大方面，即农业补贴、农产品关税和工业品关税。长期以来，世贸组织成员无法在农业补贴、农产品关税和工业品关税的削减幅度、削减公式和削减方法上达成一致。于此次会议期间召开的小型部长会议的主要目标也是解决这方面的问题。

值得注意的是，虽然各方分歧非常复杂，但主要分歧还是发达成员和发展中成员之间的分歧，主要原因是发展水平不同，因此利益和需求也不同。美欧等发达成员的主要目标是进一步打开发展中成员的工业品和服务市场，而发展中成员则希望美欧降低农业补贴并开放农业市场，如何达成一项平衡的协议，使各方均得到好处而又尽量避免损失就成了谈判中的最大难题。

会议的另一个重要成果是批准中国加入世贸组织。

第五次部长级会议 2003 年 9 月在墨西哥坎昆举行。会议对世贸组织新一轮谈判进行了中期评估，同意接纳柬埔寨和尼泊尔两国为世贸组织正式成员，发表了《部长会议声明》。由于与会各方对《部长宣言草案》存在巨大分歧，大会未取得实质性成果，这是世贸组织成立 8 年来无果而终的第二次部长级会议。

第六次部长级会议 2005 年 12 月在中国香港举行。会议通过了《部长宣言》，规定发达成员和部分发展中成员 2008 年前向最不发达国家所有产品提供免关税、免配额的市场准入；发达成员 2006 年取消棉花的出口补贴，2013 年年底前取消所有形式农产品的出口补贴。

第七次部长级会议 2009 年 11 月 30 日至 12 月 2 日在瑞士日内瓦举行。会议的主题是“WTO，多边贸易体制和当今全球经济环境”，会议回顾了自 2005 年中国香港部长级会议以来，WTO 各项工作包括多哈回合谈判的进展情况，同时讨论 WTO 对世界经济复苏和增长的贡献。

第八次部长级会议 2011 年 12 月 15 日至 17 日在瑞士日内瓦举行。会议将讨论的重点放在发展问题上，以认真务实的态度，研究对最不发达国家经济体进行贸易援助等具体问题。

（二）国际货币基金组织

国际货币基金组织（International Monetary Fund，IMF）是政府间的国际金融组织，也称货币基金组织。成立于 1946 年 3 月，1947 年 3 月开始活动，它是战后国际货币体系的核心，目前共有会员 151 个国家和地区。它的宗旨是：（1）通过这一常设机构就国际货币问题进行磋商与协作，从而促进国际货币领域的合作。（2）促进国际贸易的扩大和平衡发展，从而有助于提高和保持高水平的就业、实际收入以及成员国生产性资源的开发，并将此作为经济政策的主要目标。（3）促进汇率的稳定，保持成员国之间有秩序的汇兑安排，避免竞争性的通货贬值。（4）协助在成员之间建立经常性交易的多边支付体系，取消阻碍国际贸易发展的外汇限制。（5）在有充分保障的前提下，向成员国提供暂时性普通资金，以增强其信心，使其能有机会在无需采取有损本国和国际繁荣的措施的情况下，纠正国际收支失衡。(6) 根据以上宗旨，缩短成员国国际收支失衡的时间，减轻失衡的程度。

IMF 的最高决策机构是理事会，每年举行一次会议。所有会员国都参加，各国财政部长或中央银行行长担任理事，这是最高的权力机构。理事会下设董事会，董事会行使接纳新会员、调整基金会份额和修改协定条款等权力。决策机构为“二十国委员会”，1974 年改设“临时委员会”。日常事务由执行董事会处理。

国际货币基金组织具有监督、协调和融通资金的作用。其主要协调活动有以下三个方面。

(1) 汇率监督。为了使国际货币体系发挥有效的作用，IMF 要检查会员国是否与它和其他会员国进行合作，以保证作出有秩序的汇兑安排，并促进建立一个稳定的汇率制度，因此，IMF 要对各国的汇率政策进行监督。这项工作涉及对影响汇率的各项政策进行监督。因为汇率稳定的核心在于改善各国的各项政策，国际合作能为此起到帮助作用，其中包括实现低水平通货膨胀率的趋同、紧缩财政以及有助于劳动力及其他市场有效运转的各项结构政策。

监督活动是基金组织的主要手段，利用这些手段达到改善国际货币体系运行状况的目的。这类活动包括基金组织与各成员国所定期进行的第四条款的磋商，还包括对全球政策事宜进行审议，对世界经济及市场状况进行评议，并对世界经济的发展作出预测。

(2) 提供资金支持。IMF 设有多种贷款，根据不同的政策向会员国提供资金。近年来，基金组织的资金业务主要集中在发展中国家和转轨经济国家上。到 1995 年末，对上述国家的资金支付占所有方案的 60%，改变了以往大部分贷款用于工业化国家的状况；基金组织还设置了期限更长的新型贷款方式，这种贷款主要提供给面临结构调整和宏观经济失衡的会员国，在某些情况下还享有优惠利率，并可与传统的短期贷款、中长期贷款并用；基金组织还帮助宏观经济失衡和进行结构调整的会员国解决债务问题，使之重新获得进入资本市场的机会，这种导向型调整有利于转轨经济体制向市场经济过渡。近年来，IMF 的新举措还有：提高备用安排和中期安排下信贷档的年度提款规模，从原来的成员国份额 68%提高到 100%。扩大年度贷款规模的目的是提高会员国的信心，表明基金组织有能力并及时地对成员国的经济调整和改革作出反应。1994 年 12 月底，墨西哥发生了金融危机，IMF 于 1995 年 2 月 1 日便迅速地作出了反应，批准了一项历时 8 个月的备用安排，初始资金为 53 亿特别提款权，以后逐渐增加到 68 亿特别提款权。这项巨大的融资方案用于支持墨西哥政府 1995 年至 1996 年的经济和金融方案。解决其外汇市场上所面临的严重危机，制止墨西哥危机的传染效应蔓延。1997 年 10 月泰国货币危机引发东南亚金融动荡，IMF 又适时提供贷款，以帮助泰国走出困境。

(3) 磋商与协调。IMF 设置了一个常设机构，便于就国际货币问题进行商讨与协作，以促进货币合作。除各级会议外，基金组织原则上每年与会员国进行一次磋商，对会员国的经济、金融形势和政策作出评价。这种磋商的目的是：1) 使基金组织能够履行监督会员国汇率政策的责任。2) 有助于基金组织了解会员国的经济发展和措施，从而使基金组织能够迅速处理会员国申请贷款的要求。如 1995 年初阿根廷大量资金外流，其政府采取了强化公共财政管理的措施并拿出资金来改善受到冲击的金融体系，在资金短缺的情况下，寻求国际资金的支持，其中包括要求延期 4 年偿还 IMF 的中期贷款，同年 4 月 6 日，IMF 批准了阿根廷的这一请求，延长中期贷款并追加 15.37 亿特别提款权，使阿根廷从

IMF 获得的贷款总额达 40.2 亿特别提款权。

IMF 的协调工作侧重于两个方面：1）协调 IMF 与各成员国之间的关系，在重要问题上与各国政府沟通，要求成员国向 IMF 提供必要的数据，以便基金组织根据成员国经济的实际状况作出相应的安排。2）协调各国之间的汇率及宏观经济政策，强化这方面的联系，使基金组织对涉及全球性的问题或潜在的矛盾及时解决，保持国际经济的正常秩序。

（4）向成员国提供技术援助。帮助成员设计和实施有关政策，建立或实现机构职能的现代化，从而提高 IMF 所支持的各项方案的有效性。IMF 所提供的技术援助除传统的技术援助培训外，还涉及税收体系、中央银行业务及货币政策、汇率体系以及经济统计的设计和运行。近年来，有关方面服务的需求正在迅速扩大。

（三）国际复兴开发银行

国际复兴开发银行（International Bank for Reconstruction and Development，IBRD）又称世界银行（WB）。根据布雷顿森林会议的决定，于 1945 年 12 月 27 日成立，1946 年 6 月开业，1947 年 11 月 15 日起成为联合国经济方面的专门机构之一。总部设在华盛顿，成员国必须是国际货币基金组织的成员，截至写作本书第三版之时，成员包括 186 个国家和地区。理事会是最高权力机构。理事任期 5 年，可连任。每年 9 月与国际货币基金组织理事会联合举行年会，执行董事会负责处理日常业务，对行长提议的贷款进行审议并作出决定。执行董事会由 21 名执行董事组成，其中 5 名由持有股金最多的美、英、德、法、日 5 国各指派 1 名，其余 16 名由其他成员国的理事每两年选举一次。行长由执行董事会选出并兼任执行董事会主席，任期 5 年，可以连任。每任行长均由美国派任。

世界银行的资金来源主要有：（1）成员国缴纳的股金。起初法定股本为 100 亿美元，每股面值 10 万美元。到 1988 年，前者增为 949 亿美元，后者增到 12.063 5 万美元，共 7 865万股。成员对所认缴股本分两部分：第一部分为“实缴金额”，即成员国参加时应缴金额，起初这部分占其所认股本的 20%，后减为 10%，其中 1%以黄金、美元缴付，9%可用成员货币缴付。第二部分为“待缴金额”，即可随时要求成员国缴纳的股本。这部分可在银行催缴时，以黄金或美元或银行需用的其他货币缴付。成员国在世界银行的投票权与其所认缴的股本成正比。每一成员国有基本投票权 250 票，额外认股 10 万美元可再增加一票。（2）借款。世界银行的大部分资金要通过出售其持有的证券或票据等途径筹集。主要渠道为：直接向成员国政府机构和各中央银行销售；通过投资银行和商业银行在公开市场发行。（3）累积收益和偿还的贷款。这部分主要是世界银行向成员国发放贷款所收取的利息和手续费。

世界银行的宗旨是：促进生产事业的投资，以协助成员国境内的复兴与发展；利用担保或参加私人贷款及其他私人投资的方式，以促进外国私人投资；通过鼓励国际投资来开发成员国的生产资源，以促进国际贸易长期均衡地增长及保持国际收支的平衡，从而协助成员国在其境内提高生产力、生活水平与改善劳动条件；使世界银行发放或担保的贷款与通过其他途径获得的国际贷款相配合，以便优先安排较为有用的和紧迫的大小项目；执行业务时充分顾及国际投资对成员国境内经济状况的影响。

世界银行协调国际经济的活动主要有以下几个方面。

（1）减少贫困是世界银行协调工作的中心，主要通过：

1）提供贷款与监督。对发展中成员国提供长期贷款，主要是面向政府，即由政府担保的项目贷款，资助它们兴建某些建设周期长、利润率偏低但又为该国经济和社会发展必需的建设项目。如各种基础设施建设，包括公路、铁路、电信、港口及电力设施。此外，包括对直接有利于发展中国家穷苦大众的福利投资。

为帮助重债务穷国实现可持续经济增长和国际收支平衡，世界银行与国际货币基金组织通过政策指导和资金支持，帮助这些国家摆脱债务危机。在 1996 年年会上，世界银行表示出资 5 亿美元用于减债计划。同时，与巴黎俱乐部达成协议，将减债幅度从那不勒斯条款的 67%上升到 80%。

至于世界银行的贷款期限，短期贷款是数年，长期贷款可达 20 年至 30 年。贷款条件是：只有成员国的政府才能申请贷款，贷款须由政府或当局担保；申请贷款一般要有工程项目计划，经世界银行审查确属经济上应优先考虑的才予以发放；该项目确实没有其他途径获得资金时，才予以考虑；贷款专款专用，并受银行监督；贷款的使用不能限定在某一特定成员国中进行采购。根据规定，凡有资格从世界银行获得借款的国家，都有 5 年的还款期限，5 年内只需偿还实际提供的贷款的利息。因而，世界上最大的债务国巴西、墨西哥、阿根廷将从中受益。

2）世界银行减少贫困的工作已超越了部门界限。它包括对改善教育、保证环境持续能力、增加妇女就业机会、加强人口计划、卫生保健和营养服务项目以及发展私营部门等进行投资，还包括向成员国提供技术援助。近年来，世界银行贷款开始向成员国的结构调整方面倾斜，世界银行已认识到，结构调整是恢复经济的先决条件，也是减少贫困取得成功的基石。

（2）协调世界银行集团内部的活动。世界银行集团是世界银行、国际开发协会、国际金融公司和多边投资担保机构的统称。世界银行是世界银行集团的主体，它还有三个附属机构。这些机构的共同目标是通过把发达国家的资金输送到发展中国家，以提高这些国家的生活水平。然而这三个机构的具体职能又各有侧重。

国际开发协会是国际复兴开发银行的第一个附属机构，它提供与国际复兴开发银行目的相同的援助，但主要侧重于更贫困的发展中国家，贷款的条件比国际复兴开发银行贷款更优惠，从而减轻这些国家国际收支的负担。因此，国际开发协会的援助集中在人均年 GNP 在 580 美元以下的非常贫困的国家。符合这一标准的有 40 多个国家。国际复兴开发银行的所有成员国都可以加入国际开发协会，目前已有 139 个国家参加。国际开发协会的资金称为信贷，以区别于国际复兴开发银行的贷款。这些资金大部分来自：认缴资本；成员国中工业化程度较高的发达成员国的普遍增资；国际复兴开发银行净盈余的转拨。国际开发协会的信贷只贷给各国政府，条件为 10 年宽限期，偿还期为 35 年或 40 年，免付利息。

国际金融公司是国际复兴开发银行的第二个附属机构，它成立于 1956 年，职能是通过促进欠发达国家私营部门的经济增长来扶持这些国家的经济发展，并为此目的帮助这些国家筹措国内外资金。只有国际复兴开发银行成员国才有资格成为国际金融公司的成员国。目前国际金融公司拥有 141 个成员国。从法律和财务角度来看，国际金融公司和国际复兴开发银行是各自独立的实体，但国际金融公司的行政管理及其他服务工作由世界银行承担。

多边投资担保机构是国际复兴开发银行的第三个附属机构，它成立于 1988 年。它的特殊使命是：通过减轻非商业投资壁垒来鼓励流向发展中国家的股权投资和其他直接投资。为了承担这项使命，多边投资担保机构向投资者提供担保以防范非商业性风险；向发展中成员国政府就制定和实施与外国投资有关的政策、计划和程序提供咨询；为国际商业界与东道国政府就投资问题安排对话。到 1991 年 6 月底，已有 101 个国家签署了成立多边投资担保机构的公约，其中 76 个国家认可该公约。

(3) 协调与非政府组织的关系。为了满足全世界贫困线以下人口的生活需要，改善日益恶化的全球环境，促使许多不同类型的机构进行合作，探索保护、维持和发展世界人力资源和自然资源的途径，世界银行及其贷款者正在扩大他们与各种非政府机构间的合作，以保证在项目和政策上考虑到最基层部门的真知灼见和专长。这些非政府组织包括社区协会、私人志愿组织、宗教团体和环境组织等。从 1988 财政年度起，世界银行开始系统地增加非政府组织参与本行资助的各种业务活动。与此同时，非政府组织参与世界银行援助项目的年平均数也增加了两倍。在世界银行董事会 1991 年批准的项目中，82 个项目有非政府组织参与。

世界银行资助的印度尼西亚雅宝塔贝克第三期城市发展项目，就是世界上最大的城市社区改进计划，它帮助全国约 200 个城镇的 800 万名低收入居民改善基本生活条件。

非政府组织扩大参与世界银行资助的业务活动，是在该组织与世界银行作深入的政策讨论的背景下出现的。世界银行赞赏在有关政策问题上，特别是在发展的社会和环境方面与非政府组织交换信息、经验和观点。许多发达国家和发展中国家的非政府组织正在提出他们的观点，以影响世界银行的想法。非政府组织经其政府授权可以以来宾的身份参与世界银行和国际货币基金组织的年会。此外，世界银行为非政府组织举行政策问题研讨会也已成为惯例，会议主题有：对环境问题的评价、全球环境基金、世界银行的林业政策等。世界银行—非政府组织论坛是一个讨论政府问题的正式国际论坛，自 1982 年成立以来，每年举办一次年会。这是世界银行与非政府组织在发展政策大纲上求同存异、让民众参与决策的有益尝试。

(4) 协调与国际经济机构的合作关系。世界银行与国际经济机构具有广泛的合作，其中最主要的、经常性的合作是与国际货币基金组织和经济合作与发展组织之间的合作。

1) 协调与国际货币基金组织的合作。世界银行和国际货币基金组织在促进成员国经济持续增长和发展方面的大目标是共同的。两个机构在实现这个目标方面所起作用不同，但互为补充，为了尽其最大可能为成员国有效地服务，彼此要求协调合作关系。

从 1966 年起，世界银行与国际货币基金组织之间就制定了合作指南，以后定期检查，以便新增一些较正式的管理方面的程序和规定。

世界银行和国际货币基金组织间协调的内容包括：对有关国别的事务和双方有共同利害关系的基本政策问题保持广泛的接触；编制国别战略计划、建立更具透明度的业务框架，使双方机构在工作方法上保持共同的基础；双方在支持成员国的调整工作方面进行广泛的合作；在对成员国的财政援助上经过协商达成一致，对难以准确预测的调整计划以及资金流通也要协商确定；在债务问题上，有关特定国家的事务及其具有普遍意义的政策问题，双方的合作尤为深入；在研究方面及其与研究有关的合作中，通过共同参加研讨会、共同承担项目来协调双方的合作关系。

2) 协调与"经济合作与发展组织"的合作关系。世界银行与经济合作与发展组织就共同关心的政策和实践问题进行对话。世界银行与发展援助委员会经常交换资料，尤其是关于援助资金的流通、债务问题和资金转移等方面的资料。世界银行参加发展援助委员会有关改善援助的协调、评价和实施工作，组成财务和统计报告的工作组，协助撰写《计划援助、技术合作和援助评价的原则》，目的在于更好地促进援助合作，保持援助者之间的协调一致。

世界银行作为客方观察员加入经济合作与发展组织的一系列委员会，积极参与讨论当前共同关心的问题。世界银行还参加编纂环境政策指南，其意图是使捐助国更协调一致和更便于受援国制定计划。世界银行还参与经济发展组织部长级年会和该组织的经济政策委员会，讨论工业国关切的问题。

(5) 协调与地区开发银行的合作关系。世界银行与三个主要地区开发银行——非洲开发银行、亚洲开发银行和美洲开发银行保持密切的联系。主要体现在共同筹资、定期交换经济和业务信息、双方组织联合代表团共同开展部门工作等方面。近些年来注重在部门政策上进行结构方面的协调，在业务领域中进行合作。

世界贸易组织及其前身关税及贸易总协定、国际货币基金组织和世界银行被公认为国际经济运行的三大支柱。在国际经济协调组织机构中，除了上述三个组织之外，还有联合国的一些主要经济机构，如联合国大会、联合国经济与社会理事会、联合国托管理事会、联合国贸易和发展会议等，这些都是国际经济组织中影响最大的机构。这些机构对于国际经济经常和持续的协调起了重要作用，对于稳定国际经济秩序、保障世界经济的正常运行功不可没。然而这种协调方式也有不尽如人意之处，主要是因为这些机构影响的范围大，涉及的国家多，要进行全面的、世界范围内的宏观协调，难度自然也更大，关贸总协定乌拉圭回合谈判久拖未决就说明了这种协调的难度。而在这种情况下，国际经济协调的其他组织形式便能起到一些弥补和完善的作用。

二、区域经济一体化集团

区域经济一体化，又称区域经济集团化，是在一定的区域范围内由国家出面组成的国际经济联合体，各成员国必须把自己的一部分主权让渡给共同体。一般来说，在这些国家具有相同的社会经济制度、大致相近的生产力及经济社会发展水平、有一定共同利益以及互补的经济条件等。这些国家通过政府间协商并正式签约而建立起区域性经济组织，其目的一般均为推进关税、贸易、金融、货币及经济政策等领域的协调与合作，各成员国间开放市场，增进各国间的经济联系，推动各国经济共同发展，加强本区域在世界经济中的竞争力量与实力地位。

(一) 区域经济一体化集团的基本类型

区域经济集团或区域经济一体化集团也是一种国际经济协调的组织形式，通常是指两个或两个以上的国家在社会再生产的某些方面所实行的经济联合和共同的经济调节，一般根据国家间的协议建立共同的机构。按照经济联合和共同调节的不同情况和程度，一体化组织形式主要有以下类型。

1. 自由贸易区

指以贸易为主发挥工商业多种功能的自由经济区，它除了具有自由港的大部分特点外，还可以吸收外资设厂，发展出口加工业，允许和鼓励外资设立大的商业企业和金融机构、开设旅游区、兴办文化教育等各项服务，促进区内经济综合、全面地发展。如北美自由贸易区、欧洲大自由贸易区、中美洲共同市场均属这类组织。这类组织的本质特征是成员放弃运用关税或非关税措施的权力，使商品可以在成员间自由流动，但各国保持对组织外的第三国采取独立的贸易政策的权力，可以自由选择确定进口税和非关税限制措施。

2. 关税同盟

指两个或两个以上的国家对内取消关税，对外统一关税而缔结的联盟。它是在自由贸易区的基础上进一步协调成员国政府行为所形成的高一级经济一体化组织，除了自由贸易区的内容外，还要求成员实行统一的对外关税和贸易政策、措施。历史上最早的关税同盟是1826年的北德意志关税同盟，欧共体、安第斯集团等也属此类组织。

3. 共同市场

指权力让渡已不限于贸易领域，除在成员国间实现商品自由流通外，还实行资本、劳动等生产要素的自由流动。共同市场对外采取一致行动，以维护集团和各成员国的利益。它是一种对内自由、对外封闭的一体化组织形式。欧洲统一大市场、南方共同市场、马格里布联盟等均属这类组织。

4. 经济货币联盟

指一体化组织成员国在货币金融领域的合作形式。合作领域包括：(1) 汇率合作，如欧洲货币体系及其实行的联合浮动。它要求各成员国尽可能保持一致的货币、财政政策，并要求成员对外汇市场进行联合干预。(2) 在联盟内部实行统一货币，建立共同的中央银行，以统一成员国的货币发行和货币政策。如西非货币联盟和已经实现统一货币的欧洲货币联盟。

5. 完全经济一体化

是经济一体化组织的最高形式，要求成员在更广泛的领域让渡国家主权。除上述一体化内容外，还要建立共同决策程序，协调成员国的经济和社会政策，并相应建立协调、统一各国财政、金融政策的超国家机构，代表成员国的整体利益进行独立于成员国政府的决策，包括保证一体化经济正常运转所必要的政治、外交、司法机构。

而按照参与国家的性质不同，区域经济一体化组织大体上可分为以下三种类型。

第一类是由发达国家组成的区域性经济组织或集团，如欧共体和欧洲联盟。它是在生产国际化业已相当发展的基础上建立的。其成员国具有较高的生产力发展水平，有高度发育的商品和货币市场，有成熟的竞争与经济运行机制。各国有着相同或相似的价值观念、政治体制、文化传统，历史上有比较密切的经济交往和国际分工。各国都有共同的利益，尽管它们相互之间存在这样或那样的矛盾，但相对地比较容易协调。这类区域性经济集团有着比较牢固的基础和比较稳定的发展前景。

第二类是由发达国家和发展中国家组成的混合区域经济一体化组织。如20世纪90年代初成立的北美自由贸易区、亚太地区的太平洋经济合作委员会和亚太经济合作组织。这类区域性经济合作组织成员国之间不仅社会制度不相同，而且经济发展水平悬殊，经济运行体制各异，有的国家之间还存在着不少历史遗留下来的领土纷争与现实的政治和意识形态分歧，因而不可能建立类似欧共体那样的相对紧密的经济合作实体，而只能建立起比较松散的合作组织。

第三类是由发展中国家组成的区域一体化经济组织。如在非洲，在现有的“西非共同体”、“东非特惠贸易区”和“阿拉伯马格里布联盟”等区域经济集团不断发展的基础上，1991年6月，非洲32个国家的元首、政府首脑及其代表签署了建立“非洲经济共同体”条约，规定在到2028年的37年间，分六个阶段逐步建成一个“非洲经济共同体”，最终在非洲实现商品、资金和劳务的自由流动，并建立统一的中央银行，发行非洲统一货币。在亚洲，尽管整个东亚地区的经济集团化困难重重，但东南亚、东北亚等次区域范围的经济合作进展迅速；在中亚地区，1992年11月28日，哈萨克斯坦、阿塞拜疆、吉尔吉斯斯坦、土库曼斯坦、乌兹别克斯坦与阿富汗6国外交部长签署了“经济合作组织（中亚地区）”成立宪章，从而可望形成亚洲地区最大的经济集团；在西亚地区，1992年底，海湾合作委员会各国达成协议，宣布从1993年三四月起建立共同市场，统一进口关税，以保证进口货物在沙特阿拉伯、科威特、巴林、卡塔尔、阿曼和阿联酋6国间的自由流动；在拉丁美洲，各国已一致认识到，为避免20世纪90年代成为另一个“失去的10年”，必须依靠集体的力量，加快拉美地区经济集团化的进程。1991年3月，阿根廷、巴西、乌拉圭、巴拉圭4国签署协议，建立“南锥体共同市场”，1995年实现4国间商品贸易自由化，到1992年3月，4国间已削减关税54%，贸易额增长了45%；1992年5月，萨尔瓦多、危地马拉和洪都拉斯3国签署了建立自由贸易区协议，从1993年1月1日起逐步取消商品流通壁垒；1992年12月，在巴拿马举行的中美洲国家首脑会议上，与会各国一致同意成立经济集团，以使中美洲国家能够对付其他地区经济集团化的挑战和满足本国经济发展的需要。

发展中国家的区域性经济一体化组织是各成员国本着自力更生的原则，为了民族经济自身的生存和发展，加强区域性经济合作而建立起来的。它与发达国家的区域性组织有某些共同点，如互减关税、协调政策等，但也有很大差异。发展中国家因为没有足够的实力在自由开放条件下进行国际竞争，因而这类组织往往具有明显的垄断性、封锁性、排他性和保护主义色彩。但是在国际环境的压力下，发展中国家的区域性组织也必然要向着开放型方向发展。

（二）当前国际上的主要区域经济一体化集团

现在世界上主要的区域经济一体化组织包括欧洲联盟、北美自由贸易区以及亚太经济合作组织。在世界性的经济一体化组织蓬勃发展的同时，地区性的经济一体化组织也得到了迅速的发展，其中尤其以东亚的发展引人注目。

1. 欧洲联盟

欧洲联盟（简称欧盟，European Union，EU）是由欧洲共同体（European Communities）发展而来的，是一个集政治实体和经济实体于一身、在世界上具有重要影响的区域一体化组织。1991年12月，欧洲共同体马斯特里赫特首脑会议通过《欧洲联盟条约》，通称《马斯特里赫特条约》（简称《马约》）。1993年11月1日，《马约》正式生效，欧盟正式诞生。欧盟现有27个成员国和5.025亿人口，总部设在比利时首都布鲁塞尔。

欧洲联盟的宗旨是“通过建立无内部边界的空间，加强经济、社会的协调发展和建立最终实行统一货币的经济货币联盟，促进成员国经济和社会的均衡发展”，“通过实行共同外交和安全政策，在国际舞台上弘扬联盟的个性”。

1951年4月18日，法国、联邦德国、意大利、荷兰、比利时和卢森堡在巴黎签订了建立欧洲煤钢共同体条约（又称《巴黎条约》）。1952年7月25日，欧洲煤钢共同体正式成立。1957 年 3 月 25 日，这六个国家在罗马签订了建立欧洲经济共同体条约和欧洲原子能共同体条约，统称《罗马条约》。1958 年 1 月 1 日，欧洲经济共同体和欧洲原子能共同体正式组建。1965 年 4 月 8 日，六国签订的《布鲁塞尔条约》决定将三个共同体的机构合并，统称欧洲共同体。《布鲁塞尔条约》于 1967 年 7 月 1 日生效，欧洲共同体正式成立。1973 年后，英国、丹麦、爱尔兰、希腊、西班牙和葡萄牙先后加入欧共体，成员国扩大到 12 个。欧共体 12 国间建立起了关税同盟，统一了外贸政策和农业政策，创立了欧洲货币体系，并建立了统一预算和政治合作制度，逐步发展成为欧洲国家经济、政治利益的代言人。1991 年 12 月 11 日，欧共体马斯特里赫特首脑会议通过了以建立欧洲经济货币联盟和欧洲政治联盟为目标的《欧洲联盟条约》，亦称《马斯特里赫特条约》(简称《马约》)。1993 年 11 月 1 日《马约》正式生效，欧共体更名为欧盟。这标志着欧共体从经济实体向经济政治实体过渡。1995 年，奥地利、瑞典和芬兰加入，使欧盟成员国扩大到 15 个。欧盟成立后，经济快速发展，1995 年至 2000 年间经济增速达 3%，人均国内生产总值由 1997 年的 1.9 万美元上升到 1999 年的 2.06 万美元。欧盟的经济总量从 1993 年的约 6.7 万亿美元增长到 2002 年的近 10 万亿美元。

2002 年 11 月 18 日，欧盟 15 国外长会议决定邀请塞浦路斯、匈牙利、捷克、爱沙尼亚、拉脱维亚、立陶宛、马耳他、波兰、斯洛伐克和斯洛文尼亚 10 个中东欧国家入盟。2003 年 4 月 16 日，在希腊首都雅典举行的欧盟首脑会议上，上述 10 国正式签署入盟协议。2004 年 5 月 1 日，这 10 个国家正式成为欧盟的成员国。这是欧盟历史上的第五次扩大，也是规模最大的一次扩大。此次扩大后的欧盟成员国从以前的 15 个增加到 25 个，总体面积扩大近 74 万平方公里，人口从约 3.8 亿增至约 4.5 亿，整体国内生产总值增加约 5%，从 9 万多亿美元增加到 10 万多亿美元，经济总量与美国不相上下，欧盟的整体实力有所增强。

2007 年 1 月，罗马尼亚和保加利亚两国加入欧盟，这是欧盟的第六次扩大，欧盟成为一个涵盖 27 个国家、总人口约 5 亿、国民生产总值高达 12 万亿美元的国家联合体。

欧盟的统一货币为欧元 (Euro)，1999 年 1 月 1 日正式启用。除英国、希腊、瑞典和丹麦外的 11 个国家于 1998 年首批成为欧元国。2000 年 6 月，欧盟在葡萄牙北部城市费拉举行的首脑会议批准希腊加入欧元区。2002 年 1 月 1 日零时，欧元正式流通。此后随着欧盟实力的增强，欧元汇率也一直走强。

欧盟的主要组织机构有：

欧洲理事会 (European Council)，即首脑会议，由成员国国家元首或政府首脑及欧盟委员会主席组成，负责讨论欧洲联盟的内部建设、重要的对外关系及重大的国际问题。每年至少举行两次会议。欧洲理事会主席由各成员国轮流担任，任期半年。顺序基本按本国文字书写的国名字母排列。欧洲理事会是欧盟的最高权力机构，在决策过程中采取协商一致通过的原则。理事会下设总秘书处。

欧盟理事会，即部长理事会，主席由各成员国轮流担任，任期半年。

欧盟委员会 (Commission of European Union)，是欧洲联盟的常设机构和执行机构，负责实施欧洲联盟条约和欧盟理事会作出的决定，向理事会和欧洲议会提出报告和立法动议，处理联盟的日常事务，代表欧盟对外联系和进行贸易等方面的谈判等。在欧盟实施共同外交和安全政策范围内，只有建议权和参与权。

欧洲议会（European Parliament），是欧洲联盟的执行监督、咨询机构，在某些领域有立法职能，并有部分预算决定权，并可以以三分之二多数弹劾欧盟委员会，迫其集体辞职。议会大厦设在法国斯特拉斯堡，议会秘书处设在卢森堡；自1979年起，欧洲议会议员由成员国直接普选产生，任期5年。

此外，欧盟机构还包括设在卢森堡的欧洲法院和欧洲审计院。

2. 北美自由贸易区

北美自由贸易区（North American Free Trade Agreement，NAFTA）于1994年1月1日起实施。囊括4.2亿人口和11万亿美元的国民生产总值使它成为当今世界上最大的自由贸易区。其宗旨是在10年内逐步消除所有贸易和投资限制（几个敏感行业的过渡期为15年），实现区域内自由贸易。

其最初是根据1987年7月签订的《美加自由贸易协定》建立起来的，由于这个条约的签署，美国和加拿大的消除贸易壁垒的过程实际上早就开始了。因此NAFTA主要是墨西哥对美、加的消除贸易壁垒的过程。其主要内容包括：消除关税和削减非关税壁垒、开放服务贸易、便利和贸易有关的投资，以及实行原产地原则等。由《北美自由贸易协定》和关于劳工、环境的两个附属协议构成。

《北美自由贸易协定》的基本原则是：（1）强调贸易自由化。根据这一原则，协定规定在限定期限内逐步降低并最终取消在北美市场上对商品与劳务贸易的所有关税壁垒。（2）优先发展区域内贸易，规定在纺织品和成衣的贸易中实行“北美原产地原则”，在汽车贸易中实行“北美部件含量原则”。（3）现存法令条款不变。（4）冲突协调制度化，成立由三国外贸部长组成的“贸易委员会”来协调矛盾和冲突。（5）动态发展原则。根据变化了的形势不断调整与改变现行协定中某些过时的条款。

北美自由贸易区的发展前景：

不同的历史文化背景和经济发展差距决定了NAFTA从一开始就选择了和欧盟走不同的路。除了相同的把NAFTA看作增加成员国贸易的手段外，美国把NAFTA看作其外交政策的一部分，和向美洲和全球贸易自由化扩展的过渡阶段。而墨西哥则把NAFTA看作发展本国以出口为基础的经济的先机，其最终目的是发展国内经济、实现产业升级和摆脱对美国的单纯依赖。这样，成员国的力量就是同时向多方面发展的。

要巩固前期区域贸易的成果，进一步为区域自由贸易提供便利，就有必要采取协调一致的措施，包括实现公共运输和金融、能源等基础设施一体化。但是NAFTA成员国显然还没有为进一步深化区域内部联系做好充足的准备。加之各国国内的政治压力，尤其是贸易保护的压力，因此，当前NAFTA成员最关心的是解决实施协议过程中产生的一些实际问题并采取措施，为进一步扩大区域内贸易创造条件。2003年，三国进一步表示要解放“原产地原则”，消除类似的非关税壁垒。同时同意研究最惠国关税问题，使之更接近和趋于一致。其行动是逐步的和摸索性的。

在北美自由贸易区取得一定进展的情况下，美国又试图建立一个更大的自由贸易区，将整个美洲国家都囊括到这个组织之中，这就是美洲自由贸易区（Free Trade Area of the Americas，FTAA）

FTAA从1994年12月迈阿密第一次美洲国家首脑会议启动以来，其间经过圣地亚哥和魁北克两次首脑会议和多次贸易部长级会议，到2003年底，已历经九年，但进展甚微，在消除商品和服务贸易壁垒这个主要目标方面几乎没有达成任何有意义的协议。虽然历次首脑会议一再重申2005年建成美洲自由贸易区，但谈判一直停留在议程和框架层面上，无从深入。

FTAA能否如期启动尚面临一系列挑战：尽管美国急于求成，但拉美存在众多不稳定因素，经济发展落后，人民生活贫困，各国有各种各样迫切需要解决的问题，也存在一股反对FTAA的力量。如果美国不能正视拉美国家的困难，提供援助，以换取拉美和加勒比地区广大发展中国家的支持，将很难达到目的。一些主要成员的利益尚难以协调。

同时，美国国内反全球化情绪的高涨，导致美国贸易保护主义抬头，对钢材进口提高关税，对加勒比和中美洲国家取消服装进口优惠，对加拿大木材进口设置反倾销税，特别是国会通过的新农业法案，大大增加对农业的补贴。这些保护主义措施引起了其贸易伙伴的强烈反对或反击，使拉美国家对美国是否真的有开放市场的意愿，以及拉美国家能否从FTAA中真正获益的疑虑加深。

从美洲发展中国家方面看，在FTAA的谈判历程中，美洲主要发展中国家历经磨难，政治动乱和经济震荡接连不断，自1994年FTAA谈判启动以来，拉美主要国家发生了多起严重的金融和货币危机。1995年墨西哥比索崩溃，使许多拉美国家受到牵连；1998—1999年巴西发生金融危机；进入21世纪，阿根廷又发生严重货币危机。这些动荡使拉美经济增长波动不定，如2000年拉美和加勒比经济增长曾达到4%，而随后二年又陷于停滞，经济萧条，失业上升。危机使拉美国家的国内改革和实行贸易自由化受到牵制。在大多数情况下，这些国家在加强经济改革的同时，不得不提高贸易壁垒。

2003年底的FTAA第8次部长级会议期间，美国同意与哥伦比亚等四个安第斯国家商谈双边自由贸易协定。美国除与加拿大、墨西哥签有《北美自由贸易协定》外，与智利签有双边自由贸易协定，正在与5个中美洲国家（包括哥斯达黎加、萨尔瓦多、危地马拉、洪都拉斯和尼加拉瓜5国）以及多米尼加和巴拿马商谈双边自由贸易协定。至此，美国与美洲大陆34个国家中的14个已经签署或正在拟签双边自由贸易协定。2003年6月美国与智利签订了自由贸易协定，已于2004年1月1日开始实施。

从拉美发展中国家来说，为了发展经济、增加就业和摆脱贫困，需要扩大出口市场，特别是美国市场，同时，为了稳定政治和经济局势，也需要美国的援助和资金。

通过这种分析可以预见到，尽管在2005年初建立美洲自由贸易区并不容易，但是美洲自由贸易区的建立是一种必然的趋势。

3. 亚太经济合作组织

亚太经济合作组织（Asia Pacific Economic Cooperation，APEC）是亚太地区最重要的政府间经济合作组织。其目标是推动贸易投资自由化，促进亚太地区经济、贸易、投资、技术等领域的合作。

1989年11月，由当时澳大利亚总理霍克倡议，亚太地区主要发达国家（美国、日本、韩国、澳大利亚、新西兰、加拿大）和东盟6国的外交、经济部长聚会在澳大利亚首都堪培拉举行了亚太经济合作组织首届部长级会议，以此为标志，APEC正式宣告成立。目前APEC的成员已由最初的12个发展到21个：澳大利亚、文莱、加拿大、智利、中国、中国香港、印度尼西亚、日本、韩国、马来西亚、墨西哥、新西兰、巴布亚新几内亚、菲律宾、新加坡、秘鲁、俄罗斯、中国台湾、泰国、美国和越南。中国于1991年10月加入该组织。

APEC 组织目前的运作层次自上而下大致分为：

(1) 领导人非正式会议。根据美国倡议于 1993 年 11 月首次在美国西雅图召开，由各成员领导人出席（中国台湾和中国香港作为地区经济只派与经济有关的部长出席会议）。会议一般安排在每年晚些时候举行，通常是非正式的。

(2) 部长级会议。每年举行一届年会，由各成员外交部长和经济部长参加，因而也称“双部长会议”。自 1996 年起，每年还单独召开一次贸易部长会议。

(3) 高级官员会议。即高官会，向部长级会议负责，每年举行 3～4 次会议，由各成员指定的大使级官员参加，负责执行部长级会议决定，负责审议各工作组和秘书处的活动，筹备部长级会议及其后续行动等事宜。

(4) 专题工作组及委员会。直接向高官会议报告，每年举行与高官会相同次数的会议和活动，参加工作组和委员会会议的代表往往是 APEC 成员主管部门负责国际事务或政策的官员。会议负责实施每项计划，找出具体合作领域和决定与每项计划有关的政策。自 1990 年 11 月起，先后成立了 10 个专题工作组和 3 个委员会，即产业科技、人力资源开发、能源、海洋资源保护、电信、交通、旅游、渔业、贸易和投资数据、贸易促进工作组以及贸易投资委员会（下设海关手续和标准认证 2 个分委员会）、行政预算委员会和经济委员会。中国已参加全部专题工作组和各委员会的活动。

(5) 秘书处。1993 年 1 月在新加坡成立，为 APEC 各层次的机构提供服务和支持。秘书处执行主席，每年由会议东道主指派。

(6) 分委会和专家组会议。向所属委员会或专题工作组报告；负责制定有关的实施计划，探讨具体领域合作项目，解决相关的政策性问题。

APEC 成立以来的主要活动包括：

为各成员提供区域经济、科技、贸易和发展等方面的多边合作机会，交流各成员在这些领域的经验，促进本地区的共同发展。自成立以来，该组织已举行 12 届部长级会议和 8 次领导人非正式会议。中国是 APEC 2001 年轮值主席，该年 11 月，APEC 领导人第九次非正式会议在上海召开。

APEC 领导人非正式会议是 APEC 的最高级别会议和 APEC 五个层次的运作机制之一，始于 1993 年 11 月，现每年举行一次，由各成员轮流举办。

第一次会议：1993 年 11 月 20 日到 21 日，举办地点为美国的西雅图，发表了《亚太经合组织领导人经济展望声明》。

第二次会议：1994 年 11 月 15 日，举办地点为印度尼西亚茂物，通过了《茂物宣言》，确立了亚太地区实现自由开放的贸易和投资目标。

第三次会议：1995 年 11 月 19 日，举办地点为日本大阪，制定了旨在实现《茂物宣言》的行动方针，通过了《大阪宣言》和《大阪行动议程》。

第四次会议：1996 年 11 月 25 日，举办地点为菲律宾苏比克，通过了《马尼拉行动计划》、《亚太经合组织经济领导人宣言：从憧憬到行动》及《亚太经合组织经济技术合作原则框架宣言》。

第五次会议：1997 年 11 月 25 日，举办地点为加拿大温哥华，通过了《亚太经合组织经济领导人宣言：加强亚太经合组织大家庭的联系》。

第六次会议：1998年11月18日，举办地点为马来西亚吉隆坡，通过了《亚太经合组织经济领导人宣言：加强增长的基础》、《走向二十一世纪的亚太经合组织科技产业合作议程》和《吉隆坡技能开发行动计划》等文件。

第七次会议：1999年9月13日，举办地点为新西兰奥兰克，发表了《亚太经合组织经济领导人宣言：奥兰克挑战》，并批准了《亚太经合组织加强竞争和法规改革的原则》和《妇女融入亚太经合组织框架》等文件。

第八次会议：2000年11月16日，举办地点为文莱斯里巴加湾，通过了《亚太经合组织经济领导人宣言：造福社会》和《新经济行动议程》。

第九次会议：2001年10月20日到21日，举办地点为中国上海，通过了《亚太经合组织经济领导人宣言》、《上海共识》和《数字亚太经合组织战略》等文件，并发表了《反恐声明》。

第十次会议：2002年10月26日到27日，举办地点为墨西哥洛斯卡沃斯，主题为"扩大经济增长与发展的益处——执行远景规划"；通过了《亚太经合组织经济领导人宣言》，要求各成员全面、积极参与世贸组织新一轮谈判，在加强安全的同时保持货物、资金和人员的顺畅流动；再次发表了一份《反恐声明》，呼吁国际社会团结起来与恐怖主义作斗争。

第十一次会议：2003年10月10日到21日，举办地点为泰国曼谷，泰国作为东道主提出了"在充满多样性的世界建立面向未来的伙伴关系"的主题，在APEC贸易投资自由化与便利化以及经济技术合作的大框架下，将讨论经济可持续增长、加强全球金融体制、发展知识经济、消除贫困以及中小企业发展等问题。

第十二次会议：2004年20日至21日，举办地点为智利圣地亚哥，这次会议发表了《圣地亚哥宣言》，与会领导人重申，通过实现贸易投资自由化和便利化的茂物目标，加强人类安全，推动良政，建立知识社会，以实现可持续和均衡增长，缩小经济差距，为人民创造福利。

第十三次会议：2005年11月18日至19日，举办地点为韩国釜山，会议主要讨论了投资贸易自由化和加强经济技术合作等问题，审议了关于亚太经合组织茂物目标进展的中期报告，强调扩展各成员围绕经济安全的合作领域，敦促世贸组织多哈贸易谈判取得进展。会议结束时发表了《亚太经合组织第13次领导人非正式会议釜山宣言》、《亚太经合组织领导人关于世贸组织多哈发展议程谈判的声明》、《亚太经合组织流感大流行防控倡议》等文件，详细阐述亚太经合组织在上述重大问题上的立场。

第十四次会议：2006年11月18日至19日，举办地点为越南河内，会议主要讨论了能源和环境、卫生合作、朝鲜半岛核问题等问题。会议结束时，发表了《亚太经合组织第十四次领导人非正式会议河内宣言》，宣言指出，将致力于实现自由、开放的贸易和投资，防止可持续发展受到威胁，建立一个安全良好的商业环境，加强人类安全，努力建设一个充满活力、和谐的亚太大家庭，造福亚太人民。宣言强调，各成员领导人批准《河内行动计划》，以通过各种具体措施和能力建设，按期实现茂物目标。

第十五次会议：2007年9月8日至9日，举办地点为澳大利亚悉尼，会议主题为"加强大家庭建设，共创可持续未来"。会议结束的时候，发表了《悉尼宣言》，重点阐述了各成员就气候变化、多哈回合谈判、区域经济一体化、加强人类安全和亚太经合组织建设等问题达成的共识。对于广受关注的气候变化和多哈回合谈判问题，会议均发表了宣言和声明，这表明了亚太经合组织应对气候变化挑战和推动多哈回合谈判进程的决心。

第十六次会议：2008年11月22日至23日，举办地点为秘鲁利马，会议发表了《利马宣言》和关于全球经济的声明，重点阐述了各成员就世界经济金融形势、多哈回合谈判、粮食安全、能源安全、区域经济一体化、企业社会责任、气候变化、防灾减灾等问题达成的共识。

第十七次会议：2009年11月14日至15日，举办地点为新加坡，会议发表了《新加坡宣言》。APEC经济体成员承诺将继续采取经济刺激政策，直到持久的经济复苏获得明显巩固。但峰会领袖们指出，亚太地区引领全球经济复苏，不能再走"常规增长"的老路，而需要新的增长模式和战略。这份题为《促进持续增长，密切区域联系》的领导人宣言，涉及如何推动可持续增长、抵制保护主义、支持多边贸易体制、加快区域经济一体化、加强经济技术合作、促进人类安全、打击腐败、提高管理水平和透明度，以及加强APEC的作用等内容。

第十八次会议：2010年11月13日至14日，举办地点为日本横滨，会议发表了《横滨宣言》，其旨在推进APEC地域经济的均衡发展，以及成员经济体之间贸易和投资更加自由化和开放；推进世界贸易组织（WTO）多角贸易的交涉；继续反对保护主义，将反保护主义措施条约延续到2013年。而关于APEC的将来，《横滨宣言》表明要以实现建立三个共同体为目标：即紧密共同体，促进更加强固深化的区域经济整合；强力共同体，实现高质量的经济增长；安全共同体，提供更加安全的经济环境。《横滨宣言》之外，本次领导人非正式会议还发布了包括《成长战略》和《2010年茂物目标评价》以及《亚太自由贸易圈》三份声明。

第十九次会议：2011年11月10日至14日，举办地点为美国夏威夷，会议的主题是"紧密联系的区域经济"，主要讨论了亚太地区经济增长、区域经济一体化、绿色增长、能源安全、规制合作等议题。会议发表了《檀香山宣言——迈向紧密联系的区域经济》及四个附件。这些文件分别涉及创新政策、中小企业、环境产品和服务、规制合作等。在国际金融危机深层次影响突出、世界主要经济体增速放缓，作为全球经济增长重要引擎的亚太地区也面临新时期的风险与挑战的大背景下，这次"重新定义未来"的会议所传递出的信息有着现实意义。

4. 东盟自由贸易区

东盟自由贸易区（ASEAN Free Trade Area，AFTA）于1992年提出，现包括原东盟6国（印度尼西亚、马来西亚、菲律宾、新加坡、泰国、文莱）和4个新成员国（越南、老挝、缅甸、柬埔寨），共10个国家，陆地总面积为450万平方公里，人口5.3亿。经过10年的构建，原东盟6国于2002年正式启动自由贸易区，其他新成员国也将加快关税的削减速度。

(1) 进展和时间表。

1992年1月在新加坡举行的第四次东盟首脑会议决定，将从1993年1月1日起的15年内建成东盟自由贸易区，批准了建立东盟自由贸易区主要机制的《共同有效优惠关税计划》，规定通过分阶段实施，在2008年将在区域内贸易的工业制成品的关税削减到5%以下。1994年9月召开的东盟经济部长会议决定将自由贸易区建成的时间从原定的15年缩短为10年，即在2003年1月1日前对东盟内部贸易征收的关税必须降低到5%以下。随后根据4个新的成员国的经济发展情况，同意越南的关税减让时限可以推迟至2006年，老挝、柬埔寨和缅甸推迟至2008年。

1998年10月在马尼拉召开的第30届东盟经济部长会议提出在2010年建成“东盟投资区”。1998年12月在河内召开的第六次东盟首脑会议通过的《河内宣言》、《河内行动计划》和《大胆措施声明》，将原东盟6国自由贸易区启动的时间提前一年，即从2003年1月1日提前到2002年1月1日。原东盟6国也同意到2003年其共同有效优惠关税（Common Effective Preferential Tariff，CEPT）清单中60%的项目实现零关税，将尚未包括在降低关税计划中的产品尽快列入减税清单。新成员国也同意尽可能扩大0～5%关税商品的种类数量和零关税商品的种类数量，越南在2003年，老挝和缅甸在2005年将其CEPT关税清单中的关税降至0～5%，越南在2006年，老挝和缅甸在2008年尽量增加零关税的商品种类。

1999年9月27日、28日，在新加坡召开的东盟经济高官会议上，部长们重新批准了于2002年启动东盟自由贸易区的决议，同意新加入的柬埔寨关税减至0～5%的时间是2010年。1999年11月在马尼拉召开的第三次东盟首脑非正式会议上，东盟领导人同意原东盟6国提前它们实现零关税的时间，即从2015年提前至2010年，而新成员则从2018年提前到2015年。

2001年9月7日、8日在河内召开的东盟经济高官会议和9月14日召开的第15次东盟自由贸易区理事会会议上，东盟各成员国的部长们欢迎原东盟6国于2002年1月1日正式启动东盟自由贸易区。

（2）基本内容。

包括关税减让、最惠国待遇、取消数量限制和非关税壁垒、建立东盟投资区，实现投资自由化、东盟工业合作计划、东盟一体化优惠制度、东盟运输便捷化、标准和质量统一措施、电子东盟和信息通讯产品贸易自由化等。

5. “10+3”与“10+1”会议

除去上面介绍的四个在世界上影响非常大的经济一体化组织以外，亚洲，尤其东亚，以其近年来极其迅速的经济成长速度吸引了所有人的注意力，而其中的经济一体化组织在将来的经济发展中起到非常重要的作用，因此更加值得关注。

20世纪90年代后期，在经济全球化浪潮的冲击下，东盟国家逐步认识到启动新的合作层次、构筑全方位合作关系的重要性，并决定开展“外向型”经济合作。“10+3”和“10+1”合作机制应运而生。近年来，“10+3”和“10+1”已发展成为东亚合作的主要渠道，被认为是亚洲地区的发展方向和振兴的重要标志。

目前“10+3”、“10+1”合作机制以经济合作为重点，逐渐向政治、安全、文化等领域拓展，已经形成了多层次、宽领域、全方位的良好局面，并在“10+3”框架内逐步开展了中日韩三边合作。“10+3”确定了八个重点合作领域，为此已经建立了八个部长会议机制，包括外长、经济、财政、农业、劳动、旅游、环境和卫生部长会议。“10+1”确定了五大重点合作领域，即农业、信息通信、人力资源开发、相互投资和湄公河流域开发。中日韩的合作也确定了五大领域，包括经贸、信息产业、环保、人力资源开发和文化合作，并建立了六个部长会议机制。在“10+3”、“10+1”和中日韩合作机制下，每年均召开首脑会议、部长会议、高官会议和工作层会议。

(1) 东盟与中日韩（10+3）领导人会议。东盟与中日韩（10+3）领导人会议，是指东盟10国（文莱、印度尼西亚、马来西亚、菲律宾、新加坡、泰国、越南、老挝、缅甸、柬埔寨）领导人与中国、日本、韩国3国领导人举行的会议。会议是东盟于1997年成立30周年时发起的。

中国为“10+3”合作机制的发展作出了重要贡献。在1997年举行的领导人非正式会议上，中国与东盟领导人发表的《联合宣言》，确定了睦邻互信伙伴关系。2002年，中国与东盟签署了《全面经济合作框架协议》，确定了2010年建立自由贸易区的目标。2003年10月，在第七次“10+3”和“10+1”以及第五次中日韩领导人会晤期间，温家宝总理与东盟10国领导人签署了《面向和平与繁荣的战略伙伴关系联合宣言》，出席了中国加入《东南亚友好合作条约》的签字仪式，并与日韩领导人签署了《中日韩推进三方合作联合宣言》。

历次东盟与中日韩领导人会议如下：

1997年12月15日，首次东盟与中日韩领导人会议在马来西亚首都吉隆坡举行。东盟各国和中日韩3国领导人主要就21世纪东亚地区的前景、发展和合作问题坦诚、深入地交换了意见，取得了广泛共识。江泽民主席在会上发表了题为《携手合作，共创未来》的重要讲话，回顾了东亚国家近二三十年来所发生的深刻变化和取得的巨大进步。

1998年12月16日，第二次东盟一中日韩领导人会议在越南首都河内举行。东盟各国和中日韩3国领导人就如何加强东亚国家之间的合作，克服金融危机的影响，维护地区的和平、稳定与发展交换了意见。他们一致认为，这种会议非常重要，有利于加强东盟各国和中日韩三国之间的合作。胡锦涛副主席在会上发表讲话，就东亚如何摆脱金融危机、恢复经济增长提出了中方的建议。

1999年11月28日，第三次东盟与中日韩领导人会议在菲律宾首都马尼拉举行。朱镕基总理在会上就东亚合作的方向和领域等问题提出了中方的主张和具体建议。会议结束时发表了《东亚合作联合声明》。

2000年11月24日，第四次东盟与中日韩领导人会议在新加坡举行，与会的13国领导人主要围绕东亚的前景和加强东亚合作交换了看法。朱镕基总理在会上阐述了中国对当前东亚形势和合作前景的看法，并提出了加强合作的具体建议。

2001年11月5日，第五次东盟与中日韩领导人会议在文莱首都斯里巴加湾市举行。与会各国领导人讨论了《东亚展望小组报告》，重点就加强东亚在各个领域的合作与交流广泛交换了意见。朱镕基总理在会上提出了推进东亚合作的五点新建议。

2002年11月4日，第六次东盟与中日韩领导人会议在柬埔寨首都金边举行。朱镕基总理在会上表明了中国参与地区合作的决心和积极态度。

2003年10月7日，第七次东盟与中日韩领导人会议在印度尼西亚巴厘岛举行。中国国务院总理温家宝出席会议，并发表了以“共同谱写东亚合作新篇章”为主题的讲话。

2004年11月29日，第八次东盟与中日韩领导人会议在老挝首都万象举行。温家宝总理和东盟10国及日本和韩国领导人出席了会议。

2005年12月12日，第九次东盟与中日韩领导人会议在马来西亚吉隆坡举行。温家宝总理出席了会议。会议议题是：a. 就国际和地区问题交换意见；b. 回顾及展望10+3合作的发展。会后，领导人签署了《关于东盟与中日韩领导人会议的吉隆坡宣言》。

2007年1月14日，第十次东盟与中日韩领导人会议在菲律宾宿务举行。温家宝总理出席了会议。会议议题是：a. 就国际和地区问题交换意见；b. 回顾及展望10+3合作的发展。会后发表《第十次10+3领导人会议主席声明》。

2007年11月20日，第十一次东盟与中日韩领导人会议在新加坡举行。温家宝总理出席了会议。会议议题是：a. 就国际和地区问题交换意见；b. 回顾及展望10+3合作的发展。会议审议通过了第二份《东亚合作联合声明》和《2007—2017年东盟与中日韩合作工作计划》，决定建立10+3合作基金。

2009年10月24日，第十二次东盟与中日韩领导人会议在泰国华欣举行。温家宝总理出席了会议。会议议题是：a. 就国际和地区问题交换意见；b. 回顾及展望10+3合作的发展，重点讨论气候变化、灾害管理、粮食和能源安全、公共卫生、经济和金融以及教育合作。会议发表了《10+3粮食安全和生物能源开发合作华欣声明》。第十二次10+3领导人会议前，10+3国家于6月发表《东盟与中日韩合作应对全球经济和金融危机联合新闻声明》。

2010年10月29日，第十三次东盟与中日韩领导人会议在越南首都河内举行。温家宝总理出席了会议。与会领导人积极评价10+3合作取得的新成果：清迈倡议多边货币互换机制正式实施；研究设立10+3宏观经济研究办公室；建立10+3债券市场论坛以及信用担保和投资机构；研究成立东亚自由贸易区等。与会领导人表示将采取有效行动，建立更紧密的区域合作关系。

2011年11月，第14次东盟与中日韩领导人会议在印度尼西亚巴厘岛举行，温家宝总理出席。与会领导人就深化10+3财金、自贸区建设、粮食安全、互联互通和社会人文等领域的合作进行了广泛的讨论，一致表示，10+3合作经受了国际金融危机考验，显现出蓬勃的生命力和广阔的发展前景。当前，世界经济形势依然严峻，东亚地区发展机遇与挑战并存，10+3国家有信心、有决心加强务实合作，认真落实已达成的共识，提高东亚国家整体应对危机的能力，促进可持续发展，造福本地区人民。

(2) 中国与东盟（10+1）领导人会议。“10+1”指的是东盟10国分别与中日韩3国（即3个“10+1”）的合作机制的简称。东盟与中国（10+1）领导人会议是指东盟10国（文莱、印度尼西亚、马来西亚、菲律宾、新加坡、泰国、越南、老挝、缅甸、柬埔寨）与中国领导人间举行的会议。首次东盟—中国领导人会议于1997年举行。

历届东盟与中国领导人会议：

1997年12月16日，首次中国与东盟领导人非正式会议在马来西亚首都吉隆坡举行，中国国家主席江泽民出席了会议。会上江泽民主席发表了题为《建立面向21世纪的睦邻互信伙伴关系》的重要讲话。会议结束后，双方发表了《中华人民共和国与东盟国家首脑会晤联合声明》。联合声明确定了指导双方关系的原则，并将建立面向21世纪的睦邻互信伙伴关系作为共同的政策目标。

1998年12月16日，第二次中国与东盟领导人非正式会议在越南首都河内举行，时任中国国家副主席的胡锦涛出席了会议。双方领导人回顾了1997年首次领导人非正式会议举行以来双方关系的新进展，并对今后双方关系的发展进行了讨论。双方同意通过全面对话合作框架，开辟多种合作渠道，坚持通过平等友好协商，妥善处理彼此间存在的一些分歧和争议，进一步推进睦邻互信伙伴关系的发展。

1999年11月28日，第三次中国与东盟领导人非正式会议在菲律宾首都马尼拉举行，中国国务院总理朱镕基出席了会议。会上朱镕基总理提出了中方对在新世纪加强与东盟睦邻互信伙伴关系的主张和具体建议，表示中国将继续深化与东盟国家和东盟组织在各个领域、各个层次的对话与合作，尤其是在经贸、科技和金融等领域的合作。东盟国家对中国发展建设所取得的成就表示赞赏，高度评价中国在亚洲金融危机中给予东盟国家的支持和援助。

2000年11月25日，第四次中国与东盟领导人会议在新加坡举行，中国国务院总理朱镕基出席了会议。朱镕基总理在会上积极评价中国与东盟的双边关系，并就今后一段时间双方在政治领域、人力资源开发、加强湄公河流域基础设施建设、高新技术领域、农业、贸易与投资等方面的合作提出了具体建议。

2001年11月6日，第五次中国与东盟领导人会议在文莱举行。中国国务院总理朱镕基出席会议并发表题为《携手共创中国与东盟合作的新局面》的重要讲话。他指出，中国与东盟应明确新世纪初的重点合作领域并确定建立中国一东盟自由贸易区目标。

2002年11月4日，第六次中国与东盟领导人会议在柬埔寨首都金边举行。中国国务院总理朱镕基出席会议并在讲话中提出启动中国与东盟自由贸易区进程的建议。朱镕基总理和东盟10国领导人签署了《中国与东盟全面经济合作框架协议》，决定到2010年建成中国一东盟自由贸易区。中国与东盟领导人发表了《中国一东盟关于非传统安全领域合作联合宣言》。此外，中国和东盟秘书处签署了《农业合作谅解备忘录》。中国与东盟各国外长及外长代表还签署了《南海各方行为宣言》。宣言确认中国与东盟致力于加强睦邻互信伙伴关系，共同维护南海地区的和平与稳定。宣言强调通过友好协商和谈判，以和平方式解决南海有关争议。

2003年10月8日，第七次中国与东盟领导人会议在印度尼西亚巴厘岛举行。中国国务院总理温家宝出席会议，并发表了以“全面深入合作、促进和平繁荣”为主题的讲话。中国政府宣布加入《东南亚友好合作条约》，并与东盟签署了宣布建立“面向和平与繁荣的战略伙伴关系”的联合宣言。

2004年11月29日，第八次中国与东盟领导人会议在老挝首都万象举行。中国国务院总理温家宝出席了会议。会议发表了《落实中国一东盟面向和平与繁荣的战略伙伴关系联合宣言的行动计划》。双方还签署了《中国与东盟全面经济合作框架协议货物贸易协议》和《中国一东盟争端解决机制协议》等文件。

2005年12月12日，第九次中国与东盟领导人会议在马来西亚吉隆坡举行。中国国务院总理温家宝出席了会议。会议决定将交通、能源、文化、旅游和公共卫生列为双方新的五大重点合作领域。

2007年1月14日，第十次中国与东盟领导人会议在菲律宾宿务举行。中国国务院总理温家宝出席会议并发表题为《共同谱写中国一东盟关系的新篇章》的重要讲话，双方签署了《中国一东盟自贸区服务贸易协议》、《落实中国一东盟面向共同发展的信息通信领域伙伴关系北京宣言的行动计划》等合作文件。

2007年11月20日，第十一次中国与东盟领导人会议在新加坡举行。中国国务院总理温家宝与东盟10国领导人出席会议。温家宝在会上发表题为《扩大合作　互利共赢》的讲话。

2009 年 10 月 24 日，第十二次中国与东盟领导人会议在泰国华欣举行。中国国务院总理温家宝与东盟 10 国领导人出席。双方回顾总结了一年多来共同应对国际金融危机等挑战的历程，表达了同舟共济、共谋发展的意愿，就全面深化合作达成广泛共识。

2010 年 10 月 29 日，第十三次中国与东盟领导人会议在越南河内举行，中国国务院总理温家宝与东盟 10 国领导人出席会议。温家宝总理在讲话中就推进中国与东盟合作提出新建议，与会领导人还将签署中国与东盟合作第二个五年行动计划文件。会议发表了《中国和东盟领导人关于可持续发展的联合声明》。

2011 年 11 月 18 日，第十四次中国与东盟领导人会议暨中国一东盟建立对话关系 20 周年纪念峰会在印度尼西亚巴厘岛举行，中国国务院总理温家宝与东盟 10 国领导人出席会议。会议就纪念对话关系 20 周年发表了《进一步推进面向和平与繁荣的战略伙伴关系的联合声明》。

6. 中国参加的经济一体化组织

在亚洲的经济一体化组织当中，中国在其中占有非常重要的作用。随着中国在世界经济中占据了越来越重要的位置，在世界贸易中占据越来越大的份额，中国也正在谋求加入更多的经济一体化组织。其中，以中国一东盟自由贸易区以及中国内地一中国香港紧密经济贸易关系安排最为引人注目。

(1) 中国一东盟自由贸易区（China－ASEAN Free Trade Area，CAFTA）。2001 年 11 月，在文莱首都斯里巴加湾举行的东盟 10 国与中日韩政府第五次首脑会议上，中国总理朱镕基与东盟首脑达成共识，一致同意在 10 年内建成“中国一东盟自由贸易区”。这是双方领导人高瞻远瞩作出的重大决策，也是中国第一次承诺与他国达成自由贸易安排，堪称中国与东盟关系史上的一个里程碑。而中国一东盟自由贸易区也是在“10＋1”框架下进行的。

从 2002 年开始，中国一东盟自由贸易区谈判全面启动。在已经结束的前几轮谈判中，双方高官们就落实中国一东盟领导人会议指示，加强双方在新世纪经济合作的后续行动交换了意见；审议了双方在农业、信息技术、人力资源开发、投资和湄公河开发五个重点领域开展的活动及 2001 年双方在人力资源开发领域利用中国一东盟合作基金实施的 9 个合作项目；讨论了涵盖货物、服务、投资及其他相关领域的中国一东盟经济合作框架协议，认为框架协议是未来中国和东盟开展经济合作的法律依据；一致决定成立中国一东盟贸易谈判委员会，就框架协议着手进行深入讨论，并于 2002 年底前，由在柬埔寨召开的中国一东盟领导人会议就框架协议达成了一致。在 2003 年 4 月 29 日的“中国与东盟领导人特别会议”上，双方发表了联合声明，其中特别强调相互间将积极扩大贸易往来、鼓励投资和加强合作，这不仅仅是针对非典带来的负面影响所作出的决定，同时更是双方增进合作、共同发展的战略性选择。

2004 年 1 月 1 日，中国一东盟自由贸易区早期收获计划实施，旨在下调农产品的关税。2004 年，中国和东盟签署了《货物贸易协议》和《争端解决机制协议》，两份协议的签署标志着中国一东盟自由贸易区建设进入实质性执行阶段。2005 年 7 月 20 日，《货物贸易协议》降税计划开始实施，7 000 种产品降低关税。2009 年 8 月 15 日，《中国一东盟自由贸易区投资协议》的签署，标志着双方谈判基本结束。2010 年 1 月 1 日，中国一东盟自由贸易区正式建立，这惠及了近20亿人口的庞大人群。

从整体上来看，中国一东盟自由贸易区的建设大致分为三个阶段。

第一阶段（2002—2010年）：启动并大幅下调关税阶段。自2002年11月双方签署以中国—东盟自由贸易区为主要内容的《中国—东盟全面经济合作框架协议》始，至2010年1月1日中国对东盟93%产品的贸易关税降为零。

第二阶段（2011—2015年）：全面建成自由贸易区阶段，即东盟越南、老挝、柬埔寨、缅甸四国与中国贸易的绝大多数产品亦实现零关税，与此同时，双方实现更广泛深入的开放服务贸易市场和投资市场。

第三阶段（2016年—）：自由贸易区巩固完善阶段。

中国与东盟的普通百姓，都已经感受到了“早期收获”计划给其生活所带来的影响。“早期收获”计划是在中国一东盟自由贸易区框架下最先实施的降税计划，按照2004年1月1日正式启动的“早期收获”计划，中国与泰国、印度尼西亚、马来西亚、新加坡、越南和缅甸等东盟国家开始下调农产品的关税，到2006年约600项农产品的关税降为零。这让中国与东盟国家的贸易状况均在不同程度上得到了改善。

从“早期收获”计划的正式启动到中国一东盟自由贸易区的正式建成，中国与东盟的合作开始日趋紧密。从2004年到2009年，从1 059亿美元到2 130.1亿美元，6年间中国与东盟的双边贸易额增长了一倍多。而一个惠及19亿人口、接近6万亿美元GDP、双边贸易额达到4.5万亿美元、由发展中国家组成的最大自由贸易区展现在世人面前。

（2）中国内地一香港紧密经济贸易关系安排。为密切香港与内地之间的经贸联系，支持香港改善经济结构并走向新的繁荣，中国中央政府与香港特别行政区政府已于2003年6月29日签署了《内地与香港关于建立更紧密经贸关系的安排》(Mainland and Hong Kong Closer Economic Partnership Arrangement，CEPA，以下简称《安排》)，有关措施由2004年1月1日起正式生效。

香港贸易发展局认为，CEPA是内地与香港首次签订的双边自由贸易协定，完全符合世界贸易组织对自由贸易协定的规则。

中国正式加入世贸组织后，很多在内地进行生产业务的香港生产商均有意发展内销市场。然而，内地的分销系统未臻完善，令港商打人内地市场的努力多少受到阻碍。随着CEPA的落实，更多香港业者将获准在内地从事分销业务，目前香港生产商在拓展内地市场时所遇到的不少困难，包括收款问题和知识产权保护等，可望得到缓解。

CEPA中有关货物贸易的协议，最立竿见影的裨益是生产成本得以节省，从而提高销往内地的香港本地产消费品的价格竞争力，其中以时装、珠宝及高档手表等行业受惠较大。

以下是CEPA的目标、原则及主要内容。

《安排》包括文本及6个附件的磋商纪要，其总体目标是：逐步减少或取消双方之间实质上所有货物贸易的关税和非关税壁垒；逐步实现服务贸易的自由化，减少或取消双方之间实质上所有歧视性措施；促进贸易投资便利化。其实施与今后修订的原则是：遵循“一国两制”的方针；符合世界贸易组织的规则；顺应双方产业结构调整和升级的需要，促进稳定和可持续发展；实现互惠互利、优势互补、共同繁荣；先易后难，逐步推进。其主要内容有三大部分：货物贸易自由化，内地自2004年1月1日起对273个税目的香港产品实行零关税，自2006年1月1日起对全部香港产品实行零关税；扩大服务贸易市场准入，惠及香港17个服务行业；内地与香港贸易投资便利化。

在货物贸易方面：将有大量香港产品获得零关税进入内地的待遇。按计划，4 000多种香港制造的商品进入内地时，在两年时间，分两个阶段实现“零”关税的目标。第一阶段由2004年1月1日起实施；第二阶段由2005年1月1日起实施。受惠的产品包括成衣、珠宝、钟表、高档皮鞋等。

在服务贸易方面：内地将向香港一些主要服务行业开放市场。受惠的行业和领域包括管理咨询、会议展览、广告、法律、会计、医疗、房地产、建筑工程服务、运输、分销、物流、旅游、视听、银行、证券、保险等。开放的进程根据不同行业而有所不同。对其中涉及的“原产地规则”和“香港公司界定”这两个问题，由于充分考虑到香港作为国际大都市的地位及目前的实际情况，将采取既有利管理又比较灵活的办法来作出相应的规定。

香港贸易发展局认为，香港的服务企业，不论其投资者或股东属何国籍，若要享受CEPA下的优惠待遇，必须在香港从事实质性商业经营，同时符合以下全部条件：

(1) 必须根据香港法例注册成立；

(2) 必须缴纳香港利得税；

(3) 在香港雇用的员工必须占其员工总数的50%或以上。

此外，不同服务行业的公司，也必须符合其他不同的标准，以确保它们在香港从事相关的实质性商业经营最少已有一定年限（一般为3～5年）。虽然这些标准依行业而异，但评定核实工作一定会持公平客观的原则。

在贸易投资便利化方面：内地与香港将达成一系列促进贸易及投资的安排，但并不包括允许内地居民来港购买股票的“合格的本地机构投资者”(QDII)部分。

《安排》共有6个附件，分别是内地对原产香港的进口货物实行零关税安排、适用于《安排》的原产地规则、原产地证签发程序和合作监管机制、内地与香港相互开放服务贸易领域的具体承诺、“服务提供者”定义及相关规定、贸易投资便利化措施。《安排》各附件的法律文本于2004年1月1日前签署。

CEPA当中涵盖的内容需要随着时间的推移以及内地与香港经济条件的改变而发生改变，因此在CEPA签订之后，内地与香港相继签订了数个《补充协议》，以求CEPA可以涵盖更多的内容，推动两地经济共同发展。

2004年10月27日，《〈内地与香港关于建立更紧密经贸关系的安排〉补充协议》签署。根据补充协议，自2005年1月1日起，内地对《第二批内地对原产于香港进口货物实行零关税的产品清单（现有生产产品）》中列明的原产香港的进口货物实行零关税；允许香港永久性居民中的中国公民依照内地有关法律、法规和行政规章，在内地各省、自治区、直辖市设立个体工商户，无需经过外资审批。

2005年10月18日，《〈内地与香港关于建立更紧密经贸关系的安排〉补充协议二》签署。在2003年签署的《安排》和2004年签署的《〈安排〉补充协议》的基础上，内地进一步扩大对香港的开放。

2006年6月27日　根据《〈内地与香港关于建立更紧密经贸关系的安排〉补充协议三》，内地在《安排》及其两个补充协议的基础上，进一步在服务贸易领域对香港扩大开放，并加强与香港在贸易投资便利化领域的合作。

2007年6月29日，《〈内地与香港关于建立更紧密经贸关系的安排〉补充协议四》签署。协议包括40项涵盖28个服务领域的开放措施，当中11个领域如公共事业服务、安老服务和环境服务等更是新增的服务领域，全部措施于2008年元旦起生效。

2008年7月29日，《〈内地与香港关于建立更紧密经贸关系的安排〉补充协议五》签署。根据补充协议，在服务贸易方面，内地将在17个领域共采取29项具体措施，进一步对香港扩大开放。

2009年5月9日，《〈内地与香港关于建立更紧密经贸关系的安排〉补充协议六》签署。该协议扩大内地对香港服务贸易开放和经贸合作，使《安排》涵盖的服务领域总数由40个增至42个。

《安排》涉及香港与内地的货物贸易、服务贸易和贸易投资便利化等多个方面，是一项千头万绪的浩大工程。双方从2004年1月1日起开始实施《安排》下货物贸易和服务贸易自由化的具体承诺；双方将通过不断扩大相互间的开放，增加和充实《安排》的内容。双方同意《中国加入世界贸易组织议定书》第15条和第16条，以及《中国加入世界贸易组织工作组报告书》第242段的内容不再适用内地与香港之间的贸易。

三、国际会议

国际会议是指主权国家间政府代表通过会晤、就相互间经济关系和有关国际经济问题进行协商、进而规定各方权利与义务的协调形式。国际会议往往没有固定的议题，与会国主要就当前迫切需要处理的经济问题交换意见，协调各自的政策立场。会议的结果，有时可能建立起某种协调方式，有时仅就采取的某些共同措施达成原则性协议，或仅仅表明进行某方面政策协调的意见、意向。与会国承担的责任会随国际经济环境的改变自然解除，或持续到下一次国际会议举行。国际会议进行国际协调的约束力不强，具有临时性且不稳定。

国际会议的形式多样，有双边或多边会议，也有定期、不定期或临时性会议，还有首脑会议、部长级会议等。在众多国际会议中，最有影响的当数西方七国首脑会议、亚欧会议、七十七国集团部长级会议、安第斯首脑会议等。以下重点介绍西方七国首脑会议和亚欧会议。

（一）西方七国经济最高级会议

西方七国经济最高级会议（Seven-nation Economic Summit）又称西方七国首脑会议，是美、日、德、英、法、意、加等七个主要工业国家定期举行的最高级经济会议，也是七国首脑对资本主义世界经济与政治中的重大问题进行共同磋商和协调的一种形式。首次会议于1975年11月15日至17日在法国巴黎近郊的朗布依埃举行，以后每年举行一次，到目前为止，已召开了37届会议。每次会议都有主要的议题。首次会议加拿大未出席，只有六国首脑。会议是在资本主义世界遭到“石油危机”的严重打击下召开的，会议的主要议题是协调各国的经济关系，共同采取“反危机”措施。会议通过了《朗布依埃宣言》，并首次提出了“协调精神”，要求各国避免采用保护主义措施，采取行动以谋求货币的稳定。

第二十三次首脑会议于1997年6月20日至22日在美国西部山城丹佛举行。因俄罗斯总统叶利钦首次以正式成员的身份参加了该次会议，所以，已经召开了23年的西方七国首脑会议变成了“八国峰会”。不过，由于俄罗斯经济实力与西方七国相差悬殊（GNP仅占全球1%，美国占26%），因而，仍被排除在讨论全球经济及金融汇率等核心问题之外，没有参加七国财长会议，也无资格签署内容广泛的经济声明。这次会议的主要议题是政治、经济、外交、人口老龄化、“克隆”人等问题，并发表了长达18页的最后公报。

第二十九次首脑会议于2003年6月1日到3日在法国埃维昂举行，主要的议题是全球环保问题、贯彻《京都议定书》的宗旨与精神、集体对抗温室效应造成的地球气温上升的问题。围绕如何重振全球经济、增加发展援助以及反恐和防止大规模杀伤性武器扩散等问题进行了磋商，并就地区冲突、环境保护、艾滋病防治等一些地区性和全球性问题交换了意见。在这届会议上，我国国家主席胡锦涛也受邀参与了南北首脑非正式会谈。

第三十次首脑会议于2004年6月8日到10日在美国佐治亚州“海岛”举行，主要的议题除了中东改革、伊拉克重建两个焦点问题以外，八国领导人还讨论了防扩散、反恐、全球经济和援非等问题，并通过了加强全球防扩散机制、加强国际旅行安全和反恐合作，以及在未来5年内主要为非洲培训7.5万名维和人员等行动计划。值得注意的是，继上次首脑会议我国国家主席胡锦涛参与非正式会谈之后，中国中央银行行长和财政部长周小川与金人庆受到美国财长斯诺的邀请参与G7的财长与央行行长在华盛顿举行的高峰会。其代表中国正式融入了整个世界的经济发展之中。

第三十一次首脑会议于2005年7月6日至8日在英国格伦伊格尔斯举行，会议着重讨论非洲发展和气候变化等问题。

第三十二次首脑会议于2006年7月15日至17日在俄罗斯圣彼得堡举行。八国领导人除了就能源安全、传染病防控和教育三大议题进行磋商外，还就世界经济、地区热点和安全等问题交换了意见。峰会就三大议题通过了三项联合声明，并就贸易、反腐败、知识产权保护和非洲问题通过了有关文件。

第三十三次首脑会议于2007年6月6日至8日在德国海利根达姆举行，与会领导人就全球化进程中世界经济、气候变化和非洲等关键性挑战展开讨论，并在应对气候变化和对非洲援助等问题上取得进展。

第三十四次首脑会议于2008年7月7日至9日在日本北海道洞爷湖举行。会议就环境和气候变化、世界经济和世界食品安全等多项议题发表声明。八国集团领导人就温室气体长期减排目标达成一致。声明当中提到，八国寻求与《联合国气候变化框架公约》的其他缔约国共同实现到2050年将全球温室气体排放量减少至少一半的长期目标，并希望在公约相关谈判中与这些国家讨论并通过这一目标。

第三十五次首脑会议于2009年7月8日在意大利拉奎拉市举行。会议就推动经济发展以及刺激经济等议题展开讨论。与会各国均认为经济刺激政策还要继续，经济增长乏力仍是一个严峻的挑战。但最后各与会国达成了避免以竞争性贬值的方式推动出口，振兴经济的一致意见。因为这是一个会严重影响其他国家的以邻为壑的手段。

第三十六次首脑会议于2010年6月25日至26日在加拿大亨茨维尔举行。会议主要讨论发展援助、气候变化、能源紧张与国际和平与安全等问题。

第三十七次首脑会议于2011年5月26日至27日在法国度假胜地多维尔举行，会议主要讨论西亚北非局势、核安全和互联网等议题。八国首脑承诺将增加就业放在各国经济发展的首要位置，并表示将与二十国集团一起为世界经济的强劲、平衡和可持续增长作出更多努力。

随着二十国集团的地位越来越重要，经济议题已经逐渐从八国集团首脑会议向二十国集团首脑会议转移。

纵观西方七国首脑会议（八国峰会），从 1975 年至今，会议由七个发达国家轮流主持召开。会议的基本主题从 20 世纪 70 年代的“无通货膨胀的经济增长”到 80 年代的东西方关系，进而在 90 年代转变为冷战以后的世界稳定格局，最后到新世纪的环保与反恐主题。几十年来世界经济政治形势发生了变化，尤其是冷战结束以后，世界经济格局发生了变化，西方七国首脑会议（八国峰会）协调世界经济的主题也随之变化。但是从历届会议的情况可以看出，西方七国首脑会议（八国峰会）协调世界经济的能力正在下降。随着经济矛盾和摩擦增多，其协调世界经济的难度也在增加。

（二）亚欧会议

亚欧会议是冷战结束以后经济增长最快的东亚和经济实力最强的欧盟之间举行的最高级别的洲际对话。

为了加强亚欧之间的政治对话和经贸合作，1994 年 10 月，新加坡总理吴作栋访问法国时提出了召开亚欧会议的设想，获得欲与亚洲国家建立新型伙伴关系的欧盟的支持。1996 年 3 月 1—2 日，首届亚欧首脑会议在泰国首都曼谷举行，中国、日本、韩国、东盟七国和欧盟十五国领导人及欧盟委员会主席出席了会议。会议以“为促进发展建立亚欧新型伙伴关系”为主题，发表的《主席声明》确定了未来亚欧关系的基本框架。首脑会议每两年举行一次，轮流在亚洲和欧洲国家举行。

亚欧会议共有 25 个成员国，即，欧盟十五国（奥地利、比利时、丹麦、芬兰、法国、德国、希腊、爱尔兰、意大利、卢森堡、荷兰、葡萄牙、西班牙、瑞典、英国）和亚洲的中国、日本、韩国及东盟七国（文莱、印度尼西亚、马来西亚、菲律宾、新加坡、泰国和越南）。由于欧盟委员会作为单独一方参加亚欧会议活动，故亚欧会议共有 26 个成员。

亚欧会议协调员机制负责日常协调，由亚欧各两个成员组成。协调员根据需要不定期举行会议，代表各自地区通报情况、汇总各方立场并进行协调。欧洲协调员由欧盟轮值主席国和欧盟委员会担任，亚洲方面由东盟、东北亚和南亚次区域（包括中国、日本、韩国、印度、巴基斯坦和蒙古六国）各确定一名协调员。2011 年，日本和老挝担任亚洲协调员。亚欧会议迄今未建立实体秘书处，2006 年设立了网络虚拟秘书处。

1. 亚欧会议的目标和原则

根据首届亚欧首脑会议通过的《主席声明》，亚欧会议的目标是：

维护和促进和平与稳定、为经济和社会发展创造有利的条件，共同构筑未来。为此，会议决定建立“促进更大增长的亚欧新型全面伙伴关系”，加强亚欧之间的联系，为和平、全球稳定和繁荣作出贡献。建立这一伙伴关系的同样重要的目标是通过密切两洲人民之间的交往，来促进两洲人民之间的进一步的相互理解。

关于亚欧会议的主要原则，亚欧会议成员国的共识是：

（1）成员国之间应在平等伙伴关系、相互尊重和互惠互利的基础上开展对话；

（2）促进基本权利、遵守国际法义务、不干涉他国的内部事务；

（3）亚欧会议进程将是开放的、渐进的，扩大成员应由各成员国政府首脑在协商一致的基础上作出决定；

(4) 亚欧会议进程应是非正式的，不应机制化；

(5) 除政府间对话和合作外，还将促进两洲工商部门以及两洲人民之间的对话、往来和合作；

(6) 重视并推动三方面的合作——开展政治对话、加强经济合作及促进其他领域的合作。

2. 历届亚欧首脑会议

1996 年 3 月 1 日至 2 日，首届亚欧首脑会议在泰国首都曼谷市举行。东盟 7 国（文莱、印度尼西亚、马来西亚、新加坡、菲律宾、泰国和越南）、中国、日本、韩国与欧盟 15 国（奥地利、丹麦、西班牙、芬兰、法国、比利时、德国、英国、希腊、爱尔兰、荷兰、瑞典、意大利、卢森堡和葡萄牙）的领导人或代表以及欧盟委员会主席，以“为促进发展建立亚欧新型伙伴关系”为主题，就亚欧政治与安全形势、亚欧经济及其他各个领域的合作等问题进行了讨论。会议结束时，发表了《主席声明》，要求各国按照自由和开放的原则和体系推进双向的贸易与投资；在培养人才、能源和科学技术领域内进一步实行合作；在环境问题、禁毒和反恐方面进一步采取对策；加强文化交流；设立亚欧民间经贸研讨会。第一届亚欧会议标志着加强两大洲间全面合作有了一个制度化的良好开端。亚欧会议，作为亚欧领导人的定期磋商机制就此确定下来，每两年举行一次，亚洲和欧洲国家轮流担当东道主。

1998 年 4 月 3 日至 4 日，第二届亚欧首脑会议在伦敦举行。亚欧 25 个国家的领导人出席了会议。会议还讨论了亚洲的经济和金融形势。与会领导人还就环境保护、打击毒品犯罪和各种形式的跨国犯罪、人权以及其他重大国际问题进行磋商和交流。

2000 年 10 月 20 日至 21 日，第三届亚欧首脑会议在汉城举行。亚欧 25 个国家的领导人或它们的代表以及欧盟委员会领导人出席了会议。与会领导人着重就亚欧两大洲开展政治对话和经济、社会领域的合作，世界和地区安全形势，建立国际政治、经济新秩序，国际贸易多边化和地区组织的开放性，加强两大洲在信息化时代的经济金融合作和科技交流等问题进行了广泛的讨论。会议通过了《2000 年亚欧合作框架》文件，发表了《朝鲜半岛和平汉城宣言》和《第三届亚欧会议主席声明》。

2003 年 9 月 23 日至 24 日，第四届亚欧首脑会议在丹麦首都哥本哈根的贝拉中心大礼堂举行。在该届会议上，与会各国及欧盟委员会的领导人或代表就政治、经贸、文化等多领域的合作问题交换了意见。会议通过了亚欧反恐合作宣言、反恐合作计划和关于朝鲜半岛和平的宣言和首脑会议主席声明。

2004 年 10 月 8 日至 9 日，第五届亚欧会议在越南首都河内举行。在这次会议上新增 13 个与会国（包括来自亚洲的老挝、柬埔寨、缅甸，以及新加入欧盟的 10 个国家）。亚欧关系和人权问题是会议的主要议题。在会议上就加强亚欧政治对话、经济合作及文化与文明对话等一系列问题广泛地交换了意见，在许多问题上达成了共识。本届首脑会议通过的三项宣言分别是《第五届亚欧首脑会议主席声明》、《亚欧会议更紧密经济伙伴关系河内宣言》和中、法共同起草的《亚欧会议文化与文明对话宣言》。

2006 年 9 月 10 日至 11 日，第六届亚欧会议在芬兰首都赫尔辛基举行。第六届亚欧会议提出为了加强亚欧双方关系，确定数个展望目标，并选择了一些方面的重要活动来让双方关系更加稳固。会议宣布为了应对气候变化，要共同采取行动来保证环保目标的最终实

现。减少导致温室效应的废气，减少空气污染以及改善全球能源使用结构。

2008 年 10 月 24 日至 25 日，第七届亚欧会议在北京举行。这是中国首次承办亚欧首脑会议，亚洲和欧洲的 45 个成员的领导人都参加了此次峰会。对话合作、互利共赢是本次峰会的主题，与会领导人除了讨论能源、气候变化和粮食安全三大世界性难题外，还将重点关注席卷全球的金融危机。

2010 年 10 月 4 日至 5 日，第八届亚欧会议在比利时布鲁塞尔举行。会议重点讨论了如何改善全球金融和经济治理、可持续发展及国际热点等问题，取得了诸多共识。此外，会议进一步扩大了规模，俄罗斯、澳大利亚与新西兰成为亚欧会议的新成员国。三个国家的加入，将促进亚欧之间的文明对话和交融进一步深化，为亚欧合作的发展奠定更加坚实的文化基础。

3. 亚欧会议的意义

(1) 亚欧会议开创了亚欧关系的新时代。从产业革命到第二次世界大战结束，亚欧关系属殖民地、半殖民地与宗主国的性质；冷战时期，亚欧关系仍具不平等性质，是“受援国”与“援助国”之间的关系。虽然亚欧会议仍反映出欧洲不重视亚洲，与会者中几乎没有欧洲首脑，但毕竟此次会议是建立在平等伙伴关系基础上，是由不平等向平等方向的转变。(2) 通过了《亚欧会议主席声明》，为亚欧关系进一步发展确定了基本框架，奠定了合作的基础。(3) 初步建立起亚欧洲际常设性对话合作机制，主要体现在亚欧会议同意实施的一系列后续措施中。(4) 亚欧会议没有美国参加。此前任何国际会议都有美国的份，而且美国不但要参加，还要主导会议。但亚欧会议毫不客气地将美国拒之门外，这既反映出东盟强烈的独立自主意识，也反映出欧盟谋求与美国“平起平坐”、发挥独自作用的战略意图，还反映出欧盟借助亚欧会议增强其在亚洲的存在和影响，与美国主导的 APEC 对抗的心态。(5) 淡化了争论不休的敏感问题，突出经济合作和投资问题，表明亚欧国家在求同存异、加强合作方面迈出了一大步。

展望亚欧会议前景，可以预测：(1) 可能会扩大参与成员；(2) 中国和日本将进一步扩大自身对亚欧会议的影响；(3) 亚欧会议有可能从目前这种多边国际领导人论坛形式向常设性的亚欧经济合作组织演变，但这一进程将是漫长的，因为彼此间还存在不少矛盾和问题，有待各方解决。

(三) 二十国集团

1999 年 9 月 25 日，八国集团的财长在华盛顿宣布成立二十国集团（Group 20，下文简称 G20）。由于世界经济已经不是完全由发达国家控制，发展中国家在世界经济当中所占据的比重越来越大，八国集团已经不能完全代表世界经济的发展方向，因此二十国集团应运而生。集团的宗旨是：推动发达国家和新兴市场国家之间就实质性问题进行讨论和研究，以寻求合作并促进国际金融稳定和经济持续发展。

G20 由美国、英国、日本、法国、德国、加拿大、意大利、俄罗斯、澳大利亚、中国、巴西、阿根廷、墨西哥、韩国、印度尼西亚、印度、沙特阿拉伯、南非、土耳其等 19 个国家以及欧盟组成。这些国家的国民生产总值约占全世界的 85%，人口约占世界总人口的 2/3。

在机制架构方面，作为一个非正式会议的体系，目前 G20 已经形成了“峰会－协调人会议－部长级会议－工作组会议”的机制架构，最核心的机制就是领导人峰会，而其他层次的会议有待进一步加强。

首次领导人峰会于 2008 年 11 月 14 日到 15 日在美国华盛顿召开，主要议题包括评估国际社会在应对当前金融危机方面取得的进展，讨论金融危机产生的原因，共同商讨促进全球经济发展的举措，探讨加强国际金融领域监管规范，推进金融体系改革等问题。

峰会发表宣言强调，在世界经济和国际金融市场面临严重挑战之际，与会国家决心加强合作，努力恢复全球增长，实现世界金融体系的必要改革。宣言内容既有一般性原则，如倡导自由贸易、反对保护主义等，也有具体措施，如会议为在广泛领域改革金融监管设计了一个路线图，并将具体工作交给各个专家组负责。峰会本身还反映了经济危机中呈现的新的权力平衡。中国、印度、巴西等国要求在国际机构中发挥更大的作用。宣言在内容上也体现了与会国在一些存在分歧的领域达成的妥协。宣言尽管对经济刺激计划表示广泛支持，认为“广泛的政策回应必不可少”，但与会领导人并未就全球协调行动达成完全一致。已经和打算实行财政刺激政策的国家认为，一国采取的经济刺激计划只有在其他国家也采取同样措施的情况下才会更加有效。

第二次领导人峰会于 2009 年 4 月 2 日到 3 日在英国伦敦召开。由于全球经济复苏形势较好，各国领导人均提出雄心勃勃的金融体系改革、加强金融监管以及摒弃贸易保护主义等主张。除了经济复苏等内容，第二次峰会还取得了其他成果，包括：注资 IMF、打击避税天堂、促进全球贸易、反保护主义、限制银行家薪酬与新的刺激经济方案等。

第三次领导人峰会于 2009 年 9 月 24 日到 25 日在美国匹兹堡召开。全球经济协同以及复苏走向的方式策略被各国所共同关注。在会议结束后的领导人宣言当中，主要焦点聚焦在战胜贫穷、开放全球经济、金融监管、保证全球就业增长、全球经济可持续发展、能源和气候变化以及形成现代化的全球化机构等内容上。

第四次领导人峰会于 2010 年 6 月 26 日到 27 日在加拿大多伦多召开。本次峰会是自 2009 年匹兹堡峰会确定二十国集团为世界经济首要论坛以来的首次会议。会议是在世界经济脆弱复苏的背景下召开的，与会领导人主要讨论了如下问题：世界经济形势，欧洲主权债务危机，“强劲、可持续和平衡增长框架”，国际金融机构改革，国际贸易，以及金融监管。在会议结束的领导人宣言当中提出，二十国集团迄今的合作努力取得了良好成果。世界经济恢复了增长，但严峻的挑战依然存在，发达国家的主权债务危机对世界经济复苏造成威胁。宣言强调，二十国集团的首要任务是确保和加强复苏，为强劲、可持续和平衡增长奠定基础，加强抗风险的金融体系。

第五次领导人峰会于 2010 年 11 月 11 日至 12 日在韩国首尔举行。主要议题为汇率、全球金融安全网、国际金融机构改革和发展问题。此外，会议还讨论了就业、气候变化、绿色增长等内容。会后的领导人宣言，认为峰会取得了如下成果：通货与汇率，重新核实了发达国家和新兴市场国家对于汇率合作的原则；财政，发达国家将树立财政健全计划，留意因履行或未履行因素而可能导致的同时并发的经济风险；金融监管，与会领导人在会议上通过了巴塞尔银行监管和有关资本流动性和全球大型金融机构的国际标准和原则；贸易，G20 成员国愿意尽早完成多哈发展议程谈判，就在 2013 年之前不设置新的贸易及投资壁垒、反对任何形式的贸易保护主义达成了共识。

第六次领导人峰会于 2011 年 11 月 4 日至 5 日在法国戛纳举行。中国国家主席胡锦涛、美国总统奥巴马、法国总统萨科奇、巴西总统多塞尔等世界最具有代表性的经济体的首脑参加了此次峰会。主要议题为缓解欧洲主权债务危机、保证世界经济平衡增长、促进国际金融监管和国际货币改革、加强全球经济与金融合作及政策协调等问题。会议最后通过了《增长与就业行动计划》，集中提出了实现世界经济增长和提升就业的诸多措施，但会议整体而言并没有取得太多实质性的进展。

除上述影响较大的国际会议之外，还有发达国家与发展中国家间对话的主要场所——联合国贸易与发展会议、七十七国集团部长级会议等。这些会议与国际经济协调的其他组织形式共同形成一个覆盖全球、时刻运转、渗透到各个经济领域的有组织的协调活动，构成一个日趋完整的世界经济协调系统，维护着世界经济的协调发展。

第三节　国际经济协调的内容与范围

国际经济协调是由于经济活动的加强而产生的。经济活动和实施调节的主要领域是贸易、金融、投资等。在20世纪80年代中后期，国际经济协调的机制已基本形成。在这一机制中，既有机构性协调，也有主要发达国家政府间的协调；协调的内容既有综合协调，也有专门问题的协调，既有国内经济政策协调，也有对外经济政策协调；按时间长短划分，既有经常性协调，也包括临时协调等等。国际经济协调的内容大体包括两个方面：(1) 避免各国宏观经济政策的相互冲突。主要通过调节各国间经济变量的传递机制，控制各国经济变量的溢出效应。(2) 对世界性经济危机和来自资本主义体系的外部冲击进行联合管理和共同抵御。从上述两方面来看，国际经济协调首先应在汇率领域和贸易领域展开。

一、汇率的国际协调机制

汇率机制是一种市场机制，它对各国经济政策起着传导作用。同时，汇率机制又是重要的政策工具，在国际贸易和国际资本流动规模不断扩大的情况下，汇率、利率之间的关系变得日益错综复杂。对利率调节能产生巨大影响的货币和财政政策，也影响到汇率的调节。从汇率调节到其引发出的政策协调，其重要的特性是以国家经济干预为基础，要求在协调中加强国家干预经济的职能。在各国经济及政策相互依存度加深的情况下，实现国际收支平衡和实施国家调节经济的职能都无不依赖于他国的经济状况和经济政策，对汇率进行国际协调，往往成为必然的选择。

汇率调节通常称为支出转移政策。因为汇率的变动会引起国内外商品价格的相对变化，当一国货币贬值时，该国出口商品的外币价格降低，因而使原来用于国外商品的支出转移为国内商品的需求。这种转变，不仅能刺激国内需求的增加，引起国民收入的提高，同时这种政策手段还能扭转国际收支，实现经济的外部均衡。因此，当一国出现贸易赤字时，往往会采取本币贬值的汇率调节手段。战后发达资本主义国家的经济实践活动表明，当以总量调节为特征的宏观经济政策效应失灵时，汇率调节是其所替代的政策手段之一。

汇率调节手段在其实际运用过程中同汇率制度密切相关。在金本位制度下，各国的币值由含金量所决定，各国间的汇率是在黄金平价的基础上确定的，不易随意改变，汇率调节在这种制度下几乎不起作用。在浮动汇率制度下，汇率由外汇市场的供求所决定，市场汇率的波动对国际收支平衡起着一定的自动平衡作用。这种完全听任供求关系自发决定的汇率浮动称为“清洁浮动”或“自由浮动”；另一种浮动是政府为了使汇率维持在本国利益的水平上，对外汇市场进行干预，以达到改善国际收支、刺激国内经济发展的目的。这种浮动称为“肮脏浮动”。战后各国加强了对汇率的国际协调，使之成为国际经济协调的一个相对独立的领域，也是实施贸易和投资协调的重要环节。战后的汇率协调分为两个不同的时期，各个时期形成了不同的协调方式和内容，取得了不同的效果。

（一）布雷顿森林体系下的汇率协调

战后建立的布雷顿森林体系的汇率协调，采取以国际货币基金组织为中心的集中协调方式；实行世界范围的广泛协调；通过IMF的机构化建立稳定的协调机制。以稳定汇率为主要协调目标，该体制下的汇率协调主要采取以下做法。

1. 确定固定的汇率目标，由各国政府共同承担汇率调控责任

（1）确定以美元为中心的货币体制。在这个体制中，美元币值同黄金挂钩，各国货币同美元挂钩，以此确定美元等同黄金的地位和汇率稳定的基础。（2）通过各国政府规定本国货币的黄金平价，确定各国货币与美元的固定比价关系。各国货币平价一经确定，不经IMF允许不得变更。在特殊情况下可以通过IMF变更货币平价，变更的幅度在10%限度。超过这一幅度，将被停止利用IMF贷款的资格。（3）限制汇率波动的范围。在现汇交易中，汇率不得超出货币平价的±1%；在其他外汇交易中，汇率的变动与即期交易有一个合理限度。

为实现上述协调目标，美国政府承担了为各国政府和中央银行按黄金官价用美元兑换黄金的义务。各国政府均有义务协助美国维持黄金官价水平和在规定范围内维护本国货币的汇率稳定。这种固定汇率目标，是在美国经济实力雄厚、国际收支保有大量顺差、黄金外汇储备充足，而其他国家普遍存在“美元荒”的情况下建立的。要保证“双挂钩”原则的实现，应具备三项基本条件：（1）美国国际收支保持顺差，美元对外价格稳定；（2）美国有充足的黄金储备，以保持美元对黄金的有限兑换性，一旦国际市场黄金价格波动，美国可抛售或购进黄金加以平抑；（3）黄金价格维持在官价水平上。

2. 通过货币合作和扩大国际储备资产供给，增强各国稳定汇率的能力

主要采取以下措施：（1）集中若干国家的部分黄金，对国际市场进行统一干预活动。如《稳定黄金价格协定》就是由欧洲主要国家中央银行所达成的一项协定，以统一上限的价格购买黄金，抑制黄金价格上涨；建立“黄金总体”，采取这些措施以保持美元汇率的稳定。（2）在外汇市场上合作，以维持彼此汇率的稳定，如《巴塞尔协议》。（3）对货币发生困难的国家提供外汇贷款的合作安排，如“借款总安排”。（4）进行双边合作，以协定形式约定，在必要时可以互换一定金额的对方货币，用于干预外汇市场。如1962年，美国联储银行分别与14个西方主要国家的中央银行签订了《货币互换协定》。（5）扩大国际储备资产的供给。IMF的贷款是会员国平衡国际收支、稳定汇率的手段之一，但其贷款规模有限。为进一步扩大贷款能力，IMF创立了一种账面资产——特别提款权，作为会员国的国际储备，用于政府间国际收支的结算。（6）除以上措施外，美国还采取了“借款总安排”、发行外币债券等方式，筹措西欧国家货币外汇，扩大干预外汇市场的力量。

3. 调整货币平价，重建汇率稳定

当对外汇市场的干预已无法维持原定汇率时，采取调整货币平价的进一步措施。措施之一是进行汇率调整，对个别国家的货币平价作大幅度的变更，以适应各国经济状态，维

持固定汇率。如英镑两度贬值，德国马克1968年升值和法郎1969年贬值时，均对其货币平价进行了调整。措施之二是扩大固定汇率波动幅度。如《华盛顿协议》和《史密森学会协议》，是对各国货币平价的全面调整，各国货币对美元汇率的波动幅度也由原来的不超过±1%，扩大到±2.25%。

布雷顿森林体系下的汇率协调机制，是在战后特殊情况下建立的，本身存在着不可调和的矛盾。(1) 布雷顿森林体系以一国货币作为国际储备货币，在黄金生产停滞的情况下，国际储备的供应完全取决于美国的国际收支状况：美国的国际收支顺差，国际储备资产不敷国际贸易发展的需要；美国国际收支保持逆差，则国际储备资产过剩，美元发生危机，并危及国际货币体系。这种难以解决的内在矛盾，在经济学界被称为"特里芬两难"(Triffin Dilemma)，它决定了布雷顿森林体系的不稳定和必然垮台。(2) 固定汇率制本身存在不可克服的弊端。该体制过于强调汇率稳定，忽视了汇率弹性及其调节国际经济流量的功能，致使稳定汇率与自由支付发生矛盾。(3) 以牺牲内部平衡换取外部平衡。在固定汇率制下，各国基本上不能利用汇率杠杆来调节国际收支，而只能采取外汇管制的方式，有损于国内经济目标的实现。(4) 利益分配有利于美国而不利于其他国家。美元担当世界货币的职能，其他国家兑换美元，就无可避免地要交纳"造币税"。美国可以用本币进行国际支付的特权，导致持有美元国家的实际资源向美国转移。各国货币钉住美元使各国经济政策易受美国货币政策的左右。出现美元危机时，各国有义务维持美元汇率稳定，需要抛售本币、购进美元，从而增大本国的货币流量，扩大通货膨胀，实际上美国将美元危机转嫁到别国头上。这种单一的国际储备资产结构，使其他国家难以弥补美元贬值造成的损失。这种利益上的不平衡增加了该体制运行的困难。以上矛盾导致了布雷顿森林体系的崩溃，它所进行的汇率协调也随之结束。

(二) 管理浮动汇率体制下的汇率协调

1973年以后，布雷顿森林体系全面解体。1973年至1975年危机以后，为谋求货币金融政策的协调，迅速摆脱危机的影响，西方国家进一步推进国际货币体系的改革，召开了五国财长会议、十国集团会议等一系列会议。在此基础上，1976年1月临时委员会在牙买加举行会议，就有关国际货币体系的汇率制度、黄金处理、扩大借款额度等问题达成协议，并同意修改《国际货币基金协定》(也称《牙买加协定》)。修改生效的协定包括以下内容：(1) 承认现行浮动汇率制的合法性，取消原条文有关固定汇率的条款，代之以实行所谓有管理的浮动汇率制条款，使浮动汇率的推行有了法律依据。(2) 削弱黄金的作用。(3) 扩大特别提款权的作用。

管理浮动下的汇率协调强调汇率弹性及其对平衡各国国际收支的重要作用。各国继续在这一领域进行国际协调，以实现有管理的浮动，避免汇率的过度波动所造成的消极影响。管理浮动的汇率协调与布雷顿森林体系下的汇率协调的最大区别在于：后者是由IMF规定和调整，而前者是由市场自发决定。IMF的作用在于实行监督和协调。管理浮动下的汇率协调的主要做法如下。

(1) 实行联合浮动。最典型最有影响的是欧共体的联合浮动。1972年4月，欧共体6国为了对付美元危机实行了联合浮动，成员国之间的货币汇率波动幅度由4.5%缩小到2.25%。

(2) 实行联合干预。这是指实行浮动汇率的若干国家在相互协商的基础上采取统一行动、共同干预外汇市场的做法。仍以欧共体为例，在欧洲货币体系机制中，以按“一篮子”货币定值的欧洲货币单位为基准，各成员国货币对这一波动规定有最大偏离幅度，在这个幅度内规定各成员国货币的“偏离界限”。当汇率达到波动幅度规定的界限时，成员国必须进行干预。因此它提供了官方在外汇市场上进行干预的指标，发挥“早期报警器”的作用。干预的办法是，当一种货币超越“偏离临界点”时，有关国家政府应采取纠正措施。干预的途径有三种：a. 通过各中央银行间的相互贷款干预外汇市场，即抛出强币以减轻对强币的压力，吸收弱币以加强对弱币的支持。b. 在国内实行适当的货币政策和财政政策，如弱币国家提高利率，紧缩银根，而强币国家则降低利率，放宽信贷。c. 改变中心汇率作为最后的一着，即在干预难以奏效的情况下，各国就必须重新确定中心汇率，以免整个体系崩溃。欧洲货币体系通过上述几种机制来稳定成员国间的汇价，对外则实行联合浮动，从而形成一个相对稳定的汇率制度。联合干预是一种不固定、临时性的协调方式，无论是协调干预的目标，还是干预的组织程序及干预的时间选择，都是在临时协商的基础上决定的。经过一段时间，各方的协调关系便随国际经济形势的变化中止了。1975年11月美国和欧共体国家达成的实行协调干预的浮动汇率制协议就是这种情况。到20世纪80年代初期，美欧间的汇率协调实际上陷入瘫痪。因此，这种形式的联合干预具有灵活简便的特点，但合作关系不巩固，参加国也没有必须采取统一干预行动的义务。

(3) 实行汇率政策监督与协调。IMF具体承担这一协调工作。

二、国际贸易协调机制

随着国际分工的发展和深化，卷入国际贸易的国家越来越多，国际贸易已成为当代各国经济联系和发展各国经济关系的主要内容和重要纽带。国际贸易量也在迅速扩大。但是，在世界经济的发展过程当中，由于各国的经济发展水平和发展阶段的差异，特别是由于资本主义发展不平衡，不可避免地造成国际贸易摩擦和贸易保护主义的推行。这都会干扰国际贸易运行所需要的正常秩序。这些矛盾和问题不通过国际贸易协调，国际贸易和世界经济的发展必然会遇到阻碍，从而产生国际贸易的协调机制。

国际贸易的协调是指从符合世界贸易总体利益的角度通过适当的方式调节各国的对外贸易政策。在世界市场形成后，贸易政策就存在着国际协调的必要性和基础，尤其是在世界经济贸易发展严重萎缩、保护主义措施盛行的环境中，贸易政策的协调更具有特别重要的意义。在国际贸易协调机制中处于核心地位的是GATT/WTO，主要通过它实行全球范围的贸易协调。此外，各国间还广泛开展各种形式的局部协调。如通过谈判签订相应的贸易条约和协定；通过采取贸易一体化特别是关税同盟的方式，实施共同的贸易政策措施。

GATT/WTO的协调活动主要是通过关贸总协定条款对缔约国的贸易政策和贸易行为给予必要的规范和约束。主持多边贸易谈判，调整各缔约国日常的经济贸易关系及调解贸易纠纷等。具体地讲，包括以下主要内容。

(一) 关税政策的协调

在国际协商的基础上，确定和修改有关国家相互进口税的税率，促使协定关税的产生和各国关税税率的降低，从而达到促进相互贸易关系的发展和改善贸易状况的目的。总协定至今已组织了八轮减税谈判，结果使发达国家的关税税率从战后的35%降低到现在的4%，发展中国家的平均税率降到了13%～15%的水平。

关税协调还使各国关税形成方式发生变化。关税协调主要是通过改变各国关税结构和关税水平实现的，其影响首先是由多栏税率取代单一税率结构。多栏税率包括：（1）普通税率。这是各国自主制定、自行修改、变更的税率，适用于无关税协调的贸易对象国家。（2）最惠国税率。是由 GATT 缔约国相互提供的最惠国待遇即最惠国税率，目前这种协调关税已普遍应用。（3）特惠税。指对来自特定国家和地区的全部进口商品或部分进口商品给予特别优惠的低关税和免税待遇。（4）关税豁免。指在自由贸易区、关税同盟内部实行的关税免除优惠。

（二）非关税协调

根本任务是取消非关税壁垒。总协定就此作出了一系列规定，强调取消进口数量限制，以关税作为唯一保护手段的原则，试图通过推动各国外贸调控手段从非关税措施向关税措施转化，再通过多边贸易谈判降低关税，最终建立全球范围的自由贸易体制。关于非关税壁垒的谈判主要从第六轮开始涉及，并达成了第一个关于非关税措施的协议即反倾销协议。在第七轮东京回合中，非关税壁垒被作为主要谈判内容，并取得了显著成果。第八轮乌拉圭回合达成了在 10 年内撤除非关税壁垒的目标。

（三）调整各国的贸易关系：主要是调解贸易摩擦和纠纷

GATT 为各缔约国提供谈判和对话的场所，并能较为公正地处理国际上的各种经济贸易纠纷。在发展中国家的争取下，GATT 第十八条规定了对发展中国家优惠的内容，并于肯尼迪回合谈判中增列了第四部分“贸易与发展”，专门解决发展中国家的贸易和发展问题。在东京回合期间，又通过了“授权条款”，允许发展中国家单方面享受发达国家所给予的优惠待遇。所有这些都为发展中国家提供了与发达国家磋商贸易经济发展问题的机会和场所。此外，GATT 还努力公正地处理国家间的各种经济贸易纠纷。其主要手段是协商及最后的缔约方全体的联合行动。虽然它缺乏强制性手段，但仍然成功地解决了 100 多起缔约方之间的贸易争端。

（四）扩展协议领域

主要反映在乌拉圭回合谈判上。为了建立一个更加开放、更加持久的多边贸易体制，乌拉圭回合对总协定多边谈判、贸易协调的传统范围又进一步扩大，制定了 15 个议题，并首次将服务贸易、知识产权及与贸易有关的投资等议题纳入总协定的多边贸易体制。

三、国际投资协调机制

随着国际投资、国际贸易的发展，国际借贷关系也迅速发展，国际投资和国际借贷关系的发展也会产生投资摩擦和国际债务问题（1980 年加拿大开始出现国际债务危机）。国际投资和国际债务问题都影响国际贸易、国际金融的正常运行，所以，需要对国际投资进行协调。并且，由于对国际债务进行调整也是为了维护国际贸易、国际金融的正常运行秩序，因此，国际投资协调还包括对国际债务的调整。

国际投资协调的主要目标，是要排除投资领域的障碍，减少摩擦，调整资金流向和投资利益的分配。它主要通过以下两个方面进行：（1）政府投资和经济援助政策的协调，包括对各国政府的援助政策进行国际指导性的协调；对各国政府的贷款和援助实行统一的运用和管理以及进行联合投资，主要是发生在发展中国家之间。（2）投资管理和外资政策的协调。第一，限制投资竞争。投资国之间常常以降低贷款利率提供其他优惠条件的方式争

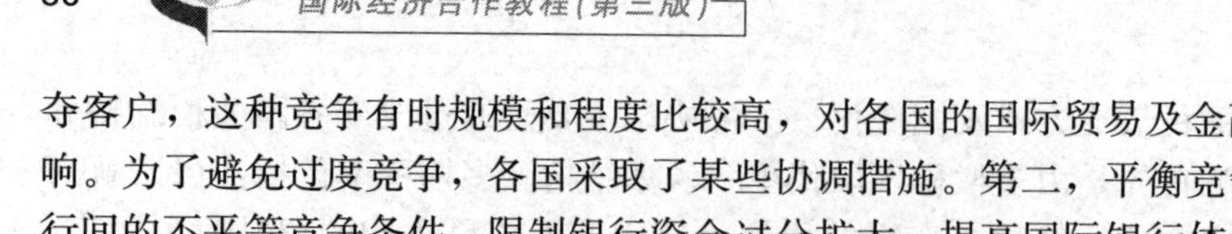

夺客户，这种竞争有时规模和程度比较高，对各国的国际贸易及金融秩序都造成很大的影响。为了避免过度竞争，各国采取了某些协调措施。第二，平衡竞争条件。即消除各国银行间的不平等竞争条件，限制银行资金过分扩大，提高国际银行体系的稳定性。第三，对跨国银行进行监督和管理。第四，制定国际投资行为规范。在这方面联合国已先后设立了跨国公司委员会等机构，并起草《联合国跨国公司行为守则（草案）》，组织讨论协调发达国家及发展中国家的政策立场，争取在世界范围建立统一规范的管理规则。

20世纪80年代初的国际债务危机，严重影响了国际金融秩序和世界经济的稳定与发展，成为全球性问题，引起了国际社会的重视。对国际债务关系的调整，成为国际经济协调的一个新的重要领域。国际债务调整主要采取债务重新安排即债务重议的形式，具体讲，就是借钱后还不起，可转为投资、减债和免债或购买公司股票等。

四、国内调节政策和国际调节政策的协调

随着各国相互依赖关系的加深和强化，各国国内的政策和调节措施已经具有国际调节的性质，它表现为各国政府为了发展本国经济而拓展对外经济关系所采取的国内调节政策和措施，如对出口采取出口信贷、对农产品出口实行补贴、对本国的跨国公司提供税收优惠等。这些调节政策和措施虽然是民族国家的政策，但这些政策又直接影响到国际范围内的秩序，影响国际经济。具体地讲，影响到资本、商品、劳动力和技术的国际流动。从这方面看，当代世界经济一体化不断加强的趋势，既是对各国制定国内调节政策的约束条件，也是对国际社会制定国际调节政策的约束条件。此外，当代世界经济和各国经济当中，国内经济政策和国际经济调节政策具有相互传导、相互示范的效应，这就要求国内调节政策和国际调节政策要相互配合，避免冲突，创造各国经济和世界经济运行的正常的经济秩序。

第四节　国际经济协调机制的调整及发展趋势

国际经济协调经历了几次大的机制调整。综观国际经济协调的发展史，战后国际经济协调机制的调整经历了两个阶段。

一、战后国际经济协调机制的调整

从战后初期到20世纪70年代初，是国际经济协调机制调整的第一阶段。这一阶段，建立了布雷顿森林国际货币体系和一系列国际经济组织，如IMF、WB、OECD和GATT/WTO等。这些机构和布雷顿森林体系是从维护资本主义国家利益出发，协调世界资本主义体系的利益关系，对世界经济和国际贸易及金融的发展产生了一定的积极作用。这一时期，美国利用其在政治、军事、经济方面的绝对优势，在相当程度上左右、影响甚至操纵了国际经济协调。当时的协调主要是国际收支方面的协调，没有涉及各国宏观经济政策总体状况的协调，协调的作用也较为有限。然而，60年代后期，布雷顿森林体系的缺陷日渐显露并走向崩溃。其之所以崩溃，在一定意义上说是由于这种协调机制不能对成员国的国内经济政策进行协调，换言之，是各成员国为追求国内目标的实现而放弃了它们在布雷顿森林体系中所应尽的义务。国际货币体系的崩溃，虽然可以使资本主义国家摆脱

固定汇率的束缚，专心一致地处理国内经济事务，但资本主义国家之间的矛盾依然存在，它对各国国内经济的干扰仍然影响着各国经济的正常运行。从经济方面看，当时发达国家间的矛盾主要反映在三个方面：(1) 美、日、欧之间的贸易摩擦加剧；(2) 浮动汇率与固定汇率之争；(3) 各国对第一次石油危机的不同态度。这些矛盾，使当时现有的国际经济协调机构无法调节。旧的常规被打破，新的协调机制若不产生，资本主义的总体性危机就可能爆发，1973 年至 1975 年的经济危机就预示了这种危机的可能。在这种背景下，新的国际协调形式——首脑会议便应运而生了。

1975 年至今，所谓国际协调进入新的阶段，其主要标志是西方七国首脑每年举行的一次例会。在最初第一、二届会议中，只对汇率、能源价格等局部目标的合作和协调达成一致意见，而真正意义的国际协调是在 1977 年的“伦敦会议”和 1978 年的“波恩会议”才初见端倪。在伦敦会议上，制定了以美国、联邦德国和日本三个经济大国作为带动整个西方经济回升的“火车头”的策略，并规定了当年三国经济增长指标。1978 年的波恩会议则制定了“共同协调刺激经济回升的政策”，它标志着西方各国开始在经济发展的总体目标上进行协调，而不像布雷顿森林体系那样，只在汇率方面进行协调。

进入 20 世纪 80 年代以后，主要发达国家的国际经济协调继续向纵深发展，其范围也在扩大。1981 年渥太华会议要求与会国把利率和汇率波动减到最低限度。翌年凡尔赛会议“把奉行谨慎的货币政策和加强对预算赤字的控制当作当务之急”，研究了各国对动荡不定的外汇市场进行联合干预的可能性，并成立了美、日、英、法、德组成的“五国集团论坛”，加强对各国经济政策的相互监督。在 1985 年广场会议上，五国就联合干预汇率问题达成一致协议，认为美元价值过分高估，承诺要联合干预外汇市场促使美元有秩序地贬值，实行“软着陆”。它标志着发达国家间的协调已开始落到实处。1986 年东京会议进一步将其政策协调具体化，并采取 10 项指标进行监督。这一指标体系，既包括汇率、国际收支指标，也包括各国的通货膨胀率、利率、货币发行量、失业率等指标。这是西方国际经济协调向前迈进的又一标志。1987 年罗浮宫会议又将上述指标减为 7 项，把愈来愈多的国内宏观经济政策纳入国际协调的范围。在以后的几次会议中，随着冷战结束，世界经济格局的转变，特别是西方经济面临不景气，会议重点又转向经济问题。1994 年举行的第 20 届那不勒斯会议，在西方经济开始出现复苏的背景下，会议没有解决当时最紧迫的美元危机和就业等问题，也没有对世界的热点地区提出解决方案。这说明西方内部矛盾加深，西方七国首脑会议处理对外事务的能力明显减弱，宏观协调机制的作用降低。

较之第一阶段的国际经济协调，第二阶段的国际经济协调具有以下几个特点。

(1) 国际协调的参与者具有广泛的国际性。当代国际协调是一种全球性行为，实际上，各国政府的对内经济干预调节行为向国际范围延伸，使每个参与国际分工和竞争的国家不得不采取行动，无论其社会发展异同，经济发展水平高低，都不同程度地被卷入国际经济协调的大潮中。

(2) 当代国际经济协调是多层次、全方位的联合干预。从范围来看，有全球性国际协调，也包括区域性国际协调；从内容看，包括对国际流通过程的协调，也包括对生产领域的协调，协调涉及国际经济关系的各个主要领域；从时间看，既包括国际经济一定时期的短期协调，也包括对国际经济长期性目标的协调。

(3) 当代国际经济协调是以大国为核心的协调，改变了布雷顿森林体系中以美国为主宰的国际经济协调局面。由美、日、德等主要发达国家构成的核心，代表三大经济圈共同操作和掌握国际经济协调。

(4) 当代国际经济协调正处于调整与改组阶段。要重新评价 IMF、WB 和 GATT/WTO 的作用。以美元为中心的布雷顿森林体系崩溃以后，原有的国际货币体系机能不健全，存在体系性风险。欧洲单一货币的问世，势必改变国际储备的格局，加快国际货币体系的转轨。

二、国际经济协调对经济周期产生的影响

战后国际经济协调对经济周期产生的影响可归纳为四个方面。

(一) 国际经济协调减弱了经济危机在国家间的传递

当今西方世界几个大国之间既有利益冲突，也有利益协调，当它们同时面临经济动荡威胁时，往往协调行动，以避免大振荡的发生或缓和其发展。西方主要资本主义国家存在着各种错综复杂的经济联系，这种联系主要是通过商品交易和资本交易的形式得以表现。而西方国家传递经济危机的机制也是通过商品流动和资本流动两个主渠道相互传递的。

从汇率角度而言，一个国家的货币对内贬值，必然影响到对外汇率，而汇率下浮，则增加商品的竞争力，刺激出口，抑制进口。如果其他国家也采取同样措施，就可能产生"外汇战"，结果彼此都遭到伤害。这是第二次世界大战前各西方资本主义国家所惯用的手段。为此，第二次世界大战以后至 1973 年，国际货币基金组织吸取战前这一教训，对外汇市场进行监管，避免了外汇战的发生。这对稳定各国经济、减缓经济危机在国家间的传递起到了不小的作用。固定汇率制崩溃以后，取而代之的是管理浮动制。西方几个大国经常举行首脑会议、财长会议和中央银行行长会议，商讨协调行动，以稳定外汇市场。1985 年，随着美国经济的复苏，美元汇率出现空前的高价位，冲击着国际贸易和金融。但同年 9 月的西方工业国财长和中央银行行长会议以后，各国共同干预美元，使之"有秩序"地下降，从而避免了美国通过汇率的对外贬值把经济危机传递给其他国家。

利率的变化与经济周期的变化也有联系，它也成为传递经济危机的手段。当一国发生经济危机时，中央银行就降低贴现率以刺激投资和消费。20 世纪 80 年代初，西方国家协调利率政策，使得国际利率在经济复苏后终于徐徐下降，对世界经济回升起到了推动作用。1990 年底和 1991 年初，美国为了对付经济衰退，频繁调低利率，1991 年底的利率降到战后最低水平。相反，两德统一时，由于扩大对东部的投资，内需扩大，为抑制通货膨胀的压力，德国则采取大幅度提高利率的办法，导致德国与外部世界利率差距的扩大。以上两个事例均说明，西方国家间在利率方面的国际协调能减弱经济危机在国家间的传递。

(二) 国际经济协调减弱了经济危机的深度

由于国际经济协调在某种程度上减弱了经济危机的程度，所以，第二次世界大战后主要西方国家所发生的经济危机在程度上均不如战前那么严重，危机期间生产下降的幅度也较小。战后以来，每遇危机，国际货币基金组织、关贸总协定总是呼吁各国采取相应的步骤，协调各国宏观经济政策和对外政策，运用各种手段调节主要经济变量，共同阻止经济衰退。20 世纪 70 年代中后期，西方七国首脑会议针对世界经济的衰退进行了一系列经济政策的国际协调，其中主要利用了汇率与利率的杠杆作用。1981 年渥太华西方七国首脑会议要求与会国把汇率和利率波动降到最低限度。凡尔赛会议则研究了对动荡不定的外汇

市场进行干预的可能性，并成立了一个由美、日、英、法、德五国官员组成的“五国集团论坛”，加强了对各国经济政策的相互监督。

始于2007年春的美国次贷危机在演变成金融危机并引发经济危机后本有可能进一步恶化为史上又一次的经济大萧条（类似1929年至1933年间的全球性经济大衰退），但2008年10月之后国际经济协调在加强合作、共同抵御危机的积极作用开始显现出来。从西方七国集团到二十国集团到亚欧首脑会议，从主要经济体数次联手降息到各国相继出台刺激经济政策，到处可见国际经济协调的身影。正因如此，经济危机在国家间的传递才有所减弱，也正因如此，经济危机才没有进一步恶化。

（三）国际经济协调遇到了周期性危机进程中的通货膨胀

20世纪70年代初中期的世界性经济危机，是资本主义经济从高速增长转向低速增长或停滞阶段的转折点。西方各国投资不振，国际贸易增长缓慢，在失业人数增加的同时，通货膨胀越来越严重，这就是西方经济学界所称的“滞胀”。对此，国际经济协调组织作出了很大的努力，共同实施紧缩政策，控制货币增长速度，提高中央银行的再贴现率，减少财政赤字。20世纪70年代，西方七国首脑会议把抑制通货膨胀作为主要协调方向。80年代初，西方国家前所未有的高利率对缓和通货膨胀起了关键性作用。80年代中期，随着经济高涨的出现，通货膨胀又有所抬头，西方国家迅速协调利率，把通货膨胀控制在一定的范围。1985年至1990年经合组织24国的通货膨胀率年均仅为4.0%，1995年日本的通货膨胀率为0.9%，美国为3.3%，德国为2.2%，法国为2.1%，加拿大为1.7%，英国为3.6%，意大利为3.9%，可见国际经济协调在抑制通货膨胀方面发挥了较大的作用。

（四）国际经济协调增加了经济体系的灵活性，减缓了经济危机的振幅

20世纪70年代之前，西方国家的宏观经济政策皆以凯恩斯主义为理论基础，侧重于需求管理，认为社会生产能顺应社会需求的变化，迅速调整总供给，因而在供给方面很少进行干预。1974年至1975年世界经济危机改变了这种状况。这次危机是由石油危机引发的，是外部冲击造成的，而更深层的原因是劳动力市场缺乏弹性，劳动成本上升速度高于生产率提高速度，导致在外部冲击下经济失去国际竞争力。因此，随着滞胀的出现，西方国家的国际经济协调开始在供给方面进行政策调整和国际协调，加强供给管理，从而消除造成经济危机的非市场因素。

供给方面的政策调整和国际协调首先表现在能源政策上。一方面西方各国在与欧佩克的对抗中统一政策；另一方面加强节能工作的国际协调，在开发新能源和提高节能技术方面进行国际合作。对产业结构的调整表现在两个方面：一是将高耗能和高劳动力成本的产业转移到发展中国家；二是削减福利开支，实行国有资产私有化。20世纪80年代，私有化浪潮席卷西方发达国家，其效果则表现为90年代经济衰退的幅度减缓。西方国家劳工部长还专门聚会，以解决劳动力市场缺乏弹性和失业状况恶化的问题。以上政策协调增强了经济体系的灵活性，起到了减缓经济振幅的作用。

第二次世界大战后的国际合作与协调机制创造了一个相对稳定的国际经济环境。国际经济协调作为国家垄断资本主义运行机制中的一个重要组成部分，在战后经历了一个相当曲折的发展过程，对调节资本主义世界经济体系中的矛盾起了很重要的作用。从理论上讲，这种新的调节手段的出现总能在一定程度弥补旧的调节手段的不足，使生产关系容纳生产力的程度得到进一步的扩展。从资本主义经济现实来看，布雷顿森林体系崩溃之后，

资本主义世界整体性的国际协调机构的作用在下降。从目前的情况来看，作用较明显的国际经济协调形式有以下几种。

（1）区域性的国际经济协调机构。在世界上所有区域经济集团中，欧盟首屈一指。它通过自身的组织机构，在成员国之间进行广泛的国际经济协调。欧盟的一体化组织形式直接跳过了自由贸易区阶段，从建立关税同盟开始，在国际经济协调的过程中不断升级：关税同盟→共同市场→经济与货币联盟，并正为实现政治联盟积极创造条件。

（2）国际会议。在当今国际经济协调中起重要作用的有七国首脑会议、七国财长及央行行长会议、二十国集团财长及央行行长会议、二十国集团首脑会议等。除上述主要形式外，还有双边三角协调，如美日之间、欧日之间、欧美之间为缓解贸易摩擦所进行的协调都比较有效。国际经济协调之所以成为第二次世界大战后特别是 20 世纪 80 年代以来资本主义国家经济调节的重要手段之一，其原因就在于国际经济协调是一种群体效应，它使得资本主义各国在对付各国经济困难、避免经济衰退出现的过程中所付出的代价比一国单独调整要小得多。如 1985 年《广场饭店协议》的签订，各国协调采取联合干预外汇市场的措施，促使美元有秩序地贬值，实行“软着陆”。待汇率基本反映各国经济状况后，《罗浮宫协议》又进一步磋商了各国宏观政策的协调，要美、英等国削减财政赤字，日、德等国则扩大国内需求，以此纠正国际经济的失衡。

上述实例说明国际经济协调对资本主义经济确实起了一定的促进作用。然而，国际经济协调只是一种手段，它并不能完全解决资本主义世界经济运行中的固有矛盾，而其本身也存在着缺陷和不足。

三、国际经济协调的缺陷与不足

（1）国际经济协调要求各国主权在一定程度上进行让渡，也就是说，国际经济协调是以一定程度上牺牲参与国利益为代价的。而不同国家之间的利益往往存在冲突，特别是南北国家之间、中心国家和外围国家之间的利益冲突很难协调。

（2）国际经济协调之所以取得成效，是因为各发达国家之间随着生产国际化的发展，共同利益日益明显。然而，即便是在西方工业化国家之间，各国利益的交集也并不是很大，而利益差别却总是存在着。总的来看，一国在国际经济协调中获得的利益大小取决于该国在世界经济中的地位。

（3）国际经济协调仍是以发达国家为主导，发展中国家在国际经济协调中处于受支配的地位。在发达国家之间，各国在国际经济协调中所起的作用也不相同，如美国一度在国际经济协调中独领风骚；20 世纪六七十年代以后，随着日欧的崛起，国际经济协调也逐步由一极向多极转变，但时至今日，美国仍是多极中最重要的一极。

（4）国际经济协调在国际金融领域的作用有待加强，对危机的预警和应对能力有待提高。虽然国际经济协调如前文所述，在阻止危机进一步蔓延时发挥了积极作用，但 2008 年世界金融危机的爆发暴露出国际金融体系存在的很多不足仍然没有得到解决，也让各国继 1997 年东南亚金融危机爆发后再一次对体系内危机预警和及时应对能力感到失望。

（5）到目前为止，发达国家的国际协调范围越来越广，而且深入到各国国内宏观经济政策。但国际协调是自愿的，没有强制性，国际经济协调的组织形式也十分松散。因此，一旦发达国家从协调中获得的利益小于为此而付出的牺牲时，便很容易放弃协议中所规定实施的政策而自行其是。这一现象决定了国际经济协调作用的有限性。

国际经济协调的出现，使资本主义生产关系能在更大程度上容纳社会化大生产的要求，但是，它能否取得成效，必须要以国家干预职能的加强为前提，否则，各国间的宏观政策协调就很难奏效。资本主义运行机制中调节手段的增加，并未改变资本主义私人占有的本质。只要私有制存在，国家经济职能的发展就有限；只要有民族国家利益存在，国际协调的效能也是有限的。因此可以认为：国际经济协调只能在一定时期、一定条件下奏效，但它最终不可能成为调节和解决资本主义运行机制中矛盾的最终形式和手段。

[思考题]

1. 试述国际经济协调及其本质特征。
2. 试述国际经济协调产生的背景及主要原因。
3. 试述国际经济协调与国际经济合作的联系与区别。
4. 简述 WTO、IMF、IBRD 协调国际经济的功能及作用。除上述国际经济组织之外，国际经济协调还有哪些组织形式？
5. 西方七国首脑会议、亚欧会议对于国际经济协调的意义何在？
6. 国际经济协调的主要内容是什么？

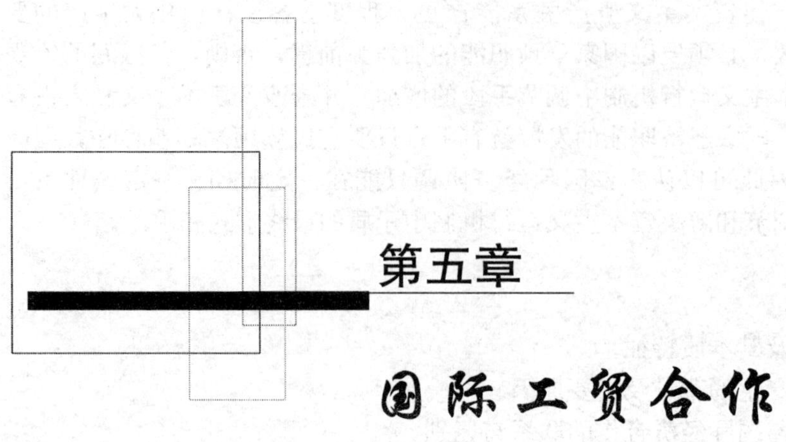

第五章

国际工贸合作

［重点问题］

- 国际工贸合作的性质及基本形式
- 国际加工贸易的特征及基本形式
- 国际补偿贸易的特征及基本形式
- 国际租赁贸易的特征及基本形式
- 国际生产合作的基本形式

第一节　国际加工装配贸易

一、国际加工装配贸易的含义

国际加工装配贸易（processing trade）是指海外厂商提供全部或部分原材料、辅料、零部件、包装物料及必要的技术设备，国内企业提供劳务和设备进行加工装配，成品交外商销售，加工方只收取工缴费的一种交易，是来料加工、来件加工和来样（图）生产的统称，也即“三来一补”贸易中的三来部分。

在加工装配贸易中外商提供的技术设备价款，加工方以工缴费偿还；加工方供应的部分原材料、辅料、零部件等，则作价向外商收取货款。这种合作方式，一般是利用海外原料资源，在国内加工生产，产品销往国外，所以也被称为“两头在外”。

二、国际加工装配贸易的主要形式

加工装配贸易主要有以下三种形式。

（一）来料加工（processing with customer's materials）

指由海外委托方向本国企业提供原材料、辅料和包装物料及必要加工设备和技术，承

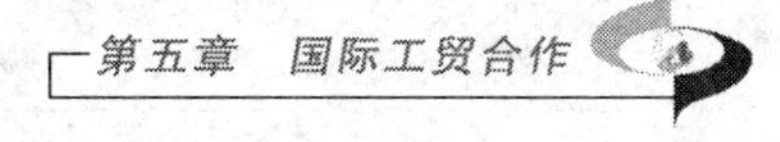

接方按照委托方对品质、规格、式样、技术标准等方面的要求进行加工生产，成品按规定的时间交给委托方销售，承接方收取一定的加工费，但不管产品经营盈亏。

（二）来件装配（assembling with customer's parts）

指一个国家或地区的企业（承接方）接受国外厂商（委托方）提供的元器件、零部件、包装物料等，按照委托方的设计和工艺要求进行装配，成品按规定的时间和数量交给委托方，并按契约收取装配费，但不负责经营盈亏。

（三）来样（来图）加工（processing on giving sample）

指由海外厂商（委托方）提供式样、图纸、规格、款式或样品（有时提供所需部分原材料或技术设备），由承接方按照规定的款式、品质、规格进行生产，成品交委托方，收取加工费和材料费，不负责经营盈亏。

在实际的国际经济合作中，这些加工装配业务也可以结合在一起进行。

三、国际加工装配贸易的作用与局限性

（一）加工装配贸易的作用

加工装配贸易是国际惯用的合作方式，对合作双方而言，都具有重要意义。对委托方来说，可以获得受托方价格低廉的劳动力，降低生产成本，同时还可以扩大生产规模，使多余的资金、物资找到出路，扩大销售，从而最终使利润增加。从受托方来看，加工装配贸易主要有以下作用。

（1）有利于充分发挥本国劳动力资源丰富的优势，利用现有厂房、设备在国内提供劳务，进行加工装配，可以扩大就业，而且还可以获得加工费，增加外汇收入。

（2）可以有效地利用外资。对外加工装配业务实际上也是利用外资的一种形式。在这些业务的过程中，进口的原材料、零部件及加工设备都可以不支付外汇，这样，就大大地减轻了外汇压力和资金压力，利用外商的资金来发展本国的对外经济合作。

（3）可以增强出口创汇能力。承接方可以通过外商将产品打入国际市场，从而扩大其出口商品的范围，增强出口创汇的能力。

（4）有利于引进外国先进的技术设备及管理经验。加工装配交易中，为确保产品质量，国外委托方一般都愿意从设备、技术和管理等方面帮助受托方，从而有助于引进先进的技术设备和提高管理水平。

（二）加工装配贸易的局限性

加工装配贸易也有不足之处，主要表现在以下三个方面。

（1）受托方处于被动地位。在加工装配业务中，产品的生产经营、销售权实质上都掌握在委托方手中，受托方处于被动地位。在国际市场不景气时，委托方不及时来料，受托方就得停工待料；在国际市场看好时，委托方又往往要求加工的数量越多越好，受托方来不及加工，从而使受托方不能保持均衡正常的生产。

（2）受托方不可能得到十分先进的技术、设备和管理经验。加工装配贸易属于一种初级的合作形式，其项目大多是小型而简单的产品。另外，委托方主要是利用受托方低廉的劳动力，为其过剩的资本、资源寻求出路，赚取利润，为了避免受托方成为竞争对手而影响其利益，委托方不会真正把关键的设备和技术或管理经验无保留地提供给受托方。

（3）加工装配的产品一般都是本企业原来生产经营的同类产品，有时可能会在国际市

场上冲击受托方的出口产品销路。

四、国际加工装配贸易的特点

加工装配业务是国际上惯用的一种经济合作形式，是对外贸易的重要组成部分。它是将利用外资、引进技术、劳务合作、商品贸易结合在一起的综合性贸易方式，其特点是：

(1) 进出口紧密结合。这种贸易方式有进有出，把进口和出口紧密地结合在一起。

(2) 贸易与生产相统一。加工装配是两头在外，一头在内，即原料或元件、销售渠道在国外，而生产在国内，从而把生产和贸易结合在一起。

(3) 承接方风险小。加工装配贸易，承接方只承接来料、来件、来样（来图），不构成商品买卖行为，不需支付现款（如果委托方提供部分技术设备，则作价后从加工费中扣除），只收取加工费，不考虑产品成本，不为产品销路担风险。

(4) 贸易方式简便易行。承接方一般无需多少流动资金，只需少量固定资金，如提供厂房、劳动力和一些简单设备就可以开展此项业务。

(5) 节省外汇。承接方所需进口的设备、原材料、辅料由外商提供，无论是作价需要偿还的还是赠送的，都是外资，只需以产品形式或加工费形式进行偿还。

(6) 合作期限一般较长。加工装配贸易合同长的一二十年，短的也要二三年，个别的也有几个月到一年的。一般期限在二三年左右。它把贸易、加工生产、引进技术、利用外资结合在一起，具有一定的连续性，委托方要经过一段时间才能收回本息，承接方也需经过一段时间才能结束一笔交易。

(7) 对承接方是间接劳务输出。加工装配业务大多是劳动密集型产品。投入的劳动力越多，出口收汇就越多，它属于间接的劳务输出。

五、国际加工装配贸易合同

进行加工装配业务的双方要签订业务合同或协议，合同的内容依不同的合作形式和各笔不同的业务而各不相同，但概括来讲，加工装配贸易合同大体上应当包括以下几个方面的内容。

(一) 对来料、来件的要求和到货时间条款

主要包括来料、来件的质量、数量及到货时间等内容。合同中应明确来料、来件的质量标准及验收方式，因为这直接关系到制成品的质量；同时，还要明确到货时间，以保证受托方按时开工、按时交货；来料来件的数量也是一项重要内容，一方面要保证货源供应不断，另一方面要保证数量齐全，不至于发生短缺现象，保证加工生产的顺利进行。

(二) 关于交货的条款

在合同中应明确规定委托方对受托方加工装配的成品的质量要求，同时应明确加工装配业务双方的权利和义务。委托方应负责均衡地供应原材料或元器件，保证受托方的加工装配生产顺利进行；受托方应积极组织生产，按时、按质、按量交付成品。任何一方违反合同，对方都有权要求赔偿损失。关于成品的质量要求，可以采用以下几种方法来确定：

(1) 形成文字，按文字说明要求进行验收。

(2) 依照国际市场上或当地市场上惯用的同类产品的质量标准。

(3) 按委托方提供的样品的质量标准验收。

(4) 采用其他方式来确定。

(三) 关于原材料消耗和合理次品率的条款

在合同中应当明确加工装配生产的原材料定额，同时也应规定合理的损耗率，因为在任何生产过程中都不能做到没有任何原材料的损耗，但是在加工装配过程中的损耗量不能超过双方事先约好的限额，如果超过此限额，则应由受托方负责。同时，次品率问题也应在合同中作出规定，加工过程中出一定数量的次品是正常的，但双方在事先应约定一个次品率的限度。如果次品率突破这一限度，则委托方有权拒收。

(四) 关于委托方向受托方提供设备、技术的条款

如果此项对外加工装配业务是由外国企业提供设备和技术，要在合同中作出明确的规定。应明确委托方企业所提供设备的品种、规格、数量、质量、价格、交货时间、条件及验收方法等项内容，同时还应当明确这些设备货款的扣除方法及时间。如果需要由委托方企业提供加工装配技术，则要对提供技术的方式、要求作出规定。如果委托方不能按照要求及时地提供合同中所规定的设备和技术，那么由此造成的损失应由委托方负责。

(五) 关于工缴费的条款

此条款是加工装配合同的中心内容，直接涉及合作双方的利害关系，因此要在双方充分协商的基础上作出明确的规定。关于工缴费标准的确定，可以参照以下方式：

(1) 加工装配过程中各项合理费用支出加上适当的利润。

(2) 受托方企业所在国家或地区同类产品的工缴费标准。

(3) 委托方企业所在国家或地区同类产品的工缴费标准。

(4) 双方约定的其他标准。

(六) 关于支付方式的条款

依不同的加工装配业务，工缴费的支付方式也是多种多样的，主要有以下几种：

(1) 在来料、来件和制成品分别计算价格的情况下，一般采用对开信用证的支付方式。即来料、来件时受托方先开具远期信用证，待成品交付后，再由委托方开具即期信用证，这样，受托方先付后收，差额即为工缴费。

(2) 对于来料、来件采用 D/A 远期，成品出口采用 L/C 即期。这种支付方式对受托方有利。

(3) 对于来料、来件采用 D/P 远期或 D/A 远期，成品出口采用即期信用证或者 D/P 即期付款。

(4) 委托方企业开立部分光票信用证，受托方企业开立进口即期信用证。即委托方先以预付成品货款方式开立与原材料、元器件金额等额的部分光票信用证，受托方收到汇款后，再转开购买原材料、元器件的即期信用证。

(5) 如果是来料、来件与成品都不计算价格的合作方式，则工缴费的支付一般采用信用证或汇付的方式。

(七) 运费条款

一般而言，加工装配业务只是一种委托加工业务，因此受托方企业所得的工缴费也就是一种纯收入，不应包括运输费用在内，原材料、元器件及成品的运输都应由委托方企业负责，运费也应由委托方企业支付。如果受托方企业受委托方企业的委托代办运输工作，则运输

费用应在工缴费之外由委托方企业另行支付。委托方企业提供给受托方企业的机器设备的运输及运费问题，应由双方事先商定由谁来负责，并且应该在合同中对之作出明确的规定。

（八）保险条款

加工装配业务保险的投保标的包括两部分：原材料、元器件的价额和工缴费的价额。从理论上讲，受托方只承担加工装配业务，不负责保险，但在实际业务中，一般是原材料、元器件的进口由委托方投保，而成品出口则多由受托方企业投保。有时，受托方企业为了节约保险费、降低成本，也可能从原材料、元器件的进口到成品出口一揽子投保，但无论采用哪种方式，保险费均应由委托方企业负担，或在工缴费中再加上保险费。

（九）约束性条款

有时，在加工装配合同中还订立约束条款，即规定在合同有效期内，委托方企业保证不再委托第三者加工装配同类产品，受托方企业保证不再接受第三者的同类产品的加工装配业务。

（十）违约及仲裁条款

合同中应对双方违约的责任作出明确规定，如果委托方企业因不能将原材料、元器件及时运达指定地点而影响受托方企业正常的生产，使得受托方企业完不成任务而蒙受经济损失，或者受托方企业不能按时、按质、按量完成加工装配任务，而使委托方企业蒙受经济损失，就要追究违约方责任，使其赔偿对方相应的经济损失。如果双方发生纠纷，则要由双方事先约定的仲裁机构进行仲裁，保证合同的顺利执行。

以上各条款是对外加工装配业务合同中经常使用的，但具体到某一种加工装配业务形式或某一笔具体业务，其合同条款可能不尽相同，并不是都必须具备这些条款，有的合同条款可能会少一些，有的则可能会多一些。

六、开展国际加工装配业务的基本做法

开展国际加工装配业务，与正常的进出口贸易不同，有进有出，批量多，时间长，除了要涉及正常贸易必定涉及的商检、保险、装运、制单、收汇等业务外，还涉及国际信贷、商标专利、汇率利率等问题，因此，更具有复杂性。

开展国际加工装配业务的基本做法如下。

（一）确定加工装配的商品

选择什么样的商品作为开展加工装配业务的商品，应当根据本地区的发展规划、工业基础、技术力量和经营管理水平来确定。一般来说，应当以出口货源不足、技术需要引进、能为国内填补出口空白的产品为主，适当选择需要使用较多劳动力的一般技术密集型产品，如轻纺工业、机械工业、造船工业等。对于国内的传统出口商品，则不宜开展加工装配业务，否则，将冲击市场，扰乱价格，使自己受到损失。

（二）选择资信良好的客户

开展加工装配业务，必须选择资信好、经营能力强的客户。客户有几种类型：（1）生产厂商。有多年生产经营某商品的能力，技术力量强，且有一定的推销能力，所以只要双方配合默契，即可成为理想的合作伙伴。（2）经销商。生产技术缺乏，但有很好的销售网络，对市场行情了解，只要产品技术过关，也可成为很好的合作伙伴。（3）中间商。其中有些人拥有资金，但既不懂技术，也没有市场；有的则是“皮包商”，利用我国的开放政

策来浑水摸鱼，因此要提高警惕，以免上当受骗。

（三）洽谈签订对外加工装配合同

合同是整个交易的核心，双方都很重视。因此，合同的条款必须明确、简捷、具体、完善，既要考虑到承接方的利益，又要考虑到委托方的利益。对于一些重要的内容，合同应作详尽的描述，必要时，应采取实物封样，以统一认识，避免事后发生争执。与外商洽谈加工装配合同，工贸双方都应参加，供销见面，交流技术，在双方认识一致的基础上，正式对外签订合同。

（四）履行对外加工装配合同

发展对外加工装配业务的重要条件是重合同，守信用。合同一经签订，双方就必须共同遵守，严格履行。任何一方违反合同条款，都必须承担经济责任。在接受来料时，承接方应会同商检部门对来料进行检验，如发现质量、数量问题，应立即向委托方提出。在生产过程中，承接方应严格根据委托方的工艺要求进行加工装配，使原材料的消耗不断降低，使成品合格率和劳动生产率逐步提高。如果管理无章法，用料无定额，品质无检验，成本无核算，则难免要遭受索赔，蒙受经济损失。

（五）及时出运，按时交货

在对外加工装配业务中，准时交货和保证质量同样重要。承接方如果不能按时交货，委托方就可能向承接方索赔，从而增加承接方的经济负担。

七、附录：加工装配合同样本

中外来料加工（或来件装配）合同

本合同于______年______月______日在______签订。

甲方为：中国______公司

地址：

电报挂号：

电传：

______工厂

地址：中华人民共和国__省__市__区__街__号

电报挂号：

乙方为：×国____公司

地址：

电传：

双方为开展来料加工（或来件装配）业务，本着平等互利原则，通过友好协商，特签订本合同。

第一条　加工（装配）的项目

乙方向甲方提供加工（或装配）______（产品）______套（或件）所需的原材料（或散件）；甲方对乙方提供的原材料（或散件）进行加工（或装配）；加工（或装配）后将成品交付乙方。

第二条　交付来料与加工成品的数量和时间

乙方将于______年______月______日至______年______月______日，每月向甲方提供______原材料（或散件），并负责运至______港港口（或车站）交付甲方；在甲方收到原材料（或散件）后的______个月内（或自______年______月______日至______年______月______日），分批将加工（或装配）后的成品负责运至______港口（或车站）交付乙方。

乙方在提供原材料（或散件）时，按______%的备损率提供给甲方，多提供部分不计加工（或装配）数量。如乙方未能按时、按质、按量提供全部原材料（或散件），致使甲方停工待料造成损失，乙方在接到甲方的通知后应予赔偿。如甲方未能按时、按质、按量交付成品，在乙方提出后，甲方亦应负责赔偿。

第三条　加工费

甲方为乙方进行加工（或装配）的加工费，每件（或套）计______币______元。（见注1）

第四条　付款办法

乙方将不作价的原材料（或散件）运交甲方；加工费由乙方给甲方开出即期付款信用证。（见注2）

第五条　来厂专家和技术培训

根据实际需要，乙方有必要向甲方派遣专家并为甲方培训必要的技术人员，来厂专家和培训人员的数目、时间、任务以及费用负担等，由双方另行商议。

第六条　运费、保险费

乙方将原材料（或散件）运交甲方的运费、保险费由乙方负责；甲方将成品运交乙方的运费、保险费由甲方负责。成品的运输保险，由甲方按原材料（或散件）成本加上运费、保险费、加工费之和的110%投保综合险、战争险（如陆上运输则投保运输险）。

在加工装配期间，由甲方负责投保火险。（见注3）

第七条　质量检验

(1) 甲方在收到原材料（或散件）后，应按乙方提供的技术标准，对其规格、品质进行验收，如发现乙方提供的原材料（或散件）的规格、质量不符合技术标准，或数量不足，由甲方向乙方提出检验报告后，乙方负责退换或补足。

(2) 乙方在收到甲方加工的成品后，按双方议定的验收标准验货，如因甲方装配不当造成质量问题，由乙方向甲方提出检验报告，甲方负责返修或赔偿。

第八条　不可抗力

由于战争和严重的自然灾害以及双方同意的其他人力不可抗拒的事故，致使一方不能履行合同时，遇有上述事故的一方应尽快将事故情况通知对方，并与对方协商延长履行合同的期限。对方由此而产生的损失，不得提出赔偿要求。

第九条　违约责任

任何一方不履行合同条款，致使对方遭受经济损失时，必须承担赔偿责任，受损害方并拥有罚款______元的权利。

第十条　仲裁

本合同在执行过程中，如发生争议，双方应本着友好方式进行协商解决。如未能解决时，提请×国______仲裁机构进行仲裁。仲裁决议为终局裁决，对双方均有约束力。仲裁费用由败诉一方负担。

第十一条 担保

为了保证双方履行合同和及时按合同规定支付罚款或赔偿损失，双方应分别向对方提供各自银行所出具的保函。

第十二条 转让

本合同所载明的权利和义务，非经双方一致同意，一方不得转让给任何第三方。

第十三条 有效期限

本合同自签订之日起生效，有效期到本合同规定的______套（或件）原料（或部件）由甲方加工（或装配）成成品交付乙方并收进全部加工费时终止。

第十四条 续订

本合同有效期限届满之前，如一方认为需要续订合同，可以向对方提出并进行协商。

第十五条 文本

本合同正本一式两份，双方各持 1 份。副本______份。

第十六条 补充或修订

本合同如有未尽事宜，双方可以进行协商补充或修订。

第十七条 适用法律

中华人民共和国法律为本合同的适用法律。

甲方（盖章） 乙方（盖章）

代表（签字） 代表（签字）

见证人

中国×××律师事务所律师

（签字）

注 1：如包装费用、辅料、运费、保险费等在加工费以外收取，须另订条款明确规定。

注 2：乙方提供原材料（或散件），如采用托收或远期信用证（对开信用证）方式，以及成品出口不采用信用证方式，而用汇款或托收方式可作相应更改。

注 3：此条系双方均按到岸价格（CIF）的价格条件。如价格条件为离岸价格（FOB）或其他价格条件，则此条的运费、保险费的负责应随之变动。

第二节 国际补偿贸易

补偿贸易（compensation trade）是 20 世纪 60 年代末首先在外汇短缺的苏联、东欧等国与西方发达国家之间兴起的一种带有易货性质的国际贸易方式，自产生以来发展很快，现已为世界上许多国家所采用。

我国实行改革开放以来，十分重视补偿贸易在利用外资、引进技术和促进出口方面的作用，专门制定了有关政策和法规，鼓励开展这项业务，因此，十多年来，补偿贸易在我国发展迅速并取得了显著的成绩。

一、补偿贸易的含义

补偿贸易是对外经济合作的一种方式，国际上对补偿贸易含义的理解不尽相同，但大体上来说，所谓补偿贸易，即交易的一方提供设备、技术；另一方基本上不支付现汇，而是以该设备、技术生产出来的产品或双方商定的其他商品，去偿还设备和技术的价款。

在补偿贸易中，引进设备、技术的一方，对应付的价款和利息不用现汇支付，而是在约定的期限内以产品、资源或劳务等作价来分期清偿价款，即以信贷方式结算设备技术的费用，可见，补偿贸易又是资金信贷和商品信贷相联系的一种方式，但它不同于传统的易货贸易，而是与生产有密切联系的经济合同形式。

二、补偿贸易的形式

根据不同划分方法，补偿贸易有多种不同的形式。

（一）按补偿产品的不同划分

（1）直接补偿，又称产品返销（product buyback）。这是设备、技术的买方用引进的设备、技术直接生产的产品，即直接产品去偿还引进设备、技术的价款，是一种最基本的补偿贸易方式，也是我国自 1978 年开始补偿贸易以来，最为普遍采用的一种方式。

（2）间接补偿，又称互购（counter purchase）。这是设备、技术的买方不用该项设备、技术的直接产品进行抵偿，而是用双方商定的其他产品，即间接产品去偿还引进设备、技术的价款，所以称作间接补偿。

采用间接补偿主要有以下几种情况：（1）进口的设备、技术或其他物资不产出有形产品，无法提供直接产品进行补偿，如医院、旅馆设施及运输车辆等；（2）出口设备、技术的一方对销售直接产品有困难，如无销售渠道等等，不愿接受直接产品的补偿；（3）引进设备技术的国家很需要直接产品，不同意以返销进行补偿，而以其他长线产品进行补偿也能为对方接受，这时采用间接补偿方式自然比直接补偿更合适。无论处于上述哪种情况，如不采用间接补偿方式，补偿贸易便无法进行。

（二）按参与者的多寡来划分

（1）双边补偿贸易。双边补偿贸易只涉及设备、技术的出口方和进口方。当然，对补偿产品来说，设备、技术的进口方成了出口方，设备、技术的出口方成了进口方。设备、技术价款分期补偿完毕，贸易即告结束。

（2）多边补偿贸易。多边补偿贸易情况比较复杂。通常有三方参加，这时可称为“三角补偿贸易”。即甲方向乙方提供设备，乙方将生产的直接产品交由丙方销售，所得销售货款由丙方支付给甲方抵偿乙方引进设备的款项，也可由丙方将直接产品销售款支付给乙方，乙方再按有关规定补偿甲方的设备款。采取三角补偿贸易方式的设备出口方一般是由于缺乏补偿产品的销售渠道，必须有一家补偿产品的经销商（即上述的丙方）参与补偿贸易来负责返销，否则这笔交易便无法做成。许多补偿贸易项目就是因为产品返销问题不能解决，达不成协议而告吹的。

多边补偿贸易有时也有四方参加，这第四方大多是银行。这种补偿贸易开展的示意图见图 5—1。

在图 5—1 中：A——提供贷款的设备出口公司所在国的银行。

B——引进设备并提供补偿产品的公司。

C——出口设备的公司。

D——负责经销补偿产品的经销商。

①——A 向 B 提供贷款。

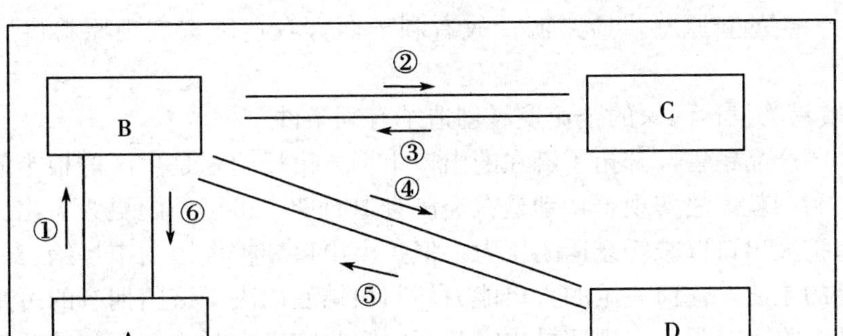

图 5—1 多边补偿贸易关系图

②——B 向 C 支付引进设备的价款。
③——C 向 B 出口设备。
④——B 向 D 出口补偿产品。
⑤——D 向 B 支付补偿产品贷款。
⑥——B 向 A 偿还所借贷款本息。

以上所示是典型的补偿贸易结合采用买方信贷开展的图解，这种方式也可称为“买方信贷补偿贸易”。

在实际业务中，补偿贸易的分类还有多种，如以“对外加工装配”所得工缴费偿还设备款的补偿贸易，和完全以本国原料生产的直接产品抵偿设备款的补偿贸易，以及以上介绍的各种分类的混合等等。

三、补偿贸易的作用与局限性

（一）补偿贸易对西方发达国家经济的作用

1. 补偿贸易对西方发达国家的作用

（1）补偿贸易带动了出口，促进了国民收入的增长。这是由于从事补偿贸易的厂商增加出口后，对整个国家来说也改善了出口状况。增加出口同时意味着国内企业开工率提高、就业面扩大以及国民收入的增长。

（2）有利于抑制通货膨胀。补偿产品（包括直接产品和间接产品）往往生产成本较低，比设备出口国的同类产品便宜，因此设备出口国进口补偿产品以抵偿所出口的设备，有利于抑制本国市场上同类产品的价格上涨，对整个通货膨胀水平也产生一定程度的影响。

（3）有利于减缓经济衰退对社会的压力。在西方发达国家里，周期性的经济衰退不可避免。在衰退期间，各国政府总是把增加出口作为一种减轻或转嫁衰退的手段。由于补偿贸易带有易货贸易的性质，资本设备的进口国即使外汇紧缺也能与经济衰退国家达成贸易协议，客观上促进了衰退国家的出口，因而对缓解衰退带来的压力会起一定的作用。

（4）有利于原料进口的多渠道化。出于对政治和经济的考虑，原料进口国总希望进口多样化，而不是过分依赖某一供应渠道。由于补偿贸易可通过原料开采技术及设备的出口，取得较为稳定的新原料供应来源，故有利于西方发达国家实现原料供应多渠道化的目标。

2. 补偿贸易为发达国家的企业发展创造了有利条件

(1) 扩大了产品销售，开拓了潜在的出口市场。市场问题是生产的根本问题，如果产品没有销路，利润就无法实现，特别是在经济衰退时期，市场问题更为突出。这时，大多数企业都期望扩大出口以减轻衰退的压力，但扩大出口和扩大国内市场销售一样，也碰到支付能力不足的矛盾。任何一国的进口能力，归根结底取决于该国拥有的可用于支付的外汇数量。因外汇收入有限，出现贸易赤字甚至国际收支赤字时，靠正常的贸易方式已难以增加进口，而补偿贸易的一大优点是不要求进口公司支付现汇，进口公司便有可能克服支付能力不足的困难，多进口一些商品，对出口企业来说，补偿贸易可以使自己产品的潜在市场变为现实的市场，扩大产品在国际市场上的销售。

(2) 有助于争取贸易机会，在激烈的国际竞争中使企业处于有利地位。在许多公司同时向一个目标市场推销一种产品的情况下，愿意接受补偿贸易方式的公司显然要比不接受补偿贸易的公司获得更多的贸易机会。

(3) 有利于延长企业产品的周期寿命。商品在市场上销售时，都要经历试销、发展、全盛、衰落和淘汰更新这样几个过程。如果产品在某些市场上已处于衰落阶段，这时找到了新的市场，常常使本来需要更新换代的产品得以继续生产、销售，在客观上起到了降低研制费用，提高资本利润率的作用。

(4) 有利于获得较为稳定的原料、零部件的供应来源。不少补偿贸易的返销或互购产品是燃料和工业原料，或是半成品、零部件。由于在补偿贸易中，发达国家的公司在信贷基础上提供了开发资源的设备和技术，使得这些公司在世界性的能源和原料供应短缺时期，保证生产不受影响。此外，零部件供应来源的相对固定化，对保证成品装配的连续性、生产的正常化、减少零部件库存量及改进企业管理等都具有重要的促进意义。

(5) 有利于直接降低某些制成品的成本。在补偿贸易中，出口技术、设备的公司可从对方获得某些原料和零部件的供应。这些原料往往是在资源丰富的地区开发的，零部件也往往是在工资水平较低的国家和地区制造的，因此，可用较便宜的价格进口，从而使自己的最终产品的制造成本降低，增加产品的竞争能力。

3. 补偿贸易对西方发达国家的银行也带来一定好处

由于信贷往往是补偿贸易不可分割的一部分，补偿贸易为发达国家银行带来了有利的贷款机会。随着补偿贸易在地域和业务方面的扩展及贸易机会的增加，银行业务活动范围逐渐扩大。此外，补偿贸易具有生产投资的性质，这意味着企业可能以发行股票、债券等方式筹集资金，这也为银行提供了从事证券业的机会。这就是国际金融资本、许多大银行对补偿贸易大都采取较为积极态度的原因所在。

(二) 补偿贸易在发展中国家经济中的作用

补偿贸易对发展中国家的经济发展具有重要的作用。

(1) 补偿贸易可以多引进一些设备、技术或其他生产性物资，加速经济发展。进口设备和技术需要外汇，当外汇不足时扩大进口是不可能的。由于补偿贸易是用出口商品直接偿还的，而且往往是用未来的产品去偿还，因此可解决一定时期外汇不足的困难，达到增加技术和设备进口、提前兴建企业、扩大建设规模、加快经济发展速度的目的。

(2) 有利于改善国际收支或国际贸易收支的不平衡现象。补偿贸易项目下的进口，无须运用外汇，节约了外汇支出；通过补偿贸易兴建的企业，如果生产原需从国外进口的产品，则可起到进口替代的作用，逐渐减少外汇的支出；如果通过补偿贸易兴建的企业是生产出口产品的，则可以在偿还进口设备价款的同时或清偿以后，增加大量的外汇收入。

(3) 补偿贸易是发展中国家有效利用外资的一种形式。用这种贸易方式从西方发达国家进口设备和技术，能够较容易地取得这些国家的贷款，因为各发达国家都有出口信贷基金的安排，主要用来促进本国资本货物（即成套设备等）的出口。

(4) 有利于本国产品打入世界市场。在世界市场上，由于竞争激烈，行情变幻莫测，要想使本国产品成功地进入某一市场，建立完善和稳定的销售渠道，并非轻而易举。但补偿产品的出口是利用外国公司已有的销售渠道，并且是在订立中期和长期贸易合同的基础上，因而能够较为顺利地进入世界市场。许多补偿贸易在清偿了设备贷款以后，国外公司还继续承担销售义务，有利于发展双边的长期贸易，安排本国产品的长期出口规划。

(5) 有利于企业更新技术和改进管理，提高产品质量。由于外国公司承担了补偿贸易产品的购买义务，它们不得不从自身利益的角度关心补偿产品的生产和产品质量，有些补偿贸易合同规定，外国公司有责任和义务帮助对方掌握并提供新的技术发展资料。为了使对方适应较先进的技术和操作，外国公司还常常协助对方提高生产管理水平来保证产品的质量。

（三）补偿贸易的局限性

补偿贸易和任何贸易方式一样，也有其局限性。

(1) 补偿贸易要求买卖相连，每一方既是卖主，又是买主，双方都承担买卖的责任。但在实际的贸易中，往往买卖双方的需求并不完全一致。因此，补偿贸易不够灵活，大大限制了它的发展。

(2) 不稳定因素多，双方风险大。补偿贸易从流通领域到生产领域再到流通领域，整个过程持续时间较长，未来商品市场行情和金融市场行情的变化及生产条件的变化，都会影响到补偿产品的供销，涉及双方的利益，这就具有很大的风险。也正因为从事补偿贸易风险较大，补偿贸易项下的设备进口方很难以较便宜的价格引进技术和设备。

(3) 有些产品，特别是工业制成品，外国公司因担心市场上同类产品过剩，补偿产品再进入市场会挤掉自己的地盘，因而不大愿意接受返销或互购的制成品，这也增加了达成补偿贸易协议的难度。

(4) 手续烦琐，费时费事，不如正常贸易方式那样简便易行。有些补偿贸易因为涉及技术进口合同等一系列关联合同，旷日持久的商务、技术谈判进行数年仍无多大进展的事例也屡有发生。

以上这些都是补偿贸易的局限性。总之，这种贸易方式对贸易双方及有关各方，既存在有利的一面，也存在不利的一面。每一方都应从各自的利害得失两方面反复权衡，从而在互利的基础上进行交易。任何一方只图追求己方的好处，不顾及他方的利益，都是行不通的。即使一时可行，也难以持久。

四、补偿贸易的特点

从补偿贸易的产生及其主要形式来看，补偿贸易既是一种商品流通领域的交换方式，又是超出一般流通范围的国际经济合作的新形式，它具有以下特点。

(1) 不严格限定等值的商品交换，但与换货相联系。出口方所承担的回购义务，不必以贷出的设备技术金额为限；进口方用产品还清设备、技术价款后，出口方还可在一定时期内继续承担回购的义务。

(2) 将易货与信贷相结合。补偿贸易是在信贷基础上进行的，兼有贸易和信贷的双重特点。信贷可由银行介入提供，也可以是进口方购进技术设备在对方提供信贷的基础上进行。不管哪种情况，进口方都要既偿付价款，又支付一定的利息。因而补偿贸易与传统的易货贸易有所不同。

(3) 贸易与生产相联系。补偿贸易由于可用产品偿还进口设备价款，因此设备的进口和产品的出口联系在一起，进出口贸易与生产相联系。这样，原出口方关心项目的进展和产品生产情况，有时还要提供零件、技术和培训人员。这与通常购买设备延期付款的交易是不同的。

(4) 不用货币而用产品作主要支付手段。补偿贸易用以支付的主要手段不是货币，而是直接产品或其他商品，并且，进口方向出口方支付的补偿不是立即全部兑现，而是分期付清。因而，它不是一次性的买卖，而是长期性的合作交易。从交易开始，到最后完成，短期要1年至2年，长期要10年至20年。

(5) 补偿贸易的双方既有买卖关系，又有合作关系。进口方是以商品买卖形式购进技术设备，又以买卖形式供应产品，补偿价款；出口方售出技术设备，又承担回购产品的义务，双方都既是买方，也是卖方，两者的关系也是买卖关系，同时又有合作关系。在这种形式下，进口方对自己开发的项目及产品拥有完全的所有权和自主经营权，所以这种形式与合资经营不同。它是一种新兴的国际经济合作形式。

五、补偿贸易合同

补偿贸易合同是多种多样的，不同的补偿贸易合同，其内容往往不同。一笔补偿贸易可以只签订一个合同，也可以签订两个或多个合同。但是，总的来讲，补偿贸易合同一般包括以下几个方面的内容。

(一) 进口技术设备的数量及质量条款

该条款规定进口技术设备的质量及性能。技术设备的质量和性能直接关系到用其生产的产品的质量，也直接决定着本次补偿贸易合作的成败。在合作中，必须注意防止西方国家企业用已淘汰的技术设备来以次充好，使技术设备的进口方企业蒙受损失。

(二) 补偿产品的数量和质量条款

该条款规定补偿产品的品名、规格、质量及数量。

(三) 商品价格条款

该条款规定补偿贸易的商品价格及其调整方式。

商品价格包括进口的技术设备的价格和补偿产品的价格，这两种商品的价格要制定得比较合理，要使补偿贸易合作双方都感到满意。在制定价格时可参考国际市场上同类产品的价格水平。对于补偿产品的价格，由于交货时间比较长，所以要考虑到时间因素，不能一次就把价格定死，要根据国际上价格的变化进行适当的调整，调整的方式和原则要在合同中规定清楚。

（四）支付方式条款

该条款规定补偿贸易的支付方式。

补偿贸易从原则上讲是用产品来偿付技术设备的货款的，但是，由于补偿贸易不同于易货贸易或记账贸易，双方还是要使用货币来进行议价和支付。在实际的补偿贸易操作中，一般都采用以下几种方式：

（1）银行贷款。补偿贸易合同的双方事先要确定一家银行为承付设备贷款并办理结算的中介人，在得到上述银行的承诺后，卖方企业即可将其设备装运出口，并凭单据在该行提取全部或大部分贷款。其后，买方企业将补偿产品输出后，就应将单据递交该银行，由该银行按事先约定好的还款计划逐笔冲销其账目，直至全部清偿。

（2）对开信用证。买方企业通过指定银行开具技术设备进口的远期付款信用证，卖方企业则通过它的指定银行开具补偿商品进口的即期信用证，最后由开证行凭单据进行结算付款，但实际上却是用产品付款，而对于卖方企业来讲，却可以利用银行开来的信用证取得资金的融通，因此，这种支付方式对双方都有利。

（3）托收方式。对卖方企业的货款采用远期托收，即卖方企业开户行将提货单等票据连同汇票寄入买方企业开户行，以办理远期汇票承兑；对买方企业的货款则采用即期托收。这种支付方式，完全建立在参加补偿贸易合作双方企业的商业信用的基础之上，虽然采用的方式也是银行收取货款，但办理托收业务的银行不承担付款的责任。

（4）银行担保。补偿贸易合作的双方企业都通过自己的开户行，在货物装运前分别向对方银行开具保函，如果发生一方不能按合同规定的时间和金额履行付款义务的情形，开具保函的银行应承担付款责任。保函一般是无条件、无保留的，并且是不可撤销的，它除了规定进口的付款义务外，同时还规定有保函的生效期和终止期。

在签订合同时，双方可在意见一致的基础上选择合适的支付方式。

（五）贷款偿还期限条款

该条款规定补偿贸易的偿还期限。

贷款偿还期限是指买方企业支付进口技术设备的货款或者偿付设备贷款及利息的期限。这一期限的长短视不同的情况而定，可长可短，这要由双方共同协商而定。偿还期限的长短对于买方企业来讲是非常重要的。期限太长不好，因为期限越长，所要支付的利息越多，但也不是越短越好，有的时候，比如补偿品是畅销产品，而利息又较低时，补偿贸易的偿还期长一些对买方企业反而有利。

贷款偿还期与补偿贸易的规模、性质、贸易的具体方式以及国际市场的变化情况等有着十分密切的关系。在通常情况下，贷款偿还期限在1年至5年之间，但也有期限比较长的，可达10年，而苏联与美国西方石油公司签订的一笔补偿贸易合同中规定，贷款偿还期限为20年。

（六）保险条款

该条款规定补偿贸易中有关保险的事宜。

在补偿贸易合同中应明确有关保险的问题，主要是指技术设备的保险。要规定保险的险种以及由哪一方投保。一般来讲，在补偿贸易中，技术设备一经交付使用，其所有权即归买方企业所有，不管这些技术设备的货款是否已经清偿。因此，在交付使用前，技术设备应由卖方企业负责投保，交付使用后，这些技术设备的使用、管理、维修和保险就由买方企业负责了。总之，保险责任与贸易条件相一致。

（七）违约与仲裁

为了保证补偿贸易的顺利完成和合同的顺利实施，在合同中要订立违约责任和仲裁条款。

违约条款包括两个方面的内容，一是卖方企业未能履行回购补偿产品的义务时的责任以及处罚措施；二是买方企业未能履行按时、按质、按量交付补偿产品的责任，那么，卖方企业不仅有权要求买方企业交纳违约罚款，同时也有权取消购买补偿产品的义务。

如果补偿贸易合同在执行过程中发生纠纷，双方应在相互谅解的基础上进行协商解决，如果不能达成一致意见，就应找有关仲裁机构进行仲裁。合同中应规定仲裁地点和仲裁机构。仲裁机构的仲裁是最后的裁决，具有强制性，双方都必须无条件执行，任何一方不能向法院或其他机构提出变更的要求，如一方不执行裁决，另一方可申请法院强制执行。

六、补偿贸易的基本做法

开展一项补偿贸易大致经过四个阶段，即调查研究和准备（即选择合作伙伴）、合同的谈判与签订、合同的审批和合同的履行。

（一）选择合作伙伴

这一阶段主要应做好以下工作：通过各种渠道广泛收集有关信息，了解各个外商的信誉及技术水平，力争选择信誉好、拥有先进技术的合作伙伴。

（二）谈判与签订合同

在做好第一阶段的工作后，就进入合同的谈判和签订阶段。这个阶段的主要任务是：就这笔交易的设备和技术进行报价、还价，以及对付款、补偿产品的销售、价格进行具体的洽商。在双方意见达成一致后，即可签订合同。

一般规模较小、内容简单、金额不大的补偿贸易可签订一个协议或合同，名称可以是补偿贸易协议，也可以是补偿贸易合同。

（三）合同的审批

合同或协议正式签署后，向有关主管部门办理审批手续。

（四）合同的履行

合同的签订并不是补偿贸易的结束，而只是开始。对一个具体项目来说，合同的执行是补偿贸易成功与否的关键。这是因为，从设备到货、安装试车，到正常性的生产经营和产品返销，会出现各种各样的问题。合同规定中不完善的地方和国际商品市场、金融市场的变化所产生的后果，也都在这个时期反映出来，影响合同的执行性和各方的权益。因此，要认真对待那些可能出现的问题并加以解决，完成各自承担的义务，才能使一项补偿贸易顺利进行。

七、附录：补偿贸易合同样本

中外补偿贸易合同

合同号码：

本合同于____年______月______日在中国____签订。

甲方为：中国____公司

法定地址：

电话：

电传：

乙方为：×国________公司

法定地址：

电话：

电传：

双方在平等互利的基础上，通过友好洽商，特订立本合同。

第一条　贸易内容

（一）乙方向甲方提供用于生产____型机械____台，以及各种其他辅助机械设备，并同时提供各类机械设备所必需的配件及备用件，以及在生产过程中各种必需的测试仪器。具体的各类机械设备、测试仪器、配件、备用件之型号、名称、规格、数量、价格、包装情况、交货期限等，由双方另行签订设备进口合同，作为本合同不可分割的一部分。

（二）甲方利用乙方提供的机械设备所生产的部分产品以及其他商品，经双方协商后，也可用______工厂生产的______商品来偿付全部机械设备的价款。具体的偿付商品之品种、数量、价格、交货期限等，由双方另行签订补偿商品供货合同，作为本合同不可分割的一部分。设备进口合同与补偿商品合同可合并为补偿贸易购销合同。

第二条　交付条件与方式

由甲乙双方对开信用证。即由甲方分期开出以乙方为受益人的远期信用证，分期、分批支付全部机械设备的价款；乙方开出以甲方为受益人的即期信用证，支付补偿商品的货款。甲方用乙方支付补偿商品的货款来支付全部机械设备的价款。当乙方支付的货款不能冲抵甲方所开的远期信用证之金额时，其差额部分由乙方用预付货款方式，在甲方所开的远期信用证到期汇付甲方，以便甲方能按时议付所开远期信用证。甲方所开的远期信用证的按期付款，是寄托在乙方按规定开出即期信用证及按规定预付货款的基础上。乙方保证按规定开出信用证预付货款。

第三条　交货期限

甲方用______年零______个月，分月用商品偿付全部机械设备的价款。偿还日期自乙方第一批机械设备到货后约______个月后开始，原则上每月偿还的金额是全部机械设备价款的______分之______。甲方可以提前偿还，但需在______个月前通知乙方。在甲方用补偿商品偿还机械设备价款的期间，乙方应按本协议项下有关补偿合同的规定，开出以甲方为受益人的足额、即期、不可撤销、可分割、可转让的信用证。

第四条　计价货币和作价货币

双方商品均以______币计价。乙方提供的全部机械设备及所有仪器、附配件用______币作价，甲方提供的补偿商品则按签订合同时甲方出口货物的人民币计价，以当时的人民币对______币的汇率折算为______币。

第五条　利息计算

甲方所开的远期信用证及乙方所预付货款的利息应由甲方负担。双方议定年利息率为______%。

第六条　技术服务

货物到达甲方口岸后，由甲方自行安装。但在主要设备安装过程中，甲方认为需要时，乙方必须派出技术人员进行现场指导，提供必要的技术服务，在此过程中，由于技术上的问题所造成的损失应由乙方负责。

经双方协商，为完成此项工作，由乙方派出______名技术人员。在中国的一切费用，均由乙方负担。

第七条　附加设备

在执行本协议过程中，如发现本合同项下的机械设备在配套生产时，继续需要增添新的机械设备或测试仪器时，可由双方另行协商，予以增订。增订的项目仍应列入合同范围之内。

第八条　保险

设备进口由乙方投保。设备所有权在付清货款发生转移后，如发生意外损失先由保险公司向投保人赔付，再按比例退回甲方已支付设备货款。

第九条　违约责任

乙方不按合同规定购买补偿商品或甲方不按合同规定提供商品时，违约方应按合同条款承担违约责任，赔偿由此所造成的经济损失，并向对方支付该项货款总值的______%的罚款。

第十条　履行保证

为保证合同条款的有效履行，双方分别向对方提供由各自一方银行出具的保函，予以担保。甲方的担保银行为中国银行______分行，乙方的担保银行为×国______银行。

第十一条　合同条款的变更

本合同内容如遇特殊情况需要变更，须经双方协商一致。

第十二条　不可抗力

由于人力不可抗拒的原因，致使一方或双方不能履行合同有关条款，应及时向对方通报有关情况，在取得合法机关的有效证明之后，允许延期履行、部分履行或不履行有关合同义务，并可根据情况部分或全部免予承担违约责任。

第十三条　仲裁

凡有关本协议或执行本协议而发生的一切争执，应通过友好协商解决。如不能解决，则应提请×国______仲裁委员会按______仲裁程序在______进行仲裁。仲裁适用法律为中华人民共和国法律。该仲裁委员会作出的裁决是终局的，甲乙双方均受其约束，任何一方不得向法院或其他机关申请变更。仲裁费用由败诉一方负担。

第十四条　本合同用中、______两种文字写成，两种文本具有同等效力。本合同自签订之日起生效，有效期为______年。期满后，双方如欲继续合作，经向中国政府有关部门申请，获得批准后，可延期______年或重新签订合同。

甲方：

中国______代表

(签字)

乙方：

×国______代表

（签字）

见证人：

中国×××律师事务所律师：

（签字）

第三节　国际租赁贸易

国际租赁是在第二次世界大战后逐步发展起来的。国际租赁在一些发达国家开展以后，很快地推广到发展中国家，成为许多国家普遍采用的一种融资方式。目前，国际租赁活动越来越活跃，租赁的范围也越来越广泛。在不少国家的经济活动中占有相当重要的地位，是国际经济合作的主要方式之一。

一、国际租赁的含义

租赁（leasing）是指出租人将物品较长期地租给特定用户使用并收取租金的活动，是有偿转让物品使用权的经济行为。在租赁业务中如果有关当事人分属不同的国家，则称之为国际租赁。

租赁的双方当事人称为出租人(lessor)和承租人(lessee),即使用人。但是在租赁业务中,出租物品往往不是出租人本人的,而是出租人根据承租人的要求从制造厂商那里购得的,在这种情况下,租赁业务的当事人还包括供货人,即制造厂商(manufacturer)。有些租赁业务,如平衡租赁可能涉及更多的当事人:除出租人、供货人之外,还有贷款人、受托人等。

租赁物品可以是任何有形的耐用资产。主要分为房地产和设备两大类。前者大多由专业房地产公司或保险公司经营。租赁公司一般经营设备租赁。设备租赁的租赁物通常为生产用设备、飞机、船只、车辆、石油勘采设备、办公用具等。

租赁的期限称为租期（lease period）。它由两种期限构成，一是基本租期（basic period），即由双方规定一个固定的不可撤销的基本期限。基本租期期满后，承租人可以选择退租、续租或留购。第二种租期叫续租租期（secondary period）。租赁的期限一般比较长，期限短的叫出租（hire）。许多国家是以租期的长短来区分出租和租赁的。

国际租赁是将金融与贸易相结合，由出租人、承租人、供货人及金融界共同参与的一种新型信贷活动，出租人通过出租设备等向承租人提供信贷便利，也就是采用商品形式来融通企业所短缺的中、长期资金，而承租人则以定期支付租金的形式取得设备的使用权。实际上等于取得了租赁设备购买成本的资金信贷，从而以融物代替融资，因此，租赁业务具有商品信贷和资金信贷的双重性质。

二、国际租赁的主要形式

根据不同的划分方法，国际租赁可分为多种不同的形式。从出租人的角度看，有多种划分法：按一次租赁投资回收多少可分为融资租赁和经营租赁；按有无税收优惠可分为节税租赁和非节税租赁；按租赁过程可分为直接租赁、转租赁和回租等；按出租人数多寡可分为单一投资者租赁和杠杆租赁。从租赁标的物的角度看又可分为不同物品的租赁，如设备租赁、汽车租赁和轮船租赁等等。

（一）融资租赁和经营租赁

融资租赁是典型的设备租赁所采用的基本形式，即企业采用较长期租赁机械设备的融物方式来代替融资购买设备，从而达到融通资金改善财务状况的目的，是一种采用融物形式的不可撤销的、完全付清的中长期融资方式，具有浓厚的金融色彩，因此，常常被看作一项与设备有关的贷款业务。

融资租赁有以下特点：

(1) 融资租赁是一项涉及三方当事人——出租人、承租人、供货商，并至少由两个以上合同——买卖合同和租赁合同构成的自成一类的三边交易。见图 5—2。

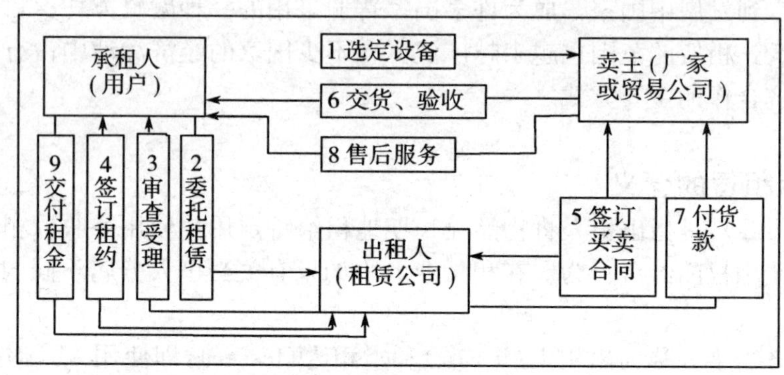

图 5—2 融资租赁三边交易图

(2) 将要租赁的设备采用用户自行选定的特定设备，租赁公司只负责按用户要求融资购买设备，因此，设备的质量、规格、数量、技术上的检定验收等事宜都由承租方负责。

(3) 完全付清。基本租期内的设备只租给一个特定用户使用。租金总额＝设备货价＋前项资金的延付利息＋租赁手续费－设备期满时的残值。

(4) 不可撤销。在基本租期内，一般情况下，租赁双方无权取消合同。

(5) 设备所有权与使用权分离，法律上所有权属于出租人，经济上使用权属于承租人。

(6) 基本租期结束时，承租人对设备一般有留购、续租和退租三种选择权。

经营租赁，又称服务性租赁，泛指融资租赁以外的其他一切租赁形式。这类租赁的主要目的在于对设备的使用。因此，当企业需要较短期使用设备时，可采用经营租赁形式，以便按自己的要求使用这台设备。经营租赁与融资租赁不同，这是一种由出租人提供维修管理等售后服务的、可撤销的、不完全支付的短期融资便利。

经营租赁有以下特点：

(1) 可撤销。合同期间，承租人可以中止合同，退回设备，以租赁更先进的设备。

(2) 不完全支付。在基本租期内，出租人只能从租金中收回设备的部分垫付资本，需通过该台设备以后多次出租给多个承租人使用，方能补足未收回的那部分设备投资和其应获利润。因此，租期较短（短于设备有效寿命）。

(3) 租赁物件由出租人批量采购。这些物件多为具有高度专门技术、需要专门保养管理、技术更新快、购买金额大、通用性强、有较好的二手货市场且垄断性强的设备，需要有特别服务的厂商。

（4）租赁机构不仅提供融资便利，还提供维修管理等专门服务，对出租设备的适用性、技术性能负责，并承担过时风险，负责购买保险。因此，租金较融资租赁高得多。

（二）节税租赁和非节税租赁

节税租赁在美国被称为真实租赁（true lease），亦即在税收方面能真正享受租赁待遇的租赁。在节税租赁中，出租人有资格获得加速折旧、投资优惠等税收优惠，并以降低租金的形式向承租人转让部分税收优惠，承租人支付的租金可当作费用从应纳税利润中扣除。节税租赁的好处是能使租赁设备的租赁成本比贷款购买成本更低。一项节税租赁必须符合以下条件：

（1）出租人对资产拥有所有权。

（2）期末，承租人或以公平市价续租或留购，或将设备退回给出租人，承租人不能享受期末资产残余价值。

（3）租赁合同起始时预计的期末资产公平市价，不能低于设备成本的15%～20%。

（4）期末，资产仍有两年服务能力，或资产的有效寿命相当于租赁资产原有效寿命的20%。

（5）出租人的投资至少应占设备购置成本的20%。

（6）出租人从所得租金收入中可得相当于其投资金额7%～12%的合理报酬，租期不得超过30年。

非节税租赁（non-tax lease）在英国被称为租购，而在美国则被称为有条件销售式租赁。这类租赁在以税收为基础的国家的税法中通常被当作分期付款交易来对待。

一项节税租赁交易在税务方面享受税收优惠且能从期末资产残值中获益而降低租赁利率，致使租赁实际成本低于贷款成本，承租人因此而受惠；而非节税租赁因其包含的实际利率不可能低于贷款成本而使租赁成本在一般情况下不会低于贷款成本。

（三）杠杆租赁和单一投资者租赁

在一项租赁交易中，凡设备购置成本百分之百由出租人独自承担的称为单一投资者租赁。设备购置成本的小部分由出租人投资承担、大部分由银行等金融机构提供贷款补足的称为杠杆租赁。

杠杆租赁是近10年来首先在美国发展起来的一种新型租赁方式，适用于资产价值几百万美元以上的大型长期租赁业务，可满足对有效寿命达10年以上、高度集约型设备的融资需要（如飞机、集装箱、工厂、输油管道、近海石油钻井平台、卫星系统等）。近年来，杠杆租赁发展很快，主要是在美国、澳大利亚、新西兰以及日本等国。杠杆租赁的出现是现代租赁业的一大发展，它是当今最复杂的融资方法之一，它的交易结构、法律结构和合同文本都相当复杂。

杠杆租赁是一种采用财务杠杆（financial leverage）方式组成的融资性节税租赁，出租人一般只需投资购置设备所需款项的20%～40%，即可在经济上拥有设备的所有权，享受如同对设备百分之百的同等税收待遇。设备成本中的大部分由银行、保险公司、证券公司和金融机构的贷款提供，银行金融机构提供贷款时，需要出租人以设备第一抵押权、租赁合同和收取租金的受让权作为对该借款的担保。购置成本的借贷部分被称为杠杆，通过这一财务杠杆作用，充分利用政府提供的税收好处，使交易各方，特别是出租方、承租方和贷款方获得一般租赁所不能获得的经济利益。

为享受税法上的优惠，杠杆租赁必须具备以下条件：

(1) 具备真实租赁的各项条件。

(2) 出租人必须在租期开始和租赁有效期间持有20%的有风险的最低投资额。

(3) 期末租赁资产的残值必须相当于设备有效寿命的20%，或至少尚能使用1年。

(4) 承租人行使合同规定的购买选择权时，价格不得低于这项资产的公平价格。

杠杆租赁是一项采用特殊形式的完全付清的真实租赁，有7个当事人：承租人、制造厂商、物主出租人、物主受托人、债权人（贷款人）、合同受托人、斡旋人或称包租经纪人，涉及购买、信托、租赁等多种类型的协议。

（四）直接租赁、转租赁、回租

从出租人（租赁机构）设备贷款的资金来源和付款对象来分，有直接租赁、转租赁和回租三种租赁形式。

直接租赁是购进租出的做法，即由出租人用在资金市场上筹措到的资金，向制造商支付货款，购进设备后直接出租给用户（承租人）。普通的直接租赁一般由两个合同构成：出租人与承租人（用户）之间签订的租赁合同；出租人按承租订货要求，与厂商签订的买卖合同。各发达国家的绝大部分租赁公司普遍采用直接租赁的做法。直接租赁中的出租人，在筹措资金方面能主动、充分地发挥其金融工程师的作用，可视租期的长短、支付租金的次数和间隔时期，从各种不同的渠道，借入长、短期比例搭配合理的资金，以降低实际贷款成本，增强竞争力。见图5—3。

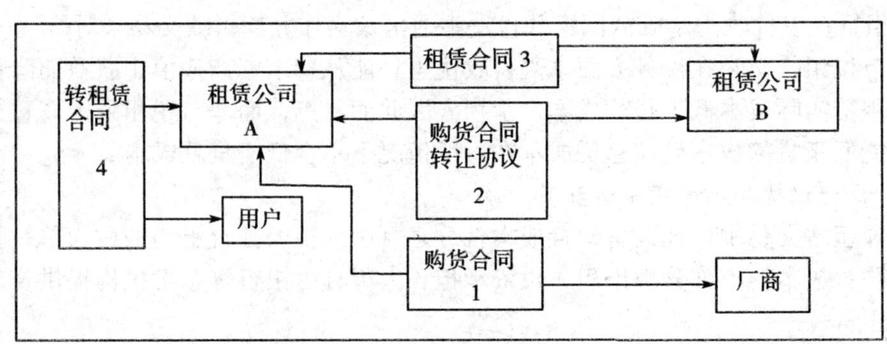

图5—3　直接租赁关系图

在图5—3中：

(1) 租赁公司A与厂商签订购货合同。

(2) 租赁公司A与租赁公司B签订购货合同转让协议——仅仅把物权转让给租赁公司B，保留其他权利。

(3) 租赁公司A以承租人身份与租赁公司签订租赁合同。

(4) 租赁公司A以出租人身份与用户签订转租赁合同。

转租赁是租进租出的做法，即由出租人从一家租赁公司或从制造厂商租进一台设备后转租给用户。

普通的转租赁一般由三个合同构成，有三种不同的模式，如图5—4、图5—5和图5—6所示。

图 5—4 模式中的购货合同、转让协议以及租赁合同均需在转租合同签订并生效后才生效。

一家租赁公司在其自身借贷能力弱、融资技术不发达、资金来源又有限的情况下，往往采用转租赁方式，以期利用其他公司条件优惠的融资便利。现在跨境租赁中，如果出租人不能从本国政府获得任何税收好处，但却可指望以低廉租金方式，从外国租赁公司处分享部分外国政府提供的税收优惠，那么，即使是资金雄厚的大租赁公司，也乐意采用租进而不是购进设备的转租赁做法。

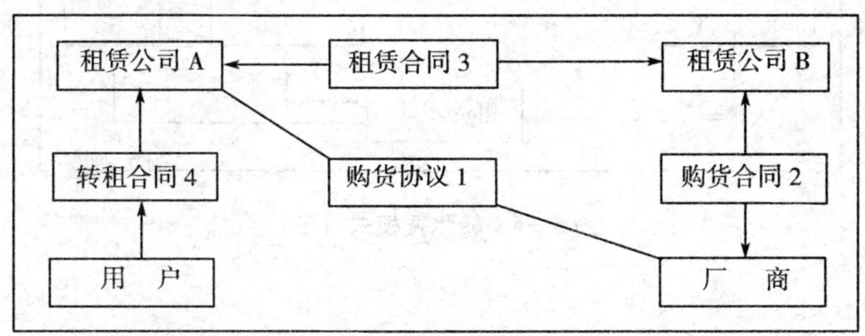

图 5—4　转租赁模式（一）

在图 5—4 中：

（1）租赁公司 A 与厂商签订一项购货协议。

（2）在购货协议基础上，租赁公司 B 按租赁公司 A 与厂商谈定的设备规格、价格、交货期等要求，与厂商签订购货合同。

（3）租赁公司 A 以承租人身份与租赁公司 B 签订租赁合同。

（4）租赁公司 A 以出租人身份与用户（次承租人）签订转租合同。

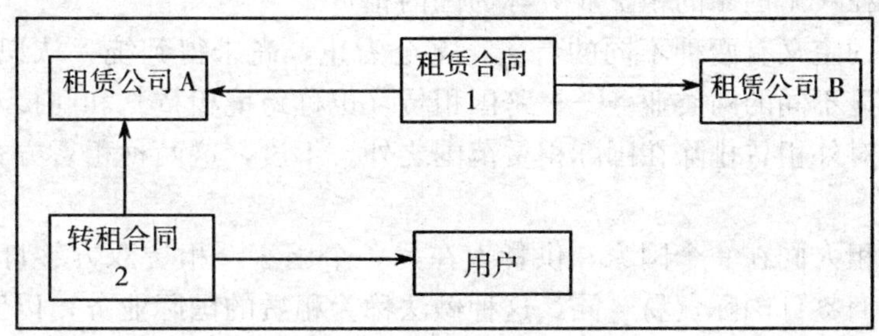

图 5—5　转租赁模式（二）

在图 5—5 中：

（1）租赁公司 A 以承租人身份与租赁公司 B 签订租赁合同。

（2）租赁公司 A 再以出租人身份与用户签订转租合同。

转租赁与直接租赁的主要区别是：前者从租赁公司获得租赁融资便利，后者则从银行、金融机构以传统信贷方式直接获得融资便利。一般情况下，只有在租赁内含利率低于贷款利率时，租赁公司才会考虑转租赁，否则，再加上自己的利润，租赁成本便会大大高于贷款购买成本，从而失去竞争性。当然在其从银行筹措不到资金时，而其他租赁公司又乐意向其提供融资时（一般发生在跨境租赁中），它们也会采用转租赁。

回租指由设备所有者将自己拥有的部分资产（如设备、房屋）卖给租赁公司，然后再从该租赁公司租回来的做法，见图 5—6。

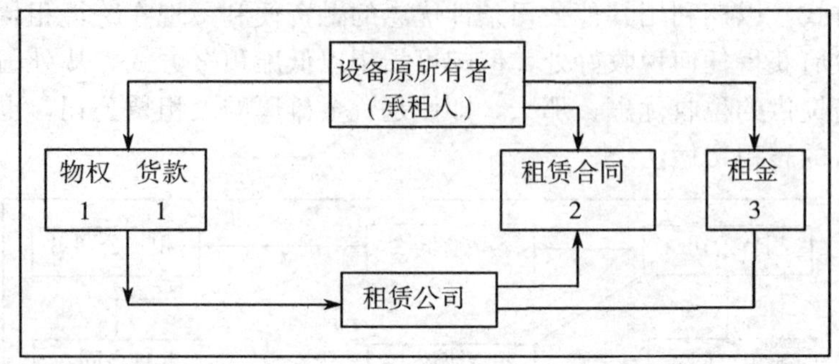

图 5—6　转租赁模式（三）

在图 5—6 中：

(1) 设备原所有者将设备出售给租赁公司，收到货款时将设备转让给租赁公司。

(2) 设备原所有者以承租人身份与租赁公司签订一项租赁合同，将出售的原设备租回使用。

(3) 租期开始，承租人向出租人付租金。

回租是当企业缺乏现金时，为了改善其财务状况而采用的对企业非常有利的一种做法。通过回租，承租人能把固定资产变为现金，再投资于其他业务方面，但同时在租期内仍可继续使用这项资产。此外，企业的利润和折旧在出售时便可收回。

（五）国内租赁、国际租赁及租赁的国际业务

租赁双方同在一个国家的租赁业务称为国内租赁。

对国际租赁的定义有两种不同的看法，迄今为止，尚未得到统一认识：一种看法是，国际租赁包括明显不同的两类业务——跨国租赁（也称跨境租赁）和间接对外租赁；另一种看法是将间接对外租赁排除在国际租赁范围之外。不过，这两种租赁方式都是租赁业务国际化的产物。

出租人、承租人同在一个国家，供货人在另一个国家，租赁双方签订国内租赁合同，出租人与制造厂商签订国际贸易合同，这种做法称为租赁的国际业务，以区别供货人与租赁双方同在一个国家、租赁设备为本国制造的纯国内租赁业务的情形。

跨国租赁是指分别处于不同国家或不同法律体制下的出租人和承租人之间的租赁安排。由于进行业务时，至少要考虑到两个以上国家的不同法律、税收和会计安排，并要求各当事人具有高水平的融资技巧和知识，因此，这是一项非常复杂的业务。跨国租赁分为有节税优惠和没有节税优惠两种形式。

间接对外租赁是指一家租赁公司的海外法人企业（合资或全资）在当地经营的租赁业务。不管承租人是不是当地的用户，对这家租赁公司而言，这类业务均属间接对外租赁，但对它的海外分支机构来讲，如承租人为当地用户，它们之间的租赁安排则是一项国内租赁。

间接对外租赁是国际市场上增长最快的、对租赁业务发展起主要作用的一种租赁方

式。多国银行集团是这个领域的首要推动者。发达国家的许多租赁公司，尤其是那些附属于银行集团的租赁公司纷纷建立起国外分支机构网，在外国市场上对租赁经营进行投资。这种间接对外租赁方式所带来的利益已大大超过了跨国租赁。间接对外租赁的出租人也因在当地从事交易而获得了进入当地金融市场的机会，它减少了货币风险，扩大了适合于租赁的设备范围，并且可以回避某些限制性规则。

三、国际租赁的作用和局限性

国际租赁是中长期融资的一种重要形式。根据租赁合同，出租人允许承租人使用其资产，承租人向出租人定期支付租金作为使用资产的报酬。这种形式的融资与购买相比具有很大的优越性。假如企业选择购买，它必须筹措资金。当自有资金不足时则不得不依靠外部资金而向银行借款，按偿还计划付款，这将产生长期负债，直接增加企业资产负债表上的负债项目，而租赁方式则不直接产生债务。因此，国际租赁是企业利用外资、融通资金、引进技术设备、提高经济效益的一种有效手段。

国际租赁对承租人有以下好处：

(1) 提高资金的利用效率。利用国际租赁，企业不必一次支付巨额外汇购买设备，只需按时支付租金。这样，企业可以避免因购置设备而积压资金，并可将腾出的这部分资金用于购进原材料、开发新产品、扩大生产能力等方面，加速流动资金的周转，促进利润增加。

(2) 避免资产过时的风险。由于在租赁期内，租赁资产的使用权和所有权在法律上是绝对分开的，因此通过租赁，资产过时的风险是由出租人承担，与承租人无关，资产价值因过时而下降的风险不是由企业承担。

(3) 免受资产限额的限制。国际租赁最大的好处在于它的灵活性。租赁合同中的条款一般不规定企业流动资本的数量。而对企业的其他许多投资项目来说，资金来源可能受资本限额的限制，通过租赁而不通过购买，可以达到避免限制的目的。因此，租赁是企业突破资本限额的一种方法。

(4) 可以避免通货膨胀。租金是固定的，由于物价上涨，租金支付的纯成本实际上是不断下降的；而如果以现金自行购买，用折旧收回成本，则由于通货膨胀，有可能几年以后收回的货币就不足以更新设备了，因此租赁能避免通货膨胀。

此外，国际租赁还可为企业带来税务上的利益，若出租人获得减税优惠，租金中的利率可能较市场的利率低，而且，计算成本费用简单，手续也简单。

但是，国际租赁对承租人来说也有一些不足之处。租赁的成本有时比用其他中长期融资形式的成本高；而且，大多数租赁是不可中途撤销的，即使企业在租赁期间发现承租人的资产不能给企业带来利润，仍得按期支付租金。此外，由于承租人对设备只享有使用权，因此，未经出租人同意，承租人不得随意改进所租赁的设备。

国际租赁对出租人有如下好处：

(1) 出租人对租赁设备拥有所有权，这比信贷投资更可靠。

(2) 可以用租赁设备作抵押，取得贷款，减少自有资本的投资，并通过租金收入，除可收回全部设备投资和利息以外，还可获得较高的利润。

(3) 可获得税务优惠的加速折旧的好处。

（4）通过租赁提供维修、保养、培训等工作，可增加附带收入。

但是，国际租赁对出租人来说也有某些不足之处。如在经营租赁业务中，有时要承担设备闲置无人租出的风险；当遇到通货膨胀时，要承担计价货币贬值的风险等等。

四、国际租赁合同

由于一笔国际租赁业务涉及多方当事人和多笔业务，因此，国际租赁合同往往包括进出口购销合同、国际租赁合同、贷款合同等多项合同。

（一）进出口购销合同

进出口购销合同是由出租人作为买方，按承租人与供货商磋商达成的条件，就买卖某台设备各自应享有的权利和应承担的义务，代承租人与供货商签订的，并由承租人连署签字确认同意的书面协议。进出口销售合同不仅直接涉及签字各方——买卖双方及用户的利益，而且间接涉及与买卖设备有关的一系列当事人的权益，因此，结合租赁业务的特殊要求，规定好进出口购销合同的全部条款十分重要。

进出口购销合同的基本内容和性质与一般进出口合同相类似，都要对进出口设备或生产线的供货范围、规格、性能、价格、付款、保险、运输、质量保证、不可抗拒力、索赔和仲裁等项条款作出具体规定。但由于租赁业务中的进出口购销合同不是作为一个独立的主体合同，而是被当作租赁合同的一个不可分割的附件，因此，还需要增加一些与租赁有关的条款。这些条款主要包括以下内容：

（1）卖方（供货人）要在进出口购销合同中确认合同货物是作为买方（出租人）和用户（承租人）之间签订的租赁合同中的标的物，由买方向承租人出租。

（2）卖方要对买方和承租人保证合同规定货物的规格、式样、质量、性能及其他全部条件均符合承租人的使用目的。

（3）保证期内有关合同规定的质量保证及卖方提供的服务和应承担的义务，均由卖方直接向承租人负责。

（4）与租赁有关的特别条款（合同中其他任何条款如与特别条款相抵触，以特别条款为准）。

（5）合同由买卖双方签字，但承租人要同意并确认合同条款，一般要求承租人在合同中附签。

（二）国际租赁合同

租赁合同是出租人和承租人为租赁一定财产而明确相互权利与义务的协议。租赁合同是租赁业务众多合同中的主要部分。租赁合同的内容往往随不同的租赁方式而有所差异。租赁合同包括一般性条款和专业性条款两类条款。

1. 租赁合同的一般性条款

（1）合同说明条款。第一，要确定合同的名称，也就是说要确定合同的交易性质。如果是一项融资租赁交易，合同文本应标明为融资租赁合同；第二，说明租赁合同当事人（即出租人和承租人）的名称住所，如属涉外合同，还应写明当事人的国籍；第三，标明合同签订的日期和地点；第四，说明出租人应承租人要求购进经承租人选定的设备，按照双方共同商定的条款租赁给承租人使用。这个说明在融资租赁合同中十分重要，因为在法律上这是融资租赁合同与其他租赁合同的重要区别之一，明确出租人购进设备是为了租给

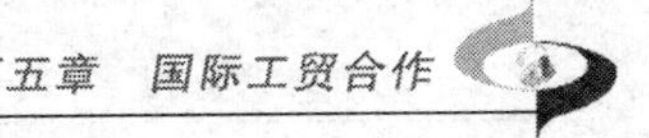

承租人使用，并且所购设备是由承租人选定的，可以免除出租人对设备质量、性能等缺陷所负的责任，从而明确了出租人只承担融资的责任。

（2）合同实施的前提条件条款。有些合同规定了实施合同的前提条件或生效条款。此类合同虽经当事人签字，但必须在履行了前提条件或生效条款后方能生效。这些前提条件根据各个国家的规定和各个合同当事人之间的协议而定。租赁合同实施的一般前提条件有：项目批件、进口许可证和偿还租金保证等。

（3）租赁设备条款。租赁合同的标的物是承租人要求出租人融资购进的设备，因此，在合同中应详细专门列一条款，将租赁设备的名称、制造厂家、出厂日期、规格、型号、数量、设备的技术性能、交货地点等写明。由于此类条款较烦琐，且多是工程技术方面的说明，在合同文本中详细列出会影响文本的阅读，因此，租赁设备都另具附表详列，作为合同不可分割的组成部分而在合同正文条款中作简明规定。如果前述进出口销售合同已对设备条款作了详细规定，这里就不需要另具附表说明了。

（4）租赁设备的交货和验收条款。融资租赁标的物由卖方直接运交承租人所指定的交货地点，由承租人验收。因此，在交货和验收条款中应规定，承租人确认出租人与供货人之间有关进口购销合同中的租赁设备是承租人根据自己的需要所选定的；承租人需向出租人提供出租人认为必需的各种证明。条款中应明确规定租赁设备的支付时间、地点及由何人交付（即明确由供货人或出租人负责支付）。

条款中还应规定交付人不能按时支付租赁设备时应负的责任，以及明确规定因哪些原因造成的租赁设备迟付不属于交货人的责任；承租人要在当事人双方协商一致的期限内检查验收租赁设备是否符合要求，并在租赁设备和收据上签字盖章，出具验收证书给出租人。如果承租人未能在规定的期限内办理验收事宜，租赁设备将被视为在完整状态下已由承租人验收完毕，并被视为在规定期限的最后一天租赁设备验收证书已由承租人交付给出租人。如果供货人延迟租赁设备的交货或租赁设备的规格、式样、性能、机能等与购货合同规定的内容不符，或有不良、瑕疵等情况而使承租人受到损害，对这个问题，出租人虽不负责任，但在合同中要明确规定出租人有义务将购货合同中对供货人的索赔权转让给承租人，并有义务协助承租人办理有关索赔事宜。

对于进口租赁设备，还应明确规定卸货港，以及设备到达卸货港口应办理的进口报关手续。

（5）税款费用条款。租赁交易中涉及的进口关税、进口工商税和海关当局规定的增值税和产品税等税款和费用，如果未作其他规定，则应由承租人支付。其支付方法按照租赁设备由承租人自行提取或委托出租人转运至承租人的安装或使用地点不同而不同。因此，在租赁合同中应作出相应规定。

（6）租期和起租日期条款。租期即合同有效期或承租人使用租赁设备的基本期限，其长短可由双方当事人协商而定。起租日就是租金开始计算日，一般有付款日、提单日、开证日或交货日等几种计算方法。租期从何日开始到何时截止应有明确规定，当事人双方不得单方面要求解约或退租。

（7）租金支付条款。租金是租赁合同的主要内容。在此条款中，必须明确规定，除非因出租人的过错，承租人有按照租赁合同规定向出租人支付租金的义务。租金先依照概算成本估算，在租赁设备实际交付之日，如果租赁设备的实际成本与概算成本有出入，则应以实际成本为准调整租金，此点应在合同中明确，并规定由出租人书面通知承租人，同时有义务提供财务凭证供承租人查验后确认。租金支付方式可根据承租人的资金收入情况与出租人商定，支付方式一般包括：第一，租金支付次数。即租金在租期内分几次或几期支付。第二，期前付租或期后付租。期前付租就是每次付租期开始日支付租金。而期后付租是在每次付租期末日支付租金。第三，均等付租或不均等付租。均等付租就是每期现金相等，不均等付租就是根据承租人的资金收入情况而商定的各期租金数，通常有宽限期支付、逐步递减支付。要明确第一次缴纳租金的时间。通常规定第一次缴纳租金要在租赁设备开始正常运转以后，以便承租人用所租设备生产的产品出售后获得的收入支付租金。要明确支付租金的货币种类，在国际租赁合同中应订明偿付租赁货币，以避免因货币兑换率变动而发生纠纷。一般是租金与购货合同所支付的货币为同一货币。这些条件在租赁合同中都用附表的形式列入并作为合同的附件。

在国际租赁合同中，还应规定承租人按期支付的租金除国家规定的应扣除的预提税外，不负担和不能扣除任何税款，也不得以任何理由抵消或扣除出租人对承租人的其他债款费用，以保障出租人租金所得不受影响。如遇支付租金日为一方营业日，而另一方为假日，应由双方商定后在支付条款中明确规定如何支付。为了阻止承租人延期支付租金，保证出租人能按期收到租金，合同中应有加收罚息的规定。

2. 租赁合同的特殊性条款

由于融资租赁的特殊性，除了一般性条款外，租赁合同中还应规定一些特殊性条款。这些特殊性条款包括：

(1) 购货合同与租赁合同的关系条款。在融资租赁交易中，租赁合同是购货合同成立的前提，是主合同。购货合同是租赁设备的依据，是副合同。两个合同所指为同一标的物。若购货合同签订在先，则在签订租赁合同时应说明本合同是根据转让的或回租的购货合同第××号将该合同的设备出租给承租人使用；若租赁合同签订在先，实际业务中采取了用租赁设备的概算成本的方法估算租金并订立租赁合同，待实际成本确定后再进行调整。这个合同应同时明确规定，除支付货款的责任由出租人承担外，其他条件如设备的交货、验收、索赔等，都由承租人负责或由出租人将上述权利指定由委托人办理。供货人如果未按购货合同的规定交付设备，致使承租人蒙受损失或损害，承租人对供货人具有直接提出损害赔偿诉讼的权利，但此项权利不得损害出租人根据购货合同向供货人提起诉讼的权利。同时，即使此项索赔、诉讼发生，承租人仍需按合同规定时间向出租人支付租金。

此外，还需规定，租赁合同一经成立，购货合同非经承租人同意，出租人不得变更购货合同以保障承租人的利益。但是，如因承租人违约，经供货人同意而变更或终止购货合同者除外。同样，购货合同一经成立，非经出租人同意不得变更，以保障出租人的利益。

(2) 租赁设备的所有权条款和使用权条款。在融资租赁中，租赁设备的所有权和使用权分离。出租人对租赁设备的保障非常重视，因为设备在承租人手中，需要规定一些法律条款来保障出租人对租赁设备的所有权以及承租人对租赁设备的使用权。租赁设备的所有权在租期内始终属于出租人。为了保障出租人对租赁标的物的所有权，租赁合同应规定出租人有权在标的物上设立表明所有权的标志，标志的设立不应影响承租人的使用和商誉。除经出租人同意可转租赁外，承租人不得转让、抵押、出售或产生其他任何侵犯出租人租赁标的物所有权的行为。若承租人破产，出租人对标的物构成了对破产执行人和其他债权人等第三者要求的有效对抗。

承租人在合同期内对标的物享有充分的使用权，出租人不得以所有权为理由损害这一使用权。出租人的破产或对标的物产权的抵押及转让，都不得影响承租人对标的物的使用权。在发生原出租人破产清算偿债或将租赁标的物转让时，原出租人有义务向标的物新的所有者明确原租赁合同中承租人的权利不得改变及受到妨碍，并有义务通知承租人，有义务为承租人与新标的物所有者建立租赁关系提供协助。

(3) 承租人不得中途解约条款。融资租赁有别于传统租赁的主要一点是融资租赁合同一经生效，承租人就不能单方面提出解除合同，租赁设备经承租人验收出具验收证书后，如发生丢失或毁损，承租人不得中止或解除租赁合同，全部损失由承租人负担，不能免除承租人支付租金的绝对义务。下列条款代表了承租人对租赁设备的绝对的和不可撤销的义务。

> 灭失和毁损：承租人承担在租赁期内发生的租赁设备灭失和毁损（正常损耗不在此限）的风险。在发生任何风险的情况下，承租人均需按期交纳租金。在租赁设备发生灭失时，承租人应立即通知出租人，出租人可选择下列方式之一由承租人负责处理并承担其一切费用。第一，将租赁设备复原或修理至完全能正常使用状态。第二，更换与租赁设备同等型号、性能的部件或配件，使其能正常使用。第三，当租赁物件灭失或毁损至无法修理的程度时，承租人应按规定的预定损失金额赔偿出租人。出租人收到赔偿金额后将租赁设备（以其现状）的所有权及对第三者的权利（如有时）转交给承租人。

(4) 对出租人负责和对承租人保障的条款。由融资租赁的性质所决定，关于租赁设备的质量、性能、适用与否等问题，出租人对承租人不承担和保证任何责任，但为了保障承租人的索赔权转让给承租人，所有向供货人索赔而支出的费用均由承租人负担，而取得的赔偿金也归承租人。但不论承租人取得赔偿与否，承租人应无条件按照租赁合同规定交纳租金。

(5) 对承租人违约和对出租人补救的条款。承租人到期不付租金、侵犯租赁设备的所有权、违反租赁合同的任何一项条款及承租人破产均属违约。对于承租人的违约，出租人为了挽回和减轻损失，通常采取以下几种补救手段。这些手段包括：终止合同、收回租赁设备、收取已发生但尚未支付的租金及利息，并收取赔偿金。

(6) 租赁设备的使用、保管、维修和保养条款。在融资租赁合同中，一般都订有"租赁设备由承租人使用，承租人负责日常保管、维修和保养，使设备保持良好状态，并承担由此产生的全部费用"的条款，要求承租人像自己所有的财产一样保护租赁设备，使其经常保持良好的工作状态。对于那些零部件使用寿命低于设备本身的，需要定期更换，有些与卖主（原制造厂）签订了维修、保养合同的设备，承租人有责任保证这些合同的全部执行。

(7) 保险条款。对租赁设备的保险是保障出租人和承租人都可以不受损失的重要手段。几乎所有的融资租赁合同都订有承租人应对租赁财产投保的条款，不仅要投保设备本身的水灾、火灾、盗窃和损害险，而且要投保对第三者构成损害和其他损害的意外险。租赁公司一般对租赁设备保险有如下规定：租赁合同签订生效后，对租赁设备应立即向保险公司进行投保，可由承租人投保，也可由出租人投保，但在合同中应明确对保险公司的选择，如由承租人投保须事先取得出租人的同意。投保的范围视租赁设备的情况而定。投保金额可以是投保租赁设备成本总价或租金总额或预计赔偿金额，由出租人与承租人商定。保险期限自交费日起至租赁合同期满时止。保险赔偿金的受益人，由于租赁设备所有权属于出租人，保险单上的受益人应为出租人，但也可由出租人与承租人为共同受益人。在租赁期间发生的保险事故，承租人应立即通知出租人和保险公司，不论保险是由出租人或承租人投保，都应向出租人提供检验报告和有关资料，承租人会同出租人向保险公司索赔。保险金由出租人领取。出租人可以将承租人为修复租赁设备或更换与设备同等型号、性能的部件或配件，使其能正常使用所支出的款项从保险赔偿金内扣付给承租人。如承租人支出的款项超过保险赔偿金，多余部分则由承租人负担。如果租赁设备灭失或毁损至无法修理的程度，保险赔偿金应归出租人，以扣抵应收租金和损失，不足时由承租人赔偿给出租人。

(8) 租赁保证金和担保条款。融资租赁中的租赁设备虽属出租人所有，但是一旦承租人违约，出租人虽可收回租赁物但也将蒙受损失，因为这些设备是专门的特定承租人所专购专用的，难以处理。所以，在融资租赁合同中常订有向承租人收取保证金和获得经济担保的规定。

租赁保证金的数额及是否交付是出租人、承租人双方谈判的内容。保证金在保证期内，如未因承租方过失而补偿给出租方，则保证期满后或抵付期末租金的全部或一部分，或归还给承租人。无论保证金在保证期满后如何处置，出租方在保证期内对保证金不能无偿占有，双方应按商定的计息办法计算利息，按计算的利息额，在谈判末期租金或总的租金水平时考虑这一因素，以补偿承租方的利息损失。这一利息率的计算，应参考双方各自的资金收益单和银行贷款利率进行。租赁保证金金额由出租人与承租人双方商定或按租金比例规定。在租赁合同中还应规定："承租人违反租赁合同任何条款时，出租人有权根据合同规定从租赁保证金中抵扣承租人应支付给出租人的款项。"

租赁保证金一般只收租金总额的百分之几，远不足保障全部租金，所以合同中还应规定有经济担保人，担保和负责承租人切实履行租赁合同和各项条款。如承租人不能按照合同的规定向出租人缴付其应付租金及其他款项，担保人要按照合同的规定，无异议地代承租人向出租人支付包括迟延利息在内的未付租赁余额和其他应付款项。

(9) 租赁设备租赁期满处理条款。至于租赁设备期满处理问题，不同的国家有不同的法律规定。在我国，融资租赁的承租人有三种选择权——留购、续租或退租。但是在现行融资租赁中，大多数承租人在租赁期满，将应交的租金及其他款项付清后，只需支付名义货价即可获得租赁设备的所有权。

(10) 对第三方的责任条款。为了明确出租人或承租人对租赁设备在租赁期内对第三方的责任，一些租赁合同规定了涉及第三方（出租人和承租人双方以外的有关方）的权益的条款：第一，出租方应在租赁期内，保证租赁财产权益的合法性，排除第三方对财产权益的异议，确保承租人正常享受对租赁财产的使用权；第二，承租人在使用租赁财产的过程中，因自身过错致使第三方的权益受到损失时，应负责赔偿。

(11) 转租赁条款。由于承租人在融资租赁期间承担绝对的和无条件支付租金的义务，承租人有权要求将租赁设备转租给其他人使用，但是必须取得出租人的书面同意。使用转租赁方式的承租人有两种：一种是租赁公司办理转租赁；另一种是承租人对所租设备在本厂使用不经济或受其他条件影响不能有利使用，但却有合适的第三者承租时，经出租人书面同意，可将租赁设备转租赁出去。

(12) 租赁债权的转让和抵押条款。在融资租赁交易中，出租人可以不经承租人同意，将租赁合同规定的全部或一部分权利转让给第三者，或提供租赁物件作为抵押。但是，这项转让和抵押的权利以不影响承租人根据租赁合同享有的各种权益为限，并不能解除出租人在租赁合同中的任何义务，以保障承租人的权益。

(13) 预提所得税条款。世界上绝大多数国家和地区对外国公司、银行、企业和其他经济组织，在本国境内没有设立机构而有来源于本国的股息、利息、税金、特许权使用费和其他所得都要征收所得税。这些税通称预提税。税收由支付单位在每次支付的款额中扣除，获得收入的外国公司、银行、企业和其他经济组织为纳税义务人，支付所得的单位为扣缴义务人。因此，一个国家的企业对进口租赁设备向外国支付租赁时，有义务对外国出租人扣缴预提税。

在出租人方面，其在外国所取得的所得，必须在其本国缴纳所得税。如果他在外国被扣缴预提税，那么，他就缴纳了双重所得税。为此，一些国家政府之间签订避免双重征税的协议。

(14) 争议解决条款。在履行租赁合同期间，出租人与承租人之间发生争议时，如何解决争议应在合同中加以规定。我国主要根据《中华人民共和国经济合同法》、《中华人民共和国经济合同仲裁条例》以及《中华人民共和国涉外经济合同法》的规定执行。

在国际租赁业务中，我国企业与外国租赁公司订立的租赁合同仲裁条款大致有三种形式：第一，根据中国国际贸易促进委员会对外贸易仲裁委员会颁布的仲裁程序规则提请该委员会仲裁；第二，根据被告所在国的仲裁机构所颁布的仲裁程序规则进行仲裁；第三，通过双方当事人同意的第三国仲裁机构仲裁。

3. 贷款合同

贷款合同又称融资合同，是出租人与有关金融机构之间达成的融通资金的协议。有关金融机构将一定数量的货币贷给出租人，并按期收回本息，称为贷款方；出租人借用一定数量货币，并按时还本付息，称为借款方。贷款合同的标的是本币或外币。贷款合同的主要内容包括：融通资金的双方当事人、融资目的、金额与期账、借款利率、还款资金来源及还款方式、各方权利与义务、担保条款及违约责任等。国际租赁项下的贷款合同与一般贷款合同没有太大差别。唯一需要注意的是，融资租赁交易中的贷款合同应允许承租人查阅。

五、国际租赁的基本做法

国际租赁业务大致包括以下步骤。

(一) 选定租赁设备

由客户根据生产的需要，与制造厂商就设备规格、型号、交货期、价格及维修保养条件进行谈判。出租人一般不承担技术谈判责任，但可为用户介绍制造厂商及有关的机器设备，但也有由承租人委托租赁公司代为联系、介绍设备制造厂的做法。

(二) 租赁预约

承租人选定设备后，应将设备制造厂商的价格、交货情况提示出租人（即租赁公司），并要求出租人提出租金估价，双方共同协商后，即可办理租赁预约。

（三）审查

租赁公司接受租赁预约后，用户向租赁公司提交企业经营的各种报表，由租赁公司对承租人的经营和经济状况进行审查，并根据租赁公司自己掌握的有关资料确定能否同意租赁，必要时租赁公司也可委托咨询公司进行调查。

（四）签订租赁合同

出租人对用户进行信用调查后，如认为符合要求，即可与用户商定租赁条件并签订合同。同时，用户就设备的维修安装、人员培训、零部件供应等向制造厂商签订服务合同。

（五）订购设备

出租人根据承租人在租赁合同中规定的对设备的要求，向制造厂商订购设备，订货时需与制造厂商签订购货合同，并按合同规定支付货款，所需资金由租赁公司承担。

（六）设备交货

由制造厂商根据租赁公司的订货要求，按期向用户直接交货。

（七）验收

设备安装完毕、试运转结束，而且开始租赁的各种条件齐备后，用户进行验收，经验收合格，即开始计算租期。

（八）支付租金

承租人按照租赁合同的规定向租赁公司分期支付租金。一般每月、季、半年或一年支付一次。

（九）支付设备货款

根据订货单上规定的支付条件，由租赁公司向制造厂商支付设备货款。

（十）办理保险

由租赁公司和保险公司签订保险合同并支付保险费。

（十一）签订维修合同

由承租人与制造厂商签订维修合同并支付费用。

（十二）租赁期满后的处理

租赁期满后，对租赁物的处理按租赁合同办理，如合同未作具体规定的，经双方协商，用户可以将设备退还租赁公司，或续租设备，或将设备购下。

图 5—7、图 5—8 是融资租赁及杠杆租赁的业务程序图，通过这两个图，我们能更直观地看到国际租赁业务的基本做法。

在图 5—7 中：

1. 用户选定租赁设备。
2. 用户与出租人办理租赁预约。
3. 出租人审查承租人的资信。
4. 出租人和承租人签订租赁合同。
5. 出租人向制造厂商订购设备。
6. 供货人向用户交付设备。
7. 用户验收设备。
8. 用户向出租人支付租金。

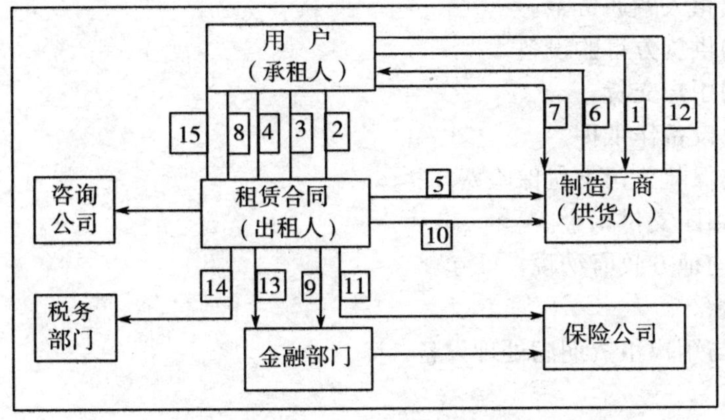

图 5—7 融资租赁业务程序图

9. 出租人向金融机构融资。
10. 出租人向供货人支付设备货款。
11. 出租人向保险公司办理保险。
12. 用户和厂商签订维修合同。
13. 出租人向金融机构还本付息。
14. 出租人向税务部门纳税。
15. 用户和租赁公司处理期满后的设备。

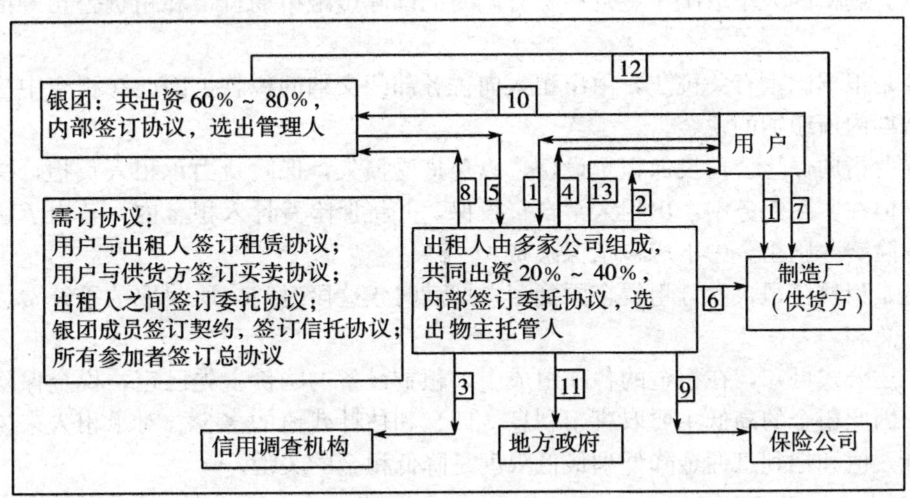

图 5—8 杠杆租赁业务程序图

在图 5—8 中：

1. 用户选定设备。
2. 用户向出租方办理租赁预约。
3. 出租人委托信用调查机构对用户进行调查。
4. 用户和出租方签订租赁合同。

5. 银团向出租人融通资金。
6. 出租人向供货方订购设备。
7. 供货人向用户交货。
8. 出租人以设备作抵押。
9. 出租人向保险公司支付保险费。
10. 用户向银团支付租金。
11. 出租人向地方政府纳税。
12. 支付货款。
13. 出租人与用户租赁期满处理设备。

六、租金的计算方法

租金基本上是出租人购买设备的价格、利息、利润的总和，但租赁中发生的其他有关费用也应计入租金。其计算公式是：

$$租金=\frac{(租赁物原值-估计残值)+利息+税金+保险费+佣金}{租期}$$

在上述公式中，估计残值是指租赁期满时，参照该设备当时的市场售价而估计的价值，减除的理由是因为出租人在租赁期满时，可通过处理此设备而收回这部分投资。

利息是租赁公司为购买租赁物件而筹措资金的支出，因为利息作为资金成本是租金的重要决定因素，从不同渠道筹集来的资金，其利率和费用水平有高有低。这将直接影响租金的高低。利率的大小取决于签订租赁合同时的国际金融市场行情和租赁公司筹措资金的能力。

税金是根据国家有关税法，由出租人向税务部门交纳的税款，因此在租金中应包括出租人租赁期内所缴纳的税金。

保险费指向保险公司投保租赁设备，以免遭受损失，保险费由承租人负担，受益人为出租人。但在实际业务中，出租人常自行投保，并将保险费计入租金内，若由承租人投保和支付保险费，则租金中不应包括保险费。

佣金是租赁公司自签订租赁合同到租赁期满时止这段时间内所收取的手续费、管理费和利润的总和。

从上述公式可知，在租金的各项组成中，租赁设备的购价事先已定，税金保险费也是固定的，因此租金的高低主要取决于利息、佣金和估计残值的多少。对承租人来说，如何提高估计残值和把利息佣金降低到最低限度是降低租金的关键。

七、附录：融资租赁委托书与合同样本

(一) 融资租赁委托书

委托人：______

项目负责人：__________

填报时间：__________

委托人（乙方）：

受托人：(甲方)：

关于经＿＿＿＿＿批准的＿＿＿＿＿＿项目，因乙方资金不足，特委托甲方按本委托书附表的要求，通过融资租赁方式解决。双方的权利义务，乙方同意按融资租赁合同和购买合同的规定执行。乙方将根据自己的需要选定租赁物件和供应厂商，甲方负责融通资金。双方将共同对国外厂商谈判、签约（购货合同）。甲方在乙方同意的条件下购买租赁物件。

若因购买合同发生争议，甲方同意在乙方提供费用并予以协助的情况下由甲方按购买合同的规定对外提起仲裁或诉讼，由此产生的损失或利益由乙方承担享有。如果甲方拒绝或延迟提起仲裁或诉讼，应负赔偿责任。

甲方受托以后，乙方不得再就同一项目委托第三者办理融资租赁事宜。由于乙方原因提出取消委托时，乙方应按委托金额的＿＿＿%付给甲方服务费。

附于委托书后的附表系委托书不可分割的组成部分，本委托书一式三份，甲、乙方及乙方担保人各执一份。本委托书在甲方租赁事宜。由于乙方原因提出取消委托时，乙方应按委托金额的＿＿＿%付给甲方服务费。

附于委托书后的附表系委托书不可分割的组成部分，本委托书一式三份，甲、乙方及乙方担保人各执一份。本委托书在甲方同意受理该项目并签字或盖章后正式生效。

受托人（甲方）： 委托人（乙方）：

＿＿＿＿＿＿ ＿＿＿＿＿＿

二〇＿＿＿年＿＿月＿＿日 二〇＿＿＿年＿＿月＿＿日

委托人向受托人提供下列附件：

1. 项目建议书及批件（正本）。
2. 引进设备可行性报告及批件。
3. 担保人出具的担保函。
4. 出租人要求承租人提供的其他文件。

（二）融资租赁合同

合同号码： 合同签订日期： 合同签订地：

出租人：

（以下简称甲方） 地址：

电话： 邮政编码： 法定代表人：

传真： 电传： 电挂：

承租人：

（以下简称乙方） 地址：

电话： 邮政编码： 法定代表人：

传真： 电传： 电挂：

甲乙双方经协商一致，自愿签订本融资租赁合同（以下简称合同）。

本合同一经签订，在法律上对甲乙双方均有约束力，任何一方无权单方面解约。

第一条 租赁物件

租赁物件是指乙方自行选定的以租用、留购为目的，甲方融资购买的第 号购买合同项下的技术设备。

第二条 租赁物件的购买

1. 乙方以租用、留购为目的，以融资租赁方式向甲方承租租赁物件；甲方根据乙方的上述目的为其融资购买租赁物件。

2. 乙方须向甲方提供甲方认为必要的各种批准文件及担保函。

3. 乙方根据自己的需要选定租赁物件及卖主和制造厂家，并与甲方一起参加订货谈判；在甲方主持下，乙方自行与卖主商定租赁物件的名称、规格、型号、数量、质量、技术标准、技术服务及设备的品质保证等购买合同中的技术设备条款；甲乙双方与卖主共同商定价格、交货期、支付方式等购买合同中的商务条款；甲方以买主身份主签、乙方以承租人身份附签第　　号购买合同。

4. 甲方应负责筹措购买租赁物件所需的资金，并根据购买合同规定办理进口许可证，履行支付定金、开立信用证、租船订舱、投保、结算等项义务。

5. 乙方负担购买租赁物件应缴纳的海关关税、工商统一税、其他税款和银行开立信用证等国内费用。甲方垫付的银行开证费，乙方应在甲方指定的日期内，将款额及应付的利息付给甲方。人民币计息办法按中国人民银行规定办理。

第三条　租赁物件的交货

1. 甲方支付货款并取得提货单后，将提单挂号寄送乙方即为完成向乙方交货。乙方应凭单在到货港（目的港）接货。乙方不得以任何理由拒收货物。

2. 租赁物件到达到货港后，由甲方运输代理人（外运公司）或乙方自行办理报关、提货手续。提货后，乙方自负保管责任。如乙方不能及时缴纳关税等款项或办理提货手续所造成的损失，其结果于商检后10日内书面通知甲方。

3. 如卖主延迟交货，租赁物件的规格、型号、数量、质量、技术标准等与购买合同规定的内容不符或在购买合同保证期内发生质量问题，均按购买合同规定由卖主负责。乙方不得向甲方追索。

4. 乙方若因前款原因遭受损害，乙方应提供有关证据及索赔或仲裁方案，甲方根据乙方的要求向卖方索赔或提出仲裁。索赔、仲裁的结果及发生的全部费用，均由乙方承担。

5. 不论发生上述何种情况，不免除乙方按期支付租金的义务。

第四条　本合同期限和还租期限

1. 本合同期限，指从本合同生效之日至甲方收到乙方所有租金和应付的一切款项后出具租赁物件所有权转移证明书之日。

2. 还租期限，指从还租期限起算日（租赁物件运抵到货港，以《到货通知单》上注明的日期为准）至最后一期租金应付日。

第五条　租金

1. 甲方为乙方融资购买租赁物件，乙方承租租赁物件须付租金给甲方。

2. 租金是购买租赁物件的成本与租赁费之和。

成本是甲方为乙方购买租赁物件和向乙方交货所支付的货款、运费、保险费（含财产保险）及双方一致同意计入成本的费用与租前息（甲方支付上述费用从其支付或实际负担日起至还租期限起算日止所产生的利息总金额）之和。

计算租金的租赁费率由国际金融市场浮动利率和筹资手续费、风险费率及甲方应得的合理利差（后三项为不变量）两部分组成。签订本合同之日确定的租赁费率为本合同的暂

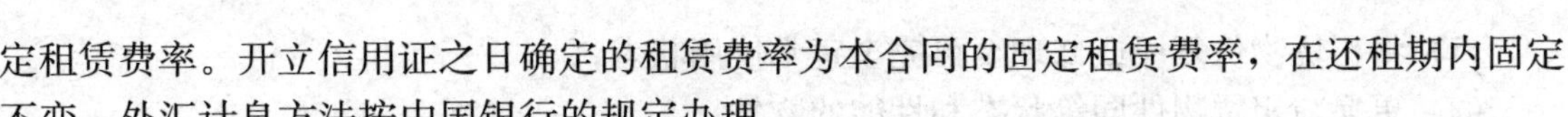

定租赁费率。开立信用证之日确定的租赁费率为本合同的固定租赁费率，在还租期内固定不变。外汇计息方法按中国银行的规定办理。

3.《租金概算表》为甲乙双方签订本合同时的财务预算表，其租金根据概算成本和暂定租赁费率计算，具有暂时性。本合同的暂定租赁费率为(货币：　　)　%年。

4.《实际应付租金通知书》为乙方偿还甲方租金的依据，根据实际成本和还租期限内的固定租赁费率计算。计算实际成本时，如甲方支付货款的货币与本合同货币不同时，按甲方实际兑换的汇率折合成本合同的货币计算。租前息按固定租赁费率计算。

5. 实际成本核算完毕后，甲方向乙方发出《实际应付租金通知书》。除计算错误外，乙方同意不论租赁物件使用与否，都依该通知书中载明的日期、金额、币种等向甲方支付租金。

6. 如乙方提前偿还租金，需提前一个月同甲方协商，甲方同意后，方可提前偿还租金，但须加收两个月利息。

如乙方未按期支付租金，应缴纳迟延利息，延付一个月内按原固定租赁费率的130%计收；一个月后，每超过一天加收欠租金额的0.005%罚息。

第六条　服务费和保证金

1. 乙方在购买合同签订日后15天内,向甲方交付(货币：　　),作为付给甲方的服务费。

2. 乙方按《租金概算表》的规定，在购买合同签订日后15天内交付甲方保证金。保证金不计利息，在第一期租金到期时，自动抵作该期租金的全部或部分。

3. 如因乙方未及时支付保证金和服务费致使购买合同不能执行所造成的损失由乙方负责。

第七条　租赁物件的所有权和使用权

1. 在本合同期限内，租赁物件的所有权属于甲方。乙方除非征得甲方的书面同意，不得有转让、转租、抵押租赁物件或将其投资给第三者或有其他任何侵犯租赁物件所有权的行为，也不得将租赁物件迁离《租金概算表》中所记载的设置场地或允许他人使用。

2. 在本合同期限内，租赁物件的使用权属于乙方。如任何第三者由于甲方的原因对租赁物件主张任何权利，概由甲方负责。乙方的使用权，不得因此受到影响。

3. 在本合同期限内，乙方负责租赁物件的维修、保养并承担其全部费用。甲方有权在其认为适当的时候，检查租赁物件的使用和保养情况，乙方对甲方的检查应提供方便。如果需要，租赁物件维修保养合同由乙方与卖主或原制造厂家签订，或由甲方代乙方与卖主或原制造厂家签订。如需更换租赁物件的零件，在未得到甲方书面同意时，只能用其原制造厂提供的零件更换。

4. 因租赁物件本身及其设置、保管、使用及租金的交付所发生的一切费用、税款(甲方应缴纳的利润所得税除外)由乙方负担。

5. 因租赁物件本身及其设置、保管、使用等原因致使第三者遭受损害时，乙方应负赔偿责任。

第八条　租赁物件的灭失及毁损

1. 在本合同期限内，乙方承担租赁物件灭失或毁损的风险。

2. 如租赁物件灭失或毁损，乙方应立即通知甲方，甲方可选择下列方式之一，由乙方负责处理并负担一切费用。

(1) 将租赁物件复原或修理至可完全正常使用状态;

(2) 更换与租赁物件同等状态和性能的物件。

3. 租赁物件灭失或毁损至无法修理的程度时,乙方应按《实际应付租金通知书》中记载的损失赔偿金额,赔偿给甲方。当乙方将损失赔偿金额及其他应付的款项缴纳给甲方时,按本合同第十三条办理。

第九条 保险

1. 自还租期限起算日开始,甲方以购买合同CIF价及本合同规定的币种对租赁物件投保财产险,并使之在还租期限内持续有效。保险费由乙方负担,计入实际成本。

2. 事故发生后,乙方须立即通知甲方,并提供一切必要的文件,以便甲方领取保险金。

3. 甲方将取得的保险金,根据与乙方商定的下述原则之一办理:

(1) 作为第八条第2款第(1)项或第(2)项的所需费用的支付;

(2) 作为第八条3款及其他乙方应付给甲方的款项。

保险金不足以支付上述之一的款项时,由乙方补足。

第十条 违反本合同

1. 如甲方未能履行本合同第二条第4款所规定的义务造成卖主逾期交付租赁物件,甲方购买租赁物件所支付款项在逾期期间所发生的利息由甲方承担。

2. 如乙方不支付租金或违反本合同其他条款,甲方有权要求乙方即时付清租金和其他费用;或收回租赁物件自行处置,所得款项抵作乙方应付租金及迟延利息,不足部分应由乙方赔偿。虽然甲方采取前述措施,并不因之免除本合同规定的乙方其他义务。

第十一条 甲方权利的转让和抵押

在本合同期限内,甲方有权将本合同赋予甲方的全部或部分权利转让给第三者,或提供租赁物件作为抵押,但不得影响乙方在本合同项下的权利和义务。

第十二条 重大变故的处理

1. 乙方如发生关闭、停产、合并、分立、破产等情况,须立即通知甲方,甲方可立即采取本合同第十条规定的措施。

2. 乙方和担保人的法定地址、法定代表人等发生变化,不影响本合同的执行,但乙方和担保人应立即书面通知甲方。

第十三条 租赁物件所有权的转移

乙方向甲方付清全部租金及其他款项,并再向甲方支付租赁物件的残值　　元(人民币)后,由甲方向乙方出具租赁物件所有权转移证明书,租赁物件的所有权即转归乙方所有。

第十四条 担保

乙方委托为本合同乙方的担保人,担保人向甲方出具不可撤销的租金担保函。

乙方负责将本合同复印件转交担保人。

第十五条 争议的解决

有关本合同的一切争议,甲乙双方首先应根据本合同规定的内容友好协商解决,如协商不能解决时,采取下列方式解决:

(1) 向北京市工商行政管理局经济合同仲裁委员会提起仲裁;

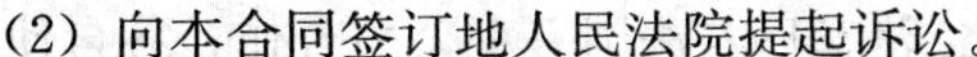

（2）向本合同签订地人民法院提起诉讼。

第十六条　本合同的更改

凡对本合同进行修改、补充或变更，须以书面形式经双方委托代理人签字后，作为本合同的组成部分。

第十七条　本合同必不可少的附件

1. 融资租赁委托书。

2. 不可撤销的租金担保函。

3. 购买合同。

4.《租金概算表》。

5.《实际应付租金通知书》。

6. 乙方提供的批准文件和证明材料。

第十八条　本合同的生效

本合同经甲乙双方委托代理人签字后生效。本合同正本一式两份，甲乙双方各执一份。

甲方：　　　　　　　　　乙方：

委托代理人：　　　　　　委托代理人：

第四节　国际生产合作

一、国际生产合作的含义

生产合作具有广泛的含义，总的来讲，它是指合作者在生产经营领域中不同深度的合作形式，包括以下几个方面：（1）共同领导生产、共同参与管理、共同对产品负责的合资经营及合作经营形式；（2）灵活贸易方式中的加工贸易、补偿贸易等形式；（3）按预先的商定和分工，分别生产零部件，或者某些产品相互交换或联合销售的形式。广义的生产合作，囊括了以上各方面：狭义的生产合作，仅指第（3）项。本节所要论述的是狭义的生产合作。

所谓生产合作，是指不同国家的企业在生产上进行合作，共同研究或制造某些产品。实践中，它往往指一项产品或一个工程项目，由合作诸方各自承担其中某个部分或某些部分的生产，共同完成全部项目的一种方式。合作生产可以利用合作者在技术力量、设备水平、原材料供应等方面的不同条件，发挥各自的优势，更好地完成任务。国际上进行合作生产，可以通过多方协作，提高生产效率，可以在研究、制造、销售各个阶段节省人力和物力，以较少的投入收到较大的经济效果。同时，通过合作生产可以进行技术交流和技术转让，可以更新设备和扩大产品销售市场，从而获得综合效益。

二、生产合作的形式

生产合作中所讲的合作，主要包括以下几个方面。

（一）技术上的合作

有以下几种情况：（1）合作诸方联合研制，利用各自的技术优势，达到共同的目标；（2）一方提供技术，另一方负责生产、制造、产品返销或向规定市场出售；（3）各方利用自己掌握的技术，生产同样的产品。如我国第二汽车厂与法国一个公司合作，各自使用自己的技术生产汽车。

（二）生产上的合作

一般是某种产品或某项工程，某一方可以承担完成，但比较起来，在某些部分或部件的生产中，成本高、质量差、工期长；如果由外方生产，比自己更有优势，因而愿意合作，共同完成。合作生产的产品，可双方使用或共同销售。在具体做法上有以下几种情况：

(1) 根据各自的优点商定专业分工，各自生产有关零部件；然后，在一方或各方总组装成为最终产品。成品可以共同使用或向国内外市场销售，利益共享。

(2) 根据议定的规格、数量、质量分别生产对方所需零部件；然后彼此交换，分头组装各自的产品。这实际是半成品等价交换，最终成品各自处理。

(3) 相互供应设备或提供技术服务，彼此帮助进行生产。这里有技术交换的性质。

除上述做法外，有些国家的企业还共同合作，为第三国的项目供应设备、提供设计和维修服务。据统计，20 世纪 70 年代中期，有 53 个国家参与实现了 543 个三边合作项目，总值达 290 亿美元。

目前，有的合作生产常延伸到合作销售，如东西方国家间就签订了不少这方面的协议。他们互相利用对方在第三国已有的销售网、售后服务设施、配件仓库以及技术力量进行合作。

（三）协作生产

国际上出现的协作生产项目，主要是一方提供专有技术、专利和商标使用权，或提供某些关键性部件、特种材料、仪器仪表等，另一方提供其他条件，双方合作生产，共同完成目标产品。其具体做法有以下几种情况：(1) 一方提供关键性部件、设备，双方合作建厂生产，但不共同经营；(2) 一方提供专利、工程设计图纸，另一方建厂生产，产品返销或向规定的市场销售；(3) 双方组成合作企业，协作生产，产品外销。

（四）承包合作

由技术水平高的一方在技术上总负责，双方分工制造机器设备。这一方式多为大型复杂设备的生产，如生产炼油、化工、电站等成套主设备。

三、发展合作生产应注意的问题

生产合作，不仅涉及生产，而且涉及产品销售以及设备或技术转让；合作者之间的关系，既有伙伴关系，又有买卖关系；他们虽然主要是在生产上“联合行动”，但却是各自经营，按国际市场价格计算成本，相互结算；他们彼此既有利益共同点，也有各自的目的。因此，开展生产合作并不是一件简单的事，应该考虑各方面的问题，照顾彼此的利益。

(1) 生产合作，最主要的是合作者合伙共同生产产品。产品如何处理，是合作诸方十分关心的问题，因此，在签订合同时，必须明确与之有关的问题，如产品用什么商标，价格如何定，销往何方，谁负责销售等等。

(2) 进行生产合作，不只是为了取得经营利润，还要进行技术交流和转让。因此，应该兼顾经济上的合作和技术上的合作两个方面。

（3）在合作生产过程中，涉及原材料、零部件、成品、设备和技术等的进进出出。这些东西有交换的，也有转让和出售的，它们的价格如何定，交换的条件是什么等等，应该一件件地处理好。

[思考题]

1. 国际加工装配贸易的定义及其主要形式。
2. 国际加工装配贸易合同的主要内容。
3. 国际补偿贸易的定义及其主要形式。
4. 国际补偿贸易合同的主要内容。
5. 国际租赁贸易的定义及特点。
6. 国际租赁贸易的主要形式。
7. 国际租赁贸易合同的主要内容。
8. 国际生产合作的定义及其主要形式。

第六章

国际投资合作

[重点问题]

- 国际直接投资的主要方式
- 国际直接投资的决定因素分析
- 国际间接投资的主要方式
- 国际直接投资和国际间接投资的关系
- 跨国公司的营运原则及特点

国际投资（international investment）是国际货币资本及国际产业资本跨国运动的经济活动。对资本输出国来说，是为相对过剩资本寻找出路，更主要的是为获取海外超额利润，巩固和开拓市场，发挥生产要素的规模效益；对资本输入国来说，利用外资解决资金困难，引进国外先进技术、设备及管理经验，从而发展带动本国经济。国际投资是推动生产要素国际移动和国际经济合作的重要手段。

国际直接投资与国际间接投资是国际投资的两种基本形式。国际直接投资（international direct investment）是指将资本直接投放到生产经营中的一种经济行为，主要表现为资金、技术、经营管理知识的综合体由投资国的特定产业部门向东道国的特定产业部门实行转移，其特点是具有明确的经营目的并对所投资企业拥有一定的经营控制权；国际间接投资（international indirect investment）主要是指国际证券投资以及提供中长期信贷形式的资本外投活动，其特点是通过购买证券、股票或实行贷款的方式，取得一定股息或利息，而并不参与企业的直接经营管理。战后以来，在科学技术革命的推动下，生产和资本国际化趋势日益加强，国际直接投资的规模迅速扩大，并且日益在国际投资中占主导地位。跨国公司是对外直接投资的主体，对外直接投资是跨国公司实现全球经营战略目标的具体工具，二者在国际经济活动中紧密相连，互为一体。

第一节　国际直接投资

国际经济合作是通过国际间各种生产要素的移动和配置而进行的合作。从狭义上看，为了实现生产要素或资源的转移及配置，国际经济合作更多是通过对外直接投资而展开的。国际直接投资已成为战后世界各国经济相互联系相互渗透的重要纽带和方式。

一、国际直接投资的特点及主要方式

国际直接投资的定义众说纷纭，我们采用其中一种："国际投资是指一个国家的投资者，将本国的资本（包括资金、机器设备、技术秘密、专利、商标）投放到另外一个国家或几个国家，或从事工业、农业、第三产业的经营，或从事有价证券的买卖，从而获取一定利润的经济行为。将资本投放于外国从事生产或商业活动者为直接投资。"① 国际直接投资与国际间接投资相对应，根本区别在于投资者应对国外厂矿企业具有实质性的所有权和经营权。

（一）国际直接投资的特点

国际直接投资的突出特点是投资者对所投资的企业拥有有效的控制权。它与以证券为媒介的国际间接投资有着根本的不同：直接投资是一种经营性投资，无论投资者在哪一行业进行投资，都以取得企业的经营控制权为前提条件；而国际间接投资是以取得一定收益为目的的持有国外有价证券的行为，一般不存在对企业经营管理权的取得问题，即使是在取得股权证券进行投资的情况下，也不构成对企业经营管理的有效控制。

此外，国际直接投资还具有以下几个特点。

(1) 投资周期长，风险大。国际直接投资一般都要参与企业的具体生产经营活动，通过投资以取得对企业经营管理的控制权，因而它一般与具体项目联系在一起。投资与项目的生命周期有关，一般来说，项目的生命周期较长，少则几年，长的达十几年甚至几十年，从而加大了投资风险。然而，对投资接受者来说，国际直接投资可以减少其风险。因为外商投资的利益是与企业所得利益挂钩的，如经营不善，投资接受国不承担外商的投资资本责任和风险，同时也减少了投资接受国的外债负担。

(2) 可以带动技术出口和管理经验的传播。国际直接投资直接参与企业的生产与经营，因而可以带动投资国的技术出口。对投资接受国来说，国际直接投资有利于促进技术进步，而且引进了先进的管理技术与经验，有利于提高企业的经营管理水平。

(3) 对投资接受国来说，直接投资形式便于管理、控制，并且有利于改善出口商品结构。外商在东道国兴办企业，必须遵守东道国的有关法律规定。这样就便于引导投资方向，改善投资结构。同时，国际直接投资可以改善东道国的出口商品结构，增强其出口竞争能力。吸引外商投资后可重点发展产品出口企业和运用先进技术，提高出口产品的档次，推动制造业产品出口及其他先进行业产品出口的发展。

（二）国际直接投资的主要方式

国际直接投资的主要方式可分为：合资经营、合作经营和独资经营等，这是以投资者

① 刘舒年主编：《国际信贷》，318页，北京，对外经济贸易出版社，1986。

对外投资的参与方式的不同来划分的。

国际直接投资还可分为股权式投资与非股权式投资两种方式。股权式投资是指以一揽子资源（资金、技术、设备原料、专利）形式投资国外，经营企业，并对企业拥有经营所有权和控制权的投资。非股权式投资是指不以拥有股权进行控制为目的的投资方式。非股权式控制与以独资或以占多数股权的合资手段控制子公司经营是不同的，它是以自己的知识产权、技术、工艺、技术秘密、管理手段和销售术等优势，通过合作的方式控制子公司。非股权式控制在 20 世纪 70 年代，尤其 80 年代后发展很快，它是规避常规风险的方法，已成为国际经济合作的重要方式。

创建新企业与收购或兼并东道国现存企业是国际直接投资重要的两种方式。创办国外新企业可以是独资创立，也可以是合资建设，其资金可以是对国外新的资本输出，也可以是已有利润的再投资，甚至可能是从本地金融机构筹措的资金。收购或兼并企业是指投资者通过股票市场及资本市场购买国外企业的股份或是出资购买国外现存企业和倒闭企业的部分或全部资产。根据对外直接投资概念，凡是收购达到了对企业有经营控制权的程度即属于对外直接投资。投资者可根据本身的跨国经营战略和东道国的投资法律，来决定股权参与和收购经营控制权的程度。一般可分为三种情况：（1）购买企业的全部股份，从而取得经营控制权；（2）购买部分股份，取得经营决策权；（3）只购买少许股份，放弃购买经营控制权及决策权。另外，以利润进行再投资，也是一种常见的投资方式。

二、国际独资企业与国际合资企业

（一）国际独资企业

国际独资企业（international wholly-owned enterprise）是指完全由外商出资并独立经营的企业。独资企业的所有权、经营权都由外国投资者享有，并且也由该投资者独自承担责任与风险。国际独资企业的经营优势在于所有权与经营权独占，这是某些发达国家的跨国公司坚持在东道国设立自己的独资企业而不愿意与东道国共同投资建立合资企业的重要原因之一。

1. 国际独资企业的特点

国际独资经营企业具有以下特点：

（1）企业的投资与经营均由投资者自行确定，一方面它可以充分发挥外国投资者在资金运用上以及在采用先进技术、先进管理方法方面的主动性与积极性；另一方面又能避免合资经营过程中与其他投资者在经营、出资、利益风险分担方面引起的矛盾，提高经营管理效率。

（2）独资经营企业常常能引进比较先进的技术设备和管理方法，从而能生产出具有较强竞争力的产品。可以充分利用企业所在国丰富的资源、广阔的市场和廉价的劳动力，从而获得高于国际平均水平的利润。

（3）独资经营企业可以根据总体经营战略需要调整经营活动，独享企业机密和垄断优势，独享经营成果，在增加投资、汇出盈余、税收政策等方面均有较大的选择自由，从而取得最大的总体效益。

（4）对东道国来说，既吸引和利用了外资，自己又不必出资，不承担经营风险，而且增加了税收收入。对增加劳动就业机会和带动相关行业发展都有积极意义。

然而，设立独资企业也存在着一些不利因素或制约条件，如受到某些东道国政策和法律的严格限制。而且，独资企业也不容易消除东道国社会和文化环境的差异。独资企业都必须按照东道国的法律进行投资活动和生产经营活动，取得东道国的法人资格。虽然独资企业具有东道国的法人资格，但仍被作为经济上的异己力量对待，因而在经营范围和投资方向上受到更多的限制。第二次世界大战后，西方主要资本主义国家为实现资本转移自由化，允许外国投资者进入本国投资设厂，包括兴办各种类型的独资经营企业。一些发展中国家也允许兴办独资企业，许多国家和地区专设一些出口加工区、自由贸易区及经济特区，鼓励兴办独资经营企业。但也有一些发展中国家明令禁止外国投资者设立独资子公司，或要求逐渐转让股权。

2. 独资企业设立的条件

申请兴办独资经营企业，生产经营的方向首先要符合东道国的要求。设立独资公司的审批条件较严格，多数发展中国家要求它们投入高技术和设备，或者产品全部出口或大部分出口。因为独资企业不同于合资经营企业，东道国既没有资本参与，也不参与企业的经营管理，因而在产品经营、销售方向、工程营建等方面都被区别对待。

3. 独资企业的优惠待遇与监督

外国投资者在东道国境内投资后获得的利润和其他合法权益受东道国法律保护，并且独资企业的合法利润、其他合法收入可以汇往国外。独资企业依照东道国有关税收的规定纳税，并可以享受减税、免税的优惠待遇。东道国对独资企业的经营管理一般不予干涉，依法保障独资企业在经营管理上的充分自主权。但是东道国为维护国家主权与利益，要对独资企业实行法律、行政、税收等方面的监督。例如我国颁布的《外资企业法》规定：独资企业必须遵守中国的法律、法规，不得损害中国的社会公共利益；工商行政管理机关对独资企业的投资情况进行检查和监督；独资企业的分立、合并及其他重要事项的变更，都应当依法报国家有关主管机关批准，并向工商行政管理机关办理变更登记手续。独资企业一般因期限届满而终止。

（二）国际合资企业

国际合资企业（international joint-venture）是指两国或两国以上的投资者——企业和其他经济组织或个人，在平等互利的原则基础上共同商定各自的投资股份，或者通过签订合同规定权利义务举办共同投资、共同经营、共担风险、共负盈亏的独立企业。合资企业的一个突出特点是所有权分享，任何一个合资企业都至少涉及两个投资者，在所有权分享的基础上共同承担企业的管理责任。合资企业是当前国际直接投资中最普遍的投资方式。

投资各方除以资金作为投资股本外，亦可以以器材设备、生产原材料、场地使用权、厂房、基础设施、劳务、工业产权、技术等作为资本，并按投入资本的份额规定分取收益或分摊经营亏损。国际合资企业又可分为股权合资企业与契约合资企业。虽然两种形式的合资企业都是外国投资者与东道国投资者按所有权分享设立的企业，但它们在投资安排、组织形式、管理模式、分担风险、分享成果方面都有所不同。契约合资企业与股权合资企业的区别在于：它不用货币计算股权，因而不按股权比例分配收益，而是根据契约规定的投资方式和分配比率进行收益分配或承担风险。

1. 国际合资企业的特点

外国投资者与东道国投资者共同投资、共同管理、共负盈亏的合资企业成为国际投资中的普遍方式，它之所以盛行的原因主要有：从企业内部因素看，有的投资项目本身庞大，任何单一的投资者都不能或不愿单独承担全部项目风险，因而要寻求共同的风险承担者；某些项目要考虑国际销售问题；在研制开发、生产技术、销售网络等方面考虑要达到相当程度的经济规模，以联合国外力量增强竞争。共同投资经营减少了成本，提高了生产效率。从企业外部因素看，政府大力提倡和支持设立合资企业，采取各种政策和措施促进合资企业的发展。这些都是促成国际合资企业迅速发展的因素。

采用国际合资的方式进行直接投资具有较大灵活性，投资者可以根据自身的竞争优势以及市场条件等，采用不同的合资方式进行投资。选择的合资对象可以是东道国的当地私人企业，也可以是东道国的国有企业。在设立方式上，可以建立一个全新的合资企业，也可利用当地已有的企业，许多国际合资企业的设立都采用了后一种方式，在东道国原有企业的基础上改建、扩建，使之成为新的合资企业。在企业组织形式上，可以按股权方式组成有限责任的法人实体公司，也可以组成非法人式的契约合营公司。

国际合资企业的主要优势是利用共同投资与经营形成综合优势以克服外部限制条件。主要表现在：

(1) 与当地伙伴合作，易于获得当地原料和资源，打开当地销售渠道，并开拓国际市场，有利于业务的开展。

(2) 合营各方可以在资本、技术、经营能力等方面从生产到销售环节互相补充，取长补短，增强合资企业的竞争力。

(3) 能够扩大企业现有生产规模，迅速了解和满足国际市场需求，分散并减少国际投资中的风险，保持强盛的竞争力。

(4) 合资经营企业易于取得当地政府与公众的合作，适应当地政府法令和商业惯例，减少政治风险，克服差别待遇和法律障碍，并享有较为优惠的待遇。

(5) 对东道国来说，可以节省国家建设资金并减少经营的风险，有效地引进外国技术和设备，获取先进管理经验，并且可以利用外资企业原有的国际市场和销售渠道为扩大商品出口创造条件。

设立国际合资企业也有一些不利的因素。主要表现为投资各方在经营决策与目的、管理销售、生产等方面的目标不一定相同，易引起摩擦。如跨国公司对某些十分先进的技术不愿意引进或意图独自控制，这与东道国的引进先进技术和管理的意愿相违；对东道国来说，有时用外汇支付外国合伙者的股息、许可证费用或技术管理方面的费用等，其代价比贷款更大。而且，如果掌握不好，也可能会使外国投资者控制本国经济的权力越来越大。这些摩擦的解决要取决于双方的共同努力。

2. 国际股权合资企业

(1) 股权合资企业 (equity joint venture)。这是建立在股权分享原则之上的典型的国际合资企业，同时，也是国际上最为普遍的合资企业形式。股权合资企业是由投资各方以股权结合方式共同投资设立的企业，投资各方无论以何种形式出资，都需折成一定数量的股份。投资各方的权益以各自投入的股本为依据进行分配。投资者按股权比例参与经营、分享经营成果、分担经营风险。

股权合资经营企业一般采取公司形式，大致分为：1) 有限责任公司，即投资者对合资经营企业的债务所负的责任仅以自己的投资额为限，股东之间互相不负连带责任；2)

股份有限公司，即企业对自己的债务仅以自己的投资额承担责任，股东对企业的债务所承担的责任，仅以自己的股金为限，股东之间相互不负连带责任；3）股权份额有限公司，即投资不是分成股份而是按投资比例份额来表示股权的多少；4）股份两合公司，即由一部分负无限责任的股东和一部分负有限责任的股东共同组成的合资企业。

(2) 股权合资经营企业的投资方式与投资比例。合资经营企业的资本可以用现金、外汇，也可以用土地、厂房、机器设备，或者以专利、商标等工业产权以及技术资料、技术协作和专有技术等折价出资。在我国立法中，允许外国资本用以投资的方式是比较宽松优惠的。我国的《合资法》规定："合营企业各方以现金、实物、工业产权等进行投资。"国际上有的国家是不允许以技术投资的，如印度的外国投资法明确规定不允许技术资本化。哥伦比亚的法律也规定，不允许外国资本以技术投资。一些允许以技术投资的国家，在技术投资所占的比重上也是有限制的，如有的国家规定不许超过外国投资总额的20%。我国没有明文规定，但并不是毫无限制，而是根据每个具体情况区别对待。

投资比例是任何一个合资企业创立之前谈判的核心问题。一般来说，一方合资者在企业中投资比例越大，其对企业的控制权也就越大。因此，各国在投资法中对外国投资者在合资经营企业中的投资比例限额都有明文规定。对外国投资者在企业中的投资比例定得过高，东道国较易失去对合资企业的控制权，而且还会让收益外流；若是定得太低，又不利于吸收和利用外资。大多数国家引进外资发展经济的实践表明，对外国合营者的投资比例在50%较为适宜，既体现平等互利原则，又利于调动外国合营者的投资积极性。

(3) 股权合资企业的组织机构。目前，国际上股权合资企业以股份有限公司和有限责任公司形式组成的最多。其最高权力机构是股东大会，但执行股东大会权力的是董事会。董事会由一定数目的董事组成，其人数多少须由合资双方根据企业规模大小共同商定。

董事会的主要职责范围是对企业的重大问题进行决策：任免高级管理人员，对企业的发展规划、生产经营活动方案、收支预算决算等作出最高决策。合资企业章程修改、企业中止、解散、转让等都由董事会决定。董事会由若干名董事组成，定期召开会议，企业实行董事会领导下的总经理负责制。各国根据各自情况具体安排会有些差异，按照我国法律规定，也实行董事会领导下的总经理负责制。合资企业职工有权按照《中国工会法》建立企业基层工会组织，开展工会活动，工会有权代表职工同企业签订劳动合同并监督合同的执行。

3. 国际契约合资企业

(1) 契约合资企业（contractual joint venture）。契约合资企业是指由两个或两个以上不同国籍的投资者，根据东道国（一般东道国至少有一投资方）的政策法令组建起来的、以合同为基础的经济联合体，在生产、销售、服务、资源开发、工程建设或科学研究等领域进行广泛合作。契约合资企业与股权合资企业的区别在于：前者并不是严格用各自投入的资本多寡来决定合作各方的权利义务，而后者是以货币计算各方投资的股权与比例，并按股权比例分担盈亏；前者不一定要建立具有法人地位的合营实体，可以以各自的法人身份合作，后者则一定要建立具有法人地位的合营实体。

在我国，合资经营企业一般指的是股权合资企业。契约合资企业则被称为合作经营企业或合作经营项目。契约合资企业中投资各方是根据经营的需要在契约中规定投资各方投入资本的具体形式和数量，根据合营目的和条件，在契约中规定投资各方产品分成、收入分成或利润分成的比例，同时在契约中具体规定投资各方应担的风险和责任。合资各方的共同经营活动都以共同签订的契约为唯一依据。契约合资企业是更为灵活的投资方式，适用于某些规模较小、周期较短的生产项目和开发项目。

(2) 国际契约合资企业的投资方式与盈亏分配方式。国际上举办契约合资企业的投资方式都比较灵活。外方投资者须以现金作为主要投资资本；其次以设备、工业产权、专有技术和技术“诀窍”以至生产原材料等折价作为投资资本。而东道国的投资者原则上不投或少投外汇现金，主要提供场地使用权、厂房、资源、公用设施以及部分设备和劳务等，以此折价作为投资。

关于利润分配比例，可由合作各方商定并在合同中规定，无须按股权比例分配。利润分配可以采取利润分成、产品分成或其他分配方式，由参与合作经营各方商定。合作期满后，外方合作者彻底退出企业，使企业的全部资产及其所有权转归为东道国合作者一方所持有，则利润分配实际上是规定在整个企业合作经营期间如何清偿外方合作者的全部投入项目价值以及可能获得的利润，它具有偿付投资项目价值的性质。而债务与亏损的分担，实行有限责任制。契约合资企业对债权人的责任，以企业本身的资本为限，合作各方对企业的责任，以自己的出资为限，对外不负连带责任。

(3) 国际契约合资企业的组织形式。契约合资企业的组织形式一般可分为“法人式”的与“非法人式”的合资企业两种。

“法人式”合资企业是指合资各方在东道国境内设立具有独立的财产权、在法律上有起诉权和被诉权的合作经营实体，订立企业章程，建立独立的公司组织，并成立作为企业最高权力机构的董事会。合资各方对企业承担的债务责任，以它的全部财产为限。而“非法人式”合资企业的合资各方在东道国境内不设立具有法人资格的合作经营经济实体。没有独立的财产所有权（仅有管理权、使用权）。合作各方仍以各自的身份在法律上承担责任，企业的债权债务，由合资各方按契约规定比例承担责任。企业的经营管理，一般采取联合管理的领导体制，各方派代表组成联合管理委员会，作为最高决策机构。合资各方都把其参加合作项目的财产交给联合管理机构管理使用，而同时它们仍可分别对这些财产具有所有权。委员会及其职能机构的人员名额分配是对等的，不按股权比例分配，投资各方对企业管理具有相等的决定权。除成立联合管理机构外，企业也可委托合作方中的一方或聘请无关的第三方负责管理。企业对外承担的债务，一般以其全部出资为限，实行有限责任制。

三、国际直接投资的决定因素

影响国际直接投资流量和流向的因素是多种多样的，一般来说，可以归纳为以下两类，即跨国公司内部因素和东道国环境因素。

(一) 跨国公司内部因素

跨国公司作为国际直接投资的主体，在战后得到迅速发展，它的优势主要体现在：所有权优势与内部化优势。根据这两大优势，跨国公司采取不同的对外投资策略。

1. 所有权优势（ownership advantages）

跨国公司凭借高水平的研究与开发活动，在开掘新观念、新设想的商业价值方面独占鳌头，而技术的领先又使其在国际市场上占有竞争优势。主要以研究、开发密集度来衡量的技术性资产的拥有程度越高，竞争力越强，对外直接投资的规模就越大；另一竞争优势是高水平的管理技能，有效的管理使研究开发出来的技术与其他方面的优势得以在公司内部广泛传播和重新组合，拥有这种能力也是对外直接投资的重要原因之一。

跨国公司其他的所有权优势还包括：(1) 营销技能、名牌及其产品差异性，以及帮助跨国企业通过在国外生产而获利的能力。(2) 跨国经营的经验积累使既有的生产效率获得某种可转移性，从而可运用于其他新的生产场所，这有助于跨国企业在国外生产中连连得手。(3) 跨国公司自身的规模及其市场权力的加强，使其更有可能拥有有形资产和无形资产，筹资能力也更强，从而容易在东道国市场上享有竞争优势，成为决定海外投资的重要因素。但也应当看到跨国公司巨大的规模和高度的垄断也可能导致低效率。所以，如何充分利用自己的所有权优势并克服自身缺点，成为跨国公司对外直接投资的首要考虑因素。

2. 内部化优势 (internalization advantages)

随着国际直接投资发展持续地领先于世界生产和国际贸易发展，跨国公司内部市场进行的国际生产与交易的比例不断扩大。正是由于公司内投资带动了公司内贸易，在不少西方国家的对外贸易中，公司内贸易已跃居主导地位。跨国公司热衷于建立内部市场的原因有：(1) 有助于控制垂直一体化和全球性生产；(2) 为提高生产过程的效率和提高资本收益率提供更大的机会。跨国公司为了发挥内部化优势而得到这些好处，避免外部市场的不完整性，以实现总体利益最大化，把内部化优势也作为对外直接投资的重要考虑因素，因为内部化生产与交易只有在与某些企业特定优势结合的情况下才最有效率。

跨国公司自身的特定优势（所有权优势与内部化优势）是决定对外直接投资规模和水平的首要因素。东道国无法直接影响这种企业特定因素，但在吸引外资时一定要考虑跨国公司在这些因素上的特点，并针对其来制定自己的引资策略。

（二）东道国环境因素

单凭跨国公司本身具有的优势尚不足以使它在任何地方都从事直接投资，投资还须取决于东道国的环境及其与企业特定优势相结合的状况。东道国的环境因素主要分为以下三个方面。

1. 政治及社会文化因素

(1) 东道国的政治局势是否稳定，投资环境有无突变可能，政府能否保持当前政策的连续性，是对外直接投资的首要考虑条件。

(2) 各国制定的有关投资的法律或条例，当地管理机构的办事效率，东道国是否有健全的法律制度，外国投资法是否完善等是影响国际直接投资的重要因素。而且投资者都要与东道国的行政部门打交道，管理机构的办事效率就成为外国投资者借以衡量东道国外资政策有效性的一个重要尺度。为此，许多发展中国家简化了投资审批的手续以降低东道国和跨国公司双方的费用，减少潜在投资者的不确定性。

(3) 各国外资优惠以及干预政策的制定和实施。放宽对外资企业的各种限制，对吸引跨国公司前来投资无疑是有魅力的。而一般投资接受国为了使外国投资有利于本国经济的发展，都采取必要的政策及干预措施对外资企业的活动进行监督与管理。如建立外资管理机构，限定外资入境条件，定期对外资企业的利润财务状况进行审查等。若一国的干预措施太多，则会影响国际直接投资的流入。

影响国际直接投资的社会文化因素包括：一国的文化传统、民族风俗习惯、社会文明程度、对外国人的礼遇、居民消费习惯等等。

2. 经济因素

经济因素是投资者直接投资的主要决定因素，它包括东道国的市场条件、劳动力素质、供给成本及基础设施状况等等。主要有以下几方面：

(1) 东道国市场规模和经济增长前景。跨国公司总是倾向于在市场广阔的地区从事投资，因为在大市场进行销售容易收回投资，而且市场的长期规模是投资者的重要考虑因素，他们往往愿意把资金投到经济发展快并且保持其增长势头的国家。

(2) 资本收益率。成本越低，收益越高，则企业越倾向于投资。劳动力的相对成本差异、生产产品离最终市场远近、自然资源差异、基础设施及配套产业的差异、关税及其他贸易壁垒、运输成本、汇率差异等等，造成收益率的不同，影响了对外直接投资流向。当前，生产技术的改进和生产组织的完善已经使原料来源及半熟练劳工供给的重要性大大降低，这就严重削弱了发展中国家的优势。跨国公司将投资更多地投向发达国家或新兴工业化国家（地区），因为为便于发挥竞争优势，越来越强调把生产配置于靠近主要市场的地方。所以发展中国家光靠创造一个政策环境来吸引外资是不够的，更重要的措施是促进熟练劳动力（包括管理和技术人员）的增加和扩大国内市场。

(3) 金融市场条件，即货币市场和资本市场是否健全、资金调节机制是否发达等。

3. 风险因素

风险大小，也是决定企业对外投资规模流向的重要因素。各国和地区的投资环境不是一成不变的，市场情况随时都会变化。有变动的环境就会有各种风险。投资者在决定对外直接投资之前都要考虑各种将要遇到的风险及其大小。国际直接投资风险可分为因对投资、金融市场的预测、决策失误造成的经济风险及因政治、政策变动造成的非经济风险两类。降低风险程度的投资原则是“投资多元化”。

第二节 国际间接投资

国际间接投资是与国际直接投资相对应的一种形式，主要指用于购买外国公司的股票和其他证券的投资以及中长期信贷。与直接投资相区别，国际间接投资一般对于投资标的并不具有实质性的所有权，也不拥有经营权。它是以取得利息或股息为目的，以被投资国的证券为对象的投资，是通过金融市场或证券市场的投资。国际信贷将在下一章论述，本节偏重于对证券投资的阐述。

一、国际间接投资的形式、结构、特点

国际间接投资在自由资本主义时期就已出现。20 世纪 70 年代中期，西方发达国家普遍发生的经济危机和随后的经济结构大规模调整，使国际投资格局发生了重大变化。在国际资本流动总额中，间接资本的比重及其收入比重明显上升，成为西方发达国家获取利润的主要途径之一。

(一) 国际间接投资的形式与结构

国际间接投资的形式主要有两种，国际信贷与证券投资。证券投资又可细分为政府债券、公司债券、其他债券及公司股票。

20 世纪 80 年代以来，国际间接投资的一个重要趋势是证券投资的作用日益提高，国

际信贷的地位相对下降，这就是世界经济中的资本流动证券化，表明债券化融资在国际金融市场融资中已居主导地位。今天，国际间接投资中很大部分是通过各大国际金融中心购入和售出上市的外国债券和股票来进行的，买者和卖者中有政府、金融机构、厂商甚至国际组织和个人。卖出者的目的是为了筹资，购入者则为了谋利。

证券可分为债券与股票两大类。债券是一种对外借款并承诺在一定期限内还本付息的借款凭证，它的购买者与发行者是一种纯粹的债权债务关系，债券到期并还本付息后，这种债权债务关系便被解除。股票是投资者（股东）借以取得股息收入的有价证券，它可以交易或作为抵押品，多是在证券交易所进行的。股票一般分为优先股和普通股，前者获得股息是按照固定股息支付的，但却无权参与股东大会的投票或其投票要受多方限制；普通股的股息是浮动的，要在支付了债券利息、优先股股息之后才可根据公司经营状况分红，但在股东大会上却具有投票权和被选举权。而多数股东因持有股票数额有限，无法左右局势，因而只是名义上的所有者，只能领取股息或获得买卖股票的价差收入，并不能参与实际经营管理和决策，故他们的投资也只能算作间接投资而非直接投资。

（二）国际间接投资的特点

与国际直接投资相比，国际间接投资有以下特点。

第一，流动性大，风险性小。国际直接投资一般都要参与一国企业的经营，利润的回收要视投资周期长短而定。一般投资周期都在 10 年以上，资金一旦投入某一特定项目，再抽出投资比较困难，其流动性小，风险性大。而国际间接投资中除国际开发援助贷款和政府贷款的偿还期限较长外，其他间接投资形式回收周期短，流动性强，风险性较小。证券投资更是如此，由于国际证券市场的日益现代化，证券流通更为方便，大大增强了国际证券投资的流动性，减少了投资者的风险。

第二，自发性和频繁性。国际间接投资在相当程度上表现为自发性，如国家间的利率差别引起国际间接投资自发地从低利率国家向高利率国家流动；企图利用汇率的变动及其差价，进行套利套汇投机活动的投资自发性流动；通过预测有价证券变动，进行证券交易以取得投机性利润的自发性投资等。而且，国际间接投资容易受世界经济或一国政治局势变化的影响，经常在国家间频繁移动，以追逐最大利益或寻找安全场所。随着国际资本市场的逐步完善与发达，国际间接投资的规模越来越大，流速越来越快。

证券资本虽不是真实资本，但持有证券可获得一定收益，又可转让给他人而收回本金。证券的这种运动性和增值性，使它具有了资本的特征。证券是一种特殊的资本。证券资本具有以下特征：

(1) 收益性。投资者进行证券投资的目的在于获取收益，一种是固定收益，即不随发行者经营成果的优劣而变动的固定收益，如债券利息。另一种是变动收益，即完全取决于发行单位经营成果如何，利大多分，利小少分，如普通股股息。

(2) 风险性。投资者可能因证券行市的跌落而亏损，也可能因公司经营状况不佳遭受股票收益的亏损，一般来说证券所负的风险与收益成正比。

(3) 兑现性。指证券所有者能自由地将所持证券在市场上进行转让、流通，收回本金。

(4) 波动性。证券除有市场价格外，还有券面价格，证券的市场价格与券面价格往往不一致，它在证券市场受诸多因素影响上下波动。

二、影响国际间接投资的因素

国际间接投资的流量及流向受诸多因素的影响，除政治因素外，主要还取决于以下因素。

(1) 利率是决定国际间接投资流向的主要因素。在国际间接投资的资本来源中，有很大一部分是食利资本，而它们的流向取决于各国利率的差别。一般说来，资本从利率低的国家流向利率高的国家，在利率水平上实现相对的均衡。国家垄断资本主义时期，市场的自发调节作用受到国家调节的制约。一些国家政府为了使资本流向朝着有利于本国经济发展的方向变化，往往采取高利率政策和其他措施，限制资本外流或鼓励资金流入。如瑞士为了限制外资的大量流入，曾经对外币存款采取不付或倒收利息的做法。利率的种类有短期利率和长期利率、名义利率和实际利率之分，对国际间接投资影响较大的是长期利率和实际利率。

(2) 汇率的变化对国际间接投资的影响较大。汇率是一国货币与另一国货币交换的比率。汇率主要决定于外汇的供求，它是一国国际收支状况的反映。汇率变化会直接影响资本的流入与流出。如果一国的国际收支出现顺差，对外债权就会相对增加，由于外汇供过于求，汇率上升，外国为偿付该国的债务，必然会增加对该国的货币需求。在这种情况下，如果其他条件相同，则将促使该国资本流出。反之，若一国的国际收支长期持续逆差，该国的经济实力就会相对下降，对外债务相对增加，使外汇供应短缺，汇率下跌，为偿付对外债务则会增加对外汇的需求，这将促使外国资本流入。汇率的稳定与否也会引起国际间接投资流向的变化，投资者会将资金由汇率低、风险大的国家转向汇率较高且长期稳定的国家。

因此，许多国家都制定汇率政策来限制或鼓励资本的流入与流出。当一国国际收支恶化时，政府可以实行外汇管制，限制外汇收支，对调往国外的资本不予兑换外汇，以防止资本外逃。同时，国家也可以实行外汇管制来维护本国货币汇率的稳定，以达到鼓励外国资本流入的目的。

(3) 风险性也是影响国际间接投资的一个因素。在同样收益情况下，投资者当然愿意持有风险较小的资产。随着第二次世界大战后国际间接投资的发展，投资规模越来越大，对投资风险的估计和预测也越来越重要。目前，国际金融组织机构和美国一些跨国银行的对外投资，都有各自的预测方法，尤其对于发展中国家的贷款，采用一系列指标来衡量其债务信用。20 世纪 80 年代以来，发达国家对发展中国家投资增长速度明显下降的一个重要原因，就是发展中国家债务负担过重，投资环境恶化，投资风险增大。

(4) 各国的偿债能力差异是使国际间接投资变动的重要原因之一。国际间接投资在世界各国之间的流动要考虑到投资的回收问题，因此偿债能力就成为吸引国际间接投资的基本条件。一般来说，偿债能力与吸收国际间接投资的数量成正比，发达国家经济实力雄厚，具有较多外汇储备，偿债能力强，因而能吸收大量的国际资本。发展中国家的间接投资也多集中在那些新兴工业国家和地区，因为这些国家和地区较其他发展中国家来说，经济发展较快，有较强的出口创汇能力。近年来，国际债务危机愈演愈烈，发展中国家的债务负担越来越重，偿债能力普遍下降，严重影响其国际间接投资的流入。

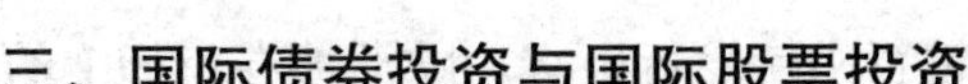

三、国际债券投资与国际股票投资

国际证券投资由国际债券投资与国际股票投资两部分构成。

国际股票是指世界各大企业公司在国外发行和参加市场交易的股票。这些股票的发行者大都是在世界各地开设有分支机构或子公司的、业务规模巨大的国际托拉斯和跨国公司。国际债券是指一国政府或政府机构、金融机构、工商企业或国际金融组织为筹集资金在国际债券市场上发行的债券。国际债券的发行和交易是在严格的管理制度下进行的，要有专门机构进行资信评级。国际债券与国际股票一样，是一种有价证券，持有它，就获得了定期索取一定收益的权利。但它与股票又有区别，债券持有人在法律上没有管理或委托他人管理企业的权力，没有议决权，持有人与发行人的关系是一种债权债务关系，债务本息一经清偿，双方关系即告结束。一些投资者喜欢投资于债券，因为它虽然不像股票那样可获大利，但它风险小，收入稳定。一旦公司因经营不善而破产，投资者有权最先索还本息，这是债券与股票的一个重要区别所在。

(一) 国际债券投资

1. 国际债券的种类

国际债券市场发行的债券种类繁多，主要有以下几种：

(1) 按发行者分为政府债券和公司债券。政府债券又可分为中央政府债券与地方政府债券。中央政府发行债券的目的主要是弥补财政赤字，包括 1 年以内的国库券，1 年至 5 年的中期债券和 5 年以上的长期公债。

公司债券一般有四种形式：无抵押公司债券，以订立契约建立债权债务关系；抵押公司债券，债务人以厂房机器等有形资产作抵押发行的债券；证券抵押公司债券；有保证公司债券，即债务人获得金融机构或其他公司担保发行的债券。

(2) 按利率分为固定利率债券和浮动利率债券。

(3) 按期限分为短期、中期和长期债券。

(4) 按是否记名分为记名债券和无记名债券。记名债券发行时登记购买人的姓名，债券上的记名人为债券的合法持有人，转让买卖时需签署过户书并在债券上背书，而不记名债券则不需任何登记，买卖十分方便。

(5) 附息票债券和零息票债券。附息票债券附有计息的息票，持有人定期剪票取息，息票剪完后，债券到期，归还本金。零息票债券是 20 世纪 80 年代后欧洲债券市场上的创新，这种债券无票面利率，出售时折价发行，到期一次还本，其收益不是利息而是因折价产生的债券增值。

(6) 按照发行地不同，可以分为外国债券、欧洲债券和全球债券。

外国债券指的是甲国发行人在乙国某地发行以乙国货币为面值的债券。外国债券涉及两个国家，一是发行人所属的国家；二是发行地国家。发行人所属国家范围很广，既包括各个国家也包括一些国际金融机构如世界银行等。而发行地所在国家范围较窄，因为要使债券能顺利发行必须符合一些条件，主要有：政局稳定；市场资金充足；有比较活跃的证券市场；货币信誉比较高；此外还有外汇管理制度、金融政策的完善等。所以这些国家就被限制在较窄的范围，最主要的有：美国、德国、瑞士和日本。

欧洲债券是指在两个或更多的外国债券市场上，以“欧洲货币”为面值发行的债券。所谓欧洲货币，是指在货币发行国以外借贷的货币。欧洲债券的发行者，面值货币和发行地点常常分属不同的国家，而且要由大的跨国银行主持发行事宜。欧洲债券市场上的主要借款人是西方工业国家的工商企业、外国公司等。债券面值计值货币以汇率、利率稳定的最为常用，多以欧洲美元和德国马克计值。

欧洲债券是随着欧洲货币市场的形成而出现的，由于这种本国货币存在于国外的现象最早产生于第二次世界大战后的欧洲，所以统称为“欧洲货币”。第一笔欧洲债券是 1961 年 2 月 1 日在卢森堡发行的。

全球债券是指在全世界的主要国际金融市场（主要是美、日、欧）上同时发行，并在全球多个证交所上市，进行 24 小时交易的债券。全球债券是由国际复兴开发银行于 1989 年首先发起的。进入 20 世纪 90 年代以后，全球债券的发行逐渐增加。1993 年以来，全球债券的发行人、发行规模、发行货币和期限等方面都出现了多样化趋势，使全球债券市场趋于活跃。

2. 国际债券的发行与利用

(1) 不同的国际债券的发行办法是不同的：1) 外国债券的发行因国而异，主要是申请注册和选择承购集团。为了申请批准和注册，发行人应向发行地国家的有关当局提供自己的经营历史、业务范围、经济实力、资信情况等详细资料，批准注册后，才能取得发行债券的资格。为了发行债券，发行人还要选择承购集团，这要考虑它的信誉、经济实力、推销能力等等，达成协议后由承购集团负责销售及有关事宜。2) 欧洲债券的发行比较自由、灵活。它不需要批准手续，也不受发行地国家的法律约束和金融部门的管理。但在发行时要声明，以后若发生纠纷应该按哪国法律仲裁。

(2) 国际债券的评级与上市。在国际债券市场公开发行的债券，一般来说，要求通过国际权威证券评级机构评定等级。评定等级实际上是对债券发行人有无按期还本付息能力的评估，以便让债券购买者权衡该项投资的收益和风险。对于发行者来说，只有经过评级的债券才易于被公众接受。目前国际上较为权威的证券评级机构的评级标准主要是根据债券发行者近几年的财政收支、生产状况、进出口业务活动、盈利情况以及发展前景分级评分，然后汇总分成三等九级。债券级别越高，发行就越成功。取得 A 级以上才有资格进入欧洲债券市场。

债券发行者除了取得发行资格外，还要确立发行金额、债券利率、债券期限和发行价格等方面的发行目标，公开在证券交易所发行出售即债券上市。并非所有的外国债券都能上市，只有信誉较高的外国债券才能上市，而债券上市能进一步提高发行者声誉，有利于债券发行。

(3) 发行国际债券的优点。自 20 世纪 60 年代以来，许多国家和国际金融机构都采用了发行债券筹集资金的办法。它具有以下几个优点：1) 资金来源广泛，债权人分散。发行者可根据自己的需要发行不同币种、面值的债券，不会受到任何形式的干扰。在贷款形式中，由于债权人较集中，他们十分关心贷款的安全，常对借款者活动进行不同程度的干预，也常伴有一些附加条件。2) 债券偿还办法灵活，发行者处于主动地位。发行者在债券到期前，如欲偿还贷款，可到二级市场购回；如欲延期偿还，可在债券未到期前再发行新债券来更替。3) 还款期限较长，利率较稳定。4) 发行国际债券可提高发行者的国际声誉，又可取得在较优惠的条件上连续发行的机会。

(4) 国际债券的利用。为了有效地利用国际债券这一筹资手段，应注意以下几点：1)

合理确定发行规模。要根据筹资状况、偿还能力等其他经济因素，综合平衡后，确定发行国际债券的数量。2）合理确定外债的还本期限和发行时间。根据国际债券市场的形势及自身的需要，确定外债还本期限。发行外债的时机也应把握好，尽量做到资金筹集到之后立即投入使用，不要闲置较长时间。3）要做好可行性研究，分析所建项目的经济效益、创汇能力，确保能按时还本付息，以便在国际债券市场上保持良好信誉。

（二）国际股票投资

国际股票是指股票的发行和交易过程不是只发生在一国内，而通常是跨国进行的，即股票的发行者和交易者、发行地和交易地、发行币种和发行者所属本币等有至少一种和其他的不属于同一国度内。这个概念揭示了国际股票的本质特征，即它的整个融资过程的跨国性。

股票是股份公司发给认股人的一项证明。它授予股票持有人以股东身份，并在公司的一切利润和财产分配上按股份比例享有权利，股东以其股金数额为限对公司负有限责任。在国际股票投资中，投资者虽然购买了别国企业的股票，拥有了一定的股权从而可以参与所投资企业的管理，但其购买的股票要达到足以对企业拥有经营控制权时，才能算作国际直接投资。至于拥有多大比重的股权才算直接投资，各国规定不同。如在美国，凡拥有外国企业股权10%以上者，则属直接投资，不足10%者，则属国际证券投资中的股票投资。股票投资与债券投资又有很大不同，股票所有者拥有该公司的股权，公司经营状况与其利益息息相关，因此，股东对公司经营管理情况是非常关心的，通过各种形式的监督参与公司经营管理。而债券购买者和发行者之间是一种借贷关系，债券投资者关心的是按期收取本息，至于公司经营好坏、盈利多少与他的利益没有直接关系，他无需也无权过问。

股票一般在社会上（主要通过证券交易所或委托银行）公开出售，并且在证券市场上自由买卖。

1. 国际股票及其种类

股票是国际上企业筹资的重要途径。国际股票发行的种类多、范围广，除一些传统的股票类型外，近年来还出现许多新品种。

国际股票市场上传统的股票类型一般分为普通股和优先股。普通股拥有如下权利：盈余分配权、资产分配权、优先认股权、股份转让权、议决权以及对董事的诉讼权等。优先股是一种与债券相似的股票，它在分配股息方面，要优先于普通股，但不能参与分红。优先股可分为累积优先股和非累积优先股，前者的股利可以累积，即若公司当年因无盈利等原因而不能支付或付足股利时可结转下年再给，其他股票只有其股利完全付清之后才可得息。而非累积优先股的股利若当年不能支付或未能付足，以后不再补给。

近些年，在国际股票市场上出现的新形式股票有：

（1）在境外发行并以当地货币为面值上市交易的股票。这类股票可能在发行地上市，如我国大陆地区企业在香港发行上市交易的H股，在新加坡发行的S股，在纽约发行上市的N股；也可能在本国上市流通，如中国的B股，主要为满足中国境内的国际投资者以外币交易的需要。主要的国际股票交易所包括日本东京证券交易所、美国纽约证券交易所、纳斯达克证券交易所及英国伦敦证券交易所。

（2）存托凭证（depositary receipts，DR）是一种新型金融衍生工具，指在一国证券市场流通的代表外国公司有价证券的可转让凭证。1927年，J. P. 摩根发明了存托凭证，其目的是规避当时英国法律不许本国企业在海外登记上市的规定，以方便美国投资者投资和交易英国零售商 Selffidge 公司的股票。目前存托凭证主要以美国存托凭证（ADR）形式存在。

(3) 欧洲股权与欧洲债券定义类似，是指在股票面值货币所在国以外的国家发行上市交易的股票，而不具地理意义。是 20 世纪 80 年代产生于欧洲的特殊的国际股票形式，最早的欧洲股权是英国于 1983 年在伦敦证券交易所发行的欧洲美元股权。

2. 股票价格与影响股价的因素

人们进行股票投资是为了获取预期收益，股票买卖的差价从而引起收益的不同是影响国际股票投资的重要原因之一；而对长期投资者而言，他们的预期收益是股息，股票价值是将来一系列股息的现在价值，股票价值是股票价格的主要决定因素（其他如投机也是影响股价的因素）。

股票代表资本供求关系中产生的权利。这种权利包括三方面内容：(1) 股息分配权；(2) 参与股东大会的决议权；(3) 分配企业剩余财产权。股票持有者拥有这三个权利，但在现实生活中，企业的经营权实际上为大股东所有，一般股东很少过问，而分配剩余财产权只是在企业解散时才能获得。所以一般股东享受的权利只是股息分配权，股票的买卖与转让实际上也是这种股息分配权的买卖与转让。

股票价格指的是买卖股票的市场价格，它与股票的票面价格往往很不一致，票面价格一般只是一个人为假设数字，没有重大实际意义。影响股票价格的因素有很多，可分为两类：

(1) 基本因素。1) 经济因素，这包括主观因素与客观因素。主观因素指的是公司经营状况，公司净值、营业额、盈利和股利的增加是优秀企业的标志，直接影响股价的上升；客观因素指外部经济环境的变化，包括经济周期、物价波动、利率变化、汇率变化、税制、信用的扩张和紧缩等。2) 政治性因素，这主要指国际国内的政治形势。战争因素、政权更替和社会安定程度都会影响股价的升降。3) 心理因素。4) 人为操纵因素。

(2) 影响股价的技术因素。这主要指市场的投机活动，投机人利用股价上升与下降的时机与差价赚取利润，这会引起股价变动，不过这种因素在目前国际股票市场影响股价的作用已很小。

股票价格指标是衡量证券市场上股票价格变动的分析工具，主要包括股价平均数、股价指数、投资获利率、本益比等。一般用股价指数来分析股票市场变化趋势，这种方法本质上是描述上市的部分或全部股票的股价在某一时刻的某种平均值。世界上最著名的三种股票价格指数是：道琼斯股票价格指数；标准普尔股价指数；香港恒生指数。

四、国际证券市场及证券投资发展趋势

证券市场是股票、债券等有价证券发行和流通的市场。一般分为一级证券市场和二级证券市场。一级证券市场又称初级证券市场或证券发行市场，主要由证券发行者、证券应募人和证券承销商三者组成；二级证券市场又称次级证券市场或证券流通市场，包括证券交易所和场外交易市场。证券交易所是二级市场的核心，具有健全的组织和固定场所，由从事证券买卖的会员、证券经纪商和自营商共同进行交易。场外交易市场是指在证券交易所外从事证券交易的市场。

20 世纪 80 年代以来，国际资本市场出现证券化趋势，即银行贷款逐渐被各种债券

（固定利率的普通债券、浮动利率债券、以证券形式出现并可在市场上随时转让的存款等）所取代。这是与 80 年代以来发展中国家严重的债务危机不断加深从而导致发展中国家资信度严重遭损密切相关的。西方发达国家金融与资本市场的进一步开放、放松对证券投资的管制、债券等投资方式的风险小、投资便利等原因也造成了这一趋势的出现。证券投资将在今后的国际投资领域中发挥越来越重要的作用。

1. 国际股票市场（international stock market）

股票是企业筹资的重要手段，是企业资本的基础。股票价格高低是企业经营状况的晴雨表。进行股票交易的场所就是股票交易市场。股票市场与债券市场有一定的区别，较突出的是，股票市场是一种有固定场所、有组织、有规章制度、相对集中的市场，它的核心机构是证券交易所。事实上，股票市场除了股票交易外，大多也经营债券、金融期货与期权，因此交易面和范围比较广泛。在股票交易所进行的股票交易称为场内交易，但由于能够在证券交易所上市的公司是少数，大多数公司尚不具备条件或不愿上市，因此股票市场还包括场外交易市场，即投资者之间不经交易所，而是通过电话等方式进行股票交易。现在，全世界有 60 多个国家设有证券交易所，其中最重要的是伦敦证券交易所和纽约证券交易所。此外，比较著名的有：东京证券交易所、多伦多证券交易所、巴黎证券交易所、法兰克福证券交易所、苏黎世证券交易所等。中国香港和新加坡的证券交易所也占有重要地位。

随着世界经济一体化的发展，特别是在国际金融交易量的增长大幅度超过国际商品、劳务量增长的情况下，证券市场已成为国际资本流动的重要渠道之一，同时推动了国际证券市场的发展和竞争，从而又促进了证券市场的开放、变革和创新。一个法律健全、管理完善的股票市场，在现代商品经济中已成为促进经济发展的动力。它首先具有组织社会资金再分配的作用，一方面将社会公众的储蓄和闲散资金组织和集中起来；另一方面为那些经营管理良好、有发展前途的企业公司筹集急需的开发资金。而且，股票市场还具有有效的调节作用，对勇于创新、经营效益高的企业给予支持，同时也监督和惩罚那些管理混乱、懒散松垮的公司。股票市场同时是一国经济的“晴雨表”，因为一国经济的稳定增长是股票市场发展的基础，一国经济能否保持稳定发展直接关系到股票市场的运行。反过来，股票市场的机制作用的发挥直接影响本国经济乃至世界经济的稳定和发展。随着当今各国生产、资本国际化的进一步开展，金融交易内容日益丰富、国际股票市场开放、创新、竞争从各个方面促进着世界经济的发展。

2. 国际债券市场（international bond market）

债券的发行是为了获得中长期资金的使用，发行者有中央政府、地方当局、银行、非银行金融机构、工商企业、国际经济组织等。发行债券筹集的资金同属中长期资金，可以在较长期限内运用，故多用于长期发展基金或用于对国民经济有重要作用的基础设施建设。目前，世界筹资方式已从以信贷为主转向以债券筹资为主。债券的购入方，即提供中长期资金的一方，大多为投资信托公司、人寿保险公司、各种基金等，这些机构进行投资，目的是为了获取收益，同时避免冒较大的风险，因此选择债务这一中长期投资方式。

与国际债券主要分为外国债券和欧洲债券相对应，国际债券市场可分为外国债券市场和欧洲债券市场。外国债券市场主要在美国、日本、德国、瑞士等，其中美、日两国所占比重较大；当欧洲货币市场形成后，欧洲债券市场的影响与规模大增。在欧洲债券市场上发行债券的国家比较多，不仅有发达国家，也有发展中国家和社会主义国家。

3. 证券投资发展的新趋势

当前，国际证券及其市场发展呈现以下几种趋势。

(1) 证券投资规模不断扩大。

20世纪90年代后期国际间接投资流量规模不断扩大，1990—1994年平均每年为6 700亿美元，目前每年超过2万亿美元。国际间接投资的存量也不断膨胀，目前国际银行跨银行债权超过11万亿美元。国际证券仍然是国际资本流动的主要形式，包括国际债券、国际股票等在内的全球证券投资额2000年累计达到62 778亿美元。

(2) 增速超过直接投资。

随着信息技术及金融全球化的发展，国际证券市场融资规模迅速扩大，且增速超过国际直接投资。目前国际证券市场占国际资本市场份额的70%，证券投资已成为国际投资的主要方式之一。2000年以来国际债券市场的发展较迅速，长短期债券发行急剧增长。

(3) 发达国家仍是证券投资的主体，但是发展中国家的比重逐渐增加。

据统计，90%左右的国际间接投资来自发达国家，仅国际贷款就有95%以上是发达国家提供的。从国际资本的流向来看，80%以上的国际间接投资均流向发达国家，美国、欧盟是吸引外资最多的发达国家和地区。进入21世纪之后，随着金砖四国等新兴国家的崛起，发展中国家的参与程度大幅提高。

第三节 跨国公司

跨国公司（multi-national corporation）是随迅速增长的资本输出而得到长足发展的。资本输出的增长意味着资本国际化进程的加速和国际生产的发展，跨国公司作为跨国投资的主体和跨国运作组织者必然得到发展。根据联合国跨国中心的资料，截至20世纪末，西方发达国家的对外直接投资中，90%是跨国公司所为，世界最大的50家跨国公司对外直接投资约占世界对外直接投资的50%，这足以说明跨国公司是世界直接投资的最主要供给者。跨国公司对外直接投资的扩展，加强了资本的国际流动，大大加强了各国间生产领域的相互依赖和相互渗透，从而对整个世界经济的发展产生了广泛而深刻的影响。

一、跨国公司的形成与发展

(一) 跨国公司的定义

对跨国公司的定义，理解各不相同。1983年联合国跨国公司中心发表的《世界发展中的跨国公司》报告认为，跨国公司的定义应指这样一种企业：(1) 包括设在两个或两个以上国家的实体，不管这些实体的法律形式和领域如何；(2) 在一个决策体系内进行经营，能通过一个或几个决策中心采取一致对策和共同战略；(3) 各实体通过股权或其他方式形成的联系，使其中的一个或几个实体有可能对别的实体施加重大影响，特别是同其他实体分享知识资源和分担责任。如果从马克思主义经济学探讨本质性规律出发，跨国公司应该被定义为：由母公司和散布在世界其他国家和地区的若干子公司，尤其是制造业子公司组成的企业集团，它是企业跨国界运作的一种形式，是生产国际化和资本国际化发展到一定阶段的产物，为利润最大化在全球范围内配置资源并寻求经济利益。[①]

对跨国公司定义的理解，有以下几种标准。

1. 结构性标准

（1）跨国的程度。一个国家的公司必须至少在两个以上的国家中开展经营活动，跨国公司至少在国外建立、经营着六个或以上的制造业子公司。

（2）所有权性质。按西方国家的看法，跨国公司在所有权性质上应该是私有性质的。它们认为国有企业的经营目标中非营利性和贯彻国家政策意图的成分较大，故往往不认为是典型的跨国公司，但就目前来看普遍认为：跨国公司作为一种生产组织形式，不同社会制度的国家都是可以利用的。

（3）组织形式。一些人更看重企业的组织形式，在法律上可采取合资、有限、无限、合作、公私合营等不同形式，在处理跨国界联系时可采用子公司或分公司等形式。

2. 运行特征标准

跨国公司应有全球性的战略和动机，它们按照公司的全球目标合理处理世界各地的最佳机会。

3. 营业实绩标准

一个国家的公司其国外业务在公司业务中一般认为至少占有25%的比重才算跨国公司。这包括海外投资、雇员、产值、销售额、利润额所占总公司的相应比值情况。

（二）跨国公司的形成与发展

跨国公司是科学技术和生产力发展的结果，是垄断资本主义的产物。19世纪下半叶到20世纪初，正是资本主义从自由竞争向垄断阶段过渡的时期，科学技术的进步和工业生产的发展形成了垄断资本主义集团的统治地位，资本输出是垄断资本主义的一个重要特征。一些垄断资本集团为了追逐高额利润，通过直接投资的方式，在经济落后的国家和地区投资设厂，建立分支机构，从而形成早期的跨国经营企业。但与当时资本输出的特点相适应，跨国公司的经营业务在国际经济领域中的比重很小，当时资本主义国家对外投资主要采取间接投资形式。

随着世界经济联系的加强和争夺国际商品市场和投资场所竞争的加剧，跨国公司得到发展。在第一次世界大战至第二次世界大战间，直接投资占对外投资总额的25%左右。第二次世界大战后，尤其是从50年代后期起，国际环境相对稳定，国际直接投资急剧增长，跨国公司获得了惊人的发展，主要表现在以下几个方面：（1）对外直接投资额迅速增长；1960年，发达国家私人对外直接投资总额为580亿美元，1978年增加到3 718亿美元，1988年高达9 200亿美元，增长了15倍，大大超出了同期发达国家GNP的增长速度。（2）跨国公司及其海外子公司数目大增，60年代末，主要资本主义国家有跨国公司7 276家，国外分支机构达27 300余家；80年代末，资本主义世界有跨国公司2万多家，分支机构有12万家，遍及150多个国家和地区；90年代初，世界上有跨国公司约3.5万家，分支机构14.7万家。（3）跨国公司的行业分布发展十分迅速。第二次世界大战前，跨国公司在海外的投资行业重点是矿业和石油业等初级产品部门，60年代以后，子公司的行业分布除矿业、石油业以外，扩展到制造业、服务业等行业。到1989年，制造业所占投

---

① 参见杜厚文主编：《世界经济学——理论、机制、格局》，169页，北京，中国人民大学出版社，1995。

资比重为41.7%，初级产品加工业为16.9%，服务业为38.4%。

二、跨国公司的营运

跨国公司在战后迅速发展，目前在世界经济中的作用越来越重要，已成为国际经济生活中的主导力量。在国际贸易中，80年代末70%的商品流转额是由跨国公司完成的，而世界贸易额的1/3,技术转让额的2/3是在相同公司体系内，即母公司—子公司之间展开的。跨国公司控制掌握着全世界80%的新技术、新工艺，同时进行着世界80%左右的技术贸易，跨国公司控制着西方世界工业生产的近半，通过生产促进了国际分工的发展；在国际投资中，西方发达国家的对外直接投资的90%是跨国公司所为，成为绝对的主体；目前投资方向日趋多样化，主流涌向科学技术含量高的产业和智力含量大的服务业，如80年代末美国500家最大工业公司的先进技术部门的销售额占总销售额的53%；跨国公司在80年代中期在全世界直接雇佣了6 000万至7 000万劳动力（占世界就业人数的3%左右），同时还间接创造了6 000万至8 000万的工作岗位，目前约有2亿人左右为外国资本从事直接、间接的经济活动。跨国公司主要集中于欧洲、美洲和亚洲市场。新兴工业化国家（地区）的跨国公司也正在世界经济中发挥越来越重要的作用。

1. 跨国公司经营的出发点和原则

（1）跨国公司经营管理的最重要的出发点是全球战略，这是跨国公司有别于国内企业的根本特征之一。跨国公司全球战略是指跨国公司在全球范围内进行资源的最优化配置，以达到长期总体效益最优化。跨国公司在经营中始终以国际市场为目标，运用遍及世界的产、供、销组织体系，完成其世界战略。跨国公司的决策要根据国际经济环境的变化，以全球战略目标为出发点，着眼于公司的整体和长远利益，安排不同的子公司完成不同阶段、地区、环节的任务，以获取最佳的市场份额和最大的利润。

（2）资源在跨国公司内部的最佳配置原则。许多资源若在公司外部通过市场进行配置，往往不能达到最佳状态，这是因为外部市场不完全、交易成本较高、配置效率较差，因此，跨国公司通过公司内部统一安排投资可以减少交易成本，进行有利的资源转移和配置，这种配置遵循的是单位投资获取最佳效益的出发点。

（3）控制原则。跨国公司在进行全球经营时，要对各方面优势进行控制，这种控制有些是有形的，有些是无形的。主要有：1）股权方面的控制。股权既可以体现为在投资总额中资金的比重，也可以体现为商誉股权。由于股权的分散，往往控制了子公司20%甚至更少的股权，就能控制子公司的运营。跨国公司一般在发达国家采用全部股或多数股，在发展中国家则采用少数控股甚至无股权参与的经营策略。2）非股权控制。与股权手段控制相区别，非股权控制是以自己的知识产权、技术工艺、管理经营销售等环节的优势控制整个公司的生产、经营、销售过程。如对企业上下游出口的控制，利用自身优势掌握企业的原料来源或销售市场，在流通领域中控制一个企业，或对生产技术、工艺方面的优势加以控制，使企业离开这些关键软件就不能生产。

（4）垄断技术工艺和知识产权的原则。跨国公司要想在国际竞争中立于不败之地，就必须在研究和开发新技术、新工艺、新产品方面保持领先地位，并且有一套合适的技术转让战略，体现在产品中的新技术、新科技的研究和使用权控制在母公司手中，子公司根据母公司的安排进行新技术的运用，同时要将新的研究成果交还给母公司，由母公司在全球范围内调度。首先，把研究开发的专利、技术应用于母国的国内生产，以垄断国内市场，并通过产品出口满足国外市场的需要。其次，经过若干年后，再将该技术转让给子公司，由子公司利用熟悉当地市场、生产成本低于母公司的优势，以较低的成本生产更为适应本地市场需求的产品，从而使跨国公司在总体上仍处于控制市场的优势。当产品完全标准化后，母公司便会使子公司将这种技术转让给当地公司，从中赚取较高的技术转让费用。

2. 跨国公司经营方式的特点

（1）集权与分权相宜的管理。跨国公司要求实行高度集中的管理体制，即以母公司为中心，把遍布世界各地的分支机构和子公司统一为一个整体。近几年来，跨国公司日益向混合型多种经营方向发展，使国外经营业务更为复杂，这就更加要求跨国公司的经营管理权高度集中在母公司手中，由母公司的最高决策机构掌握整个公司的产权、财权和人事权。但跨国公司的经营却是分散的，一般以地区事业部为公司分总部进行决策，各自独立决策经营，向总部负责。当进入 20 世纪 80 年代后，为适应国际市场和环境的变化，跨国公司更加强了集权与分散经营的管理。

（2）跨国公司经营结构加强适应能力的特点。在战后初期，跨国公司的结构适应着垂直型经营，从生产到销售形成垂直体系；70 年代中期，随着水平型和混合型经营的流行，跨国公司经营结构一改垂直形式，出现了事业部、网络型的经营结构；80 年代以来，跨国公司为了着力突出专业特色技术水平以加强竞争，经营结构又注重了集中决策、分散经营。

（3）跨国公司投资格局的多样化。1）来源多样化，不仅有本国资金过剩汇出来源，还有利润再投资、在当地筹资以及债务转化为投资等来源，而且来源国别也发生了变化，由主要源自美国过渡到美、日、欧三极化。近年来新兴工业化国家和地区及发展中国家的跨国公司投资势头也很猛。2）投资格局多样化。投资地区去向战后从美国流向其他发达国家和发展中国家，变化为发达国家间相互流动，尤其是从欧、日流向美国，同时新兴工业化国家和地区也成为跨国公司的主要投资场所。从投资的部门去向看，由过去的初级产业、第二产业转向目前的技术含量大、智力成分高的行业投资；而且，跨国公司投资形式比过去更为灵活。由 50 年代至 60 年代的致力于发展全资子公司到 70 年代大多以合资形式来进行运作，进入 21 世纪跨国并购成为国际直接投资的主要方式，这一方面可以避免当地政府对独资企业的歧视，另一方面也可以调动并利用本地合资者的积极性和优势。目前，跨国公司还越来越多地利用非股权安排来进行投资和控制。

三、跨国公司对外投资的参与形式

20 世纪 50 年代，跨国公司以独资经营为主要投资方式，以利于技术转让和控制，减少在经营方针、利润分成等方面的矛盾。60 年代以后，许多发展中国家为保护本国资源，发展民族经济，对股权采取种种限制和管理。面对新形势和为了加强竞争，跨国公司把合资经营变为主要投资方式。70 年代中期以来，为了适应国际政治和经济形势的变化，并从长远战略利益考虑，一些发达国家的跨国公司在发展中国家的经营活动中采取了更加灵活的方式，利用其雄厚的资本实力，以及在技术、经营管理、销售技巧等方面的优势，越来越多地采用非股权经营方式。事实上，跨国公司即使在占有少数股权的情况下，仍可以凭借其技术、经营、管理、销售等方面的优势，保持对企业的控制权。

进入 80 年代后期，跨国战略联盟这一方式迅速兴起，成为 90 年代跨国公司投资参与形式的一个新特点和新趋势。

跨国公司对外投资的参与形式可归纳为两种：股权参与和非股权参与。

1. 股权参与

股权投资（equity investment）是指跨国公司在其子公司（新建企业或收购、参与当地企业的股份）以股权占有份额形式拥有部分或全部所有权和控制权的投资。

参与类型有三种：(1) 全部占有，即母公司拥有子公司股权在95%以上；(2) 多数占有，即母公司拥有子公司股权在51%～94%之间；(3) 少数占有，即母公司拥有子公司股权在49%以下。全部占有称为跨国公司独资经营，其他两种称为合资经营。

合资经营是跨国公司主要的投资方式。

2. 非股权安排

非股权安排是20世纪70年代以来广泛采用的形式，主要指跨国公司在东道国的公司中不参与股份，而是通过与股权没有直接联系的技术、管理和销售技巧，为东道国提供各种服务。跨国公司通过这种服务的合同与东道国的公司保持密切联系，从中得到各种利益，并扩大对东道国公司的影响和控制。这种非股权安排在80年代后发展尤为迅速，它是规避常规风险（如被没收）的有效方法，也是跨国公司在发展中国家谋求继续保持地位的重要手段。

跨国公司非股权安排的形式有很多，常见的有以下几种：

(1) 许可证合同。这是按一定的价格向东道国企业转让某种技术的方式，对转让这种技术的补偿采取提成支付的方式，即在一定的期限内，对所生产的产品产量或产品销售价格，根据协议规定的比例提取费用。许可证合同转让的只是技术使用权，而且往往附加一些重要条款，如技术使用的限制范围、使用的补偿方式等。在合同期内，技术提供者有义务向获得者提供改进技术的情况，而许可证获得者也有义务提供技术反馈并保证不将该技术转让给第三者，不泄露技术秘密。

(2) 管理合同。这也是一种技术转让，包括两大类：一类是全面经营管理，不仅包括技术管理、商业管理，还包括行政管理。另一类是技术管理，即由外国技术公司、外国技术人员来进行管理。管理合同的特点是只管理不投资，订立了管理合同就意味着授权技术公司管理企业，但企业的重大问题仍由董事会批准。

(3) 交钥匙合同。也称包建项目合同，它是由跨国公司与国外企业签订协定，由跨国公司建造一个整体项目，也就是跨国公司为东道国建设一个工厂体系，承担全部设计、建造、安装及试车等，试车成功后，跨国公司即将整个工厂体系移交当地管理。交钥匙合同的新形式还规定，不仅承包方要对项目的建设负责，而且应保证工厂在初级阶段能顺利运转。在一般情况下，合同还要求承包方保证产品符合一定的质量标准，转让广泛的有效技术（包括工厂设计和培训专门人才），以使东道国能在合同项目全部完工后具备独立经营和管理该厂的能力。对发展中国家来说，交钥匙合同不仅代价高昂，而且要警惕跨国公司转移的可能是即将淘汰的技术或环境污染严重的企业。

(4) 产品分成合同。与管理合同相类似，跨国公司起相当于承包商的作用，但这类合同中规定：东道国与跨国公司在一个预先商定的分配方案的基础上分享企业的产品，外国公司收购的全部设备在一定期限后最终归还东道国政府所有。

(5) 技术协作合同。在这种合同中，东道国享有企业的全部自主权，跨国公司只是在

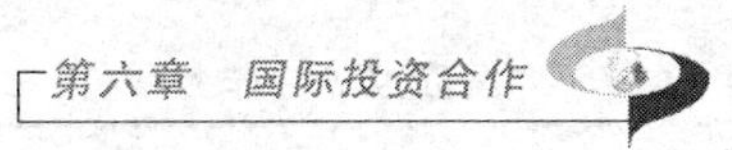

为完成工程的各个方面提供各种技术服务，技术人员在东道国主管下进行工作，跨国公司以取得特别费作为报酬。特别费包括在企业生产开始前就规定的费用和自商品生产开始后在一定时期内按产品销售额、按规定的百分比提取的费用。

(6) 经济合同。这种形式主要是在跨国公司与苏联、东欧国家开展“东西方工业合作”的基础上发展起来的。由于这些国家严格控制跨国公司建立拥有全部股权的子公司，使跨国公司缺乏直接投资机会，所以跨国公司主要采取工业合作形式以打开难以进入的市场，工业合作是一种长期合同。

20 世纪 80 年代末，跨国战略联盟这一跨国公司对外投资的参与方式迅速兴起。跨国战略联盟是非股权参与方式的一种。它是指：在两个或两个以上国家中的两个或更多的跨国公司，为实现某一战略目标而建立的相互补充合作与相互联系的跨国企业联盟。随着生产专业化、国际化日益加深，为了避免在竞争中两败俱伤，谋求更大的共同利益，跨国公司开始争相走上跨国经营的道路，跨国战略联盟是一种新型的、灵活的合作方式。

四、跨国公司的国际投资对世界经济的作用与影响

当代世界各国的跨国公司在世界经济中的作用越来越大。在国际投资领域，据 1991 年联合国跨国公司中心的资料，1983 年至 1989 年间，跨国公司对海外的投资额，年均增长速度为 28.9%，比同期全世界国内生产总值平均增长率高 21.1%，比全世界出口贸易平均增长率高 21.1%。近 10 年来，全世界跨国公司对外直接投资额增长了 3 倍，约为 1.5 万亿美元。跨国公司在国际投资中的地位不断提高。跨国公司不仅是一种庞大的企业组织形态，还是一种新型的国际经济现象，对世界经济发展产生的影响日益增长。总的来说，跨国公司促进了国际经济往来的不断加强与生产、交换国际化，同时，也加深了世界经济的各种矛盾。

（一）跨国公司的发展促进了跨国银行的发展

跨国公司对外直接投资的扩展，加强了资本的国际流动。跨国公司的发展需要跨国银行的支持，而跨国银行的发展与跨国公司的推动也是分不开的。跨国银行产生于 19 世纪末 20 世纪初，它的迅速发展是在战后，尤其是伴随跨国公司在全球的扩张而出现的。从世界经济现实看，50 年代末 60 年代发生美元危机后，美国政府曾制定政策限制美国跨国公司向国外投资，这些公司不得不在国际市场和东道国市场进行筹资。于是，美国和其他国家的银行便开展了帮助美国公司筹资的业务，尤其是在欧洲市场的筹资活动，因而促进和推动了跨国银行的发展。日本、西欧的跨国公司活动频繁，经营的地域、行业范围不断扩展，对资金需求量在加大，这也促进了银行为它们的服务，促进了跨国银行的发展。

（二）跨国公司的活动对于发达国家与发展中国家经济的影响

当代跨国公司对外直接投资的来源主要是发达国家，其投资分布也主要在发达国家，发达国家之间的相互投资，利润率较为稳定，经营风险较小。在发展中国家进行投资，一般来说风险较大，但投资回报率也高得多，因此跨国公司要在风险和收益间进行权衡，以决定资本流向。实际上，跨国公司仍然将发展中国家作为获取高额利润的重要投资场所。

跨国公司的活动对于作为母国的发达国家有重要作用。一方面是获取了巨额利润，并推动了母国的商品输出，从而推动了生产的发展；但另一方面，大规模的输出引起国内某些部门发展上的停滞，为调整经济结构造成困难，也加重了结构性失业。对于作为东道国

的发达国家，跨国公司首先对其经济的发展起到积极作用，不但促进了技术、工业、国民经济部门结构的现代化，而且提供了大量就业机会；消极作用主要表现在某些经济部门的受控。不过发达国家之间的跨国投资是相互的，它们的经济技术水平相近，一般情况下还不会控制东道国的经济命脉和形成依附关系。

跨国公司在发展中国家的经济活动，也带来三方面的作用：首先是促进作用，绝大部分发展中国家在经济发展过程中都面临国内资源不足的制约，因此利用外国的直接投资补充国内资源的不足，扩大生产能力，出口创汇以发展民族经济是非常重要和有效的；其次，西方国家的直接投资也是发展中国家所需技术、生产设备、先进知识的重要来源；最后，发展中国家可以利用发达国家跨国公司的全球经营体系来使本国产品进入国际市场。当然也不能否认，跨国公司对发展中国家造成了一系列不利的影响：（1）摄取了大量利润；（2）掠夺性地攫取了发展中国家的资源；（3）为吸引外资，发展中国家常常要给外国公司以优惠，很多方面都是以牺牲国民收入为代价的，如某些行业的受控，甚至是跨国公司干涉发展中国家的手段；（4）常常出现投资所带来的技术与国情不符的现象；（5）跨国公司把一些污染严重的产业转移到发展中国家。发展中国家应采取利用与限制相结合的政策，既利用其发展生产与技术转让的能力，促进本国经济的发展，又限制其控制国家经济命脉，阻碍民族经济发展的消极作用，趋利避害，最终促进本国生产力的发展。

[思考题]

1. 什么是国际直接投资？国际直接投资与国际间接投资的根本区别是什么？
2. 国际独资企业与国际合资企业的各自特点是什么？国际合资企业两种形式的特点与区别何在？
3. 国际直接投资的决定因素有哪些？
4. 试述当前国际直接投资格局的形成原因。
5. 什么是国际间接投资？它有哪些主要特点？
6. 影响国际间接投资的因素有哪些？
7. 试述国际债券的种类及优点。外国债券与欧洲债券的特点各是什么？国际股票市场主要有哪些股票种类？
8. 跨国公司的营运原则是什么？经营特点是什么？
9. 试述跨国公司的对外投资参与形式。

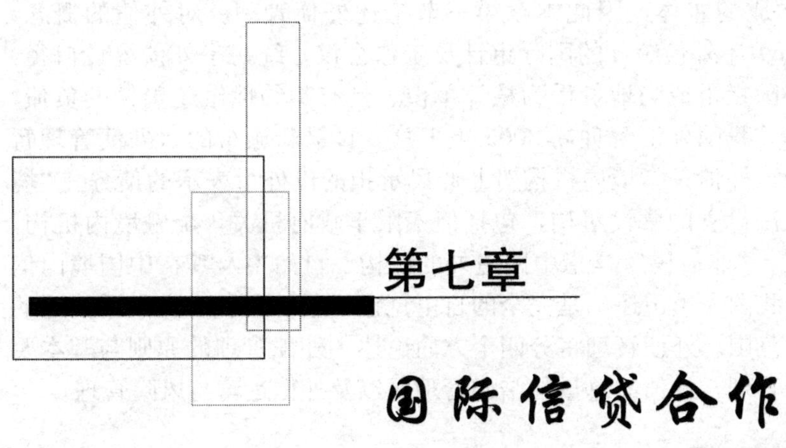

第七章

国际信贷合作

[重点问题]

- 政府贷款的性质及特点
- 国际金融机构贷款的主要类型
- 出口信贷的业务程序
- 项目融资、BOT 融资的业务程序
- 外债管理的原则及指标体系

国际信贷（international credit）的概念，有多种使用方法。国际上最初一般把欧洲信贷（Euro-credit）和外国信贷合称为国际信贷。欧洲信贷，特指欧洲货币市场上的中长期信贷，一年期以下的贷款不属于欧洲信贷。摩根银行出版的《世界金融市场》，在 1984 年以前统计并公布欧洲信贷的规模与结构，1985 年中断。1985 年国际金融市场上出现了筹资证券化趋势，国际信贷的概念，也随之扩充为包括国际债券与国际银行贷款。摩根银行出版的《世界金融市场》，从 1985 年起，每年公布当年欧洲信贷总额、外国信贷总额、欧洲债券总额和外国债券总额，以及作为四者之和的国际信贷总额。

国内使用国际信贷有广义和狭义之分。广义的国际信贷，也称国际信用，指国家间的一切资金融通关系，它与国际直接投资并列使用，可以分为融资型的国际信用和融物型的国际信用，前者包括公共信用、商业信用、银行信用和证券筹资，后者包括加工贸易、补偿贸易和租赁贸易。狭义的国际信贷，指国家间的资金借贷关系，只指融资型的国际信用。由于概念使用不统一，目前国内还见不到关于我国国际信贷系统的详细统计资料。

根据全书体系的安排，本章国际信贷合作（international credit cooperation）所使用的国际信贷概念，是指国家间的资金借贷关系。融物型国际信用放在第五章中论述，国际证券融资放在第六章中论述，因为国际证券融资的交易通过资金中介工具进行，而不是直接的账面划拨方式。因此，本章国际信贷合作将分为：国际公共信贷（international public loan）和国际私人信贷（international private loan）两大类。

国际信贷是我国外债构成的主体，因此本章第三节论述外债管理。对外债的概念，1984 年 3 月召开了世界银行关于外债统计的国际审计员工作会议，统一了外债统计口径：外债是指居民对非居民以外国货币或当地货币为核算单位、具有契约性偿还责任的负债，不包括直接投资和企业股本。我国外汇管理局 2003 年 1 月 8 日最新颁布的《外债管理暂行办法》中，将外债定义为：外债是指境内机构对非居民承担的以外币表示的债务。“境内机构”是指在中国境内依法设立的常设机构，包括但不限于政府机关，金融境内机构，企业、事业单位和社会团体。“非居民”是指中国境外的机构、自然人及其在中国境内依法设立的非常设机构。由于我国人民币还不是完全的自由兑换货币，所以以人民币偿还的对外债务不属于我国的外债范围。外债管理将分四个方面论述：外债管理的原则与基本要素，外债的计划与统计监测管理，外债的总量与结构管理，以及外债运营与风险管理。

第一节 国际公共信贷

国际公共信贷，是一国或数国政府或国际金融机构等公共机构与第三国政府、银行及其他法人或自然人之间的资金借贷关系，其实质是国家资本或超国家资本以法人名义的对外借贷。具体讲，国际公共信贷包括以下三种形式：政府贷款、国际金融机构贷款和出口信贷。

一、政府贷款

（一）政府贷款的概念与特点

政府贷款（government loan），是具有双边援助性质的优惠贷款，即一国政府以其财政资金向另一国政府提供的优惠性贷款，根据经济与合作发展组织（OECD）发展援助委员会的最新规定，政府贷款主要用于城市基础设施、环境保护等非盈利项目，若用于工业等盈利性项目，则贷款总额不得超过 200 万特别提款权。贷款额在 200 万特别提款权以上的项目，须由贷款国提交 OECD 审核。其优惠性体现在一定要含有 35%以上的赠与成分，最高可达 80%。目前政府贷款的借款国一般是发展中国家，贷款国多为发达国家及石油输出国。提供政府贷款的发达国家，是组成发展援助委员会的 18 个成员国政府（包括澳大利亚、奥地利、比利时、加拿大、丹麦、芬兰、法国、德国、意大利、日本、荷兰、新西兰、挪威、瑞典、瑞士、英国、美国和欧盟），其贷款一般都是定向的。美国主要给予拉美国家、中东地区国家及世界热点地区国家；德国则偏重于非洲国家和中东地区；日本的重点在亚洲，尤其是东南亚国家；英国则历来重视南亚和非洲的英联邦国家。联合国规定，发达国家提供援助额占各国国民生产总值的比重不低于 0.7%，但没有一个国家能达到。提供政府贷款的石油输出国，主要是海湾合作委员会国家，如沙特阿拉伯、科威特、阿拉伯联合酋长国等。

政府贷款的最大特点是具有赠与成分。所谓“赠与成分”就是贷款比市场资金优惠的程度，是贷款中所含的赠送成分。政府贷款赠与成分的计算方法，是贷款最初面值与债务（本金和利息）折现后的现值的差额，一般用这个差额占最初面值的百分比表示。其计算公式为：

$$GE=100\times\left(1-\frac{r/a}{d}\right)\left[1-\frac{\frac{1}{(1+d)^{aG}}-\frac{1}{(1+d)^{aM}}}{d(aM-aG)}\right]$$

式中，GE（Grant Element）——赠与成分；

a——每年还款次数；

r——贷款年利率；

d——贷款期内的贴现率；

M——贷款期；

G——宽限期，即贷款期内不必还本息或只付息不还本金的时间。

1987年以前，根据OECD规定，贷款使用10%的理论参考折现率。

近年OECD决定对其使用的统一折现率进行改革，分两个阶段实施：第一阶段从1987年7月1日开始，将最不发达国家的最低赠与成分提高到50%，将发展中国家最低赠与成分提到30%；使用不同货币的“市场参考利率”（commercial interest reference rate，CIRR）计算折现率，折现率＝CIRR＋1/2（10%－CIRR）。第二阶段从1988年2月1日开始，将发展中国家的最低赠与成分提高到35%，折现率＝CIRR＋1/4（10%－CIRR）。改革的目的是提高OECD成员国政府资助的优惠贷款的成本，使其真正成为对第三世界国家的援助，而不是纯粹为了商业竞争。市场参考利率由OECD成员国每月调整公布。

政府贷款还有以下两个特点：(1) 政府贷款具有政治因素和限制条件。政府贷款主要通过列入国家财政预算支出的资金进行，因此一般由各国中央政府通过完备的立法手续加以批准，它实际上是以两国良好的政治关系为前提，配合外交活动的一种经济手段。政府贷款大多带有限制条件，如限制购买贷款国的商品，有的政府贷款规定应在“合格货源国”采购商品，即允许借款国用招标方式从OECD成员国及其所属的发展援助委员会所规定的发展中国家和地区采购商品。这些限制条件的目的，是为了促进贷款国的商品输出。(2) 政府贷款还具有一些技术上的特点：一是利率低，附加费用少，其中无息贷款只收取一定的手续费，计息贷款年利率只有1%～3%，附加费用只有承诺费和手续费两种，通常为贷款金额的0.25%～0.5%，一般不超过1%；二是还款期长，有一定的宽限期，贷款期限一般为5年以上，有的达10年、20年甚至40年；三是贷款程序特别复杂，所费时间一般都较长，因此对一些急需资金、时间性强的建设项目，利用政府贷款不一定是合理的筹资方式。

（二）我国使用政府贷款的形式与概况

从1979年中国银行开办“三贷”业务（政府贷款、出口信贷和混合贷款）以来，目前我国同日本、德国、法国、西班牙、意大利、加拿大、英国、奥地利、澳大利亚、瑞典、科威特、荷兰、芬兰、丹麦、挪威、瑞士、比利时、韩国、以色列、俄罗斯、卢森堡、波兰及北欧投资银行、北欧发展基金共24个国家及机构建立了政府（双边）贷款关系。到2000年底，我国借用外国政府贷款累计生效额327.416亿美元。借用外国政府贷款总计执行1 746个项目，其中建成项目1 654个，在建项目92个。到2010年底，我国政府贷款余额为320.8亿美元。我国所获得的政府贷款一般都投向基础产业领域的建设。

目前我国使用的外国政府贷款形式，主要有四种：(1) 政府无息贷款与出口信贷相结合。向我国提供这类贷款的主要是丹麦、比利时、加拿大等。例如丹麦曾向上海面粉公司提供过一笔政府贷款，其中40%的金额以无息贷款方式提供，期限35年（宽限期为10年），其余60%的金额以出口信贷方式提供。(2) 赠款与出口信贷相结合。提供这类贷款的国家主要是英国、挪威、瑞士等，英国是对合同金额的25%提供赠款，75%提供出口信贷，年利率5%，期限20年，用于购买英国商品和劳务。(3) 政府低息贷款与出口信贷相结合。提供这类贷款的国家主要是法国、奥地利、澳大利亚等。以法国为例，它提供低息贷款的利率一般在2%，期限30年，其中包括11年的宽限期，低息贷款金额占合同金额的52%；其余48%为出口信贷，利率参照OECD君子协定利率，期限为10年。(4) 日元贷款。日本所提供的政府贷款是我国获得政府贷款的主要来源，占双边政府贷款实际使用总额的70%以上，日元贷款属于反映政府意图的、带有援助性质的优惠贷款，与其他国家政府对我国提供的政府贷款相比，具有开始时间最早、规模最大、条件最优惠等显著特点。如日元贷款全部为低息贷款，年利率为2%，期限长达30年，有10年宽限期，采购条件的限制也比较少。从1979年到2000年，中国共向日本申请了4批日本贷款，总额为26 507亿日元。我国利用第一批日元贷款建设了石臼所港，利用第二批日元贷款建设了秦皇岛丙丁码头、扩建了连云港码头以及广州—衡阳铁路。此外，在2000年，日本向中国提供了172亿日元的特别贷款，用于北京地铁和西安咸阳机场的改建工程。2001年以后，对华日元贷款采用年度方式，2001年和2002年分别向我国提供了1 613.6亿日元和1 212.1亿日元的政府贷款。从2003年起，日本政府逐步减少了对我国的日元贷款额，项目重点也从基础设施建设转向环境保护和人才培养。2003年日本向我国提供的日元贷款额是966.9亿元。截至2007年，我国一共取得的日元贷款总额为25 411.74亿日元。日元贷款实施以来，在中国的能源、资源开发等基础产业，交通、运输、通讯等经济基础设施建设以及农林、城建、环保等方面发挥了积极作用，成功地建设了众多大型项目。如京秦铁路、中日友好医院、北京图书馆、南昆铁路、上海浦东机场、内陆地区光缆建设等。

（三）我国使用政府贷款的业务程序

我国使用政府贷款的业务程序在财政部颁发的《外国贷款项目工作管理规程》和《财政部关于外国政府贷款项目申报程序有关问题的通知》中都有相关规定。

(1) 贷款项目的选定。首先，财政部负责及时发布信息。当财政部获知贷款国政府向我国政府提供贷款的最新信息后，将及时发布《外国政府贷款信息公告》，或发布《征集项目通知》，通知中央有关部委和各省级财政厅（局），使中央部委和地方财政部门及时了解有关外国政府贷款的信息。一般来讲，贷款项目应该优先考虑国民经济建设中的大型骨干项目、国民经济发展瓶颈环节的项目以及其他基础项目、高科技项目等。对选定的项目，必须依照国务院颁布的规范性文件及有关部门制定的实施办法进行评审，并列入国家经济建设计划，以切实保证项目建设所需的场地、基础设施、原材料、动力、运输和配套资金等。

(2) 贷款项目的前期准备。这一阶段进行项目可行性研究，并撰写项目可行性研究报告。可行性研究的目的，是帮助借款国和贷款国决定该项工程是否值得投资或提供贷款，它必须按国际上公认的各种标准进行广泛深入的调查研究，包括选定项目的经济、技术、组织、财务和社会各个方面。可行性研究一般由我方自己进行，如果难以依靠自己的力量完成时，可聘请合格的外国咨询服务公司协助进行。在完成可行性研究的基础上，由项目小组进行全面评价，编写详细的可行性研究报告，作为借款国向贷款国申请贷款的最主要文件，有的项目还须编制出项目实施计划书。

（3）政府贷款的申请。借款国向贷款国申请政府贷款，可以通过本国驻贷款国的使馆向贷款国政府转达，也可通过贷款国驻本国的使馆转达。我国一般由财政部负责办理。财政部负责研究利用外国政府贷款的重大方针政策及与贷款国政府的具体谈判、磋商工作。一般是由财政部代表我国政府将申请贷款项目写成照会，连同贷款申请书、可行性研究报告及项目实施计划书等相关文件，报送贷款国驻我国大使馆转达贷款国政府及其贷款机构。

（4）贷款国的项目评估。贷款国政府收到本国使馆转来的借款国政府的贷款申请后，即着手对贷款文件进行研究、审查和评估，以便决定是否提供贷款。

（5）承诺与换文。贷款国政府决定贷款后，将贷款金额、利率、偿还期和采购条件等正式通知借款国，这一行为叫"承诺"，通常由贷款国大使以书面形式递交借款国。如借款国接受对方承诺提出的条件，双方政府便开始就换文进行谈判。换文是说明贷款的基本条款和条件的函件，是贷款国政府在其权力范围内按规定提供贷款的一种保证。

（6）贷款协议的谈判和签订。贷款协议是根据政府换文的内容来准备、缔结和执行的，但与政府换文不同的是，它是由贷款机构和借款人签署的，比政府换文更加详细。一般贷款协议包括下列条件及附件：1）贷款：贷款金额和目的，贷款的使用；2）偿还和利息：本金的偿还，利息及支付方法；3）特别条款：贷款担保，采购程序，支付程序，贷款的管理（包括执行机构、进度报告、分贷款及项目竣工报告），以及其他要求和规定；4）附件：主要包括项目说明、贷款的分配、分期还款时间表等。

（7）物资采购。使用政府贷款采购物资的方式和条件，是在贷款协议中规定的。我国使用的外国政府贷款的采购工作，是由财政部组织招标来进行的。根据财政部颁发的《外国政府贷款项目采购公司招标办法》规定，财政部对符合条件的贷款项目（或根据贷款国要求，经其同意的贷款项目）函复有关部门（指各部委、省、自治区、直辖市、计划单列市的财政厅局等），并向采购公司发布信息。有关部门即通知项目实施单位开始采购公司的招标工作。采购公司应具有国务院主管部门颁发的《国际招标资格甲级证书》，但贷款国有特殊规定的除外。借款人应该向三家以上（含三家）采购公司发出投标邀请书，同时组成评审委员会对参加投标的采购公司进行评审，由中标的采购公司负责与供应商签订合同进行采购。目前我国使用外国政府贷款采购商品的途径大体有以下几种：1）自由采购；2）国际招标；3）资格预审后通过比价进行国际竞争性采购；4）从合格货源国采购；5）从贷款国采购；6）从借款国采购。

（8）贷款的支付。贷款支付根据贷款协议的规定，一般采用分期付款的方式进行。通常的支付方式是，借款方的代理银行（我国是中国银行）在贷款机构的代理银行（如日本为东京三菱银行）开立专门账户，贷款机构根据借款人的申请和采购合同，把借款人要提取的金额存入该账户，然后借款人再从这个账户中提款，支付采购货款和劳务费用。

（9）贷款的偿还。借款方代理银行在确定贷款已使用以后，按贷款协议规定还本付息，借方则按其与代理银行达成的协议向其付息还本。

二、国际金融机构贷款

国际金融机构贷款（international financial institutions loan），是全球性的国际金融组

织和地区的国际金融组织提供的公共贷款。本章主要介绍国际货币基金组织贷款、世界银行集团贷款和亚洲开发银行贷款。

（一）国际货币基金组织贷款

国际货币基金组织（IMF）于1945年12月27日成立，1947年3月1日开始办理业务，同年11月15日成为联合国专门机构，总部设在美国华盛顿。我国于1980年4月17日恢复IMF合法席位。国际货币基金组织主要向成员国提供短期贷款，用于借款国进行贸易和非贸易等经常项目的支付。

1. 国际货币基金组织的贷款形式

国际货币基金组织根据不同需要提供各种贷款，大致可以归纳为以下六种贷款形式。

（1）普通贷款。它用于解决成员国一般性国际收支逆差的短期资金需要，贷款最高限额为其所交份额的125%，贷款期限为3～5年，具体可以分为两种：储备份额贷款（reserve tranche），当成员国出现国际收支困难时，可以无条件地提取该项贷款，贷款金额不超过所缴纳份额的25%；信贷份额贷款（credit tranche），它分为4档，每档贷款金额相当于所交纳份额的25%，但最多不超过相当于全部份额的贷款，第一个25%为第一档，其余3个25%分别为第二、第三、第四档，后三档统称高档贷款（higher credit tranche）。

（2）中期贷款。它设立于1974年9月，是为了解决成员国对数量较多、期限较长资金的需要，进行生产、贸易或价格结构性调整而提供的贷款。它的最高额度为借款成员国份额的140%，备用期为3年，宽限期为4年，10年内全部还清。

（3）设两项特别提款。包括补偿与应急贷款（compensatory & contingency financing facility，CCFF）和缓冲库存贷款（buffer stock financing facility，BSFF）。前者的前身是设立于1963年的出口波动补偿贷款，当一国出口收入下降或谷物进口支出增大而发生临时性国际收支困难时，可向IMF申请普通贷款以外的这项贷款。1989年1月IMF以“补偿与应急贷款”取代“出口波动补偿贷款”，贷款最高额度为份额的122%。其中应急贷款和补偿款各为40%，谷物进口成本补偿贷款为17%，其余25%由会员国任意选择，用作以上二者的补充。贷款条件是出口收入下降或谷物进口支出增加应该是暂时性的，而且是由会员国本身无法控制的原因造成的，同时借款国必须同意与IMF合作执行国际收支的调整计划。后者设立于1969年6月25日，用于成员国为稳定国际市场初级产品价格而建立国际缓冲库存的资金需要，贷款额度最高可达借款国份额的50%，期限为3～5年。

（4）借款总安排下的贷款。10国集团的借款总安排作为基金组织的补充资金，由其决定贷款后通知基金组织执行。目前主要有三种：一是补充贷款，设立于1979年2月，贷款额度一般视普通贷款金额而定，一般为第一档贷款的2∶1，高档贷款的1∶1.2，贷款利率略高于普通贷款，贷款期限为1～3年。二是扩大资金贷款，设立于1983年3月11日，它结合普通贷款进行，最高限额为份额的150%，贷款资金来源为阿拉伯货币局及发达国家的中央银行，贷款期限为7年，宽限期为3～5年。三是结构调整贷款，设立于1987年，一般贷款额占份额的63.5%，追加调整贷款的最高额高达份额的250%，贷款资金来源是信托基金的偿付款，贷款对象为低收入国家，利率为0.5%，贷款期限为10年，其中宽限期为5.5年。

（5）临时贷款。这些贷款是适应发展中国家的特殊需要而办理的，如石油贷款（oil facility），设立于1974年6月，1976年5月停办；信托基金（trust fund），设立于1976

年5月，1981年3月31日结束。这里不再详细讲述。

（6）特别提款权（special drawing rights，SDR）。它创设于1969年，是国际货币基金组织一种新的补充储备资产和记账单位，在国际流通手段不足时，由基金组织根据需要发行，并按各参加特别提款权账户的成员国在基金组织交纳份额所占比重进行分配，成为原有的提款权之外增加的一种使用资金的特别权力，与黄金、外汇并列作为国际储备资产的一个组成部分，也称“纸黄金”，但它不是现实的货币，不能直接用于国际支付手段，也不能兑换黄金。特别提款权最初与美元等值，1973年5月改用“一篮子货币”定值并随后正式宣布与黄金脱钩，1974年7月1日起实行16种货币定值的浮动汇率，1981年1月起又改用5种最大出口国的货币定值。特别提款权是以国际储备的形式协助成员国调整国际收支；成员国急需外汇时可以通过基金组织以特别提款权向其他成员国换取外汇或换回对方持有的本国货币，此外还可以向基金组织偿还贷款、支付利息和手续费。

2. 国际货币基金组织贷款的资金来源

国际货币基金组织贷款的资金来源，主要是成员国交纳的份额（quota）和基金组织的借款，其次是成员国的捐款和基金组织的经营收入。（1）份额是基金组织的基本资金来源，到2010年底IMF份额达到7 557亿美元（折4 768亿SDR）。份额制反映了各成员国在基金组织中所占有的经济地位，分摊的基金份额主要是根据该国的国民收入、黄金和外汇储备、进出口贸易以及其他经济指标来确定，基金份额每5年核定一次，份额的大小决定每个成员国投票权的多少、能取得贷款的额度以及能分得特别提款权的数目。（2）借款是基金组织的另一资金来源。基金组织有权以借款方式来扩大其资金来源，它可以选择任何货币、任何来源寻求所需的款项，不仅可以向成员国，也可以向私人组织包括商业银行借款。一般来说，只有作为一种临时性的周转措施或特种安排，基金组织才利用借款方式筹集资金。

3. 国际货币基金组织贷款的业务特点

（1）独特的贷款方式。国际货币基金组织发放贷款所采用的方式，是一种独特的国际信贷方式，即成员国向基金组织借款与还款要采取“购买”（purchase）与“购回”（repurchase）的方式。所谓购买，即成员国要借用其他成员国的货币或特别提款权时，必须用相等价值的本国货币向基金组织购买，然后再用购买的其他成员国的货币或特别提款权来弥补本国国际收支赤字。基金组织提用成员国货币低到该成员国份额以下，基金组织就向该成员国支付一定的报酬，报酬率按金融市场上的短期利率支付。贷款到期，或尚未到期但借款国国际收支和外汇储备状况有所改善时，该国就须用特别提款权或基金组织指定的其他成员国的货币，从基金组织购回它的本国货币。

（2）特殊的贷款用途和贷款对象。国际货币基金组织的宗旨是：促进成员国的国际经济合作，扩大对外贸易，稳定汇率，平衡国际收支以及为成员国提供资金和技术援助等。因此其贷款的用途限于解决成员国国际收支暂时性的不平衡、因储备地位或货币储备变化而引致的资金需要，以及一些特殊需要。国际货币基金组织贷款的对象，只限于成员国政府机构，如成员国的财政部、中央银行、外汇平准基金组织以及其他类似的国家机构。贷款数量往往受份额制的限制，贷款期限较短。

（3）较低的贷款利率和费用。国际货币基金组织对成员国持有的超过本国份额的资金，征收6.25%的年利率。基金组织使用成员国认缴货币也支付酬金，为特别提款权利率的 80%～100%，一般酬金率为其 85%。另外使用基金组织贷款要收取手续费和承诺费：对储备份额部分以外的所有提款一律收取 0.5%的手续费，并在提款时一次付清；对备用安排和中期安排的未用款项收取 0.25%的承诺费，在第 12 个月开始时按上述两种资金未用部分支付，但如果以后提款则可以退还此项费用。

4. 中国从 IMF 取得贷款情况

我国与 IMF 的关系一直在发展。我国在 IMF 创立时的份额为 5.5 亿美元，1980 年我国席位恢复后，增加到 12 亿 SDR。1983 年 4 月再次增到 18 亿 SDR。到 1989 年，中国在 IMF 的份额是 23.91 亿 SDR，占份额总数的 2.68%，投票权占总投票权的 2.6%，投票权比例和份额比例均排名第 9 位。2001 年中国在基金组织中的份额为 2.98%，排在第 8 位；2006 年上升到 3.72%，排在第 6 位；2011 年份额进一步升至 6.39%，位居美国和日本之后，成为 IMF 第三大股东国。我国在 IMF 是单独选派执行董事，并且是 IMF 临时委员会的成员。我国的经济实力还不够雄厚，在 IMF 中并不占重要的地位，但是由于我国是一个政治大国，在 IMF 中也能起到平衡的作用，IMF 也重视中国在 IMF 中的作用。我国自 1981 年以来已使用 IMF 信贷共 13.85 亿 SDR。1980 年我国首次提出动用第一档信用部分贷款，并与 IMF 达成协议借取了 4.5 亿 SDR。1981 年 3 月，我国又获得 IMF 3.09 亿 SDR 的信托基金贷款，1986 年我国再次借取了约 6 亿 SDR 的第一档信用贷款。这三笔贷款目前已陆续还清，总的看来，我国借用的 IMF 贷款不多，IMF 不是我国利用外资的主要来源。

(二) 世界银行集团贷款

世界银行集团（World Bank Group），由国际复兴开发银行（International Bank for Reconstruction and Development，IBRD，即世界银行）、国际开发协会（International Development Association）和国际金融公司（International Finance Corporation）三者组成。其主要任务是向成员国政府所属机构或私人组织提供长期贷款，帮助成员国发展经济。

1. 世界银行集团贷款的形式

世界银行是联合国的一个专门机构，其宗旨是："通过对发展中国家提供贷款和技术援助，提高这些国家的劳动生产率，以促进经济和社会的发展，从而提高发展中国家人民的收入和生活水平。"目前世界银行提供的贷款主要有以下五类：（1）项目贷款。世界银行的能源、交通、农业、工业、教育、水利、农村和城市发展贷款均属此类贷款，这类贷款约占该行贷款总额的一半，贷款期限 4～9 年为多。（2）部门贷款。又可具体分为三种：一是部门投资贷款，目的是加强政府的某个部门执行投资计划的能力；二是中间金融机构贷款，包括向国际金融公司、农业信贷机构的贷款，由它们转贷给私人企业；三是部门调整贷款，目的是支持某一部门的全面政策和体制改革。（3）结构调整贷款。主要帮助借款国调整宏观经济、部门经济和体制改革，以克服经济困难。（4）技术援助贷款。主要是提高借款国的业务管理水平和实施贷款目标的能力。（5）紧急复兴贷款。解决借款国内由于自然灾害所造成的经济困难。

世界银行集团的其他贷款，主要有国际开发协会贷款和国际金融公司贷款。（1）国际开发协会贷款，是无息的软贷款，具有高度的援助性。协会贷款的主要对象是，人均 GNP 在 410 美元以下的国家，人均 GNP 在 410 美元至 805 美元之间的国家，可以得到由协会贷款和世界银行贷款构成的混合贷款。协会贷款收取年率为 0.75%的手续费，对尚未提取的金额收取 0.5%的承诺费，贷款期限长达 40 年，头 10 年为宽限期。(2) 国际金融公司贷款。国际金融公司的宗旨是鼓励会员国特别是不发达地区会员国的私人生产性企业的发展，从而补充国际复兴开发银行的活动，目前它只考虑对私营公司或公私合营企业进行投资、贷款或入股，股份范围在 10%～50%，其投资不超过总投资的 20%。该公司提供贷款时，往往参与提供技术、进行评估、与外国金融机构谈判等各种业务活动。

2. 世界银行集团贷款的资金来源和贷款特点

世界银行是按照股份公司原则建立的，其发放贷款的资金来源主要来自四个方面：(1) 会员国实缴的资本，在资本市场上发行债券取得的借款，每年的净收入及到期归还的贷款。(2) 世界银行成立之初的法定资本为 100 亿美元，分为 10 万股，每股 10 万美元，后经几次增资，到 1985 年 6 月 30 日认缴股本达 670 亿美元。由于会员国实缴资本有限，世界银行每年要向世界各大资本市场借款，主要是同时采用公募和私募两种方式发行债券。(3) 世界银行的净收益，一部分以赠款形式拨给国际开发协会作为无息贷款的基金，大部分留作世界银行的准备金，成为世界银行发放贷款的资金来源之一。(4) 借款国到期归还的借款，以及将部分债券转让给私人投资者借此收回的部分资金，也是发放贷款的资金来源之一。

世界银行贷款具有以下三个特点：(1) 按不同对象区别发放贷款。其贷款按成员国 GNP 的高低分为五组：第一组为最不发达国家，收入在 410 美元以下；第二组为较低水平国家，收入在 410 美元至 730 美元；第三组收入在 731 美元至 1 276 美元；第四组收入在1 276美元至 2 200 美元；第五组收入在 2 200 美元以上。具体发放贷款的原则是越贫困的国家得到的贷款越多。(2) 贷款一般与特定的工程项目相联系。其贷款在 20 世纪 60 年代初期主要帮助成员国发展能源、交通等基础建设，从 20 世纪 70 年代开始重视对发展农业、兴修水利、举办教育等项目贷款，近年来世界银行还制定了专门发放人口项目贷款的政策，并开始把环境保护放在优先考虑的地位。由于贷款与项目紧密挂钩，款项要直接支付给供货单位，借款单位不能得到现汇。项目中的当地费用开支部分，世界银行只在特殊情况下才提供。(3) 贷款期限长，利率低。世界银行贷款短则数年，最长可达 30 年，平均约为 17 年，宽限期为 4～10 年；贷款利率也较市场利率为低，承诺费为 0.75%，贷款收取的其他杂费很少。

3. 世界银行项目贷款的业务程序

世界银行向成员国提供的贷款，约有一半为项目贷款，因此世界银行项目贷款的程序也被称作"项目周期"，具体指以下六个环节。

(1) 项目的选定 (Identification of Projects)。这个阶段的主要任务是世界银行与借款国商定该国优先发展的项目，作为世界银行贷款的预选项目。按世界银行的规定，贷款申请国在选定项目递交世界银行筛选时，除了提供有关项目的数据资料外，还需要提供本国的主要经济资料，比如生产情况、消费市场情况、外贸情况、国民收入等。

(2) 项目的准备 (Preparation of Projects)。项目选定以后，借款国必须对选定的项目从技术、组织机构、经济和财务四个方面先行审查，由借款国政府 (我国是财政部) 对项目作出可行性研究。一般来说，在项目准备阶段，世界银行不直接参与，只提供技术指导或资金援助。

(3) 项目的评估 (Appraisal of Projects)。世界银行在接到申请项目报告后，即组成专家小组，去借款国进行实地考察，对项目的经济、技术、组织机构、经营管理、财务以及采购等方面做系统的检查，并提出建议初步决定贷款的额度和贷款条件。

(4) 项目的谈判（Negotiation of Projects)。经过项目评估以后，世界银行便邀请借款国政府，就项目的贷款金额、期限、偿还方式以及为保证项目的顺利执行所采取的措施进行正式谈判。贷款谈判达成协议以后，由世界银行行长提出报告交执行董事会审议，经批准后由双方的授权代表正式签署贷款协议，签署后的文件在联合国登记注册。

(5) 项目的执行（Implementation of Projects)。在此阶段，借款国负责项目的执行和经营，世界银行负责项目监督，以确保项目的顺利进展。世界银行的监督，一般依靠借款国定期递交的项目进度报告进行，同时还要定期派出代表团到现场检查，并随时提出改进意见。

(6) 项目的总评价（Evaluation of Projects)。项目贷款完成以后，世界银行要对其资助的项目进行总评价，并由该行工作人员撰写评价报告，总结该项目贷款中的经验教训，以供以后的项目贷款国参考。

4. 中国从世界银行取得贷款情况

中国是世界银行的创始成员国之一。1980 年 5 月，世界银行执行董事会批准恢复中国在世界银行的代表权。1981 年，世界银行向中国提供第一笔贷款，用于支持大学发展项目。从此，世界银行与中国的关系日益加强，成为重要和成熟的发展合作伙伴。截至 2009 年底世界银行向中国提供贷款 400 亿美元，支持了 206 个项目，使中国迄今保持着世界银行最大借款国的地位。世界银行贷款项目涉及国民经济各个部门，遍及中国的大多数省、市、自治区，其中交通、能源、工业、城市建设等基础设施项目占贷款总额的一半以上，其余资金投向农业、环保、教育、卫生、供水等项目。中国也是执行世界银行项目最好的国家之一。鉴于中国在过去 20 年取得的举世瞩目的发展成就，中国已于 1999 年 7 月 1 日从国际开发协会（向世界上最贫困的发展中国家提供无息贷款）转出，现在仅从国际复兴开发银行取得贷款。

随着中国的财力不断增强和对外资需求的减少，世界银行的援助计划更多地把重点放在支持相对贫困落后的中西部地区的基础设施和加强体制机构建设的项目，对比较发达的东部沿海地区则着眼于支持具有创新性的尝试和改革举措，包括促进民营部门参与、知识传播和技术引进活动，贷款对象主要是以减贫为重点的项目、城市发展和环保项目。世界银行也在尝试与双边援助机构以联合融资的方式贷款支持社会发展（教育、卫生等）和直接扶贫项目。除资金援助外，经济分析、政策咨询、技术援助和培训活动也是世界银行与中国合作计划极为重要的组成部分。近年来，世界银行应中国政府的要求在体制改革和经济发展的各个重点领域做了一系列的研究项目和报告，研究课题涉及农村扶贫、国有企业改革、金融和银行改革、知识经济、环境保护、养老金体制改革、公共支出管理、石油天然气行业改革与监管、交通战略、高等教育改革等领域。在经济分析和政策咨询领域，世界银行将一如既往地与中国政府有关部门及专家学者密切合作研究中国改革发展的重要课题，包括研究入世对中国的影响。

世界银行驻中国代表处负责管理世界银行的中国业务。财政部是世界银行集团在中国开展业务活动的主要对口部门，国家发展计划委员会在合作计划的制定中也起着极为重要的作用。世界银行和中国政府每年就双方的三年滚动合作计划进行磋商，双方都可以对贷

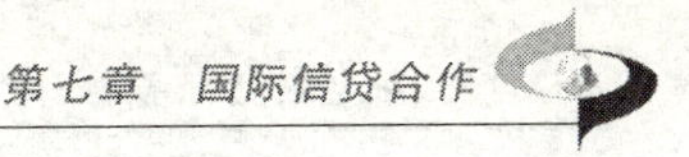

款项目计划和政策研究课题提出建议，所有项目都须经过充分的技术、经济、财务、环境和社会评估之后再提交双方的决策机构做最后审批，双方对每个项目的实施进展情况进行定期监督检查。此外，对所有正在实施的世界银行贷款项目或其中部分重要项目，双方每年进行联合大检查，及时发现和纠正跨部门或跨地区实施项目过程中可能出现的问题。

（三）亚洲开发银行贷款

亚洲开发银行（Asian Development Bank，ADB，以下简称“亚行”），创建于1966年，是一个致力于亚洲及太平洋地区发展中成员国的社会和经济发展的区域性政府间金融开发机构，总部设在菲律宾的首都马尼拉。

1. 亚洲开发银行贷款种类

贷款是亚行的主要业务活动，按贷款条件不同亚行贷款可以分为硬贷款、软贷款和赠款三大类。硬贷款是用亚行普通资金提供的贷款，贷款为浮动利率，每半年调整一次，贷款期限为10年至30年，含2年至7年的宽限期。软贷款是用亚洲开发基金提供的贷款，仅提供给人均国民收入低于670美元（1983年价格）而且还债能力有限的亚行成员，贷款期限为40年，含10年宽限期，不收利息，仅收1%的手续费。赠款用于技术援助，资金由技术援助特别基金提供，金额数量往往有限制。

按贷款方式划分，亚行的贷款业务主要有以下7种：（1）项目贷款。亚行章程规定，亚行经营的原则主要是为具体的项目提供资金，这些项目可以是一个国家发展规划的一部分，也可以是一个地区发展规划的一部分。（2）规划贷款。是对某一个需要优先发展的部门或其所属部门提供资金，目的是使这些部门通过进口生产原料、设备和零部件，扩大现有生产能力，使其结构更趋合理化、现代化；同时优先扶植部门的规划项目，包括如何调整现行政策，如何完善部门发展投资规划及部门内部制度等内容，可以得到亚行的支持，提供规划贷款。（3）部门贷款。是对与项目有关的投资进行援助的一种形式，这种贷款全面考虑整个部门的发展，贷款的目的是满足被选择部门资本投资的需要，提高该部门执行机构的技术和管理水平等。（4）开发金融机构贷款。是通过成员国的开发性金融机构进行间接放款，也称中间转贷。我国接受亚行的第一笔贷款就是这种贷款，1987年11月9日签约，金额为1亿美元，由中国投资银行转贷给40个中小型企业的技术改造。（5）综合项目贷款。是对较小的贷款成员国，如南太平洋的一些岛国，采用的一种灵活的贷款方式，将一些相互补充的小项目结合为一个项目提供资金。（6）特别项目执行援助贷款。是为亚行贷款项目在执行过程中遇到未曾预料的困难，再提供的特别援助贷款。（7）私营部门的贷款和股本贷款。用于支持发展中成员的私营部门。

2. 亚洲开发银行贷款的资金来源

亚行自身开展业务的资金分作三部分：普通资金（Ordinary Capital Resources）、亚洲开发基金（Asian Development Fund）、技术援助特别基金（Technical Assistance Special Fund）。另外，亚行还为项目安排联合融资（co-financing），还建立了日本特别基金（Japan Special Fund）。

（1）普通资金。它由以下五部分构成：一是股本，亚行建立时法定资本为10亿美元，后经多次增资，到1987年法定资本为229.87亿美元。二是借款，从1969年起亚行开始从国际金融市场借款，到1982年借款额已超过它自身拥有的股本和储备金总和。三是普通准备金，亚行章程第40条规定，亚行理事会每年把亚行净收益的一部分划作普通储备金。四是特别储备金，亚行对1984年3月28日以前发放的未偿还普通资金贷款，除了收取利息和承诺费以外，还根据亚行章程第16条和第17条的规定，收取一定数量的佣金，并将之转为特别储备金。五是净收益，亚行对其留存收益以及实缴股本收益不进行再分配或分红，营业和营业外净收入都作为普通资金运营。

(2) 亚洲开发基金。它始建于1974年6月28日，专门对亚太地区贫困成员发放优惠贷款。该基金主要由亚行发达成员捐赠，到1987年末共达128.29亿美元。另外，亚行理事会根据亚行章程第19条第一款第一条规定，从各成员国缴纳的未核销实缴股本中拨出10%作亚洲开发基金；基金每年收支相抵后的净收益也作为基金来源。

(3) 技术援助特别基金。它是1967年建立的，用于资助发展中国家成员增强技术力量。它也是由成员国捐赠，到1987年底共捐款4 777.7万美元。其最初捐款都附有一定条件，但近年来有逐步放弃附加条件的趋势。另外，根据亚行1986年10月1日理事会决议，亚洲开发基金增资中的2%（为0.72亿美元）转入技术援助特别基金；该基金还从投资、汇率收益以及其他来源获得收入393.1亿美元。

(4) 日本特别基金。1988年3月，亚行和日本政府签署了日本特别基金协议，用于支持亚行发展中成员所进行的与实现工业化、开发自然资源和人力资源以及技术有关的活动，当年日本政府共捐款2笔，总额达45亿日元（相当于3 580万美元）。

(5) 联合融资。它是一个或一个以上的外部经济实体与亚行共同为某一开发项目融资。目前亚行的联合融资业务主要有以下五种类型：一是平行融资（parallel financing），是将项目分成具体的、独立的部分，供亚行和其他融资伙伴分别出资放贷。二是共同融资（joint financing），先将亚行与其他融资伙伴的资金集中，然后按商定比例资助所需的货物和服务的采购。三是伞形融资或称备用融资（umbrella or standby financing），开始由亚行负责项目的全部外汇费用，当亚行找到联合融资伙伴以后，亚行贷款中的相应部分即被取消。四是窗口融资（channel financing），联合融资伙伴不与借款人发生关系，而将其资金通过亚行投入项目。五是参与性融资（participation financing），亚行先对项目进行贷款，然后由商业银行购买亚行贷款中较早到期的部分。

3. 亚洲开发银行贷款业务程序

亚行的项目贷款周期，通常包括选项、立项、实地考察、评估、谈判、签约、生效、执行和后期评估等阶段。相比较起来，选项、可行性研究和评估是项目成败的关键。

(1) 选项。选项的标准有两条：一是被选项目须是申请借款国成员的优先发展项目；二是被选项目应符合亚行的贷款原则。由于选项还考虑被选项目的最终投资效果，因此申请借款国成员，除了应向亚行提供被选项目的有关资料数据以外，还应该提供该成员国的主要经济资料和数据，以及该成员国一定时期的各项方针、政策。项目一旦被确定，亚行和申请借款国成员通常以谅解备忘录的形式，列出被选项目的名称、地点、时间表、执行机构、资金来源、总金额等情况，作为今后双方开展工作的基础。

(2) 立项。项目可行性研究是立项的主要工作，也是项目成败的重要环节之一。项目可行性研究一般包括：项目概况、项目初步设计、项目技术和组织实施方案、项目财务规划、项目成本和效益分析等。中小型项目的可行性研究一般需要6～12个月，大型项目一般需要12个月以上。亚行十分重视为可行性研究提供支持：一是提供技术援助赠款，主要用来聘请技术顾问和咨询专家；二是为项目提供咨询公司和人员名单，由项目执行机构进行选择，亚行对项目咨询工作进行管理和监督，项目咨询合同由亚行进行审查和批准。这一阶段的成果是拿出可行性研究报告，报告主要有以下五方面内容：技术可行性、组织体制可行性、财务可行性、经济可行性、社会可行性。

(3) 实地考察。立项后，亚行派出由专业人员组成的工作组，对项目进行实地考察。考察组通过与项目执行机构的专业技术人员进行会谈和讨论，发现和修正可行性研究报告中可能的错误和遗漏，同时考察组还要索取最新资料数据。考察结束时，考察组通常会与项目执行机构及有关部门进行一次总结性会谈，写出一份备忘录。实地考察组返回亚行后，须向亚行管理当局提交一份项目简报，供亚行有关职能部门审阅。

(4) 评估。在项目实地考察完成2～3个月以后，亚行将再派出工作组对项目进行评估。评估小组由各类专家组成，人数视项目的需要而定，时间需要2～3周。他们到达申请借款国以后，将与政府有关部门和项目执行机构进行深入细致的磋商讨论，内容涉及项目的技术、经济、组织、财务、生产、销售、管理及人员培训、国际招标、设备采购等。项目评估结束时，双方进行总结性会谈，签署一份谅解备忘录，其中载明被评估项目的贷款总额、偿还期限、项目范围等条款，为以后正式起草贷款协议和项目协议书奠定基础。

(5) 谈判。在进行项目贷款谈判之前，亚行需准备一系列文件，其中包括：亚行行长向亚行董事会提交的项目建议报告和项目评估报告，贷款协定草案和项目协议书草案，经亚行有关部门审阅后，以快邮方式寄送给申请借款成员当局和项目执行机构。在项目评估的2～3个月以后，经过双方充分准备，亚行将正式发电邀请借款国成员当局派出代表团赴亚行总部，进行项目贷款谈判。贷款谈判一般需要一周左右，结束时双方除草签贷款协定和项目协议书外，还需共同签署一份会谈纪要，然后亚行官员对谈判文件草本进行整理并制作出一套完整的文本，送交亚行董事会审阅。

(6) 批准和签署。全部贷款文件在亚行董事会成员中传阅21天之后，即举行董事会会议。与该项目有关的亚行官员以及参与项目前期准备工作的专家，均须列席董事会，对各位董事提出的一系列问题进行解答，然后全体董事表决。表决通过后，通知申请借款国成员当局和亚行双方授权代表签署贷款文件，签署仪式通常在亚行总部进行。

(7) 生效。贷款协定和项目协议书在签署90天以后开始生效。在正式生效前的时间内，还须办完下列手续：一是借款国中央政府核准贷款文件；二是借款国外交部的法律部门，须对贷款协定和项目协议书出具法律证明书；三是借款国的中央银行或财政部的法律部门，对其与项目执行机构达成的附属贷款协议出具法律证明书。

(8) 执行。项目进入执行阶段以后，项目执行机构着手制定具体的项目执行计划和时间安排方案，并组织力量实施。亚行方面将不定期地派遣有关专家到项目实施现场，对项目的进展和施工情况进行了解和监督，并向项目执行机构提出有关工程技术、施工进度、调整贷款额度和拨付款方法等方面的建议。

(9) 后期评估。项目完工以后，亚行将派有关专家，协助项目执行机构对项目进行系统调试，并进行试运行，同时亚行财会部门将终止拨付款，并取消该项目贷款账户。在项目完工后的6个月内，亚行项目主管人员提出一份“项目完工报告”，送交亚行项目后评估办公室审阅。后评估办公室对项目完成报告进行审查，并在1～2年内提出一份“项目运行审核报告”，直接送交亚行行长和亚行董事会，供亚行最高行政当局对未来新上贷款项目作决策时予以参考。

4. 中国从亚洲开发银行取得贷款情况

中国于1986年3月正式加入亚行。在中国加入以前，中国台湾曾长期以“中华民国”名义窃据合法地位。经反复斗争，1985年11月，中国政府与亚行当局达成了《谅解备忘录》，规定中华人民共和国作为中国的唯一合法代表成为亚行成员，中国台湾以“中国台北”的名称留在亚行。目前中国已经成为第三大股东国。

中国加入亚行后，积极参与亚行事务，与亚行及各成员之间的交流合作不断增加。到2003年底，中国已累计使用亚行贷款约136. 5亿美元，涉及110个贷款项目。技术援助赠款2亿多美元，涉及近400个技术援助项目。这些贷款主要用于能源、交通和环境保护等基础设施和国家重点项目，对支持国家的经济建设起到了积极的推动作用。

三、出口信贷

(一) 出口信贷的概念与特点

出口信贷的全称是官方支持的出口信贷（Officially Supported Export Credits，OSEC)，是由政府支持的为扩大出口而提供的优惠贷款。工业发达国家为支持本国产品的出口，加强本国产品在国际市场上的竞争力，往往采取提供保险、融通资金、补贴利息等方式，鼓励本国金融机构对本国出口商或外国进口商、进口国银行提供优惠贷款，有的国家则建立出口信贷机构（export credit agencies，ECA）直接提供贷款。出口信贷是战后国际信贷合作的一个重要特点，第二次世界大战后它的发展一般被分为两个时期：第一个时期是第二次世界大战后到1981年，是出口信贷迅速增长的时期；第二个时期是1982年至今，是出口信贷在债务危机爆发以后的调整恢复期。

出口信贷有以下三个特点：(1) 出口信贷所支持的一般是大型设备的出口，金额大，一般出口信贷额有最低起点额而没有最高限额，信贷期限长，一般在2年以上。它与贸易融资、项目贷款不同，贸易融资期限较短，一般在90天、180天到2年之间，而项目贷款尽管金额大、期限长，但它仅用于单个大型项目，并利用项目投产后的产品销售收益来偿还本金。(2) 出口信贷是以出口信贷保险为基础的，是保险与银行融合在一起的一种便利。出口信贷存在着许多潜在的风险，最大的风险就是拒绝付款风险（risks of no-payment)，尤其是大宗资本货物的出口，私人保险公司一般不愿意提供保险，商业银行也不愿意提供信贷，这就需要官方出口信贷机构来弥补私人保险市场的不足，或者直接作为保险人为出口商承担付款风险，或者作为再保险人对私人保险公司承保的出口风险给予再保险，或者对银行提供的贸易贷款给予担保。因此，有人形象地讲，出口信贷有“两条腿”，一条是保险，另一条是银行，只有这两条腿的合作出口信贷才能运行。(3) 出口信贷是政府干预经济生活的一个重要手段，政府在出口信贷中具有决定性作用。所有的工业发达国家和不少发展中国家都设立了官方出口信贷机构，专门办理出口信贷和出口信贷保险业务，大多数出口信贷机构是国有的，属于政府部门，也有的由政府和商业银行各出一部分股权合资建立，还有个别的由国内几家商业银行合资建立，全部私有。出口信贷业务除了主要由出口信贷机构办理以外，其他政府部门也给予各种配合，如财政部和中央银行的合作，因此，政府在出口信贷业务中起决定性作用：政府往往是出口信贷的保险人、贷款人、利息补贴者；对混合贷款（mixed credit)，即政府援助与出口信贷混合在一起，也有人称之为“挂钩援助贷款”（tied-aid credit)，政府充当援助者。

（二）经济合作与发展组织的《君子协定》

出口信贷是政府参与的一种贷款形式，它和一般商业贷款相比，还有一个突出的不同特点是：出口信贷的贷款条件（terms and conditions），诸如利率、偿还期、宽限期等，不是由市场决定的，也不是由各国政府独自决定的，而是由经合组织的《君子协定》所规定。《君子协定》的全称是《关于官方支持的出口信贷指导原则的安排》（Arrangement On Guidelines for Officially Supported Export Credit），它规定了各参加国在为2年以上的出口信贷提供官方支持时，所能给予的最优惠条件。

1.《君子协定》的诞生与演变

1919年英国政府成立出口信贷担保局，这是官方支持的出口信贷的开始。1934年"伯尔尼联盟"（Berne Union）成立，是最早提供有关出口信贷问题的讲坛。1963年经合组织成立了处理出口信贷及其保险事务的永久性工作组。20世纪70年代世界经济危机之后，各国努力促成一个广泛的国际协定，1976年6月6个主要国家通过了单方声明，宣布达成"一致意见"，这是《君子协定》的雏形。1978年2月，《君子协定》即《关于官方支持的出口信贷指导原则的安排》正式出台，它的参加国是经合组织成员国，限制对象是各参加国提供官方支持的、期限在2年或2年以上的出口信贷，不管这种信贷是与货物或服务销售合同有关，还是与租赁业务有关。《君子协定》诞生以后，在最低利率模式和是否减少使用混合贷款两个问题上存在分歧，1983年成员国修改了《君子协定》的利率结构，提出了"商业参考利率"（comercial interest reference rate，CIRR），并决定避免使用混合贷款将援助资金用于商业目的。1987年3月17日，《君子协定》又被作了一次重大修改，决定使用商业参考利率计算赠与成分，且混合贷款中使用的最低赠与成分不低于35%。

2.《君子协定》的主要内容

《君子协定》要求各参加国在为出口信贷提供官方支持时，不得低于各项指导原则规定的最优惠条件，但可以高于最优惠条件。最新《君子协定》的主要内容有以下几点：(1) 现金支付，每笔出口信贷买方必须自筹15%以上的现汇。(2) 最长还款期限，第Ⅰ类国家（收入较高国家）为5年，第Ⅱ类国家（中等收入国家）为8.5年，第Ⅲ类国家为10年。(3) 最低利率，协定对第Ⅰ类国家，要求使用根据市场利率计算出来的商业参考利率；而其他类国家，可以选择使用商业参考利率和最低利率模式。商业参考利率是经济合作与发展组织各成员国的政府债券利率，每月15日调整一次。它是单一货币利率，一旦某一货币利率下调低于上述模式利率时，即可选择该国货币的商业参考利率。模式最低利率（matrix minimum interest rate）则是由美元、英镑、法国法郎、德国马克和日元五种一揽子货币的政府债券利率加权平均而成的综合最低利率，其利率随市场利率的变化而调整，每年1月15日和7月15日进行调整。上述的1988年1月15日的最低利率就属于这种利率。(4) 当地费用，规定提供当地费用的贷款利率和还款期限不能优于该出口信贷所应有的条件。(5) 将混合贷款纳入"通知程序"，即赠与成分在25%以下的混合贷款必须事先通知，1988年以后将其赠与成分提高到35%以上。(6) 协定对几项比较特殊的资本货物出口给出了具体规定，如船舶、核电站、地面卫星通讯站和民用飞机等。另外，《君子协定》不适用于农产品和军工产品。

（三）出口信贷的类型及其业务程序

1. 买方信贷及其业务程序

(1) 买方信贷的概念。买方信贷（buyer's credit），是出口方银行把资金贷给进口方的进口商银行，对进口商进行融资的一种贷款办法，通常也称设备贷款。目前我国银行办理的买方信贷有两种：进口买方信贷，是用于支持本国企业从国外引进技术、设备而提供的贷款；出口买方信贷，是支持本国船舶和机电产品出口而提供的贷款。出口买方信贷是由我国银行向进口方国家提供的外汇贷款，进口方用我方出口买方信贷款项支付我国出口商的货款，由购买设备的买方向我国银行申请。其贷款对象是经中国进出口银行认可的国外进口方银行或其他借款（如进口国的财政部或有实力的国外进口商等）。一般来说都要求进口方银行是世界上有名望或信誉卓著的银行或进口国的国家银行。贷款的使用范围必须是用于购买中国境内的成套设备、船舶及其他机电产品，不得用于购买第三国货物或工程土建费用。贷款的利率参照OECD的水平协商确定，贷款的期限最长不超过十年，贷款金额为合同金额的85%。

（2）进口买方信贷的贷款程序。这种贷款的业务程序包括以下4个环节：第一，申请和审批，由借款企业向当地有业务权限的银行申请，银行根据国务院批准的《外汇贷款办法》及有关规定，根据权限逐笔审批。第二，贸易合同和买方信贷协议的签订，借款单位凭借银行加盖公章的订货卡，同外贸公司签署贸易合同，分行根据贸易合同向总行汇报，由总行对外联系签订买方信贷具体协议。第三，合同的执行和贷款的支用。第四，对外进行还本、付息、付费，结清账户。

（3）出口买方信贷的贷款程序。这种贷款的业务程序包括以下四个环节：第一，贷款的联系和调查，出口方向贷款银行联系，银行进行认真的贷前调查。第二，贷前准备，贷款银行视情况直接或间接参与商务谈判，初步确定贸易合同和贷款协议。第三，贷款协议的签订，由出口方向银行提出正式贷款申请，银行做认真的贷时调查，最后签订贷款协议。第四，贷款的使用和收回。

2. 卖方信贷及其业务程序

（1）卖方信贷的概念。卖方信贷（seller's credit），是出口信贷的另一种形式，也就是贸易上常说的延期付款，进口商购货后对出口商延期支付货款，出口商为取得资金周转向进口方银行申请贷款，又称为出口卖方信贷。出口卖方信贷包括人民币贷款及外汇贷款，由出口的卖方向银行借款。其贷款对象是具有法人资格、经国家有关部门批准有权经营机电产品和成套设备出口的进出口企业或生产企业。也就是说，无论是中央企业还是地方企业，无论是大中型企业还是中小型企业，只要获得机电产品出口经营权，出口项目又符合银行规定的条件，都有资格申请出口卖方信贷，也都有取得出口卖方信贷支持的机会。出口卖方信贷支持的范围比较广泛，只要每项出口合同超过50万美元、设备在我国国内制造部分的比重符合国家规定、出口合同中规定的现汇支付比例符合国际惯例（一般机电产品不低于15%，船舶不低于20%）的各个行业的机电产品和成套设备以及船舶、飞机、通讯卫星、电站等项目均属于银行出口卖方信贷支持的范围。

（2）出口卖方信贷的费用及业务程序。出口卖方信贷，除出口商付给银行利息外，还有信贷保险费、管理费、承担费等费用，出口商一般都把费用计入货价之中。出口卖方信贷的业务程序，大体与出口买方信贷相同，可以分为以下4个环节：第一，贷前调查；第二，项目评估；第三，贷款审查与批准；第四，签订借款合同，银行对借款企业开立贷款账户进行专户管理，以监督贷款的使用与偿还。

3. 福费廷及其业务程序

（1）福费廷的概念。福费廷（forfeiting），是出口信贷融资的又一种方式，即出口地银行或金融机构对出口商的远期承兑汇票进行无追索权的贴现，使出口商得以提前取得现款，它一般用于延期付款的大型设备贸易中。

（2）福费廷的业务程序。福费廷的具体做法包括以下5个环节：第一，出口商与进口商在洽谈贸易合同时，事先与当地银行或金融公司先行约定，以便做好福费廷的信贷安排。第二，进出口商签署言明使用福费廷的贸易合同，出口商向进口商签发远期汇票，并得到进口商往来银行的担保。担保有两种形式：一是在汇票上签章保证到期付款，这叫保付（aval）；二是出具保书（letter of guarantee），保证对汇票付款。第三，进口商从下列两种形式中任选一种，作为延期支付货款的偿付票据，或者由进口商开具本票（promissory notes）寄交出口商以便贴现，或者出口商向进口商签发远期汇票；经承兑后退回出口商以便其贴现。第四，无论使用何种票据，均需取得进口商往来银行的担保，担保银行须经出口商所在地银行同意。第五，出口商取得经进口商承兑并经有关银行担保的远期汇票或本票后，按照与买进这项票据的银行的约定，依照无追索权的原则，办理贴现取得现款。

（3）福费廷的贴现办法。福费廷与一般票据贴现有区别：一是无追索权，二是要有一流银行担保，三是收取管理费和承担费。福费廷是对一套期限跨数年的票据的贴现，贴现公司在具体交易中通常采用贴现系数的办法计算贴现，每张票据贴现系数等于票据面额乘票据期限天数，各张票据贴现系数相加得出一套票据的总贴现系数，并据此求贴息。贴现息＝1/360（总贴现系数×贴现率）。贴现公司按总的票面金额减去贴息支付现款。贴现率反映了银行的资金成本，一般根据该期间的LIBOR、票据的平均期限、票据的风险和贴现公司的利润等因素而制定，银行一般报两种福费廷贴现率：简单贴现率（straight discount rate），不计复利；另一种为贴现收益率（discount to yield），其计算公式为：

$$P_a=\frac{A}{i}\times\frac{(1+i)^n-1}{(1+i)^n}$$

各笔业务的福费廷贴现率往往互不相同。

第二节　国际私人信贷

国际私人信贷，也称国际商业贷款，是由一国公司、银行等私人机构与另一国政府、银行及其他法人或自然人之间的资金借贷关系，其实质是私人资本以法人名义的对外贷款。具体讲，国际私人信贷包括：国际银行信贷和国际项目融资，其中国际银团贷款在国际银行信贷中具有重要地位，将予以专门论述。

一、国际银行信贷

（一）国际银行信贷的概念与特点

国际银行信贷（international bank loan），是一国借款人在国际金融市场上向外国贷款银行（lending bank）拆借货币资金的经济行为。

国际银行贷款目前以欧洲货币中长期信贷为主，与其他信贷方式相比，它有三个特点：(1) 中长期银行信贷在资金使用上比较自由，不受贷款银行的限制，而政府贷款往往有采购限制，世界银行贷款要求专款专用。(2) 国际商业银行的资金供应较充分，借取手续较方便，每笔贷款金额较大，从几千万美元到数亿美元不等。(3) 中长期银行信贷的条件较为苛刻，贷款利率水平较高，贷款期限相对于公共信贷为短。

(二) 国际商业银行贷款的种类

国际商业银行贷款依组织形式可划分为：银团贷款（下面将专门论述）、联合贷款和双边贷款。(1) 联合贷款（club deal）是由一家或数家外国银行与本国金融机构一起对某一项目提供的贷款，其贷款金额一般小于银团贷款，没有主干事和干事行。其最大的困难是法律的适用性，因此在国际银行贷款中的比重一直不是很高。(2) 双边贷款（bilateral loan）。一般是只有一家外国银行作为贷款人，本国金融机构作为借款人，它的每笔金额为几千万美元，最多为1亿美元；其成本较低，只包括LIBOR（伦敦银行同业拆放利率）加上一个加息率，再加上承担费。

国际银行贷款依期限可划分为：(1) 长期贷款。一般指期限在5年以上、金额超过1亿美元的银行贷款，一般以银团贷款的方式进行。(2) 中期贷款。一般指期限在1年以上5年以下的银行贷款，它占国际银行贷款的很大比重。(3) 短期信贷，一般指一年或一年以下的贷款，其中银行同业拆放在整个短期信贷中居主导地位，期限从1天到6个月居多，每笔金额在10万美元以上，每笔的标准金额为100万美元。

国际银行贷款依提供方式不同可以划分为“多种选择便利”（multiple option facility, MOF）。“便利”由两部分来源不同的资金组成：(1) 第一部分是利用“银行承兑”的方式，资金由参加银行组成“投标小组”，根据借款人提出的金额和期限要求进行投标，借款人可以选择采用最佳报价。(2) 第二部分是参加银行提供的循环信用额度（revolving credit），资金的利率是参照市场的银行同业拆放利率和同业拆借利率的平均利率二者的平均数。借款人可以根据实际情况选择使用其中的任一方式，也可以同时采用两种方式，以达到选择使用最低成本资金的目的。

(三) 国际银行贷款的业务程序

为保障借贷双方的利益、促进贷款协议的达成而对借贷双方权利义务规定的条件称为信贷条件，它主要包括：利息和费用，期限与偿还，货币选择等。下面将国际银行贷款业务分为三个阶段，阐述其贷款条件。

1. 确定借款货币及利率目标

选择借款货币是十分重要而又十分困难的，选择借款货币的主要目的是避免汇率风险，采取的办法有：(1) 实现货币多元化，可以采用借款国货币、贷款国货币、第三国货币或某种复合货币；(2) 区分软币和硬币，用软币确定负债，用硬币确定资产；(3) 根据用款项目的实际需要来选择，尽力做到借款货币、用款货币和还款来源货币相一致。

选择借款货币的利率也是十分重要的，在实际工作中常见的利率形式有：(1) 固定利率（fixed rate）。(2) 浮动利率（floating rate），一般的浮动利率贷款是以6个月的LIBOR为基础，半年调整一次，通常以利率调整日前2个工作日上午11点钟伦敦4家参考银行报价的平均数为基础，再加上借贷双方商定的利差。(3) 部分浮动、部分固定。(4) 利率上限（cap）。(5) 利率下限（floor）。(6) 利率双限（collar）。选择适当的利率形式，可以减少利率风险，达到降低筹资成本的目的。

2. 询价、报价和双边谈判

选择询价对象是选择贷款银行的前奏，一般要考虑两个因素：一是代理行政策。考虑外国代理行同总行、其他分行以及我国银行有关部门以往的贷款和其他业务的进展情况，及时收集这方面的信息，以便更好地执行与代理行之间的互惠原则（reciprocal）。二是不同银行的优势。各国的银行或一国的不同银行，在融资业务方面都有各自的特点和优势，针对不同的资金要求，可以选择不同的银行进行询价。

询价的方式及内容。询价一般采用电传方式，也可以通过传真进行。但正式的报价和授权书（mandate）不宜用传真方式传送，因它不具备正式的法律效力。询价内容主要是资金的贷款条件，主要有：（1）借款人（borrower）。借款人信誉不同会影响借款成本，如中国银行作为借款人，其借款综合成本（ali-in cost）可低至 LIBOR 减 0.2%，而项目单位作为借款人的贷款利率可能高达 LIBOR 加 0.5%，再加上杂费。（2）贷款人（lender），指明是独家贷款还是银团贷款。（3）用途（purpose），指明是借款人本身需要，还是转贷（on-lend）。（4）货币和金额（currency，amount）的选择。（5）期限（tenor or term），包括用款期、宽限期和还款期。（6）利率（interest rate）的选择。（7）提款和还款（drawdown and repayment）。还款有两种方式可以选择：一次性还款（bullet）和分期还款（by instalment）。(8) 税收（tax）。(9) 费用（fee），主要涉及承担费、管理费、代理费和保险费等。(10) 截止日期（deadline）。

3. 国际商业贷款的签约和提款

借款协议文本谈判完成以后，借贷双方有权签字的人签署文件，一般签字人均有授权书（power of attorney）。借款人完成协议规定的先决条件后就可以提款。

（四）我国对国际商业银行贷款的使用

我国从 1979 年开始，在国际金融市场上举借外债。外汇管理局 1997 年颁布的《境内机构借用国际商业贷款管理办法》对我国使用国际商业银行贷款的原则、程序等方面作了相关的规定。(1) 借款人的资格。对外借用国际商业贷款的境内机构仅限于经国家外汇管理局批准经营外汇借款业务的中资金融机构和经国务院授权部门批准的非金融企业法人。其中非金融企业法人应当具备以下条件：1）最近 3 年连续盈利，有进出口业务许可，并属国家鼓励行业；2）具有完善的财务管理制度；3）贸易型非金融企业法人的净资产与总资产的比例不得低于 15%，非贸易型的非金融企业法人的净资产与总资产的比例不得低于 30%；4）借用国际商业贷款与对外担保余额之和不得超过其净资产等值外汇的 50%；5）外汇借款与外汇担保余额之和不超过其上年度的创汇额。(2) 谁借谁还的原则。境内机构应当凭自身资信对外借用国际商业贷款，并自行承担对外偿还责任。境内机构对外借用国际商业贷款应当加强成本控制，其借款总成本不得高于国际金融市场相同信用级别借款机构的同期借款总成本。国家外汇管理局对境内机构借用国际商业贷款的成本控制予以监督和指导。(3) 审批机关及权限。中国人民银行是境内机构借用国际商业贷款的审批机关。中国人民银行授权国家外汇管理局及其分局（以下简称外汇局）具体负责对境内机构借用国际商业贷款的审批、监督和管理。境内机构借用国际商业贷款应当经外汇局批准。未经外汇局批准而擅自对外签订的国际商业贷款协议无效。

使用国际商业贷款一般要经过以下业务程序：(1) 取得利用贷款项目的批复。要借用国际银行贷款，首先要根据项目的规模取得国家或者地方、部门计划管理部门的批准，在批复中明确项目建设的部分资金来源为国际银行贷款。(2) 取得国际银行贷款指标。各地方、部门计划管理部门将准备使用国际银行贷款的项目初审后，报国家发展和改革委员会审批，如果符合国际银行贷款的条件，国家发展和改革委员会将同意该项目使用一定数量的国际银行贷款，即取得国际银行贷款指标。(3) 委托金融机构对外筹资。目前，国内筹措国际银行贷款主要通过中国银行、交通银行、中国建设银行、中国工商银行、中国农业银行、中信银行以及经国家批准的省市级国际信托投资公司等银行和非银行金融机构对外筹措。(4) 金融条件核准。国家为避免各筹资窗口在市场、时机和条件等方面发生冲突，在筹资窗口筹措国际银行贷款前，由国家主管部门对其贷款的金融条件，即贷款期和利息、筹资市场、筹资方式等进行审核和协调。筹资窗口在国家主管部门正式批准贷款条件后，才能与国际银行签订借款协议。

二、国际银团贷款

(一) 银团贷款的概念与特点

银团贷款 (syndicated loan)，是指由一家或几家银行牵头，多家国际商业银行或商人银行作为贷款人，向某个企业或政府提供一笔金额较大的中、长期贷款，一般 1～7 年的属中期贷款，7 年以上的属长期贷款。

银团贷款始于 20 世纪 60 年代，流行于 70 年代，80 年代以来又有了较大发展。其突出的特点表现在：(1) 参加银行数目灵活，根据贷款金额大小，参加行可多可少，少则三五家，多则数十家；(2) 贷款金额大，一般在 500 万美元以上，多数在 1 亿美元至 5 亿美元之间，少数可达 10 亿美元；(3) 贷款期限长，一般为 5 年、7 年或 10 年；(4) 贷款风险分散，因多家银行分担贷款额度，风险相对减小。中国银行从 1986 年开始组织对项目的银团贷款。

(二) 银团贷款的业务程序

银团贷款由于参加者较多，一般业务程序较复杂。从开始准备到最后签约，一般经过如下五个阶段。

1. 准备承诺函 (或称贷款结构)

在准备正式贷款文件前，借款人与银团的牵头行初步讨论，向牵头行正式递交贷款申请书 (委托书)、可行性研究报告及有关法律文件的各种批件，牵头行经审查确定贷款后，向借款人提供一个有关贷款条件、贷款结构的文件，以便借款人对整个贷款有一个全面的认识，研究并最后接受。贷款结构不具有法律效力，牵头行可以用一封信的方式发给借款人，也可以将贷款结构文本附在一封函件之后，由借款人接受后签署退回牵头行。借款人要承担牵头行准备此项贷款的一切费用，该笔费用叫融资费 (或称申请费、安排行费用)。

2. 组织贷款银团

借款人一旦原则上同意牵头行提出的贷款结构，即开始组织银团贷款工作。首先决定参加行名单，并选择几家国际大银行做副牵头行；然后与有关银行接触，简要介绍项目的情况并征询意见。

3. 起草项目概况，分发各参加行

牵头行根据借款人提供的有关资料，对项目进行认真的评估，写出评估报告。然后起草《项目概况》，其主要内容是：对项目的各当事人，如股东、承包商、担保人等，分别作出评估、说明。牵头行将项目评估报告和《项目概况》分发给各参加行，收到各参加行的承诺后，银团即宣告成立。

4. 签订银团贷款协议

经过询价比较，组成贷款银团后，就开始商定贷款协议等文件。国际银团贷款的协议内容比较规范，虽然英美法系国家同大陆法系国家的银行采用不尽相同的银团贷款协议，但它们仍有许多共同之处。

在银团贷款协议签订时，一般应掌握好以下主要条款：（1）银团成员之间的关系。1985年，在银团贷款中首次出现一家成员银行单独起诉巴西一家借款行到期不还款的事件。为了从法律意义上明确银团成员之间的关系，协议中可以规定：所有贷款成员“分别地而不是连带地”负有贷款责任；每次提款时银团成员都分别向借款人提供资金，只是为了方便起见通过代理人办理；某一银团成员未能如期提供资金，其他成员没有责任补足差额，等等。（2）先决条件。贷款人提供贷款，必须事先收到各种法定文件，如借款方有权执行该协议的有关签字和提供印鉴样本、牵头行总行或其他有关部门的批准文件或授权书，以及税务机关的免税证明、借款人的法律意见书，等等。（3）法律变更。一旦借款国法律变更引起贷款人利益损失，则要么借款人提前还款，要么借款人完全承担贷款成本的增加，事先都要详细规定。（4）纳税。一般规定“贷款人在本贷款项下的所有收入无需纳税，如需纳税或折扣，将由借款人负担”。中国银行在纳税方面多次利用税收饶让（tax sparing）组织银团贷款。（5）陈述与保证，即借款人必须提供自己法律地位、财务和业务状况的陈述，同时对各项陈述的真实性，以及向各贷款人提供文件的真实性，进行保证。（6）同等位次及消极保证条款，即借款人对贷款银团的每一成员提供相等的条件或担保。（7）交叉违约（cross default），即借款人在其所有其他债务项下的违约，也构成本借款协议其他项下的违约。（8）提前偿还贷款的权利。如果协议中未明确规定借款人有提前还款的权利，则不能提前偿还。

5. 提款安排

银团贷款协议生效后，需要由一家贷款银行作为银团的代理银行，根据银团已签署的文件，该代理银行通常即为牵头经理银行。代理银行的责任主要包括：检查有关协议文件的签字；安排银团贷款的付款和借款人提款，发送提款通知；按约确定利率及展期条件；代理收取本息及服务费，并分派于各参与银行；检查担保条款；监督借款人对贷款协议的履行，向参与银行发送定期报告等。

（三）银团贷款的偿还、费用及其折算办法

1. 银团贷款的偿还方式

银团贷款一般有三种偿还方式，与此相适应的利息计算方法也有三种：（1）按贷款本金等额还款。按这种方式还款，利息按贷款余额计息。（2）按贷款本金和利息余额还款（或称年金还本付息）。按这种方式还款时，每次偿还的本利和是等额的，利息不单独计算，而是用年金方法一起计算，可以用复利期末等年现值公式计算每次偿还金额：$A=\frac{P\ (1+i)^n i}{(1+i)^n-1}$，如果每半年偿还一次，则 $A=\frac{P\ (1+i/2)^{2n}\cdot i/2}{(1+i/2)^{2n}-1}$。（3）按每期还款人的本息和，根据期限计算复利，即前一次还本付息额是后一次偿还债务的基数，乘上本期利率即为本期还本付息额。

从最终支付本息和大小来看，方法一的金额最小，方法三最大，而方法二居中。从支付的时间先后来看，方法一是前大后小，犹如梯形，上底大于下底；方法二是长方形，前后一样大小；方法三是前小后大，也是梯形，但上底小于下底。如果根据货币时间价值的方法进行比较，三种方法的实际差额为零，没有价格上的区别。

2. 银团贷款费用及其折算办法

银团贷款的费用较多，一般包括以下 4 种。

(1) 承担费 (commitment fee)。一般从贷款协议签订 1 个月以后开始计收，一直算到实际用款，借款人在用款期间，对已用款金额要支付利息，对未用款金额要支付承担费；承担费通常为贷款额的 0.125%～0.25%。

(2) 代理费 (agency fee)。它是付给代理行的费用，有时按贷款总额一次性支付，有时按每年规定的比例支付，代理费按贷款金额的大小和事务的繁简程度而不同。

(3) 管理费 (management fee)。是借款人付给牵头行的酬劳费用，一般在协议生效后 30～90 天内一次性支付，其费率为0.25%～1%。

(4) 杂费 (out-of-pocket expense)。它是指贷款过程中所实际发生的费用，如律师费、差旅费和通讯费等，由借款人承担。

银团贷款费用的折算方法有两种：

(1) 近似折算方法，即不考虑货币的时间价值，它由每年支付的费用和一次性支付的费用构成。对于每年支付的费用，其折合年率计算公式是：

$$\text{每年支付费用折合年率}=\frac{\text{每年支付费用}\times\text{贷款期限}}{\text{总平均年限}\times\text{贷款总金额}}$$

对一次性费用，其折合年率计算公式为：

$$\text{一次性费用折合年率}=\frac{\text{一次性支付费用}}{\text{总平均年限}\times\text{贷款总金额}}$$

其中，总平均年限为贷款总金额在整个贷款期间实际使用的年限。在用款期，贷款总金额是被逐次提款的（除一次性全部提款外）；在还款期，贷款总金额是被逐次偿还的（除一次性还款外），这样贷款总金额的实际使用年限短于贷款期限。只有在用款和还款之间的时间（也可能没有这个阶段，用款期结束后马上开始还款期限），整个贷款总金额才被实际使用。因此，银行贷款的“总平均年限”＝用款期的平均年限＋还款期的平均年限＋用款期和还款期之间的实际使用年限。其中，

$$\text{用款期平均年限}=\frac{\sum\left(\text{每次用款金额}\times\text{用款日到用款期结束的天数〈用年表示〉}\right)}{\text{贷款总金额}}$$

$$\text{还款期平均年限}=\frac{\sum\left(\text{每次还款金额}\times\text{上次还款日到本次还款日的天数〈用年表示〉}\right)}{\text{贷款总金额}}$$

(2) 精确折算方法。它考虑货币的时间价值，精确计算贷款的实际利率 (effective rate)，也就是贷款的总成本，用公式表示为：

$$PV-F=\frac{G_1}{1+i}+\frac{G_2}{(1+i)^2}+\cdots+\frac{G_n}{(1+i)^n}=\sum_{t=1}^{n}\frac{G_t}{(1+i)^t}$$

式中，PV——贷款现值；

F——一次性支付费用金额；

i——贷款期间的实际利率，即贷款期间的总成本；

n——到期以前的付息次数；

G_1，…，G_n——每次所付利息、费用和还本的金额。

三、国际项目融资

（一）项目融资概述

项目融资（project financing），是为特定工程项目而发放的贷款，它是国际中长期贷款的一种形式，发放这种贷款的主要担保是该工程项目的预期经济收益，以及其他人对工程停建、不能营运、收益不足以还债等风险承担的义务，因而主办单位的财力与信誉并不是贷款的主要担保对象。

项目融资有多方面的参与人：(1) 主办单位，即项目的主管单位和部门，它从组织上负有督导该项目计划落实的责任，一旦项目发生意外，它在法律上负有出资偿债的责任。(2) 承办单位（project entity），是为工程项目筹措资金并经营该工程的独立组织。(3) 外国合伙人，承办单位选择一个财力雄厚、信誉卓著、经营能力强的外国合伙人，可以获得融资便利。(4) 贷款人，根据项目的具体情况，国内外的信贷机构、各国政府和国际金融组织均能成为工程项目的贷款人。(5) 设备供应商，设备供应商的资信与经营作风，是贷款人考虑发放贷款的因素之一，承办单位也可以向设备供应商获取延期付款等融资便利。(6) 工程产品的购买人或工程设施的用户，它们与承办单位签有购买产品的合同，是项目还款的主要资金来源。(7) 工程师和承包公司，是工程项目成败的技术关键。(8) 外国政府官方保险机构，也是项目贷款的重要参与人。(9) 托管人（trustee），其主要职责是直接保管从工程产品的用户处收取的款项，用以偿还对贷款人的欠款，它保证在贷款债务未清偿以前，承办单位不能动用该笔款项。

（二）项目融资的资金来源

兴建工程项目的资金来源有两大渠道，一是股本投资，二是举借贷款。股本投资是工程项目的主办单位（或东道国政府）和外国合伙人的现金（外汇）或实物投入。主办单位和东道国政府常以承担可行性研究、初步工程设计、提供水的使用权、矿产开采特权或其他实质性资产作为实物投资。外国合伙人则提供专利、先进技术、设备和诀窍等作为实物投资。

工程项目筹资绝大部分来自借款，即项目融资。概括起来看，提供项目融资的资金来源主要有：(1) 政府间双边贷款；(2) 出口信贷资金；(3) 世界银行及其附属机构——国际开发协会的贷款；(4) 联合国有关组织的捐赠与援助；(5) 地区性金融组织（如亚洲开发银行）提供的项目贷款；(6) 国际商业银行贷款；(7) 发行债券，项目筹资时往往设立专门机构，配备专门人员，发行项目债券，并关注该债券在市场上的动态并进行有效管理；(8) 供应商提供的信贷。

可见，项目融资渠道较多、形式多样。根据工程结构的不同、主体工程和附属工程完工期长短的不同和项目各组成部分对资金要求特点的不同，承办单位可以从上述各个渠道筹措资金，将不同来源的资金组成一个综合体。由于筹资工作手续复杂，接触面广，专业知识强，承办单位常常委托财务代理人来管理筹资工作。

（三）国际项目融资的程序

国际项目融资结构复杂，制约因素多，其准备工作过程也较长。在一般情况下，国际项目融资工作大致可分为项目融资决策、项目融资结构分析、项目融资准备和项目融资文件签署与执行四个阶段。

(1) 项目融资决策。项目投资人或主办人在决定采用项目融资方式后，通常要确定项目投资与项目融资的初步结构或初步方案，并作出项目可行性研究。在这一过程中，项目投资人或主办人可以聘请专业顾问取得咨询意见和帮助，项目主办人和项目融资顾问也均可聘请专业性中介机构协助工作。

(2) 项目融资结构分析。项目融资结构分析阶段的工作主要包括对项目基础状况和基础资料进行调查，作出专业性分析报告和结论性意见，根据项目经济强度和风险因素修改确定具体的项目融资结构、项目融资方案和项目融资细节安排三部分。

(3) 项目融资准备。在项目融资顾问与项目主办人经协商已确定了项目融资具体方案及其细节安排的基础上，应由项目主办人委托牵头经理人组织贷款银团，由牵头经理人和专业性中介机构准备信息备忘录和各种融资法律文件，并应由主办人与牵头经理人就项目融资文件进行协商谈判。牵头经理人在得到授权后，将与专业性中介机构共同准备旨在推销贷款的信息备忘录或事实说明文件；同时将委托专业性中介机构依照已拟定的项目融资方案准备各种项目融资法律文件的草稿。

(4) 项目融资文件签署与执行阶段。这一阶段是自各种项目融资法律文件签署至项目贷款清偿完毕的整个期间，此过程中的工作主要包括项目融资法律文件的签署、执行贷款与项目投资计划、牵头经理人监督项目建设与项目管理、项目运营与现金流量管理等几个部分。

（四）项目融资的工程规划与风险管理

1. 工程项目的规划

工程项目的建设应在周密、审慎、健全的可行性研究和规划基础上进行，项目规划的主要内容有：(1) 经济可行性（economic viability）；(2) 销售安排（marketing arrangement）；(3) 原材料和基础设备的安排；(4) 费用估计（cost estimate）；(5) 环境规划；(6) 货币规划和财务规划。

2. 项目融资的风险管理

在工程建设阶段中，项目融资的主要风险有：(1) 费用超支风险。解决的主要办法有：由发起人提供超支资金，并签订不规定限额的承担超支资金协定；由贷款人提供一定数额的超支资金；由国家银行提供一定金额的备用贷款；或由项目产品购买者提供部分资金。(2) 不能按期完工风险。按规划的要求，选择质量高、经营作风良好的工程师与承包商，是工程按期完工的重要保证。(3) 中途停建风险。贷款人常要求工程项目的主办单位、项目产品购买人或其他信誉良好的机构给予担保，由担保人承担对贷款的归还责任。

在工程营运阶段，也会由于开工不足或其他原因，使项目经营收入不足以偿债，使贷款人蒙受损失。为防止营运阶段的风险，一般要签订下述合同加以保证：(1) 最低支付额合同（minimum payment contract），它由项目产品购买人和承办单位签订，规定即使产品购买人未购到产品，也承担向贷款人支付一定量最低金额，以抵偿承办单位对贷款人应付的部分债务。(2) 差额支付协定 (deficiency payment agreement)，即由工程项目的东道国、中央银行或跨国公司参与对贷款偿付的担保。(3) 直接担保 (direct guarantee)，即由工程项目东道国的信誉卓著的银行、承办单位的外国合伙人或其他外商担保，这种担保并非直接承担还债义务，仅是或有负债 (contingent liabilities)，也就是说，在承办单位不偿还债务时，保证人才承担对债务的偿还。

(五) 项目融资的新发展：BOT 融资方式

1. BOT 融资方式的概念及变形

BOT 融资方式，是英文 build-operate-transfer 的缩写，即建设－经营－移交方式，BOT 融资方式是政府与承包商合作经营基础设施项目的一种特殊运作模式，BOT 融资方式在我国称为"特许权融资方式"。这种方式实际上很早就使用过，从 20 世纪 80 年代以来才引人注目。1984 年，土耳其总统厄扎尔首先提出 BOT 的概念，其出发点是将某些公共工程项目私营化，以解决政府的资金不足。此后这种方式迅速被很多国家使用，如 1986 年一年，英国就有 6 个基础设施项目采用 BOT 方式，著名的欧洲海峡隧道也是 BOT 项目；美国采用 BOT 方式建设的发电厂，其发电量占整个电网发电量的 7%，到 20 世纪末已达 20%。

BOT 的实质是一种债务与股权相混合的产权，它是以项目构成的有关单位，包括承包商、运营商等组成财团，并成立一个股份组织，对项目的设计、咨询、供货和施工实行一揽子总承包，且在项目竣工后在特许期内运营，向用户收取服务费，以收回投资、偿还债务并赚取利润，最终将项目交给政府。

BOT 融资方式，在发展过程中出现了多种变形，下面是几种常见的 BOT 融资变形 (见表 7—1)。

表 7—1　　几种常见的 BOT 融资变形

BOT (build-operate-transfer)	建设、运营、移交
BOOT (build-own-operate-transfer)	建设、拥有、运营、移交
BOO (build-own-operate)	建设、拥有、运营
BOOD (build-own-operate-demolish)	建设、拥有、运营、拆除乃至签订一项特许合同以包括更广泛的内容，等等

2. BOT 融资的基本结构和操作程序

以 BOT 方式组织项目的实施，其组织结构随项目的类型、具体项目的特征、项目所在国的情况及项目的承包商情况等诸多因素的差别而有所不同。在此，我们给出一个基本的项目合约结构。见图 7—1。

实施一个 BOT 项目，一般经历以下一些关键步骤：(1) 项目方案确定，由公营机构或者私营机构承担；(2) 项目招标准备，研究确定技术参数，准备项目招标文件，包括评标标准；(3) 资格审查，根据投标者的业绩记录和财务状况进行资格审查；(4) 邀请投标，邀请通过资格预审的公司提交详细的项目建议书 (即标书)；(5) 投标准备，承包商

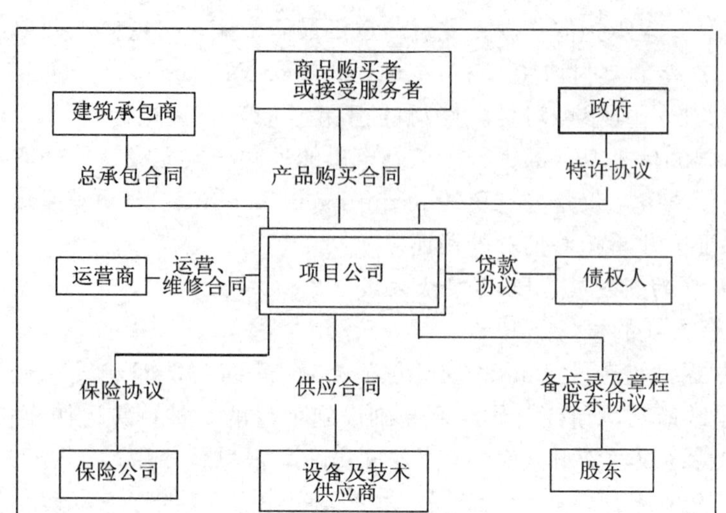

图 7—1 项目合约结构

按招标文件的规定准备并提交标书；(6) 评标及决标，根据项目招标文件中规定的评标准则进行评标，将结果排序；(7) 合同谈判，邀请中标者进行合同谈判，如果谈判成功则签订合同；(8) 承包商进行项目设计、融资、建设和运营；(9) 特许期结束，项目移交给有关政府。

3. 我国高度重视应用 BOT 融资方式

我国第一个 BOT 基础设施项目，是 1984 年由香港合和实业公司和中国发展投资公司等作为承包商，在深圳建设的沙角 B 电厂。经过十多年的运作，该项目取得了成功，其施工期仅 22 个月，提前一年完工，1986 年获得英联邦土建大奖。更为重要的是：目前沙角 B 电厂供电成本低于广东省国有电网。沙角 B 电厂模式已经得到了各级政府部门的认可。

1995 年，原外经贸部下发了《关于以 BOT 方式吸引外商投资有关问题的通知》，国家计委、交通部和电力部联合下发了《关于试办外商投资特许权项目审批管理有关问题的通知》，为国内运作 BOT 项目提供了法规依据。同时，国家计委选择了广西来宾 B 电厂、成都第六水厂、长沙电厂和广东电白高速公路等项目作为 BOT 试点项目，标志着中国 BOT 项目进入了规范运作的发展阶段。1997 年国家外汇管理局颁布的《境外进行项目融资管理暂行办法》中也对我国如何开展 BOT 业务进行了一系列的规定。近些年来，我国的 BOT 业务发展十分迅速，在广东、福建、四川、湖北、上海等地都出现了一批 BOT 项目，如广深珠高速公路、重庆地铁、成渝高速公路、上海延安东路隧道复线等。在“九五”计划中也使用了 BOT 融资方式建设了一批项目。在西部大开发的进程中，BOT 融资方式也受到了青睐。2002 年，自西部开发以来的第一个 BOT 项目，也是全国第一个城市供水设施 BOT 试点项目——成都自来水六厂 BOT 项目完成建设投入运营，取得了良好的效益。同时，民营 BOT 业务也有着广阔的发展空间，福建省泉州刺桐大桥 BOT 项目等都取得了成功。

第三节　外债管理

在本章开始，我们已给出了外债的定义。我国外债包含 12 种类型：外国政府贷款，国际金融组织贷款，国外银行及其他金融机构贷款，向国外出口商、企业、私人贷款，买方信贷，在华外资银行贷款，对外发行债券，延期付款，海外私人存款，国际金融租赁，补偿贸易中的现汇偿还部分，其他。2009 年底我国有外债4 286.5亿美元，其中中长期外债余额为1 693.9 亿美元，占 39.5%，短期外债余额为 770.4 亿美元，占 60.5%。在外债来源结构中，外国政府贷款占 8.1%，国际金融组织贷款占 7.8%，国际商业贷款占 46.3%，贸易信贷占 37.7%。下面分四个方面论述外债管理。

一、外债管理的原则和基本要素

外债管理是指一国政府通过设立或授权某一政府机构对外债的系统运行加以协调、控制和监督。外债系统运行，是外债管理主体运用外债管理方法对外债管理客体进行协调、控制和监督，最终实现外债管理目标的过程。外债管理的目标是，合理有效地控制外债的总量与结构，使借入外债取得最佳经济效益，实现外债的良性循环，避免外债危机，最终实现经济增长。

我国外债管理，必须遵循以下四条原则：(1) 统一管理的原则。要求建立统一的外债管理机构，实现外债管理的法制化、制度化和科学化，实现协调一致、统一对外。我国的外汇管理主要依据《外债管理暂行办法》(发改委、财政部和外汇管理局联合颁布，2003 年 1 月) 和《境内外资银行外债管理办法》(发改委、人民银行和银监会联合颁布，2004 年 5 月) 来进行。(2) 量力而行的原则。应根据自身的吸收消化能力确定举借外债的总量。债务的吸收消化能力，包括国内配套能力和偿还外债能力两个方面，它伴随着一国综合国力的不断增强和国际收支的不断改善而提高。(3) 结构合理的原则。外债结构是指外债诸组成要素的排列组合与相互地位，主要有外债种类结构、外债期限结构、外债利率结构、外债币别结构、外债地区结构和外债投向结构等。结构合理就是使外债保持在一个合理的水平上，实现外债结构的最佳配置。(4) 提高效率原则。这是外债管理全过程的核心和出发点，也是其他管理原则的最终落脚点。它是贯穿外债管理诸环节和全过程的主线。

外债管理包括三大基本要素：(1) 外债管理主体，是指外债管理行为的承担者，包括决策者和执行者两个层次。从决策者的层次看，国家发展和改革委员会、财政部与国家外汇管理局是我国的外债管理部门。从执行者的层次看，可以借用国际商业贷款的境内机构仅限于经国家外汇管理局批准经营外汇借款业务的中资金融机构和经国务院授权部门批准的非金融企业法人。这些境内机构的所有对外借款均需办理外债登记，除财政部和银行以外的债务人对外偿还债务本息还需经外汇局核准。(2) 外债管理的客体，是外债管理行为的作用对象，包括人的对象、物的对象和地区对象。借款人可以分为居民和非居民，从法律角度可以分为自然人和法人；物的对象是指外债实体，即外债的若干种类；地区对象，是指在对外筹资和对内管理上地区政策的差异。(3) 外债管理体制，即外债管理主体的组织制度，其旨在确定外债管理是集中管理，还是分散管理。

二、外债的计划与统计监测管理

（一）外债计划管理

外债计划即借用外资计划，是国家外汇收支计划的组成部分。我国外债计划管理，要求统一计划、统一政策、分工归口、强调集中。

根据《外债管理暂行办法》的规定，国家对各类外债和或有外债实行全口径管理。国家发展和改革委员会会同有关部门根据国民经济和社会发展需要，以及国际收支状况和外债承受能力，制定国家借用外债计划，合理确定全口径外债的总量和结构调控目标。为防范外债风险，我国外债管理长期实行严格的数量控制，国家发改委确定中长期和年度外债规模，并合理安排外债的行业、地区、期限、币种结构，以保证足够的清偿能力。

我国外债计划管理根据债务人类型和债务期限的不同，实施不同的管理政策，通过发展和改革委员会对举借外债实行分类管理。(1) 国际金融组织贷款和外国政府贷款由国家统一对外举借。国家发展和改革委员会会同财政部等有关部门制定世界银行、亚洲开发银行、联合国农业发展基金会和外国政府贷款备选项目规划，财政部根据规划组织对外谈判、磋商、签订借款协议和对国内债务人直接或通过有关金融机构转贷。(2) 对中资机构的短期外债实行余额管理。国家对境内中资机构举借短期国际商业贷款实行余额管理，余额由国家外汇管理局核定。(3) 对中长期外债实行计划指标管理。境内国有商业银行、中资企业等机构举借中长期国际商业贷款，须经国家发展和改革委员会批准，余额由国家发展和改革委员会会同有关部门审核后报国务院审批。(4) 对境内外资金融机构举借外债实行总量控制。具体细则由《境内外资银行外债管理办法》来规定。其中规定，发改委、外汇管理局根据境内外资银行的上年度外债借用情况、其境外总行或地区管理部批准的本年度对中国境内债务人的年度授信限额、境内贷款项目需求（中长期外债）及流动性需要（短期外债），分别核定境内外资银行本年度中长期外债发生额和短期外债余额。境内外资银行在本年度新借入的中长期外债不得超过国家发展和改革委员会核定的额度；本年度内任一时点的短期外债余额不得超过外汇局核定的余额。外债总额确定后，境内外资银行可以根据业务需要在年度内向发改委或外汇管理局申请进行一次调整。(5) 在国外发行债券实行审批制度。财政部代表国家在境外发行债券，由财政部报国务院审批，并纳入国家借用外债计划。其他任何境内机构在境外发行中长期债券均由国家发展和改革委员会会同国家外汇管理局审核后报国务院审批。在境外发行短期债券由国家外汇管理局审批，其中设定滚动发行的，由国家外汇管理局会同国家发展和改革委员会审批。

（二）外债的统计监测管理

外债统计监测管理，是指对外债借入、使用和偿还情况进行收集、登记汇总、统计分析和跟踪监测。我国于 1987 年 8 月 27 日，由国家外汇管理局发布《中华人民共和国外债统计监测暂行规定》，经中国人民银行批准，1997 年 9 月国家外汇管理局又对外公布了《外债统计监测实施细则》，标志着我国外债统计监测系统已经初步建立。

根据《外债统计监测暂行规定》和《外债统计监测实施细则》，由国家对外债实行登记管理制度。国家外汇管理局负责建立和健全全国外债统计监测系统，对外公布外债数字。国家外汇管理局及其分支局依法履行外债统计监测的职能，具体负责辖区内外债的登记监督、贷款专户和还贷专户的审批、债务偿还的核准、债务信息的采集发布和对外债资金使用情况的跟踪管理。

我国外债统计监测管理主要有两个特点：（1）国家对外实行全面的登记管理制度。所有债务人在对外借债签约后，都必须到当地国家外汇管理局办理登记。（2）用电脑进行数据处理。目前国家外汇管理局及其分局都已配齐了电脑，并已开发了外债管理专用电脑软件系统，各地外汇管理分局都可以把外债登记的原始数据直接输入电脑。各分局的电脑，一方面可以对原始数据进行处理，汇总出本地区债务总体现状，供地方政府决策参考；另一方面又将产生的载有原始数据的软盘，报国家外汇管理局，目前已可以直接联网传送。国家外汇管理局对原始数据进行再处理，可以获得全国外债的数据、期限、币别等总体信息结果。

三、外债总量与结构管理

（一）外债总量与结构管理概述

外债总量管理，是指对外债总体数量规模所进行的监测、分析、调节和控制。外债结构管理，是指对外债的来源、成本、期限、币种、利率、投向及借款人等状况所进行的分析与合理安排。外债总量管理侧重于解决债务数量、债务规模的适度性问题，外债结构管理则侧重于解决外债质量问题，债务构成因素的均衡性或优化性问题。

我国的外债总量管理和外债结构管理是由国家发展和改革委员会会同有关部门联合进行的。每年发改委都会同有关部门根据国民经济和社会发展需要，以及国际收支状况和外债承受能力，制定国家借用外债计划，合理确定全口径外债的总量和结构调控目标，对外债管理实行比较严格的数量控制。同时，由外汇管理局随时掌握外债动态，监测各项总量指标和结构指标，建立和完善全口径外债监测预警机制。

我国原外债口径是1987年按当时的国际标准口径确定的。近年来，特别是自亚洲金融危机以后，国际货币基金组织等国际组织吸取东南亚国家金融危机的经验、教训，越来越重视成员国外债的风险管理，在外债口径和期限结构上都做了调整。从而使我国原登记外债口径与目前国际标准相比较存在一定的差异。为使我国登记外债口径与国际新外债统计标准接轨，增加外债统计数据的透明度和可比性，经国务院批准，我国外汇管理局按新的国际标准口径对原外债口径进行调整，并从2001年上半年开始按新的国际标准公布外债数据。外债口径具体调整如下：将境内外资金融机构对外负债纳入我国外债统计范围，同时扣除境内机构对境内外资金融机构的负债；将3个月以内贸易项下对外融资纳入我国外债统计；将中资银行吸收的离岸存款纳入我国外债统计；在期限结构方面，将未来一年内到期的中长期债务纳入短期债务。

外债总量与结构管理，是外债管理的基础、重点和难点，也是整个外债管理的中心内容。加强外债总量与结构管理，需要具备四个基本条件：（1）需要制定一国完善的外债管理战略与策略；（2）需要有完整的统计资料与相应的配套数据指标体系；（3）需要有各种可靠和及时的世界经济、金融信息；（4）需要有一支具有较高政治和业务素质的管理队伍。

（二）外债总量管理

一国确定适度外债规模的客观依据是：（1）一定时期内借款国经济发展对外债的总需求，这是确定外债适度规模的最基本依据；（2）借款国对外债的吸收消化能力，必须充分考虑国内各种配套措施和消化能力，然后再确定合理的举债数量；（3）借款国的还债能力，超过了国家偿还外债的能力，将会导致债务危机，严重影响一国对外信誉和经济发展；(4) 国际资本市场的资金可供能力和变化趋势，也是外债规模确定的一个重要依据。

国际上采用的衡量一国适度外债规模的指标体系，主要有：(1) 偿债率。指一定时期（通常为一年）偿债额占出口外汇收入额的比重，公式是：偿债率＝本年度还本付息额/本年度商品与劳务出口收汇额。国际金融组织曾将这一指标作为衡量一国是否发生债务危机的重要指标和核心指标，根据经验统计确定的比率为15%～20%，为债务负担较为适中的安全线，也有人称之为危险线或警戒线。(2) 债务率。指债务国的债务余额占一定时期出口收汇额的比重，公式是：债务率＝年末外债余额/当年出口收汇额。这一比率表明，以债务国目前的外汇收入水平，需要多长时间才能偿清现有总债务。目前国际上公认的该指标安全线为100%。世界银行1989年推出的债务指标认为，该指标达240%为偿债困难国，90%为无偿债困难国，一般国家的安全线为130%左右。(3) 负债率。指债务国未偿外债总额占当年国民生产总值的比重，公式为：负债率＝年末外债余额/当年国民生产总值。国际上公认的安全线一般为15%左右，低于10%为偿债能力较强，超过20%为偿债能力欠佳。(4) 偿息率。指债务国当年外债偿息额与出口收汇额的比重，公式为：偿息率＝偿付外债利息额/当年出口收汇额。国际上公认的偿息率标准为10%左右。1989年世界银行公布的债务指标，偿债困难国的平均偿息率为15%，无困难国为6%左右。(5) 另外，人们还从进口和国际储备等角度来衡量一国债务承受力，主要有三项指标：债务/储备指标、储备/进口指标、用债额/进口指标。

世界银行根据历史经验，提出了采用一整套债务指标来衡量发展中国家债务负担的设想，即用一组统计指标来弥补仅使用单项指标的不足。世界银行的基本原则是，根据上述前四项指标，设定临界值，将各国债务负担分成不同的档次：在负债率、债务率、偿债率和偿息率中，有指标分别达到或超过50%、275%、30%和20%即为高负债国；指标分别位于下列区间者，被认为是负债较重的国家：30%～50%、165%～175%、18%～30%、12%～20%；各项指标均低于以上汇率，即为负债较轻国。按此标准衡量，我国是外债负担较轻的国家。我国2009年底的负债率为8.7%，债务率为32.2%，偿债率为2.9%，按此标准衡量，我国是外债负担较轻的国家。在东南亚金融危机后，人们逐渐认识到仅仅用这些指标来衡量一国的外债负担与适度外债规模是不够的，许多学者和研究机构、国际组织对以上指标进行了补充和调整。如弗兰克尔和罗斯（Frankel and Rose）根据1970—1996年间金融危机的实证研究，提出了16个指标和相应的危机可能性比率，建立了衡量一国外债结构和债务风险的FR模型。目前，除以上指标外，各国一般还从通货膨胀率、实际GDP增长率、外汇储备/短期负债、短期负债/外债总额等多方面来综合衡量外债结构和债务风险。

（三）外债结构管理

1. 外债期限结构及其衡量指标

外债期限结构是指各种期限的债务占整个债务的比重情况，考核的指标主要是一定时期内短期债务额占整个债务额的比率。从一些发展中国家外债期限管理的经验看，有两个具体衡量指标：(1) 短期债务额占负债总额的比重，国际公认的安全线为25%；(2) 短期债务额与出口收汇的比率，一般严格控制在不超过3个月出口收汇额的幅度。

2. 外债成本结构及其衡量指标

外债成本结构，即外债来源结构，是指各种来源市场、来源方式的外债占债务总额的比重。目前考核外债成本结构的具体指标有三个：(1) 私人商业债务占债务总额的比重。考核这一指标具有特殊意义，因为私人商业债务一般成本高、归还期相对短，获得较为容易，是造成一国债务危机的重要因素。(2) 多边债务额占债务总额的比重。发展中国家这一指标的平均数值，在1988年为15.7%，其中高负债国为12.2%，负债较重国为20.1%。同期我国的数值为9.2%。(3) 减让债务额占债务总额的比重。发展中国家这一指标的平均值，在1988年为18.6%，负债较重国为27.5%，负债严重的低收入国家平均已达49.5%。同期我国这一数值为15.7%。

3. 外债利率结构及其衡量指标

外债利率结构，主要是指对借款货币利率水平的选择，以及在总体债务中固定利率和浮动利率所占比重的安排。发展中国家的总体利率结构，应当形成一个以官方优惠利率为主、固定利率与浮动利率搭配得体的均衡利率结构。

四、外债营运与风险管理

外债营运管理，是对外债的借入、使用、偿还全过程的管理，要注意对举债方式、外债投向与使用、外债效益、外债偿还等问题作出整体安排并加强科学管理，最大限度地发挥外债资金的经济效益。(1) 对外债借入的管理。我国主要有国际贷款管理，主要是对国际金融组织贷款、外国政府贷款和国际商业贷款的管理；国际证券管理（在国际投资一章中讲解）；以及其他融资方式管理，包括国际金融租赁管理和对外担保借款管理。(2) 外债使用管理。主要控制与管理外债的投向、外债的使用和外债资金的效益。(3) 外债偿还管理。主要落实外债偿还的资金来源、外债偿还方式的选择等。

外债风险管理，是国际债务危机之后兴起的，主要控制外债因汇率、利率、外汇干预或政治等因素导致的对外债权损失或无力偿债，以及对债务风险的事后处理。(1) 外债风险的事先管理。一是防范外债汇率波动风险，主要措施是增加保值条款和选择货币：根据不同时期国际货币制度变化的特点，保值条款可分为固定汇率制时期的"黄金保值条款"、浮动汇率制时期的"外汇保值条款"和"复合货币保值条款"；选择货币的原则，是用硬币定价资产、软币定价负债，构成一个风险分散的货币篮子。二是防范外汇管制风险，可以采用在国际融资契约中加列"官方许诺条款"或"官方保证条款"。三是用利率互换协议等金融交易手段，防范外债利率波动风险。(2) 国际债务危机事后管理。目前怎样对付发展中国家已出现的债务危机，国际社会拿出了一系列办法，如减免债务、债务股权转换等等，但仍没有较妥善的办法进行外债危机事后处理。

我国的国有企业外债风险管理是我国外债风险管理的一个重要内容。在我国的长期外债结构中，政府部门、中资金融机构、中资企业就承担了80%以上。而在政府部门、中资金融机构承担的债务中，除财政部对外发债和银行调整债务结构的少量外债以外，绝大部分转贷给了国有大中型企业，用于基本建设和技术改造。一旦企业出现偿债困难，将不可避免地转嫁给银行和财政，影响国家总体外债安全，因此，国有大中型企业外债风险管理就成为当前我国外债风险管理的重点。在此情况下，2002年7月国家发展和改革委员会、中国人民银行、国家外汇管理局联合发布了《国有和国有控股企业外债风险管理及结构调整指导意见》，对国有企业尤其是国有大中型企业的外债风险管理进行了相关的要求和规定，并采取了若干措施，主要措施包括：(1) 支持国有大中型企业通过"借低还高"调整外债结构。(2) 鼓励国有大中型企业利用国内银行低成本的现汇贷款置换高成本的外债。(3) 资信较好的国有大中型企业经批准后可在境内发行外币债券用于外债结构调整。(4) 允许符合条件的国有大中型企业发行人民币债券用于调整外债结构。(5) 在还债规模和期限内，国有大中型企业可办理以还债为目的的远期购汇防范汇率风险。(6) 有经常性外汇收入的国有大中型企业可开立外债还本付息专用账户。

我国在外债风险管理方面起步较晚，经验也相对较少，因而外债风险管理对于我国还是一个相对新的课题，现实迫切要求我们尽快加强我国的外债风险管理。

[思考题]

1. 试述政府贷款的特点与业务程序。
2. 国际货币基金组织贷款的种类有哪些?
3. 世界银行贷款的种类有哪些?
4. 试述 OECD《君子协定》的主要内容。
5. 试述国际银团贷款的特点与业务程序。
6. 试论项目融资及其新发展：BOT 融资方式。
7. 试述外债管理的主要内容。

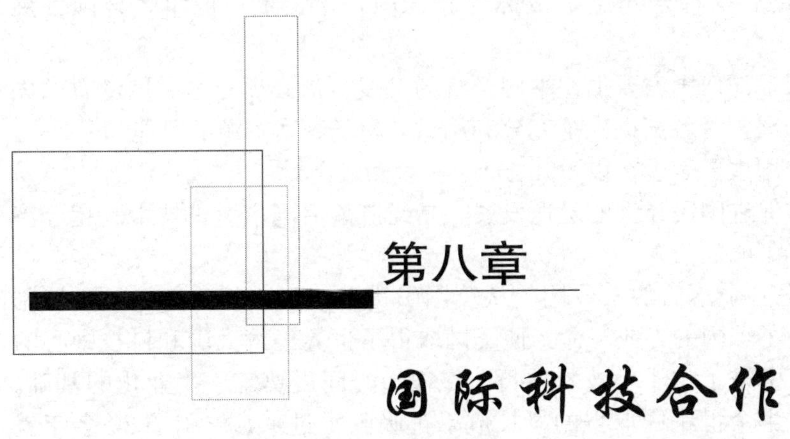

第八章 国际科技合作

[重点问题]

- 国际技术贸易的基本特点及转让形式
- 技术贸易合同的基本类型及内容
- 国际科技交流的发展趋势
- 各国技术贸易政策及管理体系
- 联合国技术援助体系

国际科学技术合作是国际经济合作的一个重要组成部分。国际经济合作的实质是生产要素在各国间的重新配置。从这个意义上说，国际科技合作就是生产要素中的科学技术要素在主权国家间的国际移动、组合和配置。

第一节　国际科技合作概述

随着国际形势的缓和及科技进步速度的加快，国家间的科技合作与交流明显增多，方式也多种多样。目前，既有双边、多边合作，也有综合性的一揽子合作；既有签协议的交流与合作，也有不签协议的合作；既包括从文献、资料交换到国际会议研讨交流，又包括从互相派员学习，到分工协作、共同研究、合作开发、合作生产，等等。各种形式的合作与交流方式可归纳为两大类型：一类是有偿的技术转让，即技术贸易。其具体内容有：硬件技术交易，包括单机、零部件、配件、元件、流水作业线、成套设备等及其使用和制造技术的转移；软件技术贸易，包括专利、商标使用权的转让和专有技术的转让。一类是无偿的技术转让，一般指国际科技交流。其具体方式有：交换科技情报、资料、文献、仪器、样品；互派专家学者讲学；召开科技学术讨论会；共同研究、设计、试验开发项目以及联合建立科技研究机构等等。

此外，国际技术援助也是国际科技合作的有效形式。它是国际社会在联合国范围内向发展中国家提供的一种援助。这种合作通常被称为联合国技术援助，也叫联合国发展援助。

在科技迅猛发展的今天，任何国家要加速本国经济的发展，都必须充分利用已有的先进科技。国际科技合作的开展，为各国提供了充分利用世界科学技术资源的可能和条件。

现代国际科技合作的作用主要表现在以下几方面。

(1) 国际科技合作能够促进国民经济的迅速发展，是经济落后国家引进技术赶超经济发达国家的一条捷径。

18 世纪以前，美国还是一个落后的农业国。从英国引进蒸汽机、铁路运输、机械制造等方面的大量技术，推动了美国的工业革命，使美国取得了世界经济大国和科技中心的地位。苏联十月革命以后，引进了 134 个技术项目，在很短时间内奠定了工业化的基础。日本在战后初期将西方国家半个世纪中取得的科技成果都吸收了过来，仅用了 20 多年就一跃成为资本主义世界的第二大经济强国。

在发展中国家中，印度是引进技术较多的国家之一。由于推行国际科技合作，印度的科学技术迅速进步，工业、农业和国防有了快速发展。

(2) 国际科技合作能够避免重复研究、节省时间、节约费用。实践证明，国际科技合作可以节省大量研究开发的时间和费用。例如，日本东洋人造丝公司仅花 1 000 万美元从美国杜邦公司引进了生产合成尼龙的工艺技术，仅花 2 年时间就使新产品投入市场，而杜邦公司当初研究该项工艺技术投入了 2 700 万美元，花费了 8 年时间。有关的统计资料表明，在引进国外技术方面，每花费 1 美元，如改为自行研究和设计，在美国约需 6.2 美元，在英国约需 3.1 美元，在法国约需 5.4 美元，在日本约需 16 美元，由此可见，国际科技合作的直接经济效果是十分显著的。

国际科技合作还会产生间接的社会效益和经济效益。将引进技术用于进口替代，可以促进国内工业的成长，节省外汇，减少失业，提高国民收入。例如日本 1960 年用 1 亿美元引进技术来实现进口替代，就节省了进口产品费用达 45 亿美元之多。

(3) 国际科技合作能够加速技术改造，推动技术进步，提高自主开发的水平。国际科技合作从伴随硬件交易（例如引进成套设备）实现的技术转移，到单项技术的纯技术转移，再到合作研究而实现的技术转移，表现出从低级到高级的一般发展过程。只要技术输入国注意扶持自主开发能力，重视科研，不单纯依赖引进，强调在消化吸收技术的同时，着眼于创造和发展本国的技术，那么，国际科技合作无论在低、中、高级阶段都能提供一个开发创造的新起点，使技术输入国在高水平上选择和利用国外的最新科技成果，加速技术改造，推动技术进步，提高自主开发的水平。

第二节 国际技术贸易

一、技术贸易的概念、特性及转让形式

（一）技术贸易的基本概念

1. 技术

技术是技术贸易的标的即对象。技术是指根据生产实践经验和自然科学原理而发展成

的各种工艺操作方法与技能。广义地讲，技术还应包括相应的生产工具和设备，以及生产的工艺过程或作业程序和方法。概括地说，技术主要包括三方面的内容：(1) 制造一种产品的系统知识；(2) 一项工艺的系统知识；(3) 一门服务的系统知识。

要注意的是，我们不能把技术与一般的机器设备（这些是实现技术的手段）简单地相混淆。因为，单纯的机器设备的购销或租赁业务并不属于技术贸易范畴，而是一般的商品贸易。

2. 技术贸易

国际技术贸易是指一国法人或自然人，通过贸易方式，按照一定的交易条件，将其技术转让给不同国家的法人或自然人的活动。在技术贸易中，技术的供应方又称技术输出方，技术的承受方又称技术输入方。技术的输入即是我们通常所讲的技术引进。一般来说，商品贸易是指有形的物质资料的买卖；而技术贸易则是指用于工业生产的无形的技术知识的买卖，但也往往包括筹建的工厂的成套设备在内。这些有形的机器设备被称为技术硬件，无形的技术知识则被称为技术软件。

3. 工业产权与知识产权

工业产权（industrial property）又称“工业财产权”，属于一种无形的财产权，是对发明专利、实用新型、工业品式样、商标所有权等的统称。根据1883年缔结的《保护工业产权的巴黎公约》（简称《巴黎公约》），工业产权的保护对象有发明专利、实用新型、外观设计、商标、商店名称、产地标记等。

与工业产权相联系的另一概念是知识产权。知识产权（intellectual property）是指法律所赋予的知识产品所有人对其创造性的智力成果所享有的专有权利，除包括工业产权的内容外，还包括有关文学、艺术和科学作品、演出录音、录像、广播等权利，以及各种专有技术知识和诀窍等。

（二）技术贸易的特点

1. 国际技术贸易与一般贸易的区别

(1) 贸易对象不同。一般商品贸易是以“物质产品”作为交易对象。这些物质产品具有明显可见的形状，可以计量，可以检测。而技术贸易的对象是“知识产品”，这些知识产品很难用直观的有形物体表现出来。尽管为了便于积累、使用和传播，人们往往用文字、图表、磁带等方式将技术记录下来，形成各种技术资料，但这些技术资料并非是技术本身，只是反映了技术内容，而且许多技术是根本无法用文字表达出来的。所以，技术贸易被称为“无形贸易”。

(2) 贸易条件不同。一般商品贸易的交易条件相对简单，在通常情况下，“钱货两清”后，双方的主要合同义务即告终结。技术贸易涉及的问题远比普通商品贸易的范围广，其难度和风险也大，合同执行期一般也较长。合同的内容除支付合同价款和交付设备及技术资料外，还涉及技术的传播、侵权和保密责任，技术的发展与回授等一系列复杂的法律和技术问题。而且仅就合同价格和支付条款而言，也比普通商品贸易复杂得多。因此，在一般情况下，技术贸易合同的一方交付了技术资料，提供了相关的技术设备，另一方支付了合同价款后，合同关系并未完全解除，双方还要履行各自承担的其他合同义务。这些义务有时会延伸到合同有效期满后若干年。

(3) 贸易关系不同。一般商品贸易当事双方之间的关系，是商品等价交换的关系，这种关系的后果是实现等价交换条件下的商品所有权的转移。技术贸易当事双方之间的关系并非是这种简单的等价交换关系，在一般情况下，也不发生所有权的转移。一项技术从许可方转移到引进方，仅靠简单的买卖关系是无法实现的，需要当事双方密切合作、相互配合才能完成。通过技术贸易所转让的技术，绝大多数是使用权而不是所有权，如无特别约定、技术许可方仍有权将此项技术再次转让给其他人。此外，由于技术贸易的当事双方往往是同行，许可方在转移技术获得收益的同时，又培养了一个潜在的竞争对手。因此，通过技术贸易建立起来的当事双方之间的关系，是基于使用权许可基础上的竞争与合作的关系。

(4) 受法律调整和政府管制的程度不同。技术贸易的交易对象是技术。在现代社会，技术已成为支撑一个国家经济的主要资源，并与该国的政治、军事利益密切相关。因此，技术贸易本身不仅涉及有关企业的利益，而且还与有关国家的政治、经济利益有着密切联系。随着国际技术贸易的发展，不少国家相继制定了有关调整国际技术贸易的法律，不同程度地对技术贸易实施国家管理。即使在某些实行“贸易自由”的发达工业国家，国家对于高精技术的出口也实行严格的政府管理。从这一意义上说，国际技术贸易及其合同已不完全是私法调整的范畴。

2. 技术的国际市场

技术进入国际市场，一般需在某种条件下才能实现。

(1) 在大多数情况下，公司和企业开发新技术，首先不是交换和转让，而是为了自己使用。技术占有方只有在以下情况下才会将技术拿到市场上去转让或扩散：第一，要转让的技术在国内已经或即将被淘汰，而新技术、新工艺已为转入工业化做好准备；第二，技术的转让或扩散不会影响本企业产品的竞争能力；第三，转让或扩散技术是便于与技术输入国的廉价劳动力和资源实行优化组合，从而可降低生产成本，提高该产品在本国和国际市场上的竞争能力；第四，转让或扩散技术是克服技术输入国的贸易保护主义的有效手段，从而实现开拓和扩大市场的目的；第五，把需要投入巨额环保投资的技术转移到国外，可减轻环保措施的投资压力。

(2) 技术转让和扩散还受到政治、经济和军事等因素的影响和制约。如巴黎统筹委员会从政治和军事角度，一直对社会主义国家技术转让采取严格的出口限制政策。

(3) 技术贸易的种类及程度还受到东道国普遍的文化素质即技术吸收能力强弱的制约。当然，技术转让可以进行具体的技术培训，但技术培训的效果、成本和所需时间仍取决于俗称吸收能力的国民准备性教育的水平和普及性。

3. 跨国公司在国际技术贸易中的地位和作用

当前，500家最大跨国公司控制着世界发达国家技术贸易的90%，世界技术贸易的75%。

(1) 在跨国公司拥有的生产要素优势中，首先是技术优势，包括生产、管理和销售方面的技术。跨国公司长期致力于新产品、新技术的研制和应用，使其得以拥有和保持世界上第一流的科研机构和队伍，占有大部分技术发明，形成一个高级的、完整的技术层次。当前国际经济技术合作中，东道国最感兴趣的生产要素是先进技术，而技术优势正是跨国公司与东道国讨价还价的最重要优势。

(2) 跨国公司的全球化经营战略，使生产要素能实现最优配置和实现规模效益，使高技术能生产出低成本、高价格的正效应，这是跨国公司的先进技术得以在其内部实现跨国自由移动的根本原因。

(3) 跨国公司技术转让，在发达国家间具有双向性和呈水平型国际分工。工业发达国家间经济技术水平相当，但各国在某些行业中都有所侧重，即处于绝对优势，它们之间的技术转让具有互补性的绝对优势。这种科技国际分工称为密集型水平分工；发达国家间科技分工还存在着李嘉图型水平分工，即以技术的相对优势为先决条件。一国在技术上虽具绝对优势，但不具生产要素组合优势；而其他国家在资金、劳动力、附加技术、原材料和辅助材料的生产技术和成本方面具有优势。这类科技分工不仅存在于发达国家间的跨国转移，而且存在于发达国家和新兴工业化国家之间即母公司和子公司间的技术转移。

(4) 西方跨国公司对发展中国家的技术转让属于垂直型国际分工。根据产品生命周期理论，当西方国家某一种技术处于成熟和衰退阶段时，容易被国外的低技术国家接受；发达国家对发展中国家的技术转让还存在着行业内部的垂直分工，即某一最终生产各工序可以分离，各工序有技术密集型的，也有劳动密集型的。西方跨国公司把劳动密集型工序的技术和生产转移到国外进行生产和总装配。

(三) 技术贸易的转让形式

技术贸易是作价的技术转让形式，国家间的技术贸易主要是通过双方当事人签订合同或协议的方式进行的。

技术贸易中最主要的是有关专利使用权、商标使用权和专有技术的转让。就引进技术的方式而言，有以下三大类。

第一类：单纯的引进技术。技术贸易的对象是无形的技术知识，如专利、商标或专有技术的许可协议合同。这种方式主要发生在工业发达国家之间。

第二类：引进技术与引进设备相结合。技术引进方除引进必要的技术软件外，同时引进相关的专用设备、成套设备，甚至由技术供应方负责建厂。此种贸易形式主要发生在工业发达国家和发展中国家之间。

第三类：引进技术与引进外资相结合。引进外资的途径可以是独资、合资或合作经营等多种方式。如在合资企业中，一方可以以技术专利、机器设备作价投资，从而使得合资的另一方在共同经营企业的过程中掌握一些技术专门知识，并学会使用先进的机器设备。

无论采用何种方式，技术的供给和引进是其核心内容，以下对专利权、商标权和专有技术的转让分别进行介绍。

1. 专利使用权的转让

专利使用权的转让是技术贸易的主要内容之一。专利权是一种排他性的特权，是发明人或其权利受让人对其发明成果在一定期限、一定地域内依法享有的独占权或专有权，它是一种工业产权，受到专利法的保护。专利法的目的就在于保护发明、公开发明，它既保护了专利人对专利技术的独占权，又使发明公布于众，鼓励了发明创造，推动了科学技术的发展。

在签订专利使用权转让协议时，一定要对专利进行严格细致的审查，特别是有关专利的期限、地域问题和协议中的一些特殊条款。

一项专利期满如不再续展，该项发明技术将不再得到专利法的保护。各国专利法对专利的保护期限并不一致，在审查时要注意该专利是否已过期或是否已进入保护期的最后阶段。因为专利权的续展一般仅为一次，续展期过后即成公开的技术，任何人都可以使用。

专利技术输出方所面临的一个关键问题是在国外寻求专利保护。如果技术输出方没有在相应的国家申请专利，则在引进国国内就得不到保护。

专利制度是在科学技术成果具有商品属性的条件下产生和发展的，世界上绝大多数国家和地区已建立了专利制度。

有关保护专利权的国际公约主要有1883年在法国巴黎签订的《保护工业产权巴黎公约》，它是保护工业产权方面国际上影响最大、参加会员国最多的一个公约，我国已于1984年正式加入。

2. 商标使用权的转让

商标是企业为区别其制造或经营的某种商品的质量、规格和特点的标志。商标权是商标所有人在一定期限内把某一特定的商标用于特定商品之上的一种专有权。商标一经取得专有权，就取得了法律的保护，任何人不得仿冒。下面介绍一下目前世界上采用的几种确定商标专有权的制度。

(1)“申请在先”制度。在同一种或相类似的商品上，以相同或近似商标申请注册的，以申请在先有效。这一原则目前已被大多数国家包括我国采用。在这一原则下，商标权只有通过申请注册才能得到，而仅仅使用商标这一事实并不产生任何权利。这一点是商标首先使用人应注意的。

(2)“使用在先”制度。商标权的产生在于商业上的实际应用，即谁先使用某一商标，谁就取得了该商标的所有权。这一制度有一个明显的缺陷：使商标注册徒有虚名，商标注册只具有“声明”的性质，注册人随时可能遭到侵害了商标首先使用人权利的指控。

(3)“注册在先”制度。商标的注册人只有在规定的期限内没有受到商标首先使用人的异议指控，方能最终取得对该商标的合法权利。各国规定提出异议的期限各不相同，一般在3年至7年不等。

商标权同专利权一样可以转让。商标权的转让须由转让人和受让人共同向商标局提出申请，并且受让人有责任保证该商标的商品质量。商标使用权可以转让，也可以许可使用。商标权的转让分为合同转让和继承转让。合同转让是指企业或个人之间通过合同的形式转让商标的所有权；继承转让是指商标的所有人死亡以后，由该商标所有人的合法继承者继承其商标所有权。

对于涉外商标许可协议，许可方若要使其商标在输入国得到保护，商标所有人必须向所在国的商标当局提出申请注册或按照共同参加的国际条约办理。

3. 专有技术的转让

专有技术是不具有专利权的、没有公开的、专门的产品设计和工艺流程等方面的专门技术知识或经验。它通过图纸、配方、公式、操作指南或技术培训等方式传播。

专有技术并非工业产权，因而不受工业产权法的保护，而只能靠保密措施掌握于发明人及转让人手中。在专有技术转让协议中，主要是利用合同条款对专有技术予以保护。此外，还可以通过防止侵权行为法、防止不正当竞争法和刑法加以保护。

二、技术贸易的发展、现状及动因

（一）国际技术转让的历史发展及现状

国际技术转让有着悠久的历史。早在公元6世纪我国的养蚕技术就通过丝绸之路传到中亚、西亚和欧洲地区；我国的三大发明——火药、造纸、印刷术在公元12世纪至15世纪先后传播到欧洲地区；17世纪初，德国的机械表技术也传到了日本和中国。当时受交通工具的限制，技术传播的速度比较缓慢。

17世纪欧洲工业革命以后，西方工业国出现大量技术发明，加上交通工具的改善，国际技术转让迅速发展起来。19世纪末，绝大多数西方资本主义国家都建立了以鼓励发明创造和保护发明者权利为宗旨的专利制度，这对国家间大规模技术转让起到了极大的推动作用。

第二次世界大战以后，特别是20世纪60年代以来，国际技术转让得到了空前的发展，其发展速度超过了国际商品贸易。

当前大部分国际技术转让发生在发达国家之间，其技术转让主要以高水平技术为主。但近几年来发达国家与发展中国家的技术转让以及东西技术转让也有较大的发展。

（二）现代国际技术贸易发展的原因

现代国际技术贸易的迅速发展决非偶然现象，有其深刻的社会经济背景。具体说来，导致技术贸易迅速发展的直接原因主要有以下五个方面。

（1）科学技术的飞速发展，科技成果的大量涌现，为技术贸易的发展提供了大量的技术资源。第二次世界大战后，各国都十分重视科学技术的研制和开发，不惜投入巨额资金。许多生产企业也一改原来单纯的生产加工，将科研、生产、销售融为一体，并把研制新产品作为企业生存和发展的命脉，由此导致自20世纪60年代始的规模空前的科技浪潮。

（2）世界范围内对技术的巨大需求，为国际技术贸易提供了广阔的市场，技术已成为决定一国经济与社会发展的重要因素。出于经济的、政治的和军事的原因，各国在大力发展本国科技研究的同时，注重从国外引进先进技术，以增强本国的科技竞争力。与此同时，随着科技分工专业化程度的提高，国际商品分工向国际技术分工过渡，科学技术开发超越了一国的范围。任何国家都不可能在所有技术领域内保持领先地位，都需要从国外引进技术，以节省人力、财力和时间。因此，对先进技术的巨大需求不仅来自发展中国家，更主要的来自发达国家。

（3）越来越多的关税与非关税壁垒，阻碍了普通商品的国际贸易，助长了国际技术贸易的发展。20世纪70年代以来，资本主义经济危机使国际贸易保护主义重新抬头，美国等西方国家通过一系列国内立法，制定了各种贸易保护措施，其中非关税措施占大部分。贸易壁垒严重阻碍了普通商品的国际贸易。不少国家纷纷调整其出口战略，用技术出口取代普通商品出口，从而促进和扩大了国际技术贸易。

（4）科研成本的提高，技术更新周期的加快，刺激了国际技术贸易的发展。

（5）迅速发展的跨国公司，为国际技术贸易提供了重要渠道。

三、技术贸易的政策及管理

（一）各国的技术贸易政策

各国根据本国具体情况，对国际技术贸易采取了不同的政策。从总体上看，这些政策主要包括鼓励政策和限制政策两方面。

1. 鼓励政策

不少国家在税收、财政、信贷等方面采取一系列优惠政策。例如美国和欧共体国家对使用新技术的企业给予减免税、加速折旧等财政优惠，并提供优惠利率的贷款或财政补贴。

许多国家还在政府部门设立，或由政府资助成立咨询服务机构，为企业提供信息咨询服务。例如日本政府在科学技术厅下设立了日本科学技术情报中心，通产省及其所属的特许厅也设置了搜集国外最新科技信息的专门机构，这些机构负责为日本企业，特别是广大中小企业提供有关国外的技术信息。

为提高技术出口和引进消化吸收的潜能，世界上大多数国家都十分重视发展本国的科学和教育事业。美国政府设有国家科学基金会和科技政策办公室，协助总统制定科技政策和协调全国的科技工作。1958年，美国通过了《国防教育法》，规定了高等教育的普遍性及教育的优先领域。

越来越多的国家重视对引进技术的消化吸收。日本政府从1950年到1975年间，在不同时期适时地调整有关政策，提供资金，加强科研力量，鼓励企业在消化、吸收的基础上积极开发新技术。除此之外，日本政府还亲自组织一批关键技术的消化吸收。

2. 限制政策

不少国家，特别是发展中国家，为了最大限度地发挥技术引进的积极作用，防止对本国经济产生不良影响，对技术引进往往采取一些限制政策，以保护和扶助本国企业的发展。

技术出口是一种直接生产能力的出口。尽管通过技术出口能够获得技术转让费，但也培植了竞争对手，可能使输出国失去技术垄断的地位和市场竞争的优势；此外，技术出口还可能在军事上、政治上对输出国带来潜在的威胁。因此，一些国家对技术出口实行一定程度的限制政策。

（二）各国对技术贸易的管理

1. 各国对技术引进的管理

各国有关技术转让的管理制度不尽相同，有的国家实行政府直接管理，有的国家政府通过经济手段间接调控。从总体来看，这些制度主要包括以下5个方面的内容。

(1) 立项审批制度。其目的在于使个别企业的技术引进活动符合整个国家的整体利益，以防止个别企业从事不利于国家经济发展全局的技术引进活动，如引起环境污染、超出国家外汇支付能力或造成重复引进等等。

(2) 外汇管理制度。一些国家通过中央银行对技术引进的用汇实施管理，以保证国家的外汇平衡和技术引进项目的经济可行性。

(3) 税务管理制度。一方面，对从事技术转让的有关当事人依法征税，防止许可方转嫁税收负担或偷漏税，以增加本国财政收入。另一方面，运用税收杠杆对技术引进实行优惠利率或减免征税的特殊优惠待遇，以使技术引进能满足本国经济发展的总体政策和产业政策的要求。

(4) 统计和信息管理制度。通过对技术引进情况的统计和有关信息的搜集，能对整个技术引进情况作出客观综合的判断，以便国家及时调整政策，更有效地实施管理。例如日本政府通过银行和大藏省总务厅两个部门，分别从国际收支平衡和全面的技术水平两个角度来对技术引进进行统计。

(5) 合同管理制度。这是诸项管理制度中最重要的一项内容。合同管理的目的是，通过对技术引进合同的审批，加强引进方的谈判地位，防止合同中出现对引进方自身或引进方国家利益有害的不合理或限制性条款。

近年来，随着国际政治关系的缓和，国际知识产权保护的加强，许多国家实行开放政策和提倡自由竞争，各国对技术引进的管理出现了自由化趋向，实行较为宽松的管理政策。

2. 各国对技术出口的管理

技术出口管理是技术出口国对技术输出采取的一种法律控制手段，目的在于保证本国利益不因技术出口而受损害。美国是世界上最大的技术输出国，有一套严密的管理措施，具有代表性；巴黎统筹委员会（以下简称“巴统”）是世界上最有影响的对技术出口实施管理的多边国际组织。

美国对技术出口的管制开始于第二次世界大战时期。1949 年正式制定了美国第一部出口管制法，1965 年国会又通过《出口管理法》，这是在美国出口管理制度中最为重要的法律。美国对技术出口的管理主要遵循以下三项原则：国家安全管理原则、对外政策管理原则和稀缺物资管理原则。

依据出口技术的用途和贸易方式，美国政府对其实行分类管理。为推行其国别政策，美国又将技术引进国分为 7 个类别，并通过发放出口许可证具体实施技术出口管理。

美国《出口管理条例》对技术资料的出口做了专门规定，因为技术资料的出口比其他商品的出口更难掌握。

“巴统”是第二次世界大战后东西方关系进入冷战状态的产物，于 1950 年 1 月 1 日正式成立。其根本目的是防止和限制西方的战略物资、高技术及其产品流入社会主义国家。20 世纪 90 年代以来，由于世界政治、经济形势的变化，“巴统”放宽了出口管制政策。

四、技术贸易的程序及合同简述

（一）技术贸易的基本程序

国际技术贸易是一项复杂的系统工程，涉及经济、法律、商务等多方面的问题，需要遵照一定严格、科学的业务程序。一项完整的技术贸易业务程序主要包括技术的选择、项目的可行性分析、合同的订立以及合同的执行这四个方面。

1. 选择技术

技术选择的好坏，直接关系到技术引进的成败。选择技术总的原则是“经济、有效、先进、适用”，在符合国民经济和社会发展总体要求的前提下，以最少的投入，获得最大的效益。具体说，在选择引进技术时，应注意协调好以下三方面的关系。

（1）宏观与微观相结合。宏观上，看所选择的技术会对整个国家的经济和社会发展产生何种影响；微观上，看是否适合于本企业的现有条件，能否有利于本企业的发展。

（2）先进性与适用性相结合。先进性是指所选择的技术应当高于本行业现有技术水平，具有较长的生命周期；适用性是指所选择的技术适合于引进方具体环境和条件，产生使经济、技术水平得以提高的积极效果。

（3）经济标准与技术标准相结合。经济标准指如何以最小的投入获得最大的产出；技术标准是指如何通过技术引进，使技术水平大大提高，使产品更新换代，生产出高档次、高质量的产品。在选择时，既不能不计成本、单纯就技术论技术，也不能急功近利，不考虑企业发展后劲。

2. 可行性研究

通过采用科学的技术经济分析方法对拟引进技术的先进性、适用性与经济合理性进行分析，有助于提高引进工作的科学性，减少盲目性。一项完整的可行性研究，包括投资机会研究、初步可行性研究、详细可行性研究三个阶段。

(1) 投资机会研究。指在一个特定的生产技术领域或部门内，以自然资源、生产技术条件、市场预测、社会条件为基础，选择建设项目，寻找最有利的投资机会。这一阶段的研究比较粗糙，其目的是分析可能的投资方向。

(2) 初步可行性研究。指在投资机会研究的基础上，通过对引进项目进行初步的技术经济分析，确定是否有必要进行正式的可行性研究，以及需要对哪些问题进行辅助性的专题研究，并对拟引进的项目寻找经济、合理的选择方式。

初步可行性研究之后，应向有关部门提交一份初步报告，即项目建议书。

(3) 详细可行性研究。指通过从技术、经济、市场、环境、法律等各方面对拟引进的技术项目进行全面的调查研究和分析论证，确定项目投资是否可行，并选择最佳可行方案。其内容主要包括四个方面：项目的总体分析、市场需求与生产能力分析、技术分析以及财务和经济分析。

在可行性研究之后，应向有关部门提供一份可行性研究报告。

3. 技术引进合同的谈判与订立

(1) 合同谈判前的准备。需要做的准备有：

组织准备：技术贸易涉及经济、技术、商务、法律等多学科的专业知识。为保证谈判质量，需要建立一个由有专业知识或外贸工作经验的人员组成的、精明强干的工作班子。工作班子应包括以下几方面人员：项目主持人、技术人员、商务人员和法律人员。此外还应配备一定的翻译人员。

技术准备：通过出国考察，同外商进行技术交流等，对拟引进技术的来源有个清楚的了解，弄清潜在的许可方的技术特色及主要技术参数等。

商务和法律准备：商务准备主要是了解潜在的技术许可方向其他厂家转让此种技术的条件以及持有类似技术的其他公司转让技术的条件；法律准备主要是了解有关国家知识产权法、税法以及其他有关技术转让的法律，拟定关于合同中法律条款的谈判策略。

(2) 谈判的程序。完整的技术贸易谈判主要经过五个阶段：

探询：引进方在对技术来源进行初步调查研究的基础上，向潜在的技术提供方就转让技术的可能性进行试探性的询问。探询的目的是了解愿意转让技术的外商的范围及其大致态度。在项目建议书批准之后即可进行探询工作。

技术谈判：邀请有意转让技术的外商到我方工厂参观或派人出国进行技术考察。其目的是基本明确一些主要的技术指标。

询价：指引进方向其选择的潜在许可方正式询问转让技术的价格和其他交易条件，并要求其给予答复的报价邀请。在可行性报告得到正式批准、外汇和配套人民币已经全部落实的情况下，才能对外正式发出询价。

报价：外商在接到询价后，向引进方正式提出报价，以表示其有签订合同的意愿和转让技术的条件。报价是一种法律行为，在报价有效期内，报价人要受报价内容的约束。

商务谈判：引进方在分析对方报价和确定谈判主要方面的基础之上，对合同条款进行逐条讨论，以最终确立合同的全部条款。

(3) 签订合同与合同生效。经过技术谈判和商务谈判，当事双方应将所达成的全部内容整理成合同的最后文本，包括正文和附件两大部分。正文为商务条款和主要技术条款，附件为技术附件。应注意合同文本内容完整，用词准确。合同签字之后，应在规定时间内报请双方主管机关批准，并以最后一方政府主管当局的批准日为正式生效日。

4. 技术引进合同的执行

技术引进合同的执行不仅包括技术资料及相关设备的交付和合同价款的交付，而且包括技术的传授与接受的过程。所以，技术引进合同的执行要比普通商品合同的执行复杂得多。

技术引进合同执行过程中有以下主要环节：

(1) 严格履行支付义务。支付贯穿于合同执行的全过程，包括预付、分阶段的支付，有时还有提成费的支付。支付应注意三方面的问题：认真审单、按期支付和准确支付。

(2) 认真做好技术资料的验收和合理转化工作。引进方应对收到的技术资料及时进行清点，重点是看所交付资料是否清晰、完整，是否使用了双方约定的文字。如发现问题，应迅速通知技术许可方补寄或更新。此后，为适应引进方惯常使用的技术方法，应进行合理的资料转化工作，如补加设计图纸或技术条件，或将生产工艺作适当的调整补充。

(3) 及时接收和检验设备。对于成套设备技术引进合同或其他含有硬件的技术引进合同，应做好硬件的验收工作。检验标准为合同所确定的国际标准、国家标准或制造厂标准。在检验过程中如发现设备有残缺，或包装、质量与合同不符，商检机关将依法出具证明；引进方也应详细记录，并由双方签字确定。

(4) 认真组织设计联络会议。在成套设备技术转让合同中，一般都有设计联络的内容。引进方应认真组织好设计联络会议，以充分解决关于技术标准的问题。

(5) 做好技术服务和技术培训工作。引进方应按合同规定，按时派人到许可方的工厂进行培训，实地学习工艺技能，掌握操作方法。在选派培训人员时，要有明确的目的，坚持高标准，要求所选派的人员具有较强的专业技能和一定外语基础。许可方要保证按规定提供实习场所，认真传授技术。

(6) 认真搞好合同产品的考核验收。合同产品的考核验收是对许可方转让的技术及相关设备的质量、性能的全面检验。考核时应有双方代表在场，由双方人员组成的考核小组主持进行。若有不合格情况发生，可按合同规定重新考核，一般不应超过3次。如果考核成功，双方应在考核验收证书上签字；如几次考核均告失败，应由违约方承担责任。

(二) 技术出口的基本程序

技术出口与技术进口是国际技术贸易一个问题的两个方面，其基本程序大致相同。但是，由于我国在技术贸易中所处的地位不同，国家对技术引进与出口的政策不同，所以考虑问题的侧重点也必然有所不同。

1. 选择出口技术。

应考虑三个标准：

法律标准。我国法律依照国家安全原则、经济和社会效益原则以及技术的状况，将出口技术分为禁止出口、控制出口和允许出口三类。

技术标准。主要是考虑拟出口的技术是否处于适宜出口的最佳阶段。

经济标准。主要是考虑拟出口的技术能否带来更高的经济效益，会不会对国家或企业的经济发展产生不利影响。

2. 出口项目审批

由于技术出口涉及国家的政治、经济利益，我国对技术出口实行出口项目审批制度。技术出口人必须事先填写技术出口项目申请书。项目申请书包括以下内容：项目名称；申请单位（人）；技术所有权单位（人）；技术简介；技术是否来源于引进技术，或是中国政府出具最终用户证明的说明；技术和产品出口情况和销售前景；拟出口的方式和国别。

贸易审查，主要是审查该技术是否符合我国对外贸易政策；技术和保密审查，主要是审查该技术出口项目是否符合我国的技术政策。

审查机关经审查后，如认为属于允许出口的技术项目，国务院有关管理部门或地方技术出口管理机关作出书面审批意见；如认为属于控制或禁止出口的项目，则签署意见后报国家经贸委和国家科委审批。

3. 建立委托关系，寻找外国厂家

依照我国法律规定，没有技术出口经营权的技术出口人，一般应在对外正式开展工作之前，将出口项目委托具有技术出口经营权的外贸公司代理出口。技术出口人应和外贸公司密切合作，通过国内外各种渠道，寻找外国厂家，开拓国际技术市场。

4. 合同谈判和订立合同

在合同谈判时不要机械地套用技术引进经验，把技术出口合同简单地看作是技术引进合同的翻版。在谈判中，对于授权问题、税费问题、侵权问题、保密问题以及保证问题，都要给予特别的注意，以维护许可方的合法权益。

技术出口合同经双方授权代表签字后，中方当事人应依照我国法律规定，将合同提请有关审批机关批准。

（三）技术贸易合同

技术贸易合同是当事双方为实现技术转让特定目的而缔结的规定双方权利义务关系的法律文件。在国际技术贸易实践中，实际应用的技术贸易合同的形式是多种多样的，其中许可证合同是最为典型、最为普遍的一种形式。在我国的技术贸易实践中，成套设备合同、技术服务合同也是广为采用的合同形式。

1. 许可证合同的定义及范围

许可证合同，通常又称“许可证协议”，指技术的供方以合同的方式，允许技术的受方使用其技术，实现特定技术转让目的的一种协议。合同中提供技术的一方称为许可方（licensor），接受技术的一方称为引进方（licensee）。

许可证合同的范围是由作为合同标的的技术或权利的性质决定的。从世界大多数国家的情况看，许可证合同的范围主要包括以下四种：专利许可证合同、商标许可合同、专有技术许可合同和计算机软件许可合同。

2. 许可证合同的种类

许可证合同是授权协议，按照授权的性质，许可证合同可以划分为以下几种类型：

（1）独占许可（exclusive license）。指在合同规定的期限和地域内，引进方对技术具有独占的使用权；许可方不仅不得再将此项技术转让给第三方，而且自己也不得再利用此

项技术。这种许可的转让费最高。

(2) 独家许可 (sole license)。指许可方在合同规定的期限和地域内允许引进方利用其技术；许可方不得再将此项技术转让给第三方，但许可方自己保留利用此项技术的权利。

(3) 普通许可 (simple license)。指许可方在合同规定的期限和地域内，允许引进方利用其技术；同时，许可方仍保留自己使用此项技术的权利，并有权再向第三方转让。

(4) 分售许可 (sub-license)。指许可方在合同规定的期限和地域内，除允许引进方自己利用所转让的技术外，还允许引进方再将此种技术全部或部分地转售第三人。

(5) 交叉许可 (cross license)。指合同当事双方或当事各方，均以其特有的技术，按合同所约定的条件交换技术的使用权，供对方使用。

3. 许可证合同的主要内容

国际许可证合同范围较广。这里仅以专利、专有技术和商标的一揽子许可合同为基础，着重介绍各类许可证合同共有的通用条款。

(1) 合同序言。序言主要规定了合同名称和编号、当事人名称和法定地址、签约时间和地点以及签约条款。

(2) 定义条款。为使合同的内容明确、简洁，在合同中一般均专列定义条款，对反复使用、容易混淆或关键性的名词和术语的含义作出明确具体的规定。需要下定义的词语主要有：与合同标的有关的重要名词和术语、各国的法律或惯例有不同理解的重要名词和术语、重要的专业性技术术语和合同中多次出现的需要简化的名词和术语。

(3) 合同的标的。合同的标的即合同的内容和范围，这是整个合同的核心部分，是确认双方权利和义务的基础。标的条款一般应包括以下内容：许可方提供技术或排他性权利的内容、转让的方式与范围、许可方提供的技术资料、技术培训与技术服务。

(4) 合同的价格。支付价款是引进方最主要的义务。价格条款主要包括计价、合同金额和使用货币等内容。

(5) 支付条款。支付与价格密不可分。支付条款包括支付工具、支付方法、支付条件等内容，如合同采用提成支付，还要规定查账的程序和方法。

(6) 技术资料的交付。技术资料是实施技术转让的重要媒介。技术资料交付条款主要包括以下内容：交付计划和交付时间、交付方式和地点、技术资料的包装、技术资料残损短缺的补救方法。

(7) 技术服务与技术培训。在许多情况下，技术资料并不能包括转让技术的全部内容，特别是无法包括许可方技术人员头脑中的技术经验和诀窍，因而在许可证合同中技术服务与技术培训也是一项重要内容。在这一条款中，应明确规定服务与培训的目的、范围、要求，双方各自应提供的条件和履行的义务，以及费用的负担等内容。

(8) 专利条款。这里所说的专利条款，是指有关专利许可的特有条款。其内容主要包括维持专利有效性、不得反控和使用专利标记。

(9) 商标权条款。商标权条款对商标使用的形式、质量控制、商标标志的管理等内容予以规定。其中商标的使用形式分为四种：单独使用许可方的商标；使用许可方商标，同时注明生产国和生产厂家；联结商标；联合商标。

除以上九种条款外，许可证合同还包括以下条款：技术的改进与发展、考核与验收、保证条款、违约补救与索赔条款、保密条款、税费条款、不可抗力条款、争议的解决以及合同的最后条款。

第三节 国际技术援助

一、国际技术援助的概念

国际技术援助来自双边技术援助和联合国多边技术合作。

双边技术援助是指技术先进的国家或地区，向技术落后的国家或地区提供有关智力、技能、咨询、资料、工艺和培训等方面的有偿或无偿援助。无偿的技术援助是指技术提供国免费向技术接受国提供上述各种服务；有偿的技术援助是技术提供国以优惠贷款的形式向技术引进国提供上述各项技术服务。双边技术援助的资金主要来自于官方发展援助。

双边技术援助的形式主要有下列几种：派遣专家和技术人员、培训受援国的有关技术人员和接受留学生、提供咨询服务、建立援助技术项目和提供设备、提供信息及有关资料和提供科研合作等。

联合国多边技术合作是通过联合国发展系统（United Nations Development System），根据它们在全世界范围内的援助计划向发展中国家提供无偿技术援助。这种合作通常被称为联合国技术援助，也叫联合国发展援助。

联合国多边技术合作具有两个特点：多边性和普遍性。联合国多边技术合作是一种国际多边技术合作，各国在自愿和平等的基础上参加合作，根据各自的需要和财政能力提供或接受援助，合作各方之间是一种平等的伙伴关系，因而这一合作具有多边性的特点。联合国大会通过的《关于建立新的国际经济秩序宣言》决议指出，联合国作为一个普遍性组织，应当能够广泛地处理国际经济合作问题并平等地保证所有国家的利益。联合国的多边技术合作恰恰反映了这样一种普遍性，这种普遍性主要表现在以下几个方面：捐款的自愿性、资源分配中的普遍原则以及承包中的机会均等。

二、联合国技术援助

（一）联合国技术援助的历史

联合国发展系统的援助工作起源于第二次世界大战之后。1946 年，联大会议委托经济社会理事会研究如何拟定有效的方法和途径与专门机构合作，将有关经济、社会和文化领域的技术性意见，提供给希望获得这些援助的会员国。1947 年，经济社会理事会决定设立联合国社会福利咨询服务设施，这是联合国历史上第一次开展的具有援助性的工作。1948 年，联大会议决定设立经济发展援助方案和公共行政管理培训国际方案，资金均出自联合国的经常预算。1949 年正式设立“技术援助扩大方案”，这是联合国发展与合作活动采取的一个重大关键性步骤，也是多边发展援助的一个里程碑。1958 年，联大会议决议正式设立“联合国经济发展特别基金”。在当时，“方案”和“基金”虽然被认为是两个相互分开的组织，但它们在工作上从一开始就有着密切的联系，在各地和总部工作的是同一套行政班子，拟订的方案也相互关联。所以，1965 年，联大第 20 届会议通过决议，将两个组织合并，定名为“联合国开发计划署”（United Nations Development Programme，UNDP），并于 1966 年 1 月正式工作。至此，联合国发展系统完善和建立起来。到目前为止，联合国发展系统通过其在112个发展中国家的代表处，并同30多个国际和区域机构合作，与132个政府合作以帮助整个发展中世界提高生活水平和加快经济增长。迄今为止，联合国的国际发展战略方案，已进行到第五个十年，它们分别是：第一个发展十年为1961年至1970年，第二个发展十年为1971年至1980年，第三个发展十年为1981年至1990年，第四个发展十年为1991年至2000年，第五个发展十年为2001年至2010年。

（二）联合国技术援助的资金来源

西方发达国家是联合国技术援助资金的主要提供者，按金额比例来看，过去30年中，美国一直居首位，1992年瑞典排行第一位（主要是指向开发计划署的捐款），其他国家如日本、挪威、丹麦、德国、意大利、荷兰、加拿大等国多边援助比重也比较大。在多边发展援助史上，发达国家属于纯捐助国，一部分不发达国家属于纯受援国。

筹集资金的机构一般被称为筹资机构（funding agency），通常指为援助方案/项目筹集资金的机构，如联合国开发计划署、联合国儿童基金会（United Nations Childen's Fund，UNICEF）、联合国人口活动基金会（United Nations Fund for Population Activities，UNFPA，后更名为联合国人口基金会）、世界粮食方案（World Food Programme，WFP）等均属于筹资机构。资金的分配一般由多边组织机构来统一管理和分配，并以方案或项目两种形式出现。

（三）联合国技术援助的财政体制及主要机构

从财政体制来看，联合国技术援助可分为三类：

第一类是由联合国经常预算（即会费）资助下的技术合作活动，也叫联合国经常方案。这类活动主要由联合国技术合作促进发展部负责进行。

第二类是由联合国开发计划署、联合国人口基金会、联合国儿童基金会和每年一度的联合国发展业务活动认捐会议所包括的与技术合作有关的其他基金和方案进行的技术合作活动。

第三类是由经常预算以外其他多边资金组织、双边政府及政府间和非政府间组织向各专门机构直接捐款资助的与技术合作有关的活动。这类活动资金有限，各机构的活动也比较分散。

下面主要介绍联合国技术援助的几个主要机构：联合国开发计划署、联合国人口基金会、联合国儿童基金会和联合国工业发展组织。

(1) 联合国开发计划署。联合国开发计划署是联合国的直属机构，是世界上最大的无偿开发援助组织，也是世界上最大的多边技术援助组织，它是联合国促进发展活动的中心协调组织。开发计划署总部在纽约，并在112个国家设有驻地办事处。

各会员国捐款中，96%以上为发达国家。但每年都有100多个国家认捐，说明它的资金具有广泛性的特点。接受援助的地区以非洲为第一位，亚太地区为第二位。

开发计划署资助的所有活动重点在于长期促进发展中国家自力更生的发展。其支持的项目涉及整个经济和社会领域——从农业、工业、电力、运输、通讯和贸易直到卫生、教育、住房、训练、社会服务和公共行政。

(2) 联合国人口基金会。联合国人口基金会建于1969年，刚开始的名称为联合国人口活动基金会，是联合国发展系统在人口方面的主要筹资机构，目的是使联合国系统能更好地满足在人口工作方面寻求援助的国家的需要。1972年被置于联合国大会的权力之下，联合国开发计划署理事会作为它的理事机构，在工作上受经济及社会理事会指导。

人口基金会的援助重点是：加强控制人口的管理能力、提高对人口问题的认识、根据各国要求以适当方式处理人口问题。

人口基金会主要由各国政府和各种民间组织的自愿捐款提供基金。主要认捐国是西方发达国家，主要援助对象是发展中国家和地区。

(3) 联合国儿童基金会。联合国儿童基金会成立于 1946 年 12 月 11 日，当时称为联合国儿童紧急基金会，其宗旨是为第二次世界大战中的受害儿童提供紧急救济。1953 年正式更名为联合国儿童基金会，致力于解决发展中国家儿童的营养不良、疾病和教育问题。1965 年联合国儿童基金会被授予诺贝尔和平奖。

联合国儿童基金会是联合国发展系统的主要筹资机构之一，在联合国内处于半独立地位，向经济社会理事会和联合国大会报告工作，总部设在纽约。联合国儿童基金会除向各国政府直接提供援助外，还与联合国人口基金会密切配合支持各国的项目。

联合国儿童基金会的援助主要采取三种形式：1) 在规划和设计儿童服务方面建立项目。2) 为这些服务项目提供用品和设备。3) 为培训当地儿童的工作人员提供资金。

联合国儿童基金会的资金主要来源于各国政府、有关国际组织和私人的自愿捐款。各国政府和联合国机构也为特定用途（如计划外另筹资金项目，紧急救济和重建）提供捐款。

(4) 联合国工业发展组织（United Nations Industrial Development Organization, UNIDO)。联合国工业发展组织是在广大发展中国家的倡议下，于 1967 年 1 月 1 日创建的，是联合国大会直属的一个多边援助机构，也是联合国参加和执行项目的主要机构，总部设在维也纳。建立联合国工业发展组织的宗旨是，通过技术援助和开展国际工业合作，促进和加速发展中国家的工业化进程，为建立公正平等的国际经济新秩序作出贡献，具体目标是到 2000 年时，使发展中国家的制造业产量占世界总额的 25%。

联合国工业发展组织的资金来源主要有两个方面，一是联合国开发计划署。该组织的大部分援助活动是执行联合国开发计划署向发展中国家提供的技术援助。援助方式主要是进行投资前活动，如派遣专家、培训人员、提供仪器设备及咨询服务等。另外还以组织考察、举办研讨会和投资促进会和召开专家会议等方式，在发展中国家促进投资活动。二是联合国工业发展基金，利用该基金为发展中国家的新建项目和创新项目提供资金。40 多年来，联合国工业发展组织作为发达国家和发展中国家在发展工业方面的联系人和协调者，为推动发展中国家的工业发展做了大量工作。

(四) 联合国多边技术合作的程序

在设立联合国技术援助扩大方案和特别基金时，没有对援助的程序作出具体明确的规定。每个项目基本上是为了解决各个独立的问题设立的，总的援助缺乏系统性和连贯性。直到 1970 年联合国大会通过了关于《联合国发展合作之能力的第 2688 号决议》之后，才第一次为联合国技术援助制定了一整套比较完整的方针、原则及基本程序。目前，联合国技术援助仍以 1970 年联合国大会通过的第 2688 号决议为主要法律依据。现行联合国技术援助的有关程序都是在此基础上引申和发展起来的。

联合国大会第 2688 号决议（人们都称之为协商一致意见）规定了联合国技术援助的基本原则，其中包括："联合国发展合作周期"的具体政策和程序；整个合作周期的各个阶段；国别和国家间方案的制订；具体项目的拟定、鉴定和核准；项目的实施；项目的评价以及项目完成后所需采取的后续行动等。合作周期中的各个阶段既是相对独立的，又是相互关联的。在许多情况下，它们是先后交替、相辅相成的。

1. 国别方案和国家间方案的拟订

(1) 国别方案的拟订。国别方案系指联合国同某个特定国家进行技术合作的具体方案。这个方案要说明联合国的资源将如何配合或促进受援国实现某些发展目标，是双方展开合作的依据。

国别方案的内容应该说明联合国发展系统提供援助所要实现的经济和社会发展目标；并概括说明需要联合国进行合作的各个领域和具体项目，包括为达到这些目标所需要的投入。

国别方案文件的格式如下：

A. 国别方案文件封面（1页）；

B. 文件内容目录（1页）；

C. 导言（1页至4页）；

D. 国家发展目标与开发署（或其他机构）援助计划；

E. 附件。

编制国别方案是受援国主权范围以内的事，但如果受援国政府认为有必要，可要求联合国有关机构给予协助。

(2) 国家间方案的拟订。国家间方案系指联合国在分区域、区域、区域间或全球基础上，对于各国家集团提供技术合作的具体方案。有关国家间方案的拟订、审查及核定的程序，基本上与国别方案相同。

(3) 国家间方案、国别方案和项目的批准。无论是国家间方案还是国别方案，都须经联合国有关出资机构的理事机构批准。而且，所批准的以上方案只是一种一揽子方案，其中每一具体项目还须逐个履行批准手续。

批准项目一般分为预备性援助、提前授权和正式批准三种方式。预备性援助是指由于对某些具体问题缺乏足够的了解，需在项目正式批准以前，对同该项目有关的某些活动提供援助。提前授权是在项目的最后文件尚未正式签字以前由出资机构负责人签发的一种授权书，说明已获批准的项目可以提前执行。正式批准是指项目中的申请包括其中的各项具体活动内容获得受援国政府、联合国出资机构和执行机构批准后，由出资机构为开始执行项目所作的一种正式授权。

2. 项目的定义及内容

联合国多边技术合作项目系指接受联合国技术援助的国家为实现其国别方案规定的各项具体目标所制订的具体活动。项目是联合国技术援助得以进行的基本形式。项目主要包括以下内容：本项目所要达到的具体目标以及实现这些目标所采取的各项具体措施；受援国政府和联合国为项目作出的投入；预计项目将取得的具体成果以及为项目活动所作的各项工作安排、业务监督等。

项目文件是有关各方执行和监督项目的重要依据。其内容由以下四个部分组成：法律依据，项目，监督、评审和报告的计划，以及预算。

3. 项目的实施

项目的实施指执行项目文件规定的各种活动的全过程，主要包括确定项目主任及其职责；征聘专家和顾问；选派人员出国培训和购置项目设备等具体活动。

(1) 项目主任及其职责。项目主任是实施项目的直接组织者、领导者和责任者，一般由受援国的主管业务部门任命。

项目主任的职责主要是：在项目执行前，同联合国执行机构协商制定详细工作计划；在执行中，尽量保证受援国按时、按质、按量完成项目文件所承担的义务及规定的各项活动。

(2) 专家和顾问的征聘。为项目服务的专家和顾问一般由受援国政府决定。受援国至少应提前4个月提出征聘请求并与联合国有关机构协商草拟拟聘专家和顾问的“职责范围”，其内容包括项目名称、工作期限、工作说明、初步工作日程等7项。联合国有关执行机构应于专家到任前3个月向受援国提供一个或几个候选人供政府选择。应聘专家到任后的具体工作由项目主任负责安排。在专家离任前要写出工作报告。

(3) 出国培训人员的选派。对有关人员进行的技术训练通常以进修和考察两种形式进行。进修一般指期限较长且比较正规的培训。考察一般指期限较短（一个月左右）的为满足参加者某种特殊的学习要求而进行的培训。

进修和考察的人选由受援国政府推荐。联合国有关执行机构对该人选的技术水平、业务能力及外语熟练程度等进行审查。在履行了必要的程序和手续后，方能成行。

(4) 项目设备的购置。为项目引进设备的详细计划通常由政府部门提出。拟定设备清单时，项目主任应具体说明拟引进设备的理由、设备的性能和具体要求以及附带的服务。

因援助项目而采购的设备均由联合国标上财产登记序号。在项目结束以前，这些设备的所有权属于联合国。在项目结束后，设备才移交受援国政府。因此，设备的验收一般由联合国有关机构负责。

4. 项目的评价和后续行动

项目评价指对进行中的或已完成的项目的设计、经验、结果、实际的或可能有的功效等，作出客观和实事求是的审查。评价包括对一个项目或一个计划的每一发展阶段及其结束以后的整个过程和工作的审查。它反映在项目的准备、对项目申请的评估、对各项活动的监督和对项目成果的评价等各个阶段。其中对业务活动的监督和对项目成果的评价最为重要。

为配合项目的评价工作，使有关方面及时了解项目的进展情况，援助项目均须按规定由项目主任负责每隔半年或一年编写一份进度报告。进度报告的内容由五个部分组成：专家和顾问、培训、设备、政府投入及活动和结论。

在项目即将结束时，由项目主任或执行机构负责编写终期报告，其主要目的是，通过对项目预定活动的完成情况和取得的成果等的总结和分析，对项目作出全面的评价，并对今后的工作提供指导。终期报告的内容大体上也由五个部分组成：项目的目标、项目的活动和产生、近期目标的实现、项目成果的利用以及结论和建议。

在援助项目按照原计划完成各项近期目标以后，需要继续采取的援助行动叫后续行动，也叫后续援助。

5. 政府执行项目的实施和管理

政府执行是受援国政府直接执行联合国多边技术援助项目的简称。在这种形式下，联合国开发计划署把受援国项目的执行交由受援国政府自行负责，以帮助受援国政府提高吸收、管理和使用外来援助的能力。从这个意义上讲，政府执行有利于受援国的自力更生。

受援国政府在决定由政府执行项目时，应向联合国开发计划署驻地代表提出书面要求，对拟由政府执行的项目的内容、规模等提出建议。政府执行项目须经联合国开发计划署总部批准。

政府执行的项目主要由专家征聘、人员培训、设备采购和财务安排四部分活动组成。项目资金的管理和使用由政府负责。

第四节 国际科技交流

一、国际科技交流的基本概念和组织形式

国际科技合作与交流是国际经济合作的重要形式之一，主要指国家间科学技术的共同研究、开发、交换活动。科技合作包括技术转让和技术交流两方面。前者属于有偿转让，后者多属于无偿转移，具体方式有科技情报资料交换、发布，样品展示，技术传授与培训，专家讲学与互访，举行专题学术讨论会，以及共同研究、开发、设计、试验发展项目和联合建立科研机构等。

国际科技交流内容的广泛性促使合作组织形式越来越多。目前科技交流的组织形式大致有以下几种。

（一）官方科技合作

指国家或国际组织以法律主体身份直接参与国际科技合作。如国家间双边科技合作协定，国家政府部门间科技合作协定和议定书，联合国科技组织进行的科学技术合作活动，国际官方科技组织进行的科技合作项目。这样的国际科技合作关系的特点是层次高，规模大，政策性强，具有相对的连续性。

（二）半官方科技合作

指国家政府部门和另一国企业间、集团间建立的合作关系或国家半官方机构之间建立的合作关系。

（三）民间科技合作

指不同国家之间企业集团、科研组织、大专院校或其他社会团体，也可以是科技工作者本人与国外建立的合作关系。

（四）双边或多边科技合作

由两个国家科技人员参与的国际科技合作属双边合作。如由两个以上国家或国际组织参与的国际科技合作则为多边合作。双边合作协议多半是契约性协议；多边合作协议大多是开放性协议，例如目前联合国教科文组织和联合国粮食农业组织等世界性组织，国际上各种专业协会或联合会，国际上各种专业性研究所等。

二、国际科技交流的发展趋势

科技进步一日千里，今后十多年的科学技术将会有新的飞跃。发达国家为达到争霸世界的目的，已将争夺高技术的领先地位作为主要目标，因为一个国家科技发展水平的开发潜力已是衡量一个国家经济和军事实力的主要标志。而发展中国家为了缩小与发达国家之间的差距，在争取生存和经济独立的斗争中，也需要科学技术的推动。可以预见，国家间

的科技合作与交流将会有更大的发展，而且其趋势已初现端倪。

(一) 高技术领域的科技合作将向纵深发展

当今世界的重大科研项目表明，国家间的科技合作已向全面发展，而且由于分工细、专业化程度高，且共同研究的大多是高、精、尖问题，这些问题又是跨学科、多专业的综合性问题，其难度大、耗费高、风险也大，往往需要多国科学家的共同努力。由此可见，国际科技合作势必会向纵深发展。

(二) 全球面临的重大问题将进一步加强国际合作

当前人类共同关心的问题，如生态环境恶化、人口暴涨、资源枯竭、粮食短缺、气候反常、“地球危机”等问题，已受到国际上的普遍重视。发展中国家对热带雨林的毁坏、地下水的污染、“核冬天”等问题的专门研究，已纳入国际组织和政府间的合作计划。

(三) 基础科学研究日益国际化

基础科学的研究相当艰难，而且大都进展缓慢。科技成果转变为生产技术也需要一个过程，不容易收到立竿见影的效果，但是科学原理的作用却是非同小可的。各国不得不同心协力攻克基础科学，促成了基础科学研究的日益国际化，形成多国、多方联合研究。

在今后十多年内基础研究的主要发展趋势是以下领域：(1) 原子、分子物理学和光学；(2) 等离子体和流体物理学；(3) 宇宙学、万有引力和宇宙射线；(4) 基本粒子物理学；(5) 核物理学。

(四) 发展中国家之间的科技合作将有飞速发展

发展中国家为了摆脱贫困、饥饿和疾病，必须发展经济，振兴科技。1985 年 5 月举行的“南南”会议决定成立一个独立的机构以加强发展中国家之间的合作。目前，发展中国家之间的科技合作有条件，有好的设想，也有行动，但合作的成效并不像希望的那样大。

发展中国家大部分由于它们的历史条件及共同地位，在小区域内联合起来，根据自力更生的原则进行合作。如目前已有的“美洲国家组织”、“东南亚区域合作宣言”、“发展中国家之间经济合作行动纲领”等，均为发展中国家在技术、粮食、能源、工业化等方面的合作提出了具体的方案和措施。

[思考题]

1. 国际科技合作有哪些形式？国际科技合作的作用是什么？
2. 什么是国际技术贸易？它和普通贸易相比具有哪些特点？
3. 什么是知识产权？
4. 简述技术贸易的几种主要转让形式。
5. 叙述技术贸易中技术进口和出口的基本程序。
6. 什么是许可证合同？它分为哪几种类型？
7. 什么是双边技术援助？联合国多边技术合作有何特点？
8. 简述联合国技术援助的财政体制和主要机构。
9. 简述国际科技交流的基本概念和组织形式。

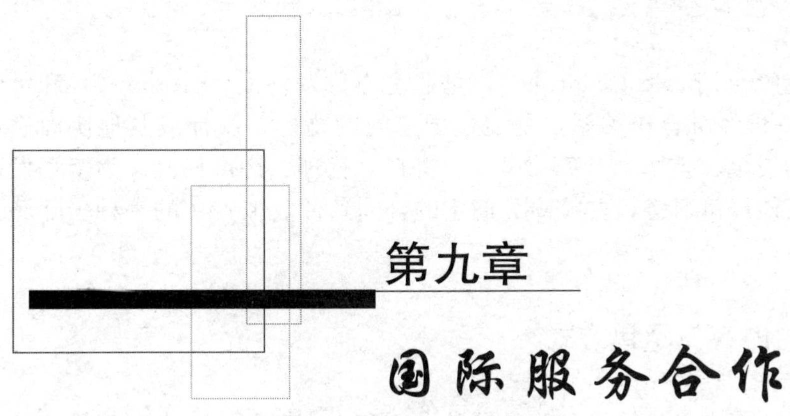

第九章 国际服务合作

[重点问题]

- 国际服务合作的特征及基本内容
- 国际承包工程的基本方式及业务程序
- 国际承包工程合同的基本种类及主要条款
- 国际咨询业的基本内容及业务程序
- 国际旅游业的发展及国际合作

国际服务合作（international service cooperation），是我国国际经济合作学的基本范畴之一，它研究的对象是劳动力要素在国家间移动、配置的规律和具体业务形式。世界贸易组织用国际服务贸易（international service trade）来描述，不仅包括有形的劳务输出入，也包括提供者与使用者在没有实体接触下的无形交易活动，如卫星传送和传播、专利技术贸易等。根据世界贸易组织《国际服务贸易协定》，国际服务贸易包括：国际运输、国际旅游、国际金融服务、国际保险和再保险、专业服务、建筑和工程承包等劳务输出入，国际电讯服务、视听服务及教育、卫生、文化艺术的国际交流服务，商业批发与零售服务等。从市场进入方式来看，国际服务贸易分为四种：过境交付（cross-border supply）、境外消费（consumption abroad）、商业存在（commercial presence）和自然人流动（movement of personnel）。

为尽力缩小我国与世界贸易组织在国际服务合作实务范围划分上的差异，同时根据本书体例的安排（国际科技合作设专章论述），本章将介绍“服务”这一要素国际流动的具体形式。

第一节 国际承包工程

国际承包工程（international project contract），是业主亦称发包人（promoter）和承包商（contractor）之间的一种经济合作关系，是通过国家间的指标、议标或其他协商途径，由国际承包人以自己的资金、技术、劳务、设备、材料、管理、许可权等，为工程发包人实施项目建设或办理其他经济事务，并按事先商定的合同条件收取费用的一种国际经济合作方式。

一、国际工程承包的内容与承包方式

（一）国际工程承包的范围与内容

国际工程承包适用于以下三类经济项目：一是基础设施和土木工程，如水利工程、公路和铁路建设、地下建筑工程以及桥梁和码头工程；二是以资源为基础的工程，如石油开发、炼油厂、矿山、钢铁厂、化工厂、化肥厂；三是制造业工程，如造纸厂、纺织厂、机器制造厂等。

这些工程在使用国际承包方式时，主要承包内容一般包括：（1）工程设计，其中包括基本设计和详细设计，后者又细分为技术设计和施工图设计；（2）提供技术，包括专利、专有技术、商标和管理技术；（3）供应机械设备以及全部或分批供应材料或零部件；（4）施工和安装，派遣有关专家、技术人员和熟练技工；（5）技术培训；（6）资金供应。由此可见，国际承包工程具有综合性强、需各方面协作配套、建设周期长、项目费用大、国际竞争性很强等特点，所以国际承包工程是一项综合性的出口业务，即以劳务出口为核心，带动资本、设备、零部件、技术、成套设备出口，并借此加强国际经济技术合作和交流。

（二）国际工程承包方式

按承包商对发包人承担的责任不同，国际工程承包方式主要有以下五种。

（1）独立承包或总承包。简称总包，是承包人从投标报价、谈判、签订合同到组织合同实施，不论是否有对内、对外转包或分包，都由主包人（main contractor）或第一承包人对业主或发包人员负全部责任。这是目前对外承包的主要方式。

（2）分包。在整个项目工程中只承包单项工程或其子项，或某项工程的承包业务，分包人只对合约方负责，单独经营，自负盈亏。分包又包括两种不同的业务类型：一是平等分包。它是指业主把一项工程分成几个子项（或几个部分）分别发包给几个承包商，承包商之间是平等的关系，各自对业主负责。在实际业务中，业主为了更好地组织和协调工作，或者委托咨询工程师，或者在承包商中指定一个承包商（它不是总承包商），或者自己负责整个工程的组织协调工作。二是二包或三包。它是指总包商或分包商把自己承包工程中的子项或子项中的某部分工程，再承包给其他承包商，并用新签合同（二包合同或三包合同）把经济关系固定下来。分包商与业主不发生直接关系，但受业主与总包合同或分包合同的约束和支配，在施工中同样受业主的驻地工程师监督和管理。由于分包有许多优点，最近这种承包方式发展很快。

（3）合作承包（cooperative contract）。它是指合作双方事先达成合作承包协议，以各自的名义对外参加投标，不论哪家中标，都按合作协议共同完成。对外则或者由中标的一

家代表，或者由一家公司出面进行总包，然后根据事先的合作协议分工负责，共同实施。最近兴起的BOT项目多使用这种承包方式。

（4）转让或转包。转让是指由于承包人破产、死亡或其他原因，经业主或监理工程师同意，在不改变已签订合同内容的条件下，把工程项目的全部或部分转让给另一承包人的行为。转让又分两种业务类型，一是有偿转让，又称转包，接受转让的承包人不但要承认合同的全部内容，履行合同的全部条款，还须向转让人支付一定数额的转让费用。为维护业主利益，防止“皮包商”的投机行为，许多国家规定：承包人不得将合同或其中一部分转包他人，更不能把整个工程全部转包出去。二是无偿转让，指接受转让方只按照原合同价格和条款执行合同，不向转让者支付任何额外费用。无偿转让项目，一般都是有隐患、风险大的工程项目，如存在着不能如期竣工或因工程可能延期造成经济损失的风险。

（5）承包代理。它是以承包人（代理承包的委托人）的名义和利益，代表承包人向第三者招徕生意，代办投标和有关承包的其他事项等服务，并按代理协议收取佣金的中介活动。承包代理商与承包人签有代理协议，主要规定如下内容：1）代理业务的内容与限制。代理业务一般以一个特定项目为目的，限制是指对同一承包项目，委托人不得再委托其他代理人，代理人也不得再接受另一个委托人的委托。2）代理的权利、义务和期限。代理人仅是为委托人招徕生意、介绍客户，或在明确授权条件下协助办理有关事宜，至于委托人是否接受，代理人无权确定，更不能代表委托人与业主签订合同，代理协议一般以1年至2年为宜，如果委托人对代理人满意，可续签或延长代理合同。3）代理费和支付办法。代理费（即佣金）取决于所承担的义务，一般不超过项目费用总额的3%，个别达5%。根据惯例，代理费应在逐年收回贷款本金的基础上支付，如果中标后一次付清将会带来经济损失。

二、国际承包工程的业务程序

国际承包工程的业务程序，一般包括五个阶段：招标、投标、开标与评标、中标与签约、履行承包合同。下面分别予以论述。

（一）国际承包工程招标

1. 国际承包工程成交方式

国际承包工程的成交，主要采用国际招标的方式完成。竞争性招标（competitive bidding）有两种形式：（1）国际公开招标（international competitive bidding，ICB），是招标人通过公共宣传媒介发布招标信息，使世界各地所有合格的承包商均可报名参加投标，选择条件对业主最有利的投标人中标。世界银行对借款国执行土建工程和采购业务，就使用这种公开招标的办法，将招标公告刊登在世界银行发行的《发展论坛》上，或刊登在借款国国内知名度较高的报纸上，面向世界银行所有成员国招标。（2）国际选择性招标（international selected bidding），又称邀请招标（invited bidding），是一种有限竞争招标，业主或发包人通过咨询公司、资格审查或其他途径了解承包商的情况，有选择地邀请数家有实力、讲信誉、经验丰富的承包商参加投标，经评标后选择合适者中标承包。这种方式一般不刊登招标信息，由招标人将有关招标材料直接寄交被邀请参加投标的承包商。

谈判招标（negotiated bidding），又叫议标或非竞争性招标（non-competitive bidding），发包人根据项目的具体要求和自己掌握的情况，直接选择一家承包商谈判，若谈判达不成协议，招标人可另找一家继续谈判，直到最后达成协议。谈判招标主要适用于军事或其他保密工程、专业技术性较强的工程、紧急工程等。

除以上招标方式外，国际工程承包还有一些其他的成交方式。(1) 协议成交，在招标不成功或出于方便等情况下，采取双方协商成交的方式。(2) 多层次招标，在大型项目招标结束后，中标人又以招标人的身份进行二包或三包。(3) 平行招标，或称分项招标，适合平等分包。(4) 两阶段招标 (two-stage bidding)，在第一阶段采用公开招标方式，选择少数几家承包商；在第二阶段采用选择性招标方式，邀请被选中的承包商进行报价，最后确定中标者，签署承包合同。

2. 国际承包工程招标业务

招标业务，主要包括成立招标机构、编制招标文件和发布招标公告。

设立招标机构是招标业务的首要任务。有的业主委托有关机构代理招标，而工程规模较大的项目，往往组织招标委员会，具体负责有关招标事宜。不少国家成立了政府的招标委员会作为组织机构。世界银行贷款项目，往往要求同时设立招标委员会和招标监督机构。

编制招标文件（或称标书）是招标业务的主要工作。标书是投标人编制报价的直接依据，通常由招标委员会或专业咨询公司负责编制。在编制招标文件的过程中，招标委员会还要着手准备“合同价格”，即“标底”(base price)，它是工程项目的概算。编制招标文件，应写明发包人据以评标和授予合同的法律、技术、财务等条件，标书一般要包括以下内容：(1) 投标人须知 (instructions to bidders)。主要包括交标程序、报价材料、投标书的文本数量和使用语言、开标程序以及其他注意事项。(2) 投标书 (form of tender) 及其附件。投标书是对承包、发包双方均有约束力的合同的组成部分，其格式和内容由主业拟定，对投标单位来说它应是由授权代表签署的法律文件。附件通常包括履约保证金、总工期、违约罚款等等。(3) 投标保证书 (bid bond or guarantee)。它保护招标人的利益，防止投标人撤标或拒签合同，是由投标单位提供的书面保证文件。投标者应先取得本国银行开具的保函，然后再取得招标当地银行的保函，投标保证书才生效。(4) 技术规范 (specifications)、工程量表 (bill of quantities) 和图纸 (drawings)。技术规范是对工程质量订立的标准，包括施工对象、材料、工艺特点、质量要求以及承包商的一切特殊责任等。工程量表是按照一定的次序，把整个工程分为较小的分部工程，然后加以说明并列出工程量的表格。(5) 合同条件 (conditions of contract)。详细规定业主和承包商的权利、责任和义务、工程师权限以及支付条件等，可分为一般条件和特殊条件，合同条件是招标文件的重要组成部分。(6) 协议书 (form of agreement)，是业主与承包商签订的共同协定，明确规定双方的权利和义务，一经双方签字，协议便告生效。

发布招标公告和进行资格预审。国际招标方式要求招标人发布招标公告，公告同时使用本国文字和英文两种文字，发布在权威性的刊物上，并向驻外商务机构和外国驻本国商务机构发出招标通告的副本。招标公告的内容，包括项目名称、地点、规模、资金来源、发售招标文件的时间和地点，以及购买招标文件的价格等。招标公告一经发布，往往会招来许多承包商，这就需要发包人对其进行资格审查，对承包商的技术、资金、管理、信誉进行全面审查，排除不合格的承包商。

(二) 国际承包工程投标

经过资格审查的承包人在购买标书后，就要进行经济核算，以确定工程报价，同时进行做标工作，并选择一定的投标策略进行投标。

1. 国际承包工程做标的准备与步骤

做标的准备工作，是对工程项目进行认真的调查研究。承包商要组织有经验的工程技术人员、估价人员，获取各种工程资料，了解主要竞争对手的情况，最好能摸清标底和业主对各承包商的看法。国际上通行的承包工程调查包括以下四项主要内容：(1) 现场勘察，对工程所在地的自然、经济、人文条件进行全面调查；(2) 市场调查，对工程产品或服务的销售前景进行准确测算，以便于进行成本—效益分析；(3) 竞争对手调查，对主要竞争对手的优劣势及投标态度，都要进行了解；(4) 国内情况调查，要对国内政策、法规以及市场情况有准确的了解，以保证最终能赚取外汇。

做标工作是国际承包工程投标前的基础性工作，主要有以下六个步骤：(1) 认真研究标书，仔细复核工程量。标书的工程量是否符合实际，直接关系到发包人和承包人的经济利益。(2) 制定施工方案，安排施工进度，提出主要施工机械设备的清单，作为报价人员评估成本、费用的依据。(3) 编制基础单价，包括人工费、材料和机械设备单价、运输单价、临时建筑设施单价等等。(4) 提出各项费用的费率，包括税率、保险费率、管理费、贷款利息、银行保函手续费、代理人佣金、物价上涨率，以及不可预见费等。(5) 编制全部分项工程的单价，有分包项目时要严格审核分包商的报价。(6) 编制综合报价表，分析各项单价估计，调整估计，编制内部标价（正式报价单宜在投标日前夕填写），准备填写投标书。

2. 国际承包工程报价

国际承包工程报价，是承包商投标的中心环节，是一项技术性很强的业务。报价应建立在科学的经济分析和经济核算基础上，才能达到既中标又赚钱的目的。合理的报价应保持在一个适当的范围内，它要满足以下四个条件：(1) 工程项目的各项费用，计算准确、高低适中；(2) 价格水平与承包商自身的技术水平和技术条件相适应；(3) 所报价应根据国际市场行情的变化而调整；(4) 报价与标底（base price）相近。

国际承包工程报价，有以下三方面依据：(1) 招标文件。它对招标工程的具体情况及投标人的要求作了详细规定，承包商要据此计算自己全部的成本和费用，不可遗漏。(2) 承包商自身的技术水平和经营管理水平。超出了自身水平的报价，不会给自己带来应得的经济利润；而低于自身水平的报价，则有不中标的风险。(3) 客观环境因素。它包括承包商所在国的国内环境、项目所在国的环境以及国际市场环境。

国际承包工程报价，通常由直接费、间接费和毛利三部分构成：(1) 直接费（direct cost)，是指那些用于工程施工而且能直接计入各项工程造价中去的生产费用，包括人工费、设备材料费、施工机械费等。人工费是直接从事施工的工人及在现场直接从事制作构件和运料等辅助工人的基本工资、附加工资和各种津贴，而管理人员、材料采购和保管人员、驾驶施工机械和运输工具人员的工资，则不包括在人工费中，人工费占工程总造价的比重一般在20%～25%。设备材料费，是指为实施工程所耗用的设备、材料、零部件、半制成品的费用，还有周转性材料（如脚手架）的摊销费。施工机械使用费，是施工过程中由于使用施工机械而发生的费用，包括施工机械的台班费和租赁费，具体来说主要指机上人工费、修理维护费、动力燃料费、运杂费、安装拆卸费等。此外，直接费中还包括两种费用，即施工过程中所需要的水电费和设备材料的二次搬运费。（2）间接费（indirect cost），是为组织和管理工程施工而发生的但却不能直接计入各项工程造价中去的综合费用，又称应摊费用（是逐期分摊到各项目中去的），主要包括：投标开支费、保函手续费、保险费、各种税金、业务代理费、临时设施费、贷款利息、管理费等。（3）毛利（mark-up），包括利润和意外费用两部分。利润视不同情况而定，一般以工程总费用为基础进行计算，国外承包商的利润率多在10%～20%，近年由于国际承包市场竞争加剧，这个比率有所下降。意外费用，也称不可预见费或风险费用，是为应付各种风险而发生的应急费用。

3. 国际承包工程投标策略

投标，也称递标，是承包商将编好的投标文件，按招标人的要求进行密封，在投标截止日以前派专人送交指定的招标机构，并办理递交的签认手续。投标文件宜在投标截止日前一至两天递交。一经投标，则在投标有效期（validity of bid）内不能撤标，投标有效期是投标截止日起至公布中标之日止的一段时间，按国际惯例它一般为90～120天。

投标是国际承包工程业务的一个重要环节，要讲究投标艺术和策略，研究如何制定正确的策略战胜竞争对手。国际上常用的投标策略有：（1）贯彻薄利方针，运用获胜概率理论，仔细研究获胜条件；（2）适当调整总费用，把报价确定在合理的范围之内，如发挥人工费用低的优势，宁可多支付加班费也要尽量削减人数，等等；（3）采取一些辅助手段，如争取优惠贷款，与当地公司或外国公司联合投标，既可以分散风险，又可以提高中标竞争力。

（三）国际承包工程开标与评标

开标（bid opening），是招标人在规定的时间和地点，按一定的方式或程序将所有投标书启封揭晓，亦称揭标。开标一般由招标委员会或负责招标的咨询公司主持进行，有公证机构予以公证。开标按投标人是否在场分为公开开标和秘密开标两种：（1）公开开标，招标人当众将密封的标书启封，进行唱标，将参加投标的厂商名称、投标项目和投标金额，按投标人递交标单的日期先后进行宣读；或将这些内容写在黑板上或放映在银幕上。招标委员会包括主席在内必须由3人以上组成，否则在法律上无效。所有投标人都被通知参加，他们可以记录，但不准查阅标单。开标结束时，由招标委员会编写开标纪要，记录开标会议的进程、不同意见以及委员会的决定，最后由招标委员会全体成员和投标人共同签字后，作为开标正式文件。（2）秘密开标，投标人不被邀请参加，投标文件由招标委员会秘密开启，然后共同研究投标文件，选择合格承包商作候选人，进行商务谈判。

评标（bid evaluation），是招标人对所收到的合格投标书按照一定的程序和标准进行综合评价、比较，最后选出中标候选人的过程。评标的程序和内容主要有：（1）标单审查，主要审查标单有无计算错误，以及所提供文件和保函的完整性和合格性；（2）技术审查，看投标人的工程设计、施工方案和竣工日期是否符合标书要求；（3）商务审查，主要审查报价是否合理，费用报价是否具有竞争性，投标人的技术服务条件是否达到标书要求；（4）比标，因为投标人提出的技术或商务条件相互之间有差异，须把主要的技术经济参数进行统一，在相同的条件下进行客观评价，绘出单项参数比价表和综合比价表；（5）投标人资格复审，评标结果是取若干中标候选人，并进行资格复审，审查候选人的合同履约率和财务方面的充足性。

（四）国际承包工程的中标与签约

在决定中标人之前，招标人要同中标候选人进行分别谈判。招标人在评标后通过磋商，提出还盘（counter offer），要求中标人第二次报价，对价格、技术和法律条件作出让步，从中挑选对业主提供最佳条件的投标人。商谈结束后，在未通知投标人之前，业主有权改变执行招标项目，而投标人却无权要求索赔；与此相对应，投标人在商谈后规定期限结束后的一周内，有权以书面形式向招标机构办公室登记撤标。

中标，又称得标、定标、授标，是招标人最终选定一个中标人，并向其发出中标通知书。定标的办法有两种：（1）在公开开标或评标后，以递价最合理者为得标人；（2）经过商谈后，最后确定得标人。定标结果公布后，招标人也要及时给未中标者发出通知。必须指出的是，并不是每次招标都可以选出中标人，在招标文件中通常规定招标人有废标权。废标一般发生在这些条件下：投标人过少（不足3家），因而缺乏竞争力；最低报价大大超过标底（一般达20%以上），招标人无法接受；所有标书均未按招标文件的要求编制。

招标人选出中标人以后，通知招标人在规定的期限内（一般为接到中标通知书后的15天内），到招标人所在地双方签订合同或协议书，履约保证书在签订合同时或以后几天内提交。如果投标人未在规定期限内与招标人签订合同，或借故放弃承包，除取消其承包权外，还要没收投标人的保证金。如果合同经双方顺利签字，并得到有关部门的批准，就转入施工阶段。

（五）国际承包工程的履约与清算

国际承包工程合同签订后，承包商立即着手进行施工准备。若干天后，期限一般由业主与承包商协商确定（一般为3个月），业主即向承包公司移交工地，发出开工指令，并开始计算工期。在整个工程施工阶段，承包公司一般应定期向业主提出施工报告。工程完成后，经业主验收合格，发给承包公司合格证书，承包任务才算完成。

业主对承包公司清算付款，一般采用竣工付款加维修期满付款。按照国际惯例，在承包合同签订后的若干天内，业主要预付一部分工程款，以后按月根据工程进度付给工程款。在每月所付款项中，按一定比例扣除工程预付款和一定比例的保留金，作为工程维修费用。工程竣工后，业主要将承包人以前交纳的履约保证金全部退还承包人，同时把每月扣下的保留金总额的50%付给承包人，另外50%的保留金，要等维修期满后再付给承包人，结清付款。

三、国际承包工程合同

（一）国际承包工程合同的种类

国际承包工程合同，是国际承包公司与业主之间签订的经济合同。目前国际承包工程合同按形式可以分为六种。

（1）工程咨询合同（consultant contract），是业主与咨询人（工程师或建筑师）签订的合同。咨询业务一般可以分为投资前研究（pre-investment studies）、项目的准备服务（preparation service）、工程实施服务（implementation service）和技术服务（technical service）四种。咨询合同的样本和合同条款，可以按照国际惯例、参照《国际发包人和工程咨询公司的合同标准格式》、《国际发包人和工程咨询公司共同条件》、国际顾问工程师联合会(FIDIC)制定的《客户与顾问工程师之间国际协议范本和协议通则》以及世界银行制定的《咨询人服务合同》等等。

(2) 施工合同(construction contract)。亦称建筑合同,是业主与承包商签订的工程实施合同。国际上通用的建筑合同标准格式有三种:英国土木工程师协会编制的标准合同条款,美国建筑师协会编写的施工合同基本条款,以及FIDIC编写的《土木建筑工程(国际)施工合同条款》。

(3) 工程服务合同(engineering contract)。对于大型或复杂的工程项目,业主往往要委托工程公司、制造公司或生产公司负责有关服务工作,为此要签订工程服务合同。

(4) 设备供应合同及设备供应与安装合同(supply of equipment and supply of equipment with erection contract)。完成整个工程的设备安装任务,业主可以根据情况签订范围不同的四种设备供应合同:1)单纯设备供应合同;2)设备供应与安装合同;3)单纯安装合同;4)监督安装合同。这类合同的标准格式有三种:FIDIC编写的《机电安装工程国际合同条款》;联合国欧洲经济委员会(UNECE)制定的《进出口成套设备供应安装合同基本条款》;欧洲开发基金会颁发的《公共工程与供应合同基本条款》。

(5) 交产品合同(product-in-hand contract)。亦称产品到手合同,具体指在工程项目投产后,承包商仍在一定时期内,一般为1~2年,继续负责指导生产、培训人员和维修设备,保证生产出一定数量的合格产品,并达到规定的原材料、燃料等消耗指标后,才算完成任务,所以又称"保产合同"。

(6) 交钥匙合同(turn-in-key contract)。亦称"一揽子合同"(all-in contract),是指承包商从工程的方案选择、建筑施工、设备供应与安装、人员培训直至试生产,在各个环节承担全部责任的合同。在交钥匙合同的基础上,再加上工程营运中的试运转和试生产,就是交产品合同;除去建筑施工部分,就是半交钥匙合同(semi-turn-in-key contract)。

(二)国际承包工程合同的基本条款

目前由国际顾问工程师联合会(FIDIC)编制的、经几个国际性组织批准的《土木建筑工程(国际)施工合同条款》,受世界银行的推荐,成为最流行的"标准合同"。下面对其基本条款作简要介绍。

(1) 合同范围(scope of contract)。它一方面是指承包商的责任范围,另一方面指工程的范围。有时这一条款省略写入其他有关条款中。

(2) 工程期限(period of construction)。指从工程开工之日起到全部建成为止所需要的时间,即工期。如果承包商无故拖延工期,给业主造成损失,要接受罚款。

(3) 承包商的义务(contractor's obligation)。承包商除按合同规定完成并维修工程外,还要递交履约保函,提出工程进度计划,接受工程师的监督,执行工程师的命令,在工程师签发竣工证书前负责照看工程,对工程进行保险,对二包商的工作负责,等等。

(4) 业主的责任(employer's obligation)。业主除按合同规定支付工程价款外,还要提供建筑用地,负责工地的"三通一平",协助承包商办理施工机械、原材料、设备生活用品的出入境手续,采取适当措施保护现场,派遣工程师及其代表,等等。

(5) 工程师及其代表(engineer and engineer's representative)。工程师与业主签订工程服务合同,在工程施工中作为业主的代理人,但工程师在执行任务时又处于独立的地位。工程师派驻工程现场的代表是驻地工程师。工程师应把委托给驻地工程师的权限以书面形式通知承包商。

(6) 价格条款（price clause）。要在价格条款中写明是总价合同、单价合同还是成本加酬金合同，价格中是否包括税金，计价采用的货币，以及是采用固定价格还是浮动价格等。

(7) 支付条款（payment clause）。包括支付方式和支付期限。在国际承包工程中，经常采用银行保函和信用证办理支付，这都属银行信用，风险小，收汇有保证。工程承包付款，常有预付款、进度款、最终结算款。由于一些国家不景气，最近出现了延期付款和实物支付工程款的方式。

(8) 担保条款（guarantee clause）。当事人往往要求对方通过银行提供经济担保，银行保函可以分为五种：投标保函（bid bond/guarantee）、履约保函（performance bond/guarantee）、预付款保函（advanced payment guarantee）、工程维修保函（maintenance guarantee）和进口物资免税保函。

(9) 保险条款（insurance clause）。国际承包工程是一种“风险事业”，往往要求事先定有保险条款。目前常见的投保险别有：工程一切险（all risks insurance），是综合性的险别，对工程项目在整个施工期间由于自然灾害、意外事故、工人或技术人员的操作疏忽和过失而造成的损失，以及对第三者造成的人身伤害或财产损失，保险公司都负责赔偿。第三方责任险（the third party liability insurance），指施工期间，在工地发生的意外事故，给予本工程无关的第三方造成的经济损失或人身伤亡，保险公司负责赔偿。另外还有：人身意外险（personal accident insurance）、汽车险（motor car insurance）、机械设备损坏险（machinery breakdown insurance）、设备安装保险（erection risks insurance）、社会福利险（social welfare insurance）和货物运输保险（goods transportation insurance）。

(10) 工程变更条款（contract modification clause）。合同签订后，由于各种原因，在合同履行过程中，可能要做一些必要的修改。这些原因主要有：当事人的要求，原图纸有误或意外事故等。只有当工程师以书面形式下达命令后，承包商才有权更改工程。工程变更会影响到工程量和工程价款，因此要对合同价格作出调整。

(11) 违约条款（default clause）。它分为承包商违约（default of contractor）和业主违约（default of employer）两种。承包商违约时，业主有权没收承包商的履约保证金，并另雇承包商完成该工程，有权免费使用工地上的施工机械，并要求赔偿损失。业主违约时，承包商有权发出书面通知，甚至可以终止合同并撤离现场，同时要求业主赔偿由此造成的一切损失。

(12) 索赔条款（claim clause）。索赔的范围很广，承包商在以下各项费用中遭受的损失，均可以通过索赔得到：人工费、材料费、设备费、二包费、保险费、保证金、管理费、利息。索赔的程序一般是：提出索赔要求；提交索赔报告；双方协商解决；邀请调解人解决；工程师决定；仲裁或诉讼。

(13) 误期罚款（liquidated damage）。一般合同中都规定，若承包商不能如期完成建设，便要接受罚款。

(14) 转包条款（sub-letting）。承包商未经业主事先书面同意，不得转包工程的任何部分；并且，在允许转包条件下，承包商选择的二包商还要征得业主同意。

(15) 不可抗力条款（force majeure）。由于人力不可抗拒的事故，致使合同不能履行或不能如期完工，可以免除当事人的责任。

(16) 仲裁条款 (arbitration clause)。在合同实施过程中，业主与承包商之间发生的争端，如经协商或工程师调解仍不能解决，就可提交有关仲裁机构，仲裁结果对双方都有约束力。

(17) 验收条款 (acceptance clause)。业主对承包商所提供的一切设备、材料、做工，经检查、试验、试生产后，认为符合合同规定，进行验收。验收合格的应发给合格证书，验收不合格的，若承包商负担责任，则承包商负责修补，直到合格为止。验收条款中应订明验收的组织形式、验收方法和时间以及验收文件等内容。

第二节 国际服务贸易

服务 (service)，是指以提供活劳动的形式满足社会和他人某种需要并索取相应报酬的社会生产劳动。在今天世界经济结构软化的时代，服务已经从以前的工农业生产活动、交通运输、通讯、医疗卫生、文化教育、金融保险等领域，延伸到科学技术、软件设计、工程承包、信息咨询等领域。国际服务贸易 (international service trade)，在我国称国际服务合作 (international service cooperation)，是指一切从事上述服务的人员为需求者提供服务并取得报酬的经济交易活动，这种交易活动是跨越国界的。国际服务贸易可以分为境内贸易和境外贸易两种。境内贸易，是指在本国内为他国提供服务，收取服务费。伴随着经济全球化和当地化的发展，这种形式越来越引起人们的重视。境外贸易，是指服务输出国外，在国外为外国人提供服务，收取服务费。本节主要阐述最近发展很快、在其他章没有论述的两种境外服务贸易：服务输出入和国际咨询。

一、国际劳务输出入

劳务或服务，从一个国家到另一个国家，或在本国提供给外国消费者，称为劳务输出 (export of service)；对于劳务需求国而言，就是劳务输入 (import of service)。在实际工作中，我们通常把劳动力的输出入，称为劳动力国际流动，或劳动力迁移 (labour migration)。

(一) 劳务输出入的程序

劳务输出入在国际劳务市场上进行，目前国际劳务市场上的劳务人员可分为三类：一是执行工程承包合同的劳务人员；二是执行纯劳务合同的劳务人员；三是进行商务旅行的国际参观者。劳务人员进入国际市场，都须按照国际惯例办理一系列手续。对于纯劳务合同人员输出，主要经过以下四个程序。

1. 招募与应招

劳务需求国通常发布招募信息，劳务提供国获得信息后，进行供需联系，构成国际劳务的招募与应招关系。国际招募一般有两种方式，一是集体招募，是劳务输入国在劳务需求量大、工程量多时，以集体为对象采取的一种招募方式，不管应聘人数有多少，只签署一份劳务合同；二是个人招募，是劳务需求国以单个劳务人员为对象采取的一种招募方式。国际招募与应聘的具体做法是：先由劳务输入国向劳务输出国使馆提出申请，说明招工人数及人员要求；然后使馆负责将雇主的申请转给本国政府，政府再将申请转给有关主管机构或公司；如果该公司愿意受雇，就可与劳务输入国的有关机构进行联系、谈判，以求达成劳务合作协议。

2. 签订劳务合作合同

国际劳务合作合同，是规范劳务供需双方及与中介人关系的法律形式，一般要签订两个合同：一是工程承包公司与本国劳务派出机构签订的合同，二是劳务输出国劳务代理机构与劳务输入国劳务招募机构签订的劳务合作合同。目前，国际劳务合作合同通常以欧洲金属工业联络组织拟定的“向国外提供技术人员的条件”为蓝本，下面还将专门叙述劳务合作合同的内容。

3. 劳务输出代理机构招募劳务人员

合同签订以后，劳务输出代理机构就开始招募劳工，将招募条件向社会公布，让劳务人员在地方劳务管理机构报名，并由地方劳务管理机构挑选。挑选工作大致有：查验个人居民身份证，审查有关当局的介绍信，进行心理测验和体格检查，进行职业和技术技能测定等。合格的劳务人员被送到培训基地进行短期培训，学习当地语言，了解当地历史、法律知识以及风俗禁忌等，并进行身体素质和组织纪律的强化训练。

4. 办理出入境手续

劳务人员从一国进入另一国，需要准备各种证件，办理复杂的出入境手续。一般而言，这些证件和手续主要有：(1) 签订受聘合同。以个人招募方式招募的劳务人员，其受聘合同（或称聘书）与劳务合同一致，持该合同即可入境；以集体招募方式招募的劳务人员，劳务合同由劳务代理机构保留，不发给本人，劳务人员需另签一份工作合同，经对方批准后方可入境。(2) 办理护照。护照是一个主权国家发给本国公民用以出入境和在国外旅行、工作或居住的身份证件和户籍证明，执照人享有护照颁发国的外交保护。各国颁发护照种类各不相同，有的国家发外交护照、公务护照、普通护照三种，有的国家只发外交护照和普通护照两种，有的国家还另发“官员护照”和“特别护照”等等。执行劳务合作而出国的人员，一般发给普通护照。我国普通护照分为由外事部门颁发的因公护照和由公安部门颁发的因私护照两种。(3) 办签证。签证是一个主权国家的主管部门在本国或外国公民所持的护照和其他旅行证件上签注或盖印，表示准许持照人出入本境或在境内居留。进出口境的签证分为入境、入出境、出入境、过境签证和居留签证。按国际惯例，持何种护照就发给何种签证，出国劳务人员一般发给普通签证。(4) 办检疫证书。检疫证书即“预防接种证书”，俗称“黄皮书”，是进入他国的必备证件之一。各国根据世界卫生组织的有关规定，要求入境的外国人均需进行某种疫苗接种，如天花、黄热病以及霍乱等，近年来由于艾滋病流行，各国都加强了对它的监控。(5) 申请工作和居留许可证。根据有的国家法律规定，劳务人员进入劳务输入国后，还需去有关当局办理工作许可证；取得工作许可证以后，再去移民局或有关机关办理居留许可证。

(二) 国际劳务合作合同的内容

国际劳务合同分为序文、合同条款和结尾三部分。序文中写明签约双方的名称和法定地址，合同的结尾一般写明签订合同的日期和地点，如用两种以上文字写成，应说明每种文本的法律效力。合同签订后，即发生法律效力。一般还规定：劳务输入方在合同签订后的一定时期内，一般为一个月或劳务人员启程前 20 天内，向劳务输出方支付人员安家和行装准备费用，通称“动员费”（mobilization fee）。一般劳务人员的动员费约为 1 800 美元左右，这项预付款一般相当于劳务人员的两个月基本工资。

国际劳务合作合同的基本条款一般有十多项。(1) 劳务范围和内容条款。明确工程实施范围和劳务的具体内容。(2) 人员派遣和劳务人员条款。劳务输入方提供劳务明细表、所属工种以及派遣日期，劳务输出方负责办理各种出国手续。在进行人员更换时，要事先明确更换条件，并落实人员更换费用。(3) 工作时间、假日和休假条款。劳务人员一般每天工作 8 小时，每周工作 6 天，经双方同意可以调换假日和休息日，劳务人员住地到工地的单程时间应为 20～30 分钟，超出规定单程时间按工作时间计算。如因工作需要开日夜三班，夜班工资按 150%计发。工作满 11 个月，休假 1 个月，工资照发。劳务人员因国内家属死亡，经协商同意，回国机票由甲方承担，但停发工资和其他费用。(4) 费用、工资和支付条款。动员费、征募费、国内旅费、人员集中时期所需交通住宿伙食费、办理护照等手续费、服装费、安家费、行李费等等，均由劳务输入方负担。工资从离开本国国境之日起至离开对方国境之日止，劳务人员月工资每年应增加 10%，有特殊贡献者另行增加。费用、工资的支付：所有费用应以劳务输出方同意的外汇支付，工资一般 80%左右以劳务方同意的外汇支付，其余 20%可按当地货币支付；每月底由劳务方报送费用表，合同一般规定雇主应在 10 天内支付，并商定延期支付的罚款办法。(5) 劳务人员生活待遇条款。一般规定领队、组长、工程师每人住一间，不小于 10 m^2，会计、医生、译员两人一间，每人不小于 8 m^2，工人每人不小于 4 m^2。居住处应有文娱、学习、用膳等专用活动场所，另配办公室，有的还详细规定办公设备标准。另外还规定劳务人员享受的医疗、劳保和伙食标准。(6) 税款、保险和伤亡的处理条款。各自的国内税款，各自负担；劳务人员在雇主国投保人身险，每人每月 20～25 美元的金额；工伤或致残，雇主负担医疗费用，疾病死亡后，丧葬费和遗物运费由雇主负担。(7) 转让条款。劳务方如将劳务转让给第三方，必须事先征得业主的同意。(8) 损害赔偿。因业主过失造成的劳务方损害，由业主赔偿一切损失；由于劳务方过失或违约造成的业主损害，由劳务方赔偿。(9) 保密条款。有关业务中的技术秘密，合同条款中的条件、价格，双方均应严守秘密，不得对第三方泄露；因劳务需要由业主提供的各项资料，用毕后全部归还业主。(10) 履约担保。劳务方在合同生效的 30 天内，应向业主递交经其同意的劳务方关系银行的保函，金额为合同总价的 5%～8%；业主收到劳务方提供的银行保密函后 15 天内，应向劳务方提供同等金额的履约保函。(11) 不可抗拒条款。由于天灾、传染病、战争、暴乱、法律更改、禁止出入境、不发或延发签证等人力不可抗拒的原因，以致业主不能履约或停工时，业主不承担责任，但应负担劳务方因此回国的旅费。(12) 仲裁条款。一般规定双方发生纠纷不能协商解决时，应在被告所在国仲裁机构申请仲裁，仲裁裁决是终局性的，双方必须服从。

二、国际咨询

(一) 国际咨询业

咨询，现在是指受托人弄清别人委托事项的来龙去脉，探讨与其他事物的关联和发展前景，作出理论与实证分析，提供可行的优选方案；或者另行指出可行方案，帮助委托人寻找解决问题的最佳路线。咨询业，是从事咨询业务的专门人才和咨询公司、机构等形成的一种知识高度密集型的智能专业化产业，它以专门知识和技术、信息，独立公正地协助客户解决自身不能解决的复杂问题，并在最短的时间内提供可行方案，从而使客户取得最佳经济效益。国际咨询业是一个新兴的产业，是国内咨询业向国外的延伸或扩展。具体说，国际咨询是指经营国际咨询业务的咨询机构，如政府设立的咨询机构、国际咨询组织、国际咨询公司等，在国际范围内运用其成员的知识、技术向决策者提供一种信息服务，以帮助决策者找到解决复杂问题的办法。

国际咨询业的一些著名咨询机构，如日本的野村、美国的兰德、斯坦福等，在本国乃至全世界都颇具影响。1982 年夏天，美国前国家安全事务助理兼国务卿亨利·基辛格博士，成立了专门从事国际政治风险咨询的“基辛格公司”，公司位于纽约花园大道与 52 街相交处的一幢办公大楼中。该公司的顾客是美国和世界上近 30 家大型跨国公司，其中包括美国运道公司、大通曼哈顿银行、印第安纳美孚石油公司、亨氏食品公司、意大利菲亚特汽车公司和谢尔森·莱曼兄弟公司等。该公司的收费之高，可以说是美国咨询公司之冠。例如，美国运通公司每年付给基辛格公司咨询费 42 万美元，但该公司提供的咨询服务只是：基辛格每年在美国运通公司的午餐或晚餐会上发表 4 次演讲，以及向公司高级领导人定期提供（有时是通过电话）重要咨询意见。中国的国际咨询业已经有了很大发展，截至 1989 年底，仅在工商行政管理部门注册的咨询企业和机构已达 3.3 万家，从业人员 69.5 万人，注册资金 82 亿多元。在中国国际咨询业务中一枝独秀的是“中国国际经营咨询公司”，它是中信的全资子公司，拥有 20 多家成员公司，8 000余位工程、经济专家。

（二）国际咨询的经营机构和业务范围

咨询机构可以设在企业、研究机构、政府机构或国际经济组织，也可以设在社会团体、高等院校和信息机构。从事国际咨询业务的经营机构，按其组织方式不同可以分为四种类型：（1）国际咨询机构，主要指提供咨询服务的国际经济组织，如联合国开发计划署、联合国各专门机构、联合国经社理事会下设的跨国公司委员会、科学咨询委员会等，另外还有一些非正式学术团体，如著名的“罗马俱乐部”等。（2）政府部门咨询机构，由各国政府所设立，是政府领导人的参谋和顾问，如我国的国务院经济技术社会发展研究中心、国务院各部委的研究机构等。（3）社会团体咨询机构，包括各级学会、研究会和一些企业内部所设的咨询机构。（4）国际咨询公司和咨询事务所，它们都是以盈利为目的的咨询机构。

国际咨询的业务范围，上至一个国家政治、经济形势预测，下至婚姻、家庭、健康、法律的了解，可以说是渗透到各个行业，涉及社会的一切领域。从国际经济合作的角度看，国际咨询的业务范围主要有：（1）综合咨询，是对带有战略性、全局性的重大项目进行咨询。（2）工程咨询，主要是对工程建设项目进行可行性研究及评价，编制设计图纸和文件以及对施工实施监督等，为决策者提供科学依据。（3）产品和科技咨询，主要内容是：技术改造，设备更新，专利技术，专业设备和生产线的设计，新材料、新工艺、新技术的研发及应用，新产品的试制，电脑运用，人才培训，企业科技发展规划等。（4）经营管理咨询，主要涉及企业的营销战略、生产管理、财务管理、市场趋势、机构设置、人力资源开发等等。

（三）国际咨询的业务程序

国际咨询是一项十分重要而复杂的业务，其业务一般分为三个阶段：接受咨询委托，进行咨询调研，实施咨询建议。

（1）接受咨询委托，是国际咨询公司业务的起始环节。客户向咨询公司提出申请，咨询公司就派出业务代表与客户进行初步洽谈，以便了解咨询项目的内容和范围。咨询人员首先必须弄清委托项目的背景，以及有关的技术、经济、国家政策法律等方面的情况。此后，咨询人员觉得承接该项咨询较有把握，就可以与客户进行详细商谈，弄清咨询研究的起点、目标、范围、要求；咨询进行的方式；投入人员、完成期限、所需费用等，然后制定咨询计划，签订合同，明确双方的责任和义务。

(2) 进行咨询调研，是整个咨询工作的中心环节。主要工作包括：1) 组建咨询调研班子。合同签订后，咨询公司便选择与该课题对口的专业咨询人员，成立咨询课题组；同时客户也应派人参加课题活动，以便随时沟通情况。2) 进行咨询调查与分析。成立课题组后，就应立即着手对课题所涉及的问题进行分工调查，广泛查阅、收集、分析有关的文献资料，必要时还要进行实地考察。客户应根据课题的需要，向咨询小组提供有关的背景材料，然后在此基础上，运用有关的理论方法对问题进行分析。3) 提出咨询建议。咨询人员对委托的课题进行调查、分析研究后，可向客户提交咨询报告，由双方共同确认报告的可能性和合理性，并由客户提出质疑。在对报告进行反复论证、研究和修改之后，课题组向客户提交最终咨询报告：一般应以书面形式提出两个以上的解决方案，供分析评价，在综合分析后选择最终方案，向客户提供咨询建议。

(3) 实施咨询建议，是咨询业务的最后一个环节。提出最终咨询建议后，咨询公司应派参与该课题研究的咨询人员，一起与客户落实咨询意见。在实施过程中，咨询人员应提供指导和帮助，并随时追踪了解方案的执行情况，若发现问题应及时查明原因，纠正偏差，保证咨询方案的顺利实施。

(四) 国际咨询合同的主要内容

国际咨询合同，是规范委托人和咨询公司之间跨国经济关系的法律文件，一般包括如下主要内容：(1) 咨询标的，即委托人交给咨询公司的项目或课题，这一条款需详细而准确地说明咨询项目的具体内容，并规定咨询公司应承担的任务。(2) 咨询要求，这一条款包括咨询公司完成咨询的质量要求，包括最后成果的形式、所需文件等，它是工作验收和处理纠纷时的依据。(3) 咨询公司的酬金或咨询费 (consulting fee)，一般情况下咨询费占项目总投资额的3%～5%，合同应明确规定客户支付酬金的方式、数额及时间等。(4) 咨询合同期限，指完成咨询任务的期限，应在合同中作出明确规定。(5) 违约责任，指当事人任何一方因过错不履行合同，或不恰当地履行合同规定的义务时，应承担的法律责任。(6) 其他，合同还应说明双方约定遵守的法律或国际规定，以及其他需要补充说明的事情。

第三节 国际旅游

世界旅游组织为了统计的需要，给国际旅游者下的定义是："在所参观的国家逗留至少24小时的临时参观者，其旅行之动机可以分为消遣（娱乐、度假）、治疗、研究、宗教和体育活动、商务、探亲和出差等等。"它把旅行逗留时间不超过24小时的参观者，称为"当日参观者"，不计入旅游者之列。它对"参观者"一词也给出了详细定义：为统计之目的，"参观者"一词是指基于到参观国从事获取报酬的职业以外的任何原因，离开所居国前往另一国家的任何人。世界旅游业，被誉为"无烟工业"，20世纪80年代初它超过钢铁

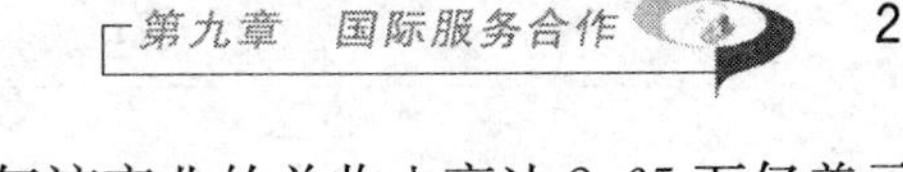

工业成为仅次于石油工业的第二大产业部门，1990年该产业的总收入高达2.65万亿美元，已成为世界上的“第一大产业”。开展国际旅游合作，已经成为国际经济合作中极为重要的内容。

一、国际旅游业的构成与基本要素

（一）国际旅游业的构成

旅游业，是凭借旅游资源、以旅游设施为条件，为旅游者提供服务而取得经济效益和社会效益的一种服务性行业。旅游业是一个极度分散的行业，它由各种大小不同、地点不同、性质不同、组织类型不同、服务范围不同、提供服务方式不同的企业组成。另外，旅游业中还有旅游事业单位，它们是与旅游有关的各种团体、公共部门，虽不以盈利为目的，但在旅游业中也起着重要作用。

国际旅游业一般把旅行社、旅游交通、旅游餐饮三大产业称为“三大支柱”。但旅游事业实际上是一项包含政治、经济、文化、科学等因素的综合性事业，伴随着国际旅游事业的不断发展壮大，旅游项目不断开拓、增多，会有更多的行业参与旅游服务。见旅游业构成简图9—1。

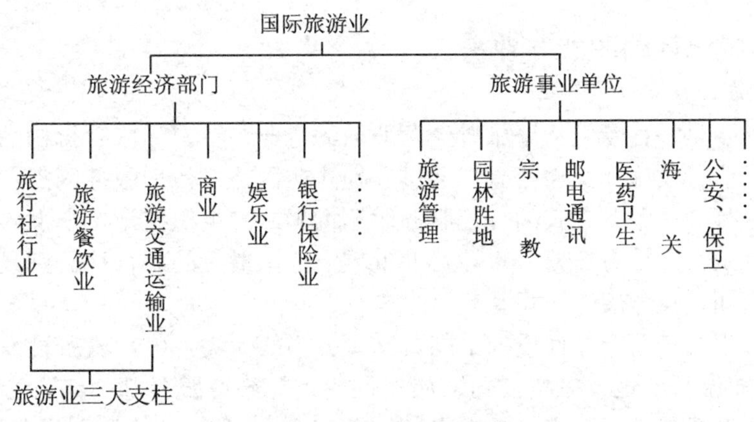

图9—1　旅游业构成简图

（二）国际旅游业的三个基本要素

国际旅游业的三个基本要素是旅游资源、旅游设施和旅游服务，只有三者的最佳结合，才能获得旅游业良好的经济效益。

旅游资源，是指一切足以对旅游者构成吸引力的自然和人工的风景区、文化区和自然景观等。具体讲它又包括：（1）自然旅游资源，是自然界中地理环境和生物构成以及能够吸引人们旅游的古今人类活动的文化成就，是人类社会所创造的物质财富和精神财富的综合表现。（2）人文旅游资源，往往具有明显的历史特点、民族特点和人文特色。人文旅游资源又可具体细分为：文物史迹，包括历史遗迹和遗址、古建筑、博物馆、伟人名人故居、纪念地和纪念物等，例如世界七大奇迹——埃及金字塔、中国万里长城、巴比伦空中花园、罗马大斗兽场、圣索菲亚教堂、亚历山大墓、印度泰姬陵；世界园林和现代建筑；文化传统和风情，包括民族艺术、工艺品、宗教仪式、书法绘画、风俗习惯和节庆活动等；体育比赛和娱乐活动；饮食与购物，等等。

旅游设施，是包括吃、住、行、玩和购物在内的一切服务设施，是发展旅游业的另一个基本要素。根据与旅游活动发生关系的性质，又可以分为：(1) 基础结构设施，也称基础设施，一般是社会上可以共同利用的基本设施，包括交通、能源（电、热、气）、给排水、通讯、环卫处理系统等，这是旅游业赖以生存和发展的基础；(2) 专门设施，是为了满足旅游者对旅游服务的需求，在基础设施的基础上增加的旅游设备，包括专门旅游交通工具，如旅游大小轿车、旅游专列、旅游包机、缆车等；食宿设备，如宾馆、旅店、汽车旅馆、餐馆、酒吧等；体育和娱乐设施，如高尔夫球场、游泳池、游乐场等。在旅游设施中，最重要的是旅馆业，国际旅馆业大体上可分为 4 种类型：与航空公司合营的旅馆、跨国性旅行社连锁企业、同一指挥系统的连锁旅馆、兼营旅行社或旅游公司的旅馆业。

旅游服务是旅游业的又一基本要素，国际上把旅游业称为“出售服务和风景的行业”。旅游服务是一种无形商品，不仅能使旅客获得住、行、娱乐、游览等各种服务，而且还能为旅游者提供消费品或纪念品。旅游服务的种类可细分为：安置游客的服务，客运服务，饮食服务，文化娱乐服务，国际事业服务（如安排国际性会议、博览会、学术交流等），商品服务，文件服务（如办理护照、签证等手续），银行服务，邮电通讯服务，等等。

二、国际旅行社的职能与业务

（一）国际旅行社

国际旅行社，是一种专门从事旅游经营业务的企业，是国际旅游机构的现代形式：它凭借现代化旅游服务设施和交通工具，通过连锁式或网络式代理服务网点，向旅游者提供各种服务，甚至是“一条龙”式的全程服务。据世界旅游组织统计，全世界经过专门批准和承认的旅行社及其分社有 2 万多家，目前世界上三家最大的旅行社分别是：日本交通公社、美国捷运公司、英国库克公司。

国际旅行社根据经营业务性质的不同，又可分为两大类：(1) 旅游批发商（或称旅游公司），它们与旅游目的地、航空公司、旅馆、餐馆等旅游服务部门订有合同，主要从事组织、宣传、推销或转销旅游产品的业务。(2) 旅游零售商（或称旅游代理商），它们主要从事旅游产品的零售业务，是批发商和旅游团的代理人，也称旅游经纪人，其收入主要依靠代理经销业务获取的佣金或回扣。

（二）国际旅行社的职能及业务

国际旅行社的职能，主要有生产职能、销售职能、组织协调职能、经济利益分配职能，以及提供信息职能。为完成这些职能，旅行社具体开展的业务主要有三种：旅游市场调查、旅游投资决策与咨询、旅游产品的开发与销售。

1. 旅游市场调查

国际旅行社对国际旅游市场的调查，包括对客源国的调查和对旅游者的调查。对客源国的调查，是为了了解该国的概况及特点，以及旅游传统和国家限制等，以便预测该市场的潜力和开发这一潜力的可能性。对旅游者的调查，是为了了解旅游者的组成结构（如年龄、性别、职业、居住地点）、旅游目的、时间、花费等，据此可以作出该市场的中、短期预测。

目前，国际旅行社开展国际旅游市场调查，主要有以下四种方式：(1) 直接对客源国进行调查，在这种方式下，旅行社往往在客源比较集中的外国大城市开设办事处，也有的旅行社委托国家的驻外机构或当地有关机构进行旅游市场调查，并提交调查报告。(2) 征询表调查。这是使用最广泛的一种方式，征询在本国进行，由旅行社根据不同调查目的印制征询表，表内印有多种可供选择的答案，让被征询人填表。具体方式又有多种，可以请被征询人自己填表，也可以电话征询或当面征询后代为填表。(3) 设建议箱调查。在旅游者出入的地方设立建议箱，并备有纸笔，请游行者提出意见，表达他们的要求。(4) 登记法。由统计部门、旅游部门或其他部门编制一些表格，请游客登记填写，定期汇总，如在各国的出入境口岸、饭店、旅游地请游客登记，以了解游客的性别、年龄、职业、旅游去向、目的和时间，以及乘坐的交通工具等等，及时掌握客流量。

旅游市场调查是旅游经营者制胜的十分重要的因素。美国捷运公司开发的“3S (Sea，海洋；Sand，沙滩；Sport，运动) 旅游”，已经成为国际旅游的新潮，目前世界各国游客的45%～80%已成为“海洋热”旅游者，国际游客大量集中于世界四大海滨旅游区：地中海、加勒比海、墨西哥海岸和太平洋岛屿。

2. 旅游投资决策方法

国际旅行社往往十分关注旅游投资。旅游业的基础设施和设备一般成本较高，因此属于“资本密集型投资”，同时它还是“劳动密集型”企业，产品是旅游服务，因此其成本难以适应需求的浮动而变化。由于资金和技术上的这种双重限制，旅游投资和管理必须实行严格的规则，这些规则必须运用到投资效益的预测、投资方式、管理方法、账目以及企业效益的目标要求等的研究中。旅游投资有两个主要问题，一是投资决策方法的选择，二是资金筹措方式的选择，本章只解释旅游投资的决策方法。

西方国际旅行社在旅游投资决策方法上，主要是靠建立一些适宜的账目进行预算，为决策提供科学依据。(1) 建立“经营预测账目”，对收入与购买等不同栏目进行预测，这些项目主要有：对接待率和价格的预测、对净营业额的预测、购物估算、员工开支估算、活动开支预测，最后根据预测编制“经营结果表”。(2) 建立“效益账目”，对以下五个指标进行预测分析，看是否需要投资并作出决定：毛边际收入、扣除人员费用之后的边际收入、活动边际收入、经营边际收入和净收入。(3) 建立“投资预测账户”，对项目所需资金的投资总额进行预测，可以用跟折旧、资金费用和利润有关的参数相联系的经营边际收入作为决策基础。

3. 旅游产品的开发与销售

旅游产品，是用来满足旅游需求的全部产品和服务的总和。国际旅行社开发的旅游产品，一般是“包价旅行”，即按预先确定的详细日程安排而组织，包括范围不同的服务内容、价格固定的旅游形式。包价旅行有两种类型：一是统包形式，这是传统的包价旅行形式，内容包括住宿、餐饮全包以及有组织的游览等；二是混合形式，是指交通加某些服务的包价旅行形式，如“飞机加租车”或“飞机加旅馆”等形式。旅游产品有自己的特点，具体讲有三点：(1) 供给弹性小，需求弹性大。从供给角度看，旅游产品的供应对短期和长期旅游的适应性小，即缺乏供给弹性；从需求角度看，旅游者对旅游产品的需求，会因价格、收入等因素的变化而在需求量上发生很大变化，即旅游产品富有需求弹性。(2) 互补性强。旅游产品是由一系列相互补充的副层次产品组成，这种特性造成一种经营困难：旅游产品整体中缺乏一项或一项不足便可能破坏整体产品的质量。(3) 非同质性。经营者基本上不可能生产同质的旅游产品，即使其提供的服务从形式上看是一样的，但质量之间的差别也会使旅游产品互不相同。

国际旅游产品的宣传推销，是旅游业成败的重要因素。国际上通行的旅游产品宣传推销，通常有以下几种方式：（1）印制精美广告在国外刊物上刊登。许多著名的旅游景点，都在国外发行量很大的刊物上登有照片、广告从而逐渐渗透到人们的意识之中，成为世界文化胜地。（2）通过电台、电视、电影做广告，向国外进行旅游宣传。最近由于国际信息高速公路的建设，不少旅游都在互联网络上做广告，充分利用现代传媒和信息技术进行旅游宣传。（3）推销旅游商品，间接地宣传旅游产品。通过具有旅游胜地某些特点的各种旅游艺术品，使潜在的旅游者进行欣赏，达到宣传的目的。如可印制各种刊物、小册子——购物指南、消费者手册、特种兴趣旅游小册子以及各种旅游宣传传单，在酒店、旅游地区及海外分送，也可制作旅游电视片、电影片、幻灯片在国外销售，以吸引游客。如北京市对外交流委员会印制《今日北京》和《商务特刊》，在各大酒店、宾馆分发，以充分宣传北京市的旅游资源。（4）通过驻外办事处进行旅游宣传。可以在国外客源集中的地方设立国际旅行社驻外代表处，派出常驻代表，担负宣传和招徕游客的任务。（5）提高旅游服务质量，也是宣传旅游产品的重要途径。优质服务是一种提高旅游企业信誉、扩大旅行社影响的最有权威的广告，宣传效果往往比一般的广告宣传好得多。（6）国际旅行社进行形象策划，也逐渐成为重要的宣传推销手段。旅行社的企业形象策划，包括注册品牌、企业徽记、企业文化形象等各个方面，往往从总体上反映出一个旅行社的形象，并会逐渐在人们心目中形成稳定的企业形象，成为旅行社的一笔宝贵的无形资产。

三、国家对国际旅游业的管理和国际合作

国际旅游业的迅速兴起，以及发展成为世界第一产业，其中都伴随着国家的扶持和国际合作。可以说，没有国家管理，一国发展国际旅游业就会受到影响。

（一）国家对旅游业的管理

国家一般建立政府旅游管理部门，领导和协调全国的旅游事业。例如在英国，官方旅游机构有四个：英国旅游局、英格兰旅游局、苏格兰旅游局和威尔士旅游局；此外还有政府支持的民办旅游组织——英国旅行社协会，它是一个公助民办的全国性旅游托拉斯。

国家旅游管理部门的主要职责有：（1）了解本国旅游资源、国外游客的状况，搜集并报道国际旅游市场的情报，进行信息处理工作。（2）负责协调旅游与其他部门的关系，如旅游与内政、外交、财政、金融、卫生、教育、文化、劳动、交通、通讯等部门的关系，制定国家旅游管理政策，开展旅游的日常管理工作。（3）国家旅游管理机关除在本国有关城市设立分支机构外，还在国外旅游中心地带派驻代表或办事机构，以便与国外旅游机构保持联系，帮助本国发展旅游业。

国家一般还利用法律手段管理旅游业，通过旅游立法来进行旅游管理。国外旅游立法一般有两种形式：一是把旅游法规作为独立的部门法，由旅游基本法和一些单行法规形成一个完备的旅游法规体系；二是把相关旅游活动的法律条文分别纳入经济法和民法之中，不再单立旅游法规。

国外旅游法规的主要内容一般包括：（1）用法律保护旅游资源不受破坏；（2）维护旅游者的利益，保障旅行安全；（3）严格掌握对旅行社的审批规定，保证服务质量；（4）协

调旅游部门与其他有关部门的关系。在做好旅游立法的同时，许多国家还十分强调严格依法办事，以确保旅游者和旅游经营者的正当权益，推动旅游事业健康发展。

（二）国际旅游业的国际合作

国际旅游的政府间合作，主要体现在世界旅游组织（World Tourism Organization，WTO）的活动中。世界旅游组织的前身是1925年成立的“国际官方旅游联盟”，在第二次世界大战中停止活动，1946年重建，1975年改为现名，次年成为联合国开发计划署在旅游方面的一个执行机构，总部设在马德里。截止到2011年，世界旅游组织共有155个正式成员、3个联系成员和161个与旅游有关的公司组织作为附属成员。中国于1983年10月加入该组织。

世界旅游组织的主要组织机构是：大会，为最高权力机构，每两年举行一次大会；执行委员会，由21人组成，任期4年，每年至少召开两次例会；秘书处，负责日常事务。世界旅游组织的宗旨是：促进和发展旅游事业，使之有利于经济发展，国家间相互了解，和平与繁荣以及不分种族、性别、语言和宗教，尊重人权和人的基本自由。它的主要活动是：负责收集、分析旅游资料，定期向成员国提供有关情况和研究报告，简化旅游手续，提供技术合作，组织各种培训，召集国际会议，签订有关旅游国际协定等。该组织把1967年定为“国际旅游年”，把每年9月27日定为“世界旅游日”。

国际旅游还有非官方的国际合作，主要体现在世界旅游代办处协会联盟和国际旅游联谊会两个组织的活动中。世界旅游代办处协会联盟（Universal Federation of Travel Agents' Associations，简称UFTAA），于1966年11月22日在罗马成立，它是在巴黎注册的国际性非政府联盟，根据法国的法律，它具有“外国协会”的法律地位。该联盟的宗旨是：建立并巩固各国的旅游协会和旅游代办机构，向它们提供法律、物资、职业和技术援助。国际旅游联谊会（International Touring Alliance，简称ITA），是旅游者之间的国际性组织，其前身是1898年8月在卢森堡成立的“国际旅游者协会联盟”，1919年5月改用现名，它在瑞士日内瓦根据行会原则建立，根据瑞士民法典，它是具有法人地位的非商业性协会。截至2011年底，该组织共有155个团体会员和6 300万名个人会员。其宗旨是：加强成员之间的密切合作，在平等互利的基础上开展各种旅游活动，维护旅游工人及其组织的切身利益。其出版物是：《国际旅游联谊会公报》（季刊）。

[思考题]

1. 比较国际服务合作与国际服务贸易。
2. 叙述国际承包工程的业务程序。
3. 国际劳务合作合同有哪些内容？
4. 叙述国际咨询的业务程序。
5. 试述国家对国际旅游业的管理及国际合作。

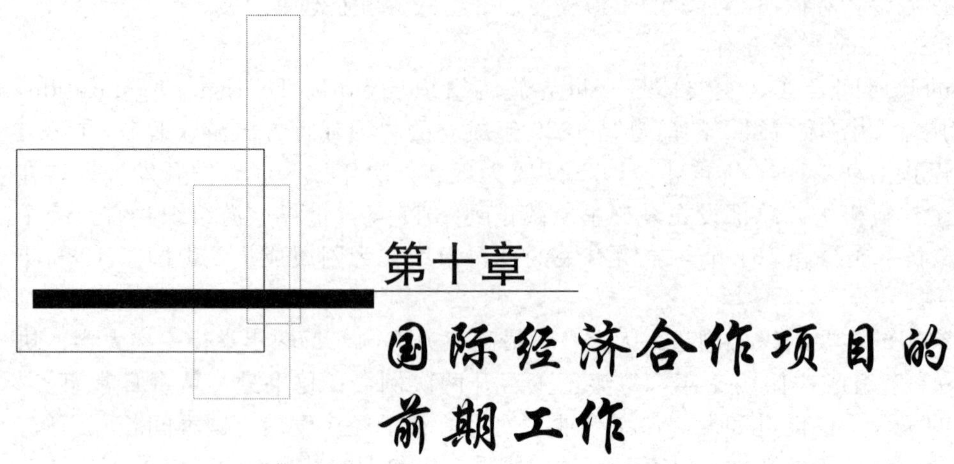

第十章 国际经济合作项目的前期工作

［重点问题］

- 国际经济合作项目的市场信息
- 国际经济合作项目的客观环境分析
- 项目可行性论证的路径及基本内容
- 国际经济合作项目的风险分析
- 国际经济合作项目的合同谈判

第一节　国际经济合作项目的市场信息工作

信息是对客观世界各种事物的存在方式及运动状态的描述，是沟通主观世界与客观世界的纽带。它同材料、能源一起被称为现代社会的三大支柱。

信息渗透于人类社会活动的各个领域，市场信息是信息的一个方面。所谓市场信息，是指反映市场客观状态及其运动特征的消息、情报、资料、数据等。随着时间、空间、社会、自然的不断变化，受其制约的市场始终处在错综复杂的变化之中，因此反映市场诸方面活动特征的市场信息必然是多层次、多方位的。

及时、准确的各类信息尤其是市场信息，是对一个国际经济合作项目进行分析、决策的重要依据。因此，市场信息工作是国际经济合作项目前期工作中的一项重要内容。

一、市场信息系统

（一）市场信息的分类

市场信息是异常大量和繁杂的，为了使市场信息更有效地服务于国际经济合作项目，对其进行有目的的分门别类的研究是十分必要的。市场信息一般可分为如下几类。

（1）按市场信息来源可分为内部与外部的市场信息。内部市场信息来源于对一个国际经济合作项目内部自身情况的了解。例如某项目的资金来源与使用，原材料的采购与储运，产品的数量与价格等。这类信息与企业效益直接相关，必不可少。而如国家政策变动、同行业竞争对手情况、市场的需求及其变动等这类超出项目控制范围的信息，就是外部市场信息。这类信息收集难度较内部市场信息更大。

（2）按市场信息反映的时间可分成历史信息、现时信息、未来信息三种。市场处在不断变化之中，变化有其内在规律。掌握过去发生的情况和现在的情况，研究其内在的规律，就可以推测未来。提供市场未来信息，为决策提供依据，能使经营活动处于主动地位。正是由于未来信息建立在历史信息和现时信息基础上，所以历史信息和现时信息的质和量对其分析的科学性、处理的迅速性都是至关重要的。

（3）按市场信息收集途径，又可分成正规信息和非正规信息。正规信息是指通过正规组织渠道得到的信息。如上级机关制定下发的有关政策、经济公报、法规、统计资料等等。非正规信息即不是从正规组织渠道获取的信息，带有很大的随机性。如从新闻媒体、社会交往中获取的信息。前者系统性好，完整性强，使用价值高，便于查找，准确性高，但时效性不如后者。

（4）按市场信息加工程度分类，可分成原始信息与加工信息。原始信息，是指在市场活动中直接产生的原始单据、凭证、记录、数据中所含的信息，如关于商品的品种、单价、进销货额、库存量、费用、利润等。原始信息量大、面广，是市场信息工作的基础，亦称信息源。

对原始信息收集后按一定目的加工、整理、筛选后得到的信息称为加工信息。如市场预测、统计资料、报表等都属于这类信息。加工过的信息针对性强，有一定共享性，但在加工整理过程中难免发生掺入主观成分、遗漏客观情况，从而造成信息失真的现象。使用者应斟酌考虑，同时也要对加工信息者提出质量要求。

（5）按市场信息的内容性质分类，又可分成如下几种：商品供应信息、商品需求信息、市场竞争信息、市场管理信息、市场商品价格变动信息、商品运输和存储信息、货币流通信息等等。

（二）市场信息的属性

市场信息是信息的一种，它具有信息的共同属性和自己的特殊属性，现综述如下。

（1）普遍性。市场信息广泛联系着国民经济的各个领域、各个部门、各个环节，渗透到国民经济的各个行业、人民生活的各个方面、管理经营的各个方面及各个层次。

（2）可感知、可存储性。通过人的感官从直接的社会活动中，从报刊、通讯、广播、电视等媒介中感知和识别各方面的市场信息，并存储于人的大脑中，或各种记忆工具中。

（3）可处理、可转换性。对于收集到的市场信息，可按照需要进行有目的的筛选、加工整理、归纳，并转换再生成新的市场信息。市场信息的存储形式，可借助语言、文字、录音、录像、计算机等转换，也可在大脑、纸、录音带、录像带、计算机磁盘之间转换。

（4）可传递与载体不可分性。市场信息必须依附于一定的载体，市场信息是无形的并且与其有形的载体如语言、文字、声波、电磁波、影像等是不可分割的，人们只有通过载体才可感知信息。由于这种不可分性，所以市场信息是可以传递的，而且市场信息必须经过传递才能获得。

(5) 适用与时效性。市场信息符合实际需要即具有适用性。若提供大量无关信息，必然分散项目决策者的精力，降低决策效率。时效性是指提供市场信息必须及时，应在决策或行动之前，否则将失去其价值。在当前国际市场及国内经济形势多变的情况下，对市场信息的适用性和时效性的要求更高了。

(三) 建立市场信息系统的必要性

市场信息系统是指有助于人们掌握市场动态、及时获取准确的市场信息、由各种相互关联的信息机构与组织构成的有机整体。它是人们对市场信息认识发展到一定阶段的产物，也是经济发展的需要，是人类社会现代化程度的一个标志。

市场信息系统又可分成市场信息网络系统和市场信息网络子系统。市场信息系统从整体上说对市场信息具有系统管理的功能、对子系统进行协调和控制的功能以及优化决策的功能。

及时准确地掌握市场信息，对于一个国际经济合作项目的预测、决策、计划及开始运营后的管理都是十分重要的，但同时也是项目内部各职能部门难以有效控制的，因而在项目前期必须建立一个有效的市场信息系统，以做到不断存储获得的新信息，并进行加工、分类、整理、检索，这样随时都可传递所需的市场信息，为项目所开展的各项工作作出迅速准确的服务。

市场信息种类繁多，如前面所述，如此广泛的信息内容，又来源于四面八方，只有借助于市场信息网络系统的各子系统才可能做到分别收集、相互传递和资源共享。如果脱离市场信息网络系统则将一事无成。

项目中的各层次、各部门的每个管理者，对有关的市场信息的需求既是随机的又是即时的。市场信息网络系统及其内部每个子系统可合可分，并能将各类信息按其内在联系组织到系统内，供信息的使用者随时调取。市场信息系统这种可加工整理的信息量之大、面之宽、速度之快，调取之方便（尤其在借助计算机情况下），如果脱离市场信息系统是力所难及的。

市场信息系统可以不受各层次、各部门职能机构的限制，可按信息内容、服务目的分别建立若干子系统，如市场预测信息子系统、产品销售信息子系统、企业资金信息子系统等。这些子系统有的可能跨越几个职能部门，也有可能一个职能部门涉及几个子系统。跨越几个职能部门的市场信息子系统可以通过部门间的信息传递调节各职能部门的活动，约束和控制不合理行为。另外，通过市场信息系统的信息反馈，可以及时发现项目经营活动中的各种问题，从而可以及时督促管理者采取措施、对策予以解决，从而保证合作项目目标的实现。

综上所述，建立各级市场信息系统并使其网络化，是国际经济合作项目市场信息工作的首要目标。

二、市场信息调研

要建立起服务于项目的市场信息系统，首先必须准确、及时地掌握市场信息资料。具体来说就是进行市场信息调研工作。市场信息调研是一门研究市场供求关系的发展趋势和变化规律的学科，它是根据特定的任务要求，运用科学的方法和先进的技术，有目的地收集一切与特定市场营销有关的资料，通过定性和定量分析研究，掌握市场内在的变化规律及其与周围客观环境的联系，弄清其历史和现状，预测其未来，并在此基础上制定市场的营销策略，撰写出有情形描述、有分析、有建议的市场信息调研报告，为项目的经营决策提供依据。

（一）市场信息调研的作用与特性

1. 市场信息调研的作用

市场信息调研的作用可归纳为两个方面：

（1）有利于掌握市场上有关各方面的信息，并通过对信息的分析，揭示出市场行情变化的特点、原因，预测出发展趋势，从而发现市场营销机会，确定目标市场。

（2）有助于了解特定目标市场的政治、法律、经济、文化、金融、科技、竞争等多种不可控的环境因素，在此基础上通过可控的产品、价格、销售渠道和促销方式等内部因素的最佳组合去适应外部环境，增加产品竞争能力，使经济合作项目在目标市场有更强的生存发展能力。

2. 市场信息调研的特性

市场信息调研对于项目经营活动的重要作用，决定了它具有一系列有别于一般信息调研的特性：

（1）针对性。市场信息调研是针对特定目的而进行的，因此，要根据实际需要提出调研课题。而信息的收集、分析、预测和营销策略的制定等调研内容也必须密切联系实际，以满足决策的需要，做到有的放矢。

（2）综合性。经济、科技、社会发展的国际化和各学科、专业的相互渗透、交叉，使市场信息成为由各方面信息纵横交错、相互关联形成的信息综合体。因此，反映在市场信息调研中，信息也呈现出综合性的特点。

（3）可靠性。要服务于项目的经营决策活动，市场信息调研必须强调可靠性，这包括选题及时、取材准确、数据真实、研究方法严谨、分析论证客观公允等等。

（4）时效性。当前，国际、国内市场风云变幻，竞争十分激烈，这就缩短了信息的使用寿命。因此，信息调研的时效性就显得异常重要，必须紧跟形势变化，提供及时、适时的调研报告。

（5）预测性。开展市场信息调研不仅要掌握当前的市场状况，满足项目经营的现实需要，而且还要提供动态信息，作出合理预测。

（6）政策性。市场信息调研是一项政策性很强的工作，它必须根据国家的政治、外交和经济建设总方针进行，而不能另立一套，自行其是。

（二）市场信息调研的内容

市场信息调研的内容看起来很复杂，凡是直接或间接影响项目经营活动的因素都属调研的范围。但按其对象归纳，无非包括以下两个层次。

1. 市场营销环境调研

这项调研是对不可控的项目所处市场的宏观环境的综合性调查研究，包括对所在国家、地区相关的经济、政治、文化、金融、法律、科技等情况的调研。国际经济合作项目是一项跨国性的经济活动，因此对于相关国家或地区的上述背景环境的了解有着特殊的重要意义，直接关系到各方的顺利合作、合作项目的生存和发展以及既定目标市场的拓展。这是一项宏观层次上的调研活动。

2. 市场专题信息调研

这种专题调研活动是在微观层次上对某个具体市场、部门、行业的考察。特定调研范围的选定取决于项目经营活动的需要。最基本的是对企业可控的产品、价格、分销和促销四个因素的调研。涉及项目主要有如下几个方面：

(1) 市场机会调研。包括目标市场容量、潜量、潜在消费者人数、全行业的市场规模及本项目投产后所能达到的占有率等等。

(2) 消费者和消费行为调研。包括消费者类别：年龄、性别、职业、民族、居住地区；消费者购买力，消费水平及结构；消费习惯、欲望及动机，以及对本产品及同类产品的评价。

(3) 技术信息调研。包括新技术、新材料、新工艺、新能源的应用和发展状况，以及国内外水平差距；本项目产品涉及的技术领域概况；产品检验指标和技术标准等。

(4) 产品信息调研。包括产品的功能、外观、使用方便性和耐久性；产品的寿命周期情况；品牌与商标；产品的包装、运输及配套情况等。

(5) 销售信息调研。包括销售渠道的选择和进入市场方式的选择；技术指导及维修情况；广告媒体选择、广告的内容及形式设计和促销手段的组合运用效果等等。

(6) 价格信息调研。包括产品处于相关市场可能发生的费用：关税、运费、保险费等；产品定价策略，批发价、零售价的确定；与国际市场价格的比较；消费者对价格变动可能作出的反应。

(7) 竞争对手信息调研。包括对手的数量、产品情况、管理情况、促销情况及市场占有率等。

(8) 中间商信息调研。包括中间商的经济实力、经济政治地位、经营能力、资信状况及以往的经营记录等。

(9) 经营效果调研。包括采用的各种营销手段及手段组合的效果调查；广告效果；通过直接建立销售网点与委托代理的效果对比；市场经营效果的变动情况及原因等。

以上各项专题调研结果经过加工整理后，可分门别类构成整个市场信息系统网络的各个子系统，便于管理与查询。

(三) 市场信息调研的程序

一般来说，一项正式调研的全过程大体可分为：调研准备、调研实施、分析和总结三个阶段，每个阶段又可分为若干具体步骤。确立一套系统而科学的调研程序，是提高信息调研效率和质量的根本保证。

1. 调研准备阶段

调研准备阶段是调研工作的开端。准备是否充分周到，对于随后的实际调研工作的开展和调研质量影响很大，对此应予以足够的重视。调研准备阶段着重解决调研的目的、要求、范围、组织等问题，并在此基础上，制定一个切实可行的调研方案和计划。这个阶段又可分成以下几个步骤来实施。

(1) 提出需要调研的课题。根据预测、决策和计划的要求，或者根据合作项目的经营活动中发现的新情况和新问题，提出需要调查研究的课题，这是调研准备阶段的第一步工作。

(2) 分析有关情况，对调研本身进行可行性研究。调研人员围绕有关部门初步提出的调研课题，要搜集资料分析研究，以判明问题的症结之所在，弄清究竟应当调查什么才能为预测、决策、计划提供作为依据的可靠资料；同时，要根据调研目的，考虑调研的范围、规模、时间和费用等问题，看其是否具有切实可行性，并加以适当调整。可见，这一步实际上就是对调研本身进行可行性研究。

(3) 拟定调研方案和计划。经过上述分析研究以后，如果决定要对某个问题进行正式调研，就应制定调研方案和工作计划。一般来说，大型的市场信息调研活动需要分别制定调研方案和计划；而对于一些小型的信息调研，则只需拟定一个调研计划，附上调研提纲就可以了。

2. 调研实施阶段

调研方案和调研计划经有关部门审查批准后就可进入调研实施阶段。这个阶段的主要任务是按调研方案的要求，系统地收集各种资料和数据。它大体可分为以下几个步骤：

(1) 组织调研小组，集中调研人员进行学习。调研部门应提前组织好人员配备，对相应人员进行培训，调研人员要了解调研方案、方法和技术等业务知识。这是保证调研质量的重要措施。

(2) 组织调研人员，收集现成资料。现成资料是指现有的第二手资料，取得这部分资料较为容易，但收集的二手资料必须确保准确性和可靠性。对于统计资料应弄清指标含义和计算口径。对估算数据，要了解其估算方法以及可靠程度。对保密资料，应根据规定妥善保管。

(3) 确定调研单位，收集原始资料。在市场调研中，光收集现成资料是不够的，还必须实地收集第一手的原始资料。

3. 分析和总结阶段

调研的分析和总结阶段，是取得调研结果的阶段。这一阶段的工作如果做得不好，会导致整个调研工作功亏一篑，前功尽弃。因此作为调研全过程的最后一环，分析和总结阶段也是调研工作能否发挥作用的关键一着。这个阶段的工作大体可以分为以下几个步骤：

(1) 整理分析资料。调研人员收集的大量资料，往往是十分零乱的，某些资料还可能是有误的，因此必须系统地加以整理分析，使之能反映事物的内在联系，揭示问题的本质和各种现象间的因果关系。这里具体包括资料的检查、核实和校订；资料的分类汇编；资料的分析与预测等工作。

(2) 制定经营策略。在对资料进行分析并作出市场预测后，便可以提出合作项目的经营策略。经营策略必须有可操作性。

(3) 撰写调研报告。撰写一份有说服力的市场调研报告，是市场信息调研工作最后阶段的主要工作。市场信息调研报告的主要内容包括：基本情况、分析说明以及调查结论和建议。此外，还可以包括调查目的、方法和调查步骤等内容。调查表以及经过整理的统计图表等则可以作为报告的附件。调研报告的结构多种多样，没有固定的格式，但一般由导语、正文和结束语三部分组成。

经过上述工作过程得到的一系列专题调研报告，就是建立起市场信息系统的基础。一旦一个由众多子系统构成的市场信息系统网络建立起来并发挥了其应有的作用，国际经济合作项目前期的市场信息工作就算是达到既定目标了。当然，在以后的项目合作过程中，还应不断地充实和完善这一市场信息系统，使之为项目的良好经营及长远发展发挥出更大的作用。

第二节　国际经济合作项目的客观环境

国际经济合作是各个国家、地区之间经济技术联系的一种高级形式，它涉及各国和地区的工商企业、银行、海关、运输、邮电、保险等各部门的活动，远比国内各地区之间的经济合作复杂。任何一个企业，只要对外开展国际经济合作，便置身于复杂的客观环境之中。企业面临的国际经济合作的客观环境既给企业提供合作与发展的机会，同时又制约着企业的活动。一个企业成功的关键在于它是否具有适应复杂多变的外部环境的能力。从这个意义上讲，分析研究外部环境是企业成功地开展国际经济合作业务的基础。

一、国际经济合作的客观环境及其特点

影响企业活动的国际客观环境主要包括经济环境、政治环境、法律环境、文化环境、技术环境、竞争环境以及各国的商业习惯和实践等，它们都属于总体环境的范畴。从另一个角度看，总体环境又可分为稳定环境、慢变环境、剧变环境三类。在每种环境中，凡有利于企业开展国际经济合作的因素就是机会，凡不利的因素则是威胁。环境分析说到底就是寻找机会、发现威胁。

当今国际经济合作的客观环境具有以下特点。

（一）国际市场结构复杂

由于各国的资源、人口、历史、工业水平、消费结构、社会制度等各不相同，所以国际市场的结构十分复杂。企业必须搞好对国际市场环境的调研，掌握各种国际合作知识，才能成功地进入国际市场。

（二）国际市场竞争激烈

当今国际市场竞争激烈，新产品不断出现，各国和地区纷纷扩大对外经贸关系，国际市场格局发生新的变化，不仅发达国家之间相互争夺市场，而且新兴的工业化国家和地区也加入竞争行列。

（三）各国对国际市场的依赖程度加强

当前，发达国家的产业结构正向技术密集型和知识密集型方向发展；发展中国家除继续发展劳动密集型产业外，也逐步发展普通技术密集型产业。国际经济合作将在更深入、更广泛的国际分工基础上进行，各国在经济上的相互依赖关系也随之日益增加。

（四）国际经济合作规模不断扩大

第二次世界大战以后，科学技术革命促进了社会生产力的发展，国际分工程度不断加深；交通运输工具不断更新，通讯工具日益现代化，使效率持续提高；资本国际化迅速发展，促使生产、分配、交换、消费的国际化程度不断提高；随着国际分工和国际经济技术合作的发展，各种形式灵活的贸易往来日益加强，对国际经济合作规模的扩大也起了推动作用。

（五）集团内部的经济合作兴起

战后技术革命的迅猛发展，既加深了各国间的相互依赖程度，也激化了国际竞争。与此相适应，一些利益相近的国家组成了经济一体化组织，对内采取优惠措施，促进相互间贸易及经济合作的发展，对外则实行一些限制措施。

二、国际经济合作项目的经济环境

经济环境对国际经济合作有着直接和根本的影响。经济环境主要包括以下几个方面。

（一）经济制度

世界上的经济制度，根据对资源和产品的分配与控制方法，可以分为市场经济制度和计划经济制度。迄今为止，世界上还没有一个国家实行完全的市场经济或计划经济制度。目前各国的经济可以说是市场经济和计划经济的混合体。

在市场经济制度下，产品的生产、销售由企业自行决定，利润高的产品必然带来企业间的激烈竞争。因此，与西方国家进行经济合作时，必须重视分析竞争对手的情况。

在计划经济制度下，企业生产在很大程度上受国家计划控制。因此，在与这些国家进行经济合作时，要注意分析国家计划动向，以确定产品进入和占领市场的可能性。

（二）经济发展目标

不论经济发展阶段如何，所在国的经济发展目标对开展国际经济合作起到很大制约作用。以发展中国家为例，尽管各自的条件有很大差异，但要求工业化，要求满足各种物质与精神的需要，要求有较好的教育条件和社会福利，甚至要求建立高效率的行政系统，都是它们共同的目标。了解各国的经济目标，将有助于认识各国对经济合作的态度，可在帮助其完成经济目标的过程中获得一定的利益。

（三）经济状况

一国经济状况会影响该国的商品需求量和营销策略。根据罗斯托经济成长阶段论，经济发展过程可分为五个阶段：传统社会、起飞前夕、起飞、趋向成熟和追求生活质量阶段。对处于较高经济发展阶段的国家，合作项目侧重于技术密集型或知识密集型产业，营销工作应注重大规模自动零售机构，强调产品的特性及质量；对处于较低经济发展阶段的国家，合作时侧重于劳动密集型产业，营销工作应注重小规模经营的零售商，强调产品的功能及实用性。

（四）市场规模

市场规模是指市场上消费者对产品的购买能力。一般来说，以下指标常用来反映市场规模：国民生产总值、国内生产总值、国民收入、个人收入、可支配收入、自由支配收入、家庭收入、人口。

（五）消费支出与通货膨胀

(1) 消费支出。目前，各国消费支出总额都明显增加。根据恩格尔定律，当收入增加时，一些商品（主要是食品）占消费总支出的百分比会下降，另一些商品（如服装、娱乐、教育、健康）所占的比重则会上升。但是，只要营销方式得当，经过努力，也可避免这种现象。因此在分析国外消费者支出、确定出口产品品种时，既要遵从恩格尔定律，又不能被恩格尔定律所束缚。

(2) 通货膨胀。通货膨胀的实质是货币贬值。持续的通货膨胀可能会改变消费者的支出。这是因为在通货膨胀时，消费者认为产品价格会上升，与其存放贬值的货币，不如现在花钱购物。

（六）国际金融环境

股市会影响生产，汇率会影响计价，因而影响贸易。国际金融环境成为影响国际经济合作项目的重要因素。

(1) 国际收入。根据对本国和东道国的国际收支表分析，研究国际收支，有利于选择计价和收付货币，有利于确定国际营销的战略方向，有利于合理定价以及确定国际经营中的结算方式。

(2) 外汇市场。企业在决定接受外国订货或购买外国商品时，必须考虑币值变动的可能性；当企业在海外设置生产厂家或其他机构时，汇率和外汇问题就变得更为重要。只有对汇率变动的前因后果了如指掌，才可能通过把企业流动资产从一种货币换成另一种货币来获取巨额利润。

(3) 国际资本流动。资本富有国的闲置资本通过国际流动得到充分利用；资本短缺国则获得生产不可缺少的资金要素以及购买先进技术设备所需的外汇。因此，企业开展对外经济合作时，应了解目前国际资本流动的方式和特点。

(4) 国际货币体系。国际货币体系的变化，常常会影响货币体系的基础，在一定程度上改变汇率制度，并使国际金融环境趋于复杂多变，从而使国际经营更具风险性。

三、国际经济合作项目的文化环境

通常人们只把对外经济活动看作是商品和服务的交换活动。实际上，社会文化因素也对国际经济合作产生重要影响。人们的消费心理及行为不仅与收入有关，而且与其他社会文化的影响有关。只有对非经济因素进行分析，才能掌握市场国的消费情况，成功地给企业带来利润。

文化是一个社会全体成员表现的和长期以来共同形成的行为特征的总和，它一般被看作是人类环境中的人为部分或一个民族生活的独特方式。

文化的构成要素有很多，包括物质文化——技术、经济；社会机构——社会组织、教育、政治结构；人与自然、宗教、信仰体系；美学——雕塑艺术、民间风俗、音乐、戏剧和舞蹈；语言，等等。

这几个方面包括了构成文化和社会传统的一切活动，因而对研究和分析不同文化提供了一个框架或模式。

(一) 物质文化

人类社会的生产工具、劳动对象和技术统称“物质文化”，它包括技术和经济两个方面。技术包括用以创造商品实体的技术，它是一个社会的人所具有的技能；经济是人们运用其能力获得利益的方式，包括商品与劳务的生产、销售、消费和交易手段以及运用劳动而获得的收入。物质文化影响着需求水平，所需产品的质量、品种和使用特点，以及这些产品的生产、销售方式。

(二) 社会机构

包括社会组织、教育和政治机构。社会机构是人们建立相互联系方式以便相互协调地生活的产物。每个机构都会影响行为、价值观和全部生活方式。

广义的教育指技术、观念和思想方法的传播过程，它具有向新一代进行文化传播的作用。教育还能推动文化的变革。在国际经济合作中，营销者通过“教育”消费者，可让其购买自己的产品和技术，这也有赖于市场国的正规教育水平。

(三) 人与自然、宗教、信仰体系

世界上有许多宗教及其团体，其中泛灵论、佛教、伊斯兰教、印度教、基督教和神道

教占主要地位。这些宗教的信徒数量很大，在世界经济中具有十分重要的影响。各国的宗教节日、宗教派别、宗教机构、宗教禁忌及其所决定的消费模式等，都是国际经济合作中必须加以考虑的因素。

此外，在一些社会的信仰体系中，迷信也起着很大作用。

（四）美学

美学是指一种文化中关于美和审美体验的观念，包括艺术、民俗、音乐、戏剧和舞蹈等。美学对理解某一文化的标准、色彩及其艺术表现方法极为重要，对于产品设计、包装和广告的颜色、广告中的音乐以及品牌的名称都具有很大意义。

（五）语言

语言是文化的核心组成部分之一。在国际经济交流中，必须与东道国的合作伙伴、雇员和顾客等发生联系，必须了解和搜集情报等，就必然要学习和掌握对方的语言。

四、国际经济合作中的政治和法律环境

除经济、文化环境以外，东道国的政治和法律环境也对国际合作有重要影响。

（一）政治环境

东道国的政治环境主要是指政府在经济中的作用、政治意识形态、政治稳定性、国际关系以及商业与政府的关系等等。政治学家研究国际政治的着眼点虽然只是政治行为和政治组织本身，但他们的研究成果可为国际经济合作者提供有益的线索。正因为如此，人们开始深刻认识到政治环境是许多国际商业决策中的主要因素。

(1) 政府干预。在国家经济中，政府一方面通过垄断、购买或合作经营直接干预经济活动；另一方面，它们制定了有关经济活动的各种规章制度。从政策对经济的干预活动来看，主要表现在对商业的垄断，如各种各样的贸易保护主义。

(2) 民族主义。民族主义在历史上曾是统一国家的有力工具，但今天却极大地阻碍了地区性和国际性合作。世界各国民族主义现象普遍存在对国际经济合作产生诸多影响。首先，国内民族主义情绪并不支持本国公司在他国生产、销售；其次，市场民族主义情绪常对外国公司持敌视立场。所以，在现代国际合作中，国际公司大都必须考虑在不削弱公司国际经营能力的同时如何更好地适应当地民族主义环境。

(3) 东道国政治环境的稳定性及其国际关系。合作者最需关注的问题是东道国的政治环境是否稳定，其关于国际商业的政策是否持久、宽松和稳定。如果东道国政权更替频繁、多次发生暴力事件和示威游行、有文化分裂或宗教对立现象，则合作者的生产经营可能蒙受损失。此外，合作者几乎不可避免地卷入各主权国家的国际关系之中，包括国际公司母国与东道国之间的关系以及东道国与其他国家之间的关系。

（二）法律环境

商业的法律环境是一国关于商业的各种法律和规章。国际公司必须了解各国的法律环境，还必须了解东道国的政治环境，因为它关系到法律的具体执行和新立法的发展方向。进行国际经济活动的法律环境问题大致可分为两个方面：国际法和各国的国内法。

(1) 国际法。简单地讲，国际法就是国与国之间形成的、具有法律效力的条约、惯例和协定的集成。许多国际条约和惯例直接影响国际商业活动的决策。

值得注意的是，目前由于少数国家之间容易达成某些协定，地区性国际法发展得很

快，各国在法律上的合作趋势也有加强。

(2) 各国法律。各国的商法对其境内的商业活动无时无处不发生着影响，合作者对各合作国家的各具特点的商法必须熟知。首先应了解东道国法律属于何种法系；其次要熟知东道国的商法对产品的特征、定价、分销等的规定。

在进行国际商业合作时，难免产生商业争端。有关人员应熟悉如何选择法庭及法律，如何选择“仲裁”或“诉讼”等问题。只有这样，才能有效解决商业争端。

五、国际经济合作项目的地理环境

地理环境是在国际经济合作中不可控但又常常被忽视的环境因素。一个国家的地理自然条件，大体上是该国社会特征及社会用以满足其需要的财富的重要和最普遍的决定因素。因此，熟悉世界地理、了解各国的地理差异对经济的影响，对于评价国际经济合作及其环境是非常重要的。

我们对气候与地形作重点研究，对地球资源与人口进行简要观察，并对世界市场及通商路线作一鸟瞰，以全面地了解地理环境与世界市场。

(一) 气候与地形

一个国家的地势及气候可以明显地影响产品的适应能力。高度、湿度、温度都影响产品与设备的使用与性能。比如，在美国使用的建筑设备需要做很大的改变才能在撒哈拉大沙漠的高温、高尘地区使用。

地形条件还影响到国家的经济特征及国家的经济与社会发展。比如，南美洲大陆西部绵亘着长达 7 241.85 公里、平均高 396.24 米、宽 482.79～643.72 公里的山脉，妨碍了建立沟通大西洋与太平洋两岸的通商航线；此外，南美洲幅员辽阔，人口集中在外围，内部荒芜，几乎没有人烟，又呈现出一幅妨碍国家发展贸易与交通的天然壁垒的地理图像，使国家的统一及经济的一致发展都受到制约，多数南美国家公民因此隔离而不能认识到自己是国家的公民，不能承担公民的权利和义务。

详细研究某一国家的地理，可以很好地了解与预见它的许多特色，避开自然障碍对开发市场的影响。

(二) 资源与人口

资源在世界贸易中是必不可少的重要条件，无论何时，资源的位置、质量和可供量都将影响到世界经济发展与贸易的结构。各国的资源禀赋并不一致，一个国家的矿藏或能源的国内供需也不一定是相互适应的，国际经济合作者在制定世界范围的投资决策时，必须仔细权衡这一因素。除工业化所需原料外，还须有可用的、经济上可行的资源，才能成功地将资源转变成实用的产品。

人口对计算可能的消费需要量是非常重要的。各种因素，如当前人口数、增长率、年龄结构、城乡人口分布等，都和各种商品的需要量息息相关。

(三) 国际贸易路线

国际贸易路线可以说是最早的联系世界各国的纽带，它克服了各种天然屏障，克服了民族之间的重大差别，使世界贸易发展起来。早期通商路线主要在陆上，后来开辟了海运航线，目前空运成为重要的通商渠道。无论运输工具是什么，当前主要通商路线仍是各国尽量克服由地理原因造成的经济与社会不平衡的一个重要手段。熟悉国际贸易路线，是从事国际经济合作的人员的一项重要基本素质。

六、国际经济合作中的商业习惯和实践

商业惯例是文化环境的组成部分。认识国外的企业文化、管理特点和经营方式将有助于相互间的合作。与企业环境密切相关的问题有以下几方面。

（一）适应环境的必要性

适应是国际营销中的一个概念。适应是对一种外国文化的忍耐与接受；要做到适应，首先要认识到国外文化与本国文化是平等的，产生对这种文化的感情移入，然后才会产生适应文化差别的想法。换言之，心里乐于接受才容易适应。

有史以来，每个参与贸易的国家都懂得必须适应。古希腊立法人梭伦曾劝告雅典人采用尤比亚岛人的度量衡制度，以促进同小亚细亚的贸易。拉美国家之所以从意大利或德国而不从美国进货，原因就是美国商品说明书不用公制度量单位而总用英制单位。

当然，适应并非要求商业行政人员或公司代表放弃本国方式去与当地顾客完全一致，而是指抛弃那些冒犯顾客和合作者的方式，去适应应当遵循的文化习俗和商业惯例。

（二）海外市场的复杂性

世界市场的复杂性由下述三方面构成：

(1) 商业习俗源于该国总体文化，而这种文化通常是复杂的。

(2) 不仅在不同国家中，而且在同一国家的亚文化中，也存在着很大的行为差异。

(3) 一切文化，特别是与商业有关的文化，都处于不断发展变化之中。

（三）商业结构

商业习俗和惯例的差异，在各国的商业结构上明显表现出来。结构包括：企业规模、企业所有权、企业与各类公众的关系及权力结构。结构模式影响着企业的决策与权力构成。

（四）经营方式灵活多变

由于国际经营中会遇到多种多样的结构、管理信念及行为，合作者必须有灵活变化的经营方式。无论事先做了多么充分的准备，缺乏经验的外商在实际工作中对当地文化仍然会感到不适应。在业务谈判中，国际市场的经营者会发现，外国企业在接待级别、交流方式、办事效率和礼节方面可能很不相同，这些都需要谈判者根据实际情况灵活处理。

第三节　国际经济合作项目的可行性研究

国际经济合作是生产要素在各国间的移动与重新组合配置，其主要方式包括国际信贷合作、国际投资合作、国际科技合作、国际工贸合作、国际劳务合作、国际经济协调、国际发展援助等。任何一种国际经济合作形式都要遵循要素的合理移动与资源的有效配置原则。因此每一个合作项目的实施，都应事先做好可行性研究，考察实施项目的可能性、必要性、合理性和科学性，为圆满完成每一个合作项目提供可靠的科学依据。

一、项目可行性研究概念、方法和作用

尽管国际经济合作具有多种形式，但一般都要经过可行性研究阶段，其研究本身也有

共性，实施前资料的汇集分类以及逐步分析的程序在各种情况下都是类似的。联合国工业发展组织编写的《工业可行性研究编制手册》，对工业项目可行性研究的普遍格式和程序做了较详细的制定和分析，具有参考价值。

可行性研究（feasibility study）是指对一个经济项目，尤其是投资较大、经营比较复杂的项目，在实施前进行实事求是和细致充分的调查研究和科学的分析测算，从而据以从技术上、经济上对项目是否可行所做的分析和评估工作。它是对一项经济活动进行技术经济论证的理论和方法，已被各国普遍采用。可行性研究涉及面广，涵盖财务会计、工程技术、市场研究、国际贸易、货币金融、有关法律法规等多方面领域，从事研究的人员亦由各方面专家来承担。

国际经济合作项目的可行性研究，要在几个可供选择的方案中选取最佳方案，为项目执行提供决策依据。

可行性研究工作的成果是通过可行性研究报告来体现的。可行性研究报告的编制包括四个重要因素：

（1）基本数据。数据和资料是可行性研究的主要部分。只有经过大量的调查工作才能收集到进行可行性研究所必需的基本数据。在编制报告时，要阐明数据的来源以及处理方法，解释使用的公式，并说明应用这些公式的理由。

（2）方案的比较与选择。一个国际经济合作项目可以有几个方案，经过比较，选择其中可行性最大的方案，并详细分析说明选择该方案的理由。

（3）未来预测。可行性研究是根据当前情况作出对今后情况的预测的，预测得越准确，实现的可能性就越大。在已经收集到的大量基本数据和所需的国内外有关资料的基础上，采用科学的统计和计量公式，对一切可变因素加以周密的分析和预测。

（4）综合评价。对实施项目的内部联系和外部联系进行综合平衡，并得出投资项目最终评价的结果。所谓内部联系是指项目产品的市场规模、技术和经济条件。外部联系是指与投资项目联系的宏观因素，如合作项目所在国的市场规律和特性、自然资源的禀赋程度、外资政策、汇率、地理位置以及民族文化的差异等。总之，以经济效益为核心，以市场为前提，以技术为基础，进行合作项目可行性研究的综合评价是不可或缺的。

由于可行性研究是对经济活动进行技术经济论证的理论和方法，可为正确决策作出可靠的科学依据，因而它对合作项目的建立起着多方面的作用。

（1）项目的可行性研究，是投资决策和向主管部门提出项目申请并得以批准的依据。无论是执行者还是主管决策部门均要根据可行性研究报告作出进一步的判断和行动方案。

（2）可以作为申请银行贷款的依据。因为只有从可行性研究报告中才能了解项目的概况、获利能力、偿还能力和风险的承受力。所以世界银行集团等国际金融组织规定，凡是向它们申请贷款的项目都必须先提交可行性研究报告。

（3）可行性研究报告中对项目的有关市场、技术、生产、管理、利润等的说明和数据，可作为对外联系、从事商务活动、制定有关企业章程、生产计划等的依据。

二、可行性研究的具体步骤

根据联合国工业发展组织出版的《工业可行性研究编制手册》的规定，一个工程合作项目从设想到建成投产，其全过程包括三个时期，即投资前时期、投资时期和生产时期。

每个时期又分若干阶段，其中投资前时期分为投资机会研究、初步可行性研究、详细可行性研究以及评估和决策等四个阶段。以下对这四个阶段一一作简单介绍。

（一）投资机会研究

投资机会研究，就是选择投资机会。其目的是以较短的时间和较少的费用确定一项投资可能性的明显论据，它是把一个项目的设想变为一个概括性的投资方向。这是最初的项目鉴别阶段。对投资项目作出粗略的、有重点的调查研究，得出预计的可行性结论。投资机会研究为进一步的可行性研究提供了初步基础。一般来说，投资机会精确度要求为±30%以内；投资机会研究所需要的时间，对大中型项目，一般需 1～2 个月；投资机会研究所需要的费用，约占投资总额的0.2%～1%。投资机会研究的结果一旦引起投资者的兴趣，就转入初步可行性研究阶段。

（二）初步可行性研究

初步可行性研究，又称预可行性研究。它是在投资机会研究的基础上对项目所进行的初步估算，主要目的是解决以下几个问题：

(1) 在机会研究提供的资料基础上作出是否能投资的决定。

(2) 详尽分析项目是否值得通过。

(3) 项目的一些关键方面，诸如市场调查、实验室试验等是否有必要通过辅助性专题研究进行深入调查。

(4) 资料是否足以确定该项目设想是不可行的，或对投资者不具备足够的吸引力。

初步可行性研究可以被视为介于项目机会研究和详细的可行性研究之间的一个中间阶段。它们的区别主要在于对资料的细节要求不同。为了节省时间和财力，先进行初步可行性研究。对其精确度的要求大致幅度为±20%；一般需 4～6 个月时间，所需费用约占投资总额的 0.25%～1.5%。如果一个项目在初步可行性研究阶段就被淘汰，则无须再进行详细可行性研究。初步可行性研究报告在我国相当于项目建议书。

（三）详细可行性研究

详细可行性研究又称最终可行性研究，是在初步可行性研究的基础上，对市场营销、能源和资源、技术和工艺、财务和利润、市场环境和环境保护等方面进行深入细致的调查研究，为投资项目的决策提供技术、经济和市场等的依据。可行性研究应该最终提出一个完整的最佳方案。其中包括：地点、厂址、技术、设备、市场、生产计划、各种工程以及建立组织机构等各方面的内容，要求各方面要素达到最佳的有机协调，使投资费用和生产费用减到最低限度。这一阶段对精确度的要求大约在±10%以内；大型项目所需时间为 8 个月到 1 年，或更长些，中小型项目约需 6 个月；所需费用，中小型项目为投资总额的 1%～3%，大型项目为0.2%～1%。大型国际经济合作项目的可行性研究可聘请国际咨询公司参与，有利于提高可行性研究报告全面分析的准确度。

（四）评估和决策

这是在以上各阶段工作的基础上对项目方案进行最终评定和决策的阶段，也是编写可行性研究报告的阶段。作为整个可行性研究的重要阶段，分析和评估投资项目主要从三个方面进行，即项目的必要性、可能性、效益性。

所谓投资项目的必要性，实质上就是分析该投资项目是否有市场需求，以及市场需求是多少。这是项目能否确立的前提。所谓投资项目的可能性，是指该项目是否具备建设条件和技术条件等主客观条件。这是项目能否顺利进行的保证。所谓投资项目的效益性，就是经济效益评价。效益研究是可行性研究的核心。一个投资项目举办的最终目的，就是要使项目取得经济效益，可行性研究必须要用明确的数据表示项目可能取得的收益和风险系数。

三、可行性研究的内容

可行性研究工作的成果集中体现在可行性研究报告中。报告作为投资决策的重要依据，必须符合规定的相应要求。

（一）编写可行性研究报告的基本要求

（1）科学性和公正性。编写可行性研究报告，必须坚持实事求是的原则，数据资料要真实可靠，分析要据实比较选择、据理论证、公正客观。

（2）内容和深度的要求。作为投资决策的依据，可行性研究报告的基本内容必须完整，其深度也应符合有关规定的要求。在经济上，报告所提出的投资估算与初步设计概算的误差要在±10%以内；在技术上，报告要为工程设计提出概念明确的基本骨架，必须具有一定深度，以便把工程设计中的主要问题确定下来。

（3）时间上的要求。为保证可行性研究的质量，必须安排足够的工作时间，决不能草率行事，采取盲目的突击方式。至于大中小型项目的可行性研究的时间前面已介绍过了，这里不再赘述。

（4）形式上的要求。可行性研究报告的编写，不仅要内容完整、文字简练、文件齐全，而且要求编制单位的行政、技术、经济负责人签字。负责可行性研究的单位，要对工作成果的可靠性、准确性承担责任。

（二）可行性研究报告的内容

可行性研究可分为宏观可行性研究和微观可行性研究两大部分。前者包括一国国民经济宏观决策研究，如技术引进方向、政策和基本原则、科技政策、教育政策、财政政策、货币政策等。后者一般有市场分析、生产和技术分析、经济分析、财务分析、总体配套能力分析等等。下面介绍可行性研究报告的主要内容。

1. 总论

（1）介绍项目名称，最好从名称上能表明该项目建设的性质、产品和规模。

（2）可行性研究工作组。要介绍该工作的承担主体单位、组长、技术负责人、经济负责人以及工作组的其他成员。

（3）项目资金。资金的币种、单位、总投资额，合作参与方的出资方式和出资份额，以及各方的缴付期限。

（4）合作期限。在合作期内，合作各方按注册资本比例分享利润和分担风险及亏损。

（5）项目背景及有关文件。包括项目背景及洽谈历史；项目建议书及有关文件，说明项目建议书的批准文号、日期、批准机关及主要结论；其他文件，如初步可行性研究报告、其他重要试验报告及审批文件和主要结论。

（6）可行性研究的总况、结论、问题和建议。其中总况介绍包括项目宗旨、经营范围、主要产品、技术方案和设备方案；各项生产条件（原材料供应、动力等）、劳动定员、总投资估算及资金来源；经济效益主要指标：财务内部收益率、投资回收期、固定资产投资借款偿还期、财务外汇成本、利润额或合作各方可分配利润等；国民经济分析的主要指标：经济净现值经济净现值率、经济内部收益率、经济外汇净现值、经济换汇成本；不确定性分析指标：盈亏平衡点、敏感性分析和概率分析结果及非数量化的社会效果。

结论包括该项目在技术上、市场上和经济上是可行的还是不可行的，以及项目的优点和实施的可能性。

存在的问题和建议。应说明该项目存在的主要问题是什么。如果可行性研究的结论认为该合作项目不可行或某方面不可行，应提出建议，指出采取什么措施进一步进行研究能够使项目成为可行。

2. 市场调查预测

一般来讲，市场需求是决定是否举办一个合作项目的主要依据，而市场调查就是系统地收集和分析市场各种产品的产需情况，借以了解产品的现实市场和潜在市场，并得出有无市场和市场大小的结论。它是市场预测的基础。市场预测是根据市场调查所得的有关资料，运用科学方法测算出一定时间内，市场对各种商品的需求量和变化趋势。通过对市场的调查和测算，预测产品需求量，确定产品销售计划和制定销售措施。

（1）市场需求预测。

1）国内市场：调查近年产品销售数量、近10年进口统计，根据目前需求量预测今后数年需求数量和未来增长趋势。

2）国外市场：说明该产品的国外主要市场地域，调查近年销售数量，根据该项目产品质量、价格、国家出口政策、国外竞争情况，预测今后国外市场需求量。

（2）市场供给预测。

1）国内外同类企业的生产能力和经营发展趋势。

2）近几年来国内外可能出现的竞争对手及其生产能力。

3）近几年可能出现的新产品和代用品。

（3）销售预测。

根据以上对市场需求和供给的预测，确定该项目产品的市场销售预测，为制定销售计划提供条件。

1）合作项目产品的国内外市场销售量预测。

2）合作项目产品内外销比例方案的选择及论证。

（4）制定销售战略。

要确定销售计划、销售方式（自理或代理）、销售机构、商标、销售佣金折扣和售后技术服务等。

3. 合作项目规模分析

（1）合作项目的目的：采用先进而适用的技术、设备和科学管理经验，提高产品质量，发展新产品，提高在国内外市场上的竞争能力，以获取良好的经济效益。

（2）根据市场需求、资金状况、物料供应、经济效益等影响因素，综合分析，运用盈亏平衡法选择最低经济规模，运用盈亏区间法确定经济规模范围，编制生产规划，确定试生产期、正常生产期、转产期的年限和开工率，并计算分年的产量。

4. 物料供应及规划

根据项目生产规划，确定物料供应数量，研究供应来源和物料成本等。

(1) 物料清单及特点。列出主要物料清单、质量要求、单位产品消耗定额、单价和来源、进口物料内容、对其他一般物料的总估算需要量和费用需要量。物料包括：主要材料(如原料、元件、半成品、配套件等)、辅助材料、维修材料、包装材料、燃料、动力、水等。根据以上估算编制主要物料供应预测表。

(2) 物料供应规划。根据生产规划，制定物料供应规划，包括物料各年的供应数量、供应来源、交付时间、储存措施等。对物料供应规划应从以下方面论证：

1) 对矿产资源的论证。对矿山、油田等项目，必须有政府正式批准的资源储量、品位、成分及开采和利用条件的评述报告，并对其能否满足生产规划要求进行论证。

2) 对物料供应可靠性的分析。包括对主要原材料来源是否可靠、距离远近、交通条件是否配套及其费用的分析；对新材料、新元器件能否满足性能要求的分析，对对外供应条件的分析，对是否需要配套项目的投资及其资金来源落实情况的分析；对进口物料的进口理由及所需外汇量和外汇来源的分析。

3) 对公用设施的分析。包括对所需公用设施的数量、供应方式及供应条件，是否满足生产规划的要求，是否需要增加设施及其资金来源情况的分析。

4) 对物料供应来源落实情况的分析。物料供应应有主管部门或单位对主要物料供应来源的保证意见书；对拟进口物料，需要进口许可证的，应有对外经贸部门或统一归口部门提供允许进口和批准进口许可证的初步意见。

(3) 物料供应费用。根据物料的价格、需求量、运费、储存费用等，估算正常生产年度物料供应费用，并将其填入主要物料供应预测表中的有关栏目里。

5. 选择厂址的条件和厂址选择

需要从较为广泛的区域内选择厂址，并要研究厂址周围的自然、社会、经济情况，确定厂址最优方案。

(1) 厂址要求条件。

包括厂址地区及位置的描述(说明厂址的地理位置、地区所属、地点、邻近单位等，画出厂址位置示意图)、自然条件(如气候、地质、水文、能源等条件)、交通运输条件(铁路、公路、水路、航空运输等条件)、水源条件、物料来源条件(资源、原材料、储料、外协件的供应距离)、公用工程、当地政府法律规定、市场销售条件(工厂距产品主要市场的距离，包括出口条件)、社会经济条件(结合项目的要求，说明地区和城市的现状及发展规划，比如附近的社会基础设施、污染的治理条件、劳动力的供应条件、国家政府提供的鼓励政策等)。

(2) 厂址的选择。

1) 根据合作项目工艺流程和选址地形，绘制厂址平面布置图。

2) 对若干个可供选择的平面布置图进行分析，说明选址方案的对比和选择意见，推荐最优方案。

(3) 费用估算。

1) 合作项目厂址投资费用。是指合作项目实施方征得土地使用权后，对场地进行清理，实现“三通一平”，即水通、电通、路通、地平所需要的费用，包括现有农作物、林木购买费、现有建筑物拆除费、场地清理费等，需要估算场地清理的土石方工作量。

2) 征地费用。依新征土地面积和征地费用标准估算征地费用。须按政府有关规定标准计算征地费用。

3）厂外工程费用。包括由项目承担方负担的道路修建费用、上下水管道费和输电线路及设施费等。同时也应估算不由承担者投资的其他厂外工程费。

(4) 厂址选择报告。

经过现场勘察和多方案比较论证后，由项目承担者同设计单位共同编写《厂址选择报告》，报告中应注明厂址所在地区政府部门的意见。

6. 项目技术和设计、设备方案

根据合作项目的经营范围、产品性质和生产能力，选定项目生产技术、设备、土建工程的设计方案，并作出费用估算。

(1) 项目技术目标。

说明国内外技术状况和发展趋势，结合合作项目的实际条件和国家的经济技术政策，拟定项目的技术目标，包括采用先进技术和设备，提高产品质量和生产能力，提高产品设计和制造技术水平，培训现代化管理人才，以及提高经济效益等方面的具体要求。

(2) 项目工艺技术方案选择。

1）主要工艺技术方案及其论证。

第一，从技术水平、产品质量、能源消耗、“三废”治理、基建投资、产品成本、经济效益等方面，对可供选择的几个方案进行综合分析和比较，从工艺技术、市场、投资等方面进行论证，选出最佳工艺技术方案。

第二，项目工艺流程说明：说明最佳工艺技术方案的总工艺流程、分装置的工艺流程、关键的生产工序并附全项目总流程图和生产装置的工艺流程图、物料平衡表、燃料平衡表，必要时要说明主要基础数据的来源。

第三，对采用新工艺技术要说明其先进性和可靠性。选用国内科研开发的新技术，要有正式的技术鉴定书。

2）技术引进方案。

第一，技术引进理由：对引进技术应说明引进理由（属于重复引进的应说明特殊原因）和引进来源（国别和厂商）。说明厂商特点及推荐理由。

第二，技术引进内容：生产制造技术、产品设计技术、企业管理技术、产品销售技术等。注意引进技术标准应符合东道国要求。

第三，技术引进方式：包括技术合作（合资、合作、独资、合作生产、补偿贸易、来料加工装配、BOT等）；许可证贸易（专利权、专有技术、商标使用权）、技术服务与咨询、成套设备承包、现汇进口设备、设备租赁等方式。

第四，技术引进的费用估算：说明技术转让费金额及计算根据，确定支付方式，如一次总付、提成支付、综合支付等。编制相应的一次总付、分年提成和分年固定支付费用表。

(3) 项目设计方案。

1）制定总图运输方案。

包括如下方面：

第一，项目范围，项目由几个单项工程或几条生产线构成，以及每个单项工程的具体经营范围，从零部件加工到产品总装及销售等各个环节。

第二，总图运输方案，包括项目全厂总平面布置图方案和运输规划方案，具体来讲有：全厂总占地面积，占用农田的面积及理由，土地购置或场地开发搬迁情况；总平面布置图：包括厂区划分、建筑物、建筑物位置、主要道路布置等，画出厂址总布置图；运输规划方案：说明厂内外交通运输方案的比较和选择，包括运输量、运输方式、道路走向、运输工具等的规划，说明项目的大件运输方案，列出主要运输车辆清单；工程管线布置方案：主要工程管线的种类（给排水、供电、热力、压缩空气、弱电管线等）、走向和铺设方式，画出主要管线布置图。

第三，对总图运输方案的论证，要从布置紧凑、工艺流程通畅、技术可靠、生产方便、经济合理、留有发展余地等方面进行论证。

2）确定仓储方案。

第一，说明原料、成品、中间物料、主要辅料及燃料的储量、储存日数、储存方式。

第二，说明仓储设施的规模如容量、装卸能力等。

第三，列出主要设备清单（名称、数量、主要参数、规格）。

3）列出公用工程设施方案。

第一，公用工程：给排水（水源情况：说明水量、水温、水质情况、水源地与厂区距离、高差、水源工程和输水管道规模；对生产装置、辅助设施和生活福利区列出各种用水量和排水量表及供水条件；项目实施地给排水方案及主要设施，附水量平衡图；厂外排水方案及主要设施；污水处理方案及主要设施，处理后达到的水质标准；列出主要设备清单，包括名称、规格、主要参数、数量；说明节水措施）、供电通讯（说明供电电源情况，包括供电点的规划容量、实际容量、供应能力、供电外线等；生产装置、辅助设施及其他方面的用电负荷，包括设备容量、负荷等级、供电参数等，按装置及单元分项列出；供电方案；通讯的系统组网方案及有关的工程概述；列出主要设备清单，包括名称、数量、规格、主要参数；说明节能措施；供热、供气、采暖、制冷、空气调节等项工程设施）。

第二，项目企业管理、生活福利设施：说明厂区内外企业管理、生活福利设施的规划方案、建筑面积及建筑标准。

4）说明土建工程方案。

土建工程包括：场地清理、厂房、公用设施、污物防治设施、交通设施、生活设施等。对几个可供选择的土建工程方案进行比较和论证，说明最优方案及其选定理由。对最优方案应提供土建工程平面总图、分项建筑面积和总建筑面积、建筑费用标准等。对于改建或扩建项目，说明可以利用的原有土建工程和新增土建工程情况。

说明新增土建工程所需要的钢材、水泥和木材等建筑材料的品种、规格、来源、价格等的规划。

关于土建工程投资费用的估算，可采用分解法或比较系数法进行。包括土地费用、土建工程费用、安装工程费等，并据此编制土建安装工程费用表。

7. 生产管理组织机构

根据合作项目的类型和生产经营规模，设置相应的生产管理组织机构，编制职工定员，制定人员培训计划，估算管理费用。

（1）项目企业组成、管理机构及经营方式。

说明企业的管理体制是几级管理及各级的组成，并说明企业的经营方式。

（2）企业组织机构的设置。

1）权力机构。根据企业性质，设立董事会、联合管理委员会或厂委会，作为企业最高权力机构的董事会由合作各方按比例委派董事组成。

2）管理机构。根据合作企业规模，确定经营层次、机构及其职能，可设总公司（总厂）和分公司（分厂），或公司（厂）下设各部门和科（室），并确定各机构职能，编制企业的组织机构及职能图。

（3）职工定员及工资。

1）根据企业生产规模和选用技术设备先进程度，确定职工定员，包括工人、管理人员、高级管理人员。

2）职工工资，包括工资和补贴，计算工资总额及各项补贴。

（4）职工人员培训。

明确不同类别的职工进行技术、业务培训的内容、时间、地点（国内、国外）和费用等。

（5）管理费用估算。

将职工工资费用、管理人员薪金以及各种补贴、培训费等加以估算，列入总生产成本表。

8. 环境保护方案和劳动安全防护方案

（1）环境保护方案。

1）环境保护的内容及性质。说明合作项目厂区环境的本底情况和拟建项目生产过程中排出的“三废”、粉尘、放射性废物等的种类、排放量、有害成分含量和排放方式（对特殊情况还要列出噪声及震动数值），并说明对水、空气、土壤的影响及对人体、动植物的毒害。

2）环境保护方案及其论证。简述环保方案，比如工艺技术方法和设备方案，说明治理效果。阐述环保方案的论证，包括“三同时”原则，即与主体工程同时设计，同时施工，同时投产；综合利用，化害为利；采用新技术，即消尘、消声、密闭、低毒等技术和设备；排放物是否达到政府和国际标准。

（2）劳动保护方案。

1）粉尘和毒气的描述。说明生产过程中所产生的粉尘量和毒气浓度，并分析可能造成的职业病或如何影响人体健康，是否超过国家规定标准。

2）防尘和防毒措施方案。采用先进技术和设备；配套引进防尘防毒技术设备；外协单位要同步解决防尘防毒方案；坚持主体工程与尘毒治理“三同时”原则。

3）劳动保护的投资费用估计。包括设备费用、外协单位尘毒防治费用、尘毒治理运行费用。

（3）安全防护方案。

1）易燃、易爆物品清单及其性质描述。

2）防火、防爆方案。包括安全保存措施（仓库、自动温控、自动灭火装置）；防火设施与设备；采用新材料、新设备、新工艺；设计、建设都要符合国家有关防火、防爆规定。

3）安全防护投资费用估算，包括防火、防爆的设施和设备的投资费用。

（4）职业安全卫生。

1）说明生产过程中职业危害因素对本项目职业安全卫生的影响。

2）说明防范措施及治理的预期效果。

3）列出职业安全卫生专用投资，包括以下费用：主要生产环节职业安全卫生专项防范设施费用；检测装备和设施费用；安全教育装备和设施费用；事故应急措施费用。

9. 项目实施计划

项目实施，是指合作项目可行性研究报告被批准后，到正式上马的整个期间，包括谈判、签订合作合同、工程设计、施工和上马等阶段。编制项目实施进度计划，确定每个阶段的各项实施工作的科学安排，找到最好的工作程序，以便取得尽可能好的经济效果。

（1）项目实施各阶段的内容。

1）项目可行性研究报告被批准后，进行初步设计和施工图设计。

2）签订经济合同。包括企业间经济合作合同、技术引进和进口设备合同、国内购买设备合同、资金筹措合同（贷款协议）等，以及谈判、国外考察和合同（协议）批准时间。

3）项目施工计划。包括土地征购、土建施工、设备接收和安装、生产前准备、试生产和验收计划等。

（2）编制项目实施计划时间表。

采用条形法或网络图法，编制项目实施时间表、安装工程实施时间表和实施时间网络图，要找出关键路线，缩短工程实施时间。

所谓条形法，是把项目实施分成几个阶段，用线条标明每阶段工作时间，以便推算出某项工作的时间。所谓网络图法，是使用统筹方法绘制生产建设工作进度的一种图。根据项目工艺的要求，按劳动力、设备、物资的供应条件，排出工作统筹图，从中找出施工的关键路线，及时调度，保证或加快工作进程和质量。网络图有两种方法，一种是关键路线法，指从网络图中找出需要时间最长的工程路线，确定该路线是关键路线。其时间决定了整个项目实施的时间。找到关键路线后，便于采取措施，重点抓好该路线的工作进度，保证项目总进度按时完成。另一种是项目评审法，与关键线路法相近，只是分析工作更细一些，对每道工序都分别估算最短时间和最长时间，从而分析出哪道工序存在着富余时间，以便抽出人力和物力用于其他急需工序，从而加快整个工程项目的进度。

（3）项目实施费用估算。

将项目实施各阶段的费用，如管理机构费用、勘察设计费用、签订经济合同费用、项目施工费用、试车投产费用、生产前准备费用汇总列入资金支出表。

10. 投资总额估算及资本筹措

可行性研究各部分编好后，需要计算合作项目的总投资费用，进而确定投资总额（股本加贷款），并制定资本筹措计划。

（1）投资总额的估算。

1）外商投资项目的总投资估算。

建设投资。包括固定资产投资（土建工程、机器设备和安装费用）、无形资产投资（工业产权、专有技术、专利权、商标权、场地使用权和其他特许权等费用）、开办费（项目筹办期间所发生的一切费用，如前期咨询费、人员培训费、招标评标费用、筹建人员工资及管理费用等)、预备费，并编制建设投资的估算表。

建设期利息。计入工程成本，作为固定资产原值的一部分。

流动资金。根据合作项目生产规划和经营情况，估算流动资金年周转次数、库存现金、应收账款、流动负债、流动资产及净流动资金等，编制流动资金估算表。

总投资估算。总投资＝建设投资＋流动资金＋建设期利息。

2）国内项目总投资的估算。

固定资产投资。包括工程费用（建筑工程费用、设备购置费用和安装工程费用）、其他费用（建设单位管理费、土地征用费、可行性研究费、勘察设计费、开办费等)、预备费（不可预见费和材料设备差价费)，并编制固定资产投资表。

投资建设期利息。指固定资产投资借款在建设期的利息。建设期所欠的利息转入本金，作为固定资产原值的一部分。

流动资金。包括储备资金、生产资金和成品资金。编制流动资金估算表。

总投资的估算。总投资＝建设投资＋投资建设期利息＋流动资金。

(2) 资金筹措。

合作项目投资总额的构成，从资金来源讲，投资总额为股本和贷款（含建设期贷款利息）的总和；从资金用途讲，投资总额为固定资产和净流动资金的总和。资本的筹措，即资本的来源，主要由股本和贷款落实。

1）项目合作各方的合资企业，以股本方式出现，按注册资本比例分配利润；合作企业，按各方商定比例分取收益。

2）国外信贷资金，主要包括贷款（外国政府贷款、国际金融组织贷款、出口信贷、商业银行贷款等)、租赁贸易、补偿贸易。

3）国内资金，包括企业自有资金、主管部门拨款、国内银行贷款、其他资金（如债券、股票等)。

4）资金使用规划。包括各种资金比例的规划，确定自有资金和借贷资金的比例，使得资金费用低（利率低)，使用便利，论证资金来源方案的可行性。依据资金使用计划，编制资金筹措和总投资费用支出预测表。

11. 经济分析评价

(1) 财务预测。为了进行项目的经济分析，即效益费用分析，需要对项目的财务状况进行预测，包括投资成本、销售收入和销售税金、产品成本、利润额、贷款还本付息、外汇平衡等，编制有关财务表格，为财务分析和国民经济分析提供基础数据。

1）投资成本预测。汇总项目投资来源（自有资金和贷款）和总投资支出（建设投资＋流动资金＋建设期利息)，编制投资总额和资金筹措表，用于计算静态投资利润率。

2）销售收入和税金预测。根据销售量和价格，预测正常年度的销售收入和销售税金，对于出口产品按离岸价（FOB）预测销售收入的外汇金额，编制销售收入和销售税金预测表（正常生产年度)，用以编制利润预测表和财务现金流量表等。

3）产品生产成本预测。预测正常生产年度的产品成本，首先预测主要材料、能源成本和固定资产折旧，编制材料、能源成本预测表和固定资产折旧预测表。然后编制工业企业的成本和费用预测表，在本表中，将成本划分为固定成本和变动成本，以便于进行盈亏平衡分析。

4）利润预测。销售收入扣除产品成本和销售税金，即为销售利润，编制利润预测表。

5）贷款还本付息预测。正确计算贷款的利息，用企业的利润、折旧费、其他资金等偿还贷款本金和利息。利润要扣除企业留利，折旧费扣除企业留用折旧，其他资金包括可以用于还贷的自有资金、减免税金、上级拨款等。编制借款偿还平衡表。

6）外汇收支平衡预测。对于国际经济合作项目，应进行外汇收支平衡预测。计算每年的外汇收入和外汇支出，编制财务外汇流量表。

7）现金流量预测。只计算项目的现金流入和支出，不计算非现金收支（如折旧、应收及应付账款等）。编制财务现金流量表（国内投资）。利用此表，可以计算项目净现值、静态投资回收期和内部收益率等指标。

8）财务平衡预测。预测项目每年的资金来源和资金支出情况，以便了解项目的资产和债务情况。编写财务平衡表，用以指导项目资金筹措和计算贷款偿还期。

9）资产负债预测。对于合作项目企业，要进行资产和负债预测。资产包括流动资产、固定资产和其他资产；负债包括流动负债、建设投资借款及资本等。编制资产负债表。

10）经济现金流量预测。在国民经济分析时，采用影子价格、影子工资，并剔除国民经济内部转移支付的税金、补贴等。编制全部投资经济现金流量表和国内投资经济现金流量表，用以分别计算全部投资或国内投资的经济内部收益率、经济净现值、经济净现值率等指标。

11）经济外汇流量预测。在进行国民经济分析时，对于涉及产品出口创汇及替代进口节汇的项目，应预测经济外汇流量，编制经济外汇流量表，用以计算经济外汇净现值及经济换汇成本（或经济节汇成本）。

（2）财务评价。财务评价是项目经济评价的重要组成部分，它是在国家现行财税制度和价格体系基础上，对项目进行财务效益分析，考察项目的盈利性、借款偿还、外汇平衡等财务状况，以及合作各方的盈利水平。财务评价在配合合作项目合同、章程谈判，促进合作各方在平等互利基础上的经济合作等方面作用重大。

1）财务分析的依据及主要数据、参数。摘要列出财务分析所依据的经济法规、条例和文件，并列出主要数据及参数，包括：项目投产后生产负荷的安排；项目还款资金的来源；还款期间企业自留利润率；现金流量计算折现率；其他。

2）编制下列基本报表，包括：全部投资财务现金流量表、自有资金财务现金流量表、合作各方的财务现金流量表、销售收入及利润表、借款还款表、财务平衡表、外汇平衡表、资产负债表。基础数据为参考报表，主要应编制：建设投资估算表、流动资金估算表、投资总额和资金筹措表、固定资产折旧及无形资产摊销估算表、生产成本估算表。以上报表，根据实际情况可适当增减。

3）计算财务评价的主要指标。盈利性的主要指标有财务内部收益率和投资回收期，合资项目各现金流量表均需计算这两个指标。此外，也可根据项目特点或合资各方要求，计算财务净现值、财务净现值率等其他辅助指标。

财务内部收益率（$FIRR$）公式：

$$\sum_{t=1}^{n}(CI-CO)_t(1+FIRR)^{-t}=0$$

式中，CI——现金流入；

CO——现金流出；

$(CI-CO)_t$——第 t 年的净现金流量；

n——项目计算期。

求投资回收期（P_t）：

$$\sum_{t=1}^{P_t}(CI-CO)_t=0$$

利用现金流量表可以用下列公式计算：

$$投资回收期(P_t)=累计净现金流量开始出现正值年份数-1+\frac{上年累计净现金流量绝对值}{当年净现金流量}$$

借款偿还期（项目清偿能力分析）：

$$I_d=\sum_{t=1}^{P_d}(Rp+D^1+Ro)_t$$

式中，I_d——固定资产投资借款本金和利息之和；

P_d——借款偿还期（建设期开始计算，若以投产年算起时，应给予注明）；

Rp——年利润；

D^1——年可用于偿还借款的折旧摊销费；

Ro——年可用于偿还借款的其他收益。

借款偿还期可由财务平衡表直接推算，公式如下：

$$借款偿还期(P_d)=借款偿还后开始出现盈余年份数-1+\frac{当年应偿还借款额}{当年可用于还款的收益}$$

利用外资项目，国外借款应按明确借款条件（包括偿还方式及偿还期限）计算。此公式只适用于国内项目。

财务净现值（$FNPV$）和财务净现值率（$FNPVR$）：

$$FNPV=\sum_{t=1}^{n}(CI-CO)_t(1+ic)^{-1}$$

$$FNPVR=FNPV/Ip$$

式中，ic——设定的折现率；

Ip——投资（包括建设投资和流动资金）的现值。

财务状况的主要指标有负债与资本比率、流动比率及速动比率。

负债与资本比率＝负债合计/资本合计

流动比率＝流动资产/流动负债

速动比率＝（流动资产－存货）/流动负债

(3) 国民经济评价。国民经济评价是合作项目经济评价的核心部分，它是从国民经济的整体角度考察项目的效益和费用，用影子价格、影子工资、影子汇率和社会折现率，计算分析项目对国民经济的影响，评价项目经济上的合理性。

1）列出国民经济评价采用的主要参数：社会折现率、影子汇率、影子工资、贸易费用率、其他。

2）费用计算，包括如下方面。

固定资产投资调整：说明固定资产投资调整的内容及理由，列出其中重要投入物的影子价格及其依据和计算过程。根据固定资产投资调整结果，编制固定资产投资调整表，并编制调整后固定资产投资分年使用计划表。

流动资金调整：说明流动资金调整的理由及方法，列出调整后的流动资金在不同的生产负荷下的投入数额。

经营费用调查：测算重要投入物的影子价格并说明测算依据。调整经营费用并编制经营成本调整表。

外部费用估算：对项目引进的明显的外部费用进行定量分析，并编制外部费用估算表，不能进行定量分析的，要进行定性分析。

3）经济效益计算，包括如下方面。

效益费用流量计算：根据调整后的逐年效益费用流出流入量，编制全部投资国民经济效益费用流量表和国内投资国民经济效益费用流量表。

销售收入调整：测算项目商品的影子价格，并说明测算的依据。调整销售收入并编制销售收入调整表。

外部效益估算：对项目带来的显著的外部效益进行定量分析，并编制外部效益估算表，不能进行定量分析的，要进行定性分析。

4）经济评价指标计算。国民经济评价一般以经济内部收益率为主要指标，根据项目特点和实际需要也可计算经济净现值和经济净现值率等指标。在项目初选时，也可采用投资净效益率等静态指标。

经济内部收益率（$EIRR$）公式：

$$\sum_{t=1}^{n}(B-C)_t(1+EIRR)^{-t}=O$$

式中，B——效益流入量；

C——费用流出量；

n——计算期。

计算经济净现值（$ENPV$）和经济净现值率（$ENPVR$）：

$$ENPV=\sum_{t=1}^{n}(B-C)_t(1+is)^{-t}$$

$$ENPVR=ENPV/Ip$$

式中，is——社会折现率；

Ip——投资（包括建设投资和流动资金）的现值。

计算国内投资净效益率：

$$国内投资净效益率=\frac{S+B_E-C^1-D-C_E-R_F}{I^1}\times 100\%$$

$$全部投资净效益率=\frac{(S+B_E-C^1-D-C_E)}{I}\times 100\%$$

式中，S——年产品销售收入；

C^1——年经营成本；

B_E——年项目外部收益；

C_E——年项目外部费用；

R_F——年支付给外方合作者的股利、技术提成费、国外借款本息、清算所得等；

D——年折旧；

I——全部投资；

I^1——全部国内投资，包括建设投资和流动资金。

公式中的S、C^1、C_E、D、R_F等可按项目投产后的正常年份的数值计算，也可按投产后的年平均值计算。

(4) 不确定性分析。项目经济评价所采用的数据存在一定程度的不确定性，需要进行不确定性分析，以了解各因素变化对经济评价指标的影响，预测项目的风险，分析项目在财务上和经济上的可靠性。

不确定性分析包括盈亏平衡分析、敏感性分析和概率分析。盈亏平衡分析只用于财务评价，敏感性分析和概率分析既可用于财务评价又可用于国民经济评价，概率分析一般只用于特殊需要的项目。

1）盈亏平衡分析。盈亏平衡分析主要是测算项目投产后的盈亏平衡点（BEP），以观察项目对风险的承受能力。通常是根据项目正常生产年份的产品产量和销售量、可变成本、固定成本、产品销售价格和销售税金等数据进行计算。

$$BEP\text{（产量）}=F/(p-v-t)$$

$$BEP\text{（生产能力利用率）}=\frac{F}{P-V-T}\times 100\%$$

$$BEP\text{(产量)}=\text{设计生产能力}\times BEP\text{(生产能力利用率)}$$

式中，p——单价；

v——单位产品可变成本；

t——单位产品的销售税金；

F——年固定总成本；

P——年产品销售收入；

V——年可变总成本；

T——年销售税金。

盈亏平衡点越低，说明项目适应市场变化的能力越大，抗风险能力越强。然后画出盈亏平衡图。

2）敏感性分析。敏感性分析是预测主要因素发生变化时对项目经济评价指标的影响，分析其敏感程度。用可能对项目经济效益产生影响的各因素变化幅度的设定值进行内部收益率等各项主要经济指标的再计算，编制敏感性分析表，并绘制对内部收益率的敏感性分析图。

3）概率分析。概率分析主要是计算项目净现值的期望值及净现值大于或等于零时的累计概率；也可通过模拟测算项目评价指标（如内部收益率）的概率分布，为项目决策提供依据。

12. 综合评价

在对国民经济评价的主要指标的计算、分析基础上，应对项目进行综合分析和评价。其主要内容包括：

(1) 综述项目研究过程中重大方案的选择和推荐意见;

(2) 综述项目实施方案的企业财务效果;

(3) 综述项目实施方案的国民经济效果;

(4) 综述不确定因素对项目经济效果的影响及风险程度;

(5) 综述项目非数量化的社会效果:

1) 对提高人民物质文化生活及社会福利的影响;

2) 对节约劳动力或提供就业机会的影响;

3) 对节约或合理利用国家资源的影响;

4) 提高产品质量对产品用户的影响;

5) 对节约能源和原材料的影响;

6) 对环境保护和生态平衡的影响;

7) 对发展地区或部门经济的影响;

8) 对减少进口节约外汇和增加出口创汇的影响;

9) 对提高国家、地区或部门的科技水平的影响;

10) 对国家或地区经济远景发展的影响;

11) 对国防和工业配置的影响。

(6) 评价中存在的问题及建议。当可行性研究工作完成了经济评价之后,应对整个可行性研究提出总结论,一般包括项目的主要优点、缺点和总结论(或建议)。

1) 项目的优点。要结合项目具体情况,简要列出该项目实施后的主要优点。例如,可以吸收低息的国外资金、引进先进适用的技术和高效率的先进设备,可以提高产品质量,可以使产品扩大出口占领国际市场,可以培训管理人员,可以获得良好的经济效益等等。项目的主要优点是项目建设的必要性的根据。

2) 项目的缺点。结合项目的具体情况,指出项目存在的主要问题或实施中可能出现的困难。例如,项目在技术、市场、经济上存在什么问题,实施过程中在产品质量保证、消化先进技术、翻译力量等方面可能出现的困难。项目存在的主要问题是项目决策时的重要参考内容和项目实施中采取措施的依据。

3) 总结论(或建议)。

第一,总结论:指出项目在技术上、市场上和经济上是否可行。要用精炼的语言说明该结论,并要表达出可行性程度:可行、基本可行、不可行等,或某一方面不可行。

第二,建议:如项目结论为不可行或某一方面不可行时,应提出采取哪些措施(如经济补贴、减免税收等),如何改善那些项目条件,从而进一步进行可行性研究工作,促使项目达到完全可行。

13. 主要附件

(1) 项目建议书及其审批文件;

(2) 外商资信调查情况表;

(3) 合作各方所在国(或地区)政府主管部门发给的营业执照副本;

(4) 合作各方法定代表证明书;

(5) 合作各方资产负债表、损益表;

(6) 国内外市场需求情况调研和预测报告以及产品外销比例;

（7）有关主管部门对主要物料（包括原材料、辅料、配套件、元器件国产化及能源、交通等）安排的意见书；

（8）有关主管部门对设备分交安排的意见；

（9）有关主管部门对产品以产顶进安排的意见；

（10）有关主管部门对资金安排的意见；

（11）有关主管部门对地址安排的意见；

（12）有关主管部门对环境保护、消防、劳动安全、卫生设施和预防地震措施的意见；

（13）有关主管部门对外汇收支安排的意见；

（14）对作为出资的实物、工业产权、专有技术的拥有权和处置权的证明文件。

第四节　国际经济合作项目的风险分析

国际经济合作项目的进行，不可避免要面临各种风险。与国内经济合作项目相比，这些风险更大，更难以控制，一个国际合作项目的参与者，关心的首要问题就是自己投资的安全性。但是，有时尽管某项经济合作项目是“不安全的”，存在较大风险，可是由于可能由之带来丰厚利润，合作者也可能决心进行该项目的投资。因此，科学地进行风险分析是国际经济合作项目成功与否的重要一环。

风险是客观存在的，社会经济环境本身就是风险环境，风险的“回避或消除”，只能是将风险造成的经济损失加以转移和分散，而非真正地回避与消除；但风险是可以预测的，运用科学的方法可以事先分析风险的大小及其危害，从而可采取相应措施避免；而且风险是相对的、变化的，随着时间、所处位置的变化，风险也会变化；风险与利益是共生的，风险可能带来损失，但也可能带来获益机会。因此，进行国际经济合作，在市场信息研究、环境分析以及严密的可行性研究与规划之后，还将面临许多很难控制的不确定因素所带来的各种风险，为此，必须展开严谨的项目风险分析。在项目签订前后和项目执行过程中，要考虑将要冒什么风险、风险大小、避免和分散风险的途径或措施等问题。

一、国际经济合作项目的风险种类

（一）自然风险

自然风险是指由于自然环境的突发性变化而给项目合作者造成损失的风险。自然风险包括：水灾、火灾、台风、地震、冰雹、火山爆发等。对这类风险，通常可以通过投保的办法，利用保险手段解决。

（二）政治风险

指在国际经济合作中因政治环境与因素的变化而给合作项目造成损失的风险。一般说来，发展中国家因政治、经济、社会发生变异所造成的风险大于工业发达国家。有时政治经济和社会变革突然发生，来势迅猛，往往导致社会结构脱节，政治局势紧张，经济秩序混乱，使合作项目陷入困境。如发生东道国政府对合作项目经营管理的干预或阻止，没收、征用或收回外国人所占财产；修改或调整东道国法律、条例或惯例，严格限制资金汇出，实行配额、封锁或增加进出口关税税率，取消进出口许可证；强大的工会力量会迫使合营企业过分增加工资，工资增长和福利开支超过生产增长，有可能加剧通货膨胀和企业生产成本；经济政策不协调，过量的外交和军事义务引起国内财政赤字，外债超过国民经济承受能力，以及发生战争，内乱或暴动等政治风险。

（三）经济风险

经济风险有时也称为商业风险，是指由于经济环境或因素的变化而给国际经济合作项目及其参与者的生产经营活动带来损失的风险。经济风险包括：国别与行业选择不当的风险、项目选择不当的风险、合作伙伴选择不当的风险、经营方面的风险、汇率方面的风险和财务方面的风险等。经济风险一般与世界经济繁荣程度、东道国政治和经济的稳定程度成反比例，也与合作双方对市场信息的掌握和营销能力有关。国别、行业、项目与合作伙伴的选择虽然发生在企业筹备与建设的过程中，发生在生产经营活动之前，但是，它们对生产经营活动也有直接的影响，生产经营活动中出现的一些风险正是源于此。经营方面的风险与市场竞争、市场价格变动、新产品研究与开发以及产品销售策略有关。信用风险有收款延迟、购买者违反协议、拒绝承兑和支付、无力付款等。价格风险一般由工资增长和原材料涨价导致生产成本上升。如果销售成本上升快于销售价格的上涨，就会使企业收益下降。价格上涨和成本上升会影响东道国产品在国际市场上的竞争能力，加重国际收支困难并引起外汇贬值。通货膨胀率和汇率风险大小反映着一国经济稳定度。外汇储备和汇率的变动会给企业的收益带来不确定性，通货膨胀使以东道国本币表示的合作项目资产发生贬值。财务风险具体包括资金周转、资金筹集和贷款归还等方面的内容。

（四）工程风险

项目建设过程中的风险有费用超支风险、不能按期完工风险、中途停建风险，以及项目建成后的债务风险。超支风险一般由通货膨胀、工程管理、环境和技术方面问题引起，或由于政府规定或外汇贬值所致。不能按期完工风险与承包商和工程师的经营作风及信誉有关。中途停建风险由政治、经济或技术因素所致，如战争和罢工、资金来源中断等。债权风险涉及“三来一补”项目不能按期还本付息，以及合营项目的外汇平衡问题。

（五）社会文化风险

这是指由于社会文化方面的因素而给项目合作者带来损失的风险。国际经济合作项目经常是在不同国家、不同地区、不同信仰、不同种族、不同语言和不同制度之间进行的，所以会遇到社会文化风险。社会文化风险的内容包括：宗教冲突、种族矛盾、工人罢工、绑架勒索、爆炸破坏以及居民的排外和仇视心理。近年来在德国出现的排斥和仇视外国人的现象，在印度出现的教派冲突，以及在一些国家出现的种族矛盾和恐怖爆炸活动，都给国际经济合作项目造成相应的风险，并阻碍国际经济合作项目的顺利开展。

二、国际经济合作项目的风险处理

国际经济合作项目的风险是一种客观存在，研究分析和了解它的目的是为了防范、避免和分散风险。要尽可能在事先避开风险，事后减少风险带来的损失，妥善处理风险与收益关系，使国际经济合作项目顺利进行。

（一）国际经济合作项目风险的微观（企业）防范措施

这是指合作项目的参与者即企业本身所采取的一些防范和处理风险的措施。这些风险处理措施有：

1. 投资风险处理措施

(1) 在投资决策作出前回避风险。在作出投资决策之前，要对国别、行业、项目 投资方式和合作伙伴进行认真的选择，要尽可能排除那些风险比较大的而保留风险比较小的。这里重点是要做好投资环境的综合评估、投资项目的可行性研究和投资伙伴的资信调查这三方面工作。

(2) 海外企业到保险机构投保。到保险机构投保是防范海外投资风险的最常用的方法。海外投资者可以在东道国的保险机构投保，也可以在母国或第三国的保险机构投保，还可以在国际性的保险机构（如多边投资担保机构）投保。海外投资者可根据投资项目的风险情况，决定投保的险种。投保的险种越多，交纳的保险费越多，遇到风险时所得到的损失补偿也就越多。每项保险的年保险费一般在承保额的0.5%～1.5%的范围之内，损失补偿一般占损失额的90%，其余10%由投资者自负损失。

(3) 海外企业自设风险基金。海外企业自设风险基金，自我补偿可能出现的风险损失，也是一种行之有效的风险防范措施。应注意采用这种风险防范措施时有两个前提：一是海外投资项目风险相对较低；二是一家跨国企业有多个海外投资项目。采用这种措施的好处是：可以减少企业的保险费支出，使企业的内部风险基金可能会出现盈余，使企业获得保险收入。

(4) 企业采取措施分散风险。分散风险的方法包括：分散投资的国别和行业领域、分散原料来源和分散销售市场等。分散投资的国别和行业领域，不要把所有投资都过分集中在某个国家或某个领域，以免遇到风险时没有回旋的余地。分散原料来源是指通过降低对东道国原料的过分依赖减少海外企业的经营性风险。此外，企业的销售市场应当多元化，不要只局限于东道国市场，除东道国市场外，还应开辟母国市场、第三国市场和其他国家市场。

(5) 可采取确立有利的投资回收期、调整贴现率、采用不确定性分析以及法律性投资保护等措施来减少风险负担。具体做法如下：1) 资本回收期越长，投资风险越大，故缩短投资回收期是减少风险的最简便易行的方法，但回收期与项目内部收益率（现金净流入）成反比，所以不可能随心所欲地调整回收期，应根据收益率确定投资回收期，尽量缩短它；2) 调整贴现率是对风险较大的合作项目在银行贴现率上加上相应的风险保险费用，但其后果是导致内部收益率下降，甚至出现负值，导致合作项目亏损或破产；3) 不确定性分析是根据合作项目可能出现的风险因素，如投资超支、工期延长、原材料涨价、技术老化、产品售价下跌、市场疲软、工资增长、生产能力达不到要求等不确定因素进行科学预测，用盈亏平衡分析计算出项目究竟能承受多大风险而发生亏损，用敏感性分析找出对项目收益影响最关键的因素，提高其分析的准确性以减少风险损失。

2. 合同中有关工程风险的保护条款

(1) 对工程费用超支的解决办法有：1) 由发包人提供超支资金，并在合同中规定承担无限额超支费用；2) 由贷款人提供一定数量的超支资金；3) 由国家银行提供一定金额的备用信贷；4) 由项目产品购买者（或项目实施的用户）提供超支资金；5) 由希望工程尽早完成的政府提供超支资金。

(2) 对不能按期完工风险的解决办法：1) 选用信用好的承包公司和咨询公司；2) 在合同中加入不按期完工的罚款条例和银行担保。

(3) 对中途停建由风险公司或银行担保。

(4) 贷款项目因停产或开工不足引起的贷款人债权风险可用签订最低支付额合同、差额支付协议和直接担保办法解决。

1) 最低支付额合同是规定产品购买人(或项目设施用户)即使未能购买到项目产品或未能使用其设施,也必须向贷款人支付一笔最低金额,以抵偿承办单位对贷款人应偿付债务的义务。2) 差额支付协议是由工程项目的东道国政府或其中央银行或跨国公司参与对贷款的担保,它们与工程承办单位签订差额支付协议,对工程所得的收益与债务偿还额之间的不足部分,承担支付义务。3) 直接担保,即由工程项目的东道国有国际信誉的银行、承办单位的外国合伙人或其他外商担保,如遇工程收益不足以偿还债务时,保证人承担该工程债务的支付。

(二) 国际经济合作项目风险的宏观(国家)防范措施

宏观防范措施也就是指一国政府为减少和防范本国的国际经济合作项目的参与者在海外可能遇到的风险而采取的措施。宏观风险处理措施往往是企业不能单独采取的,须由政府出面制定并加以实行。

这方面的措施主要有:

(1) 为海外投资者提供信息咨询服务和法律保证。由国家出面组织或支持成立国际直接投资信息咨询服务谈判机构,为海外投资者提供各方面的信息咨询服务,并为企业进行国别与项目风险的评估、监测。同时,还可考虑成立海外投资企业协会,促进海外投资企业间进行横向的信息与经验交流。

(2) 与经济技术项目合作国签订双边经济合作保护协定。如资本输出国政府与资本输入国政府签订投资保护协定,国际承包工程东道国与承包者所在国签订保护协定,国际发展援助中支援国与受援国签订双边合作协定。

(3) 国家承担政治经济风险担保。政治风险一般由合作双方的国家签订双边投资保险和投资保证的投资鼓励协议,提供政府担保。也可由投资国的政府或半政府机构(如美国国外信用保险协会、美国进出口银行、美国海外私人投资公司)提供政治保险。商业风险可由官方或半官方机构(如美国国外信用保险协会、美国进出口银行等)提供保险或向私人保险公司投保。此外,采用多种经营和分散经营方式可改善项目的风险以及收益关系。

(4) 成立专门性的海外保险机构。由国家支持成立专门的海外保险机构,为海外进行国际经济合作项目者提供保险服务。如美国海外私人投资公司专门为美国的海外投资者提供政治风险保险。

(5) 参加国际上的风险保护组织。

(6) 风险回避,就是事先估计出风险产生的可能程度,判断导致其出现的条件和因素,并在行动中尽可能予以避免或改变行动的方向。体现在国家风险管理中有下列情况:可放弃对风险较大国家的投资和贷款计划;断绝与风险较大区域的贸易往来;停止对战争或内乱国家的工程合作项目和人员往来;采取闭关政策,避免任何来自国际的政治、经济、文化因素对自己的干扰等等。风险回避虽然能减少国家风险对行为者的危害,但与此同时也失去了参与国际竞争和获利的机会,因而这是消极的控制手段。风险回避用于战略方面是一种下策,但作为经营战术使用,则有用武之地。

第五节 国际经济合作项目的合同谈判

国际经济合作项目在可行性研究之前进行市场调研，举行投资洽谈会，然后进行可行性研究和风险分析，之后，便进入合同谈判阶段，这些都是确保经济合作项目顺利进行的重要准备阶段。

国际经济合作项目合同的内容广泛，不仅包括资本、技术、劳务、土地资源和信息等生产要素的国际合作，而且在不少项目中有一般商品贸易的内容。国际经济合作项目还有合同期长、合同金额大、风险大的特点，所以签订一个国际经济合作项目合同的难度要比单纯的商品贸易合同大得多。

在一个经济合作项目中，各国当事方为了维护自己的利益，都十分重视合作项目的谈判工作。包括慎重选定合作项目和物色合适的合作对象，认真准备谈判工作，组织谈判班子，制定谈判方案，并通过谈判签订一份平等互利的合同，以达到项目顺利实施、促进双方共同发展的目的。

一、国际经济合作项目合同的内容和形式

一个国际经济合作项目谈判的最终目的，是谈判双方签订一个达成一致意见的合同。合同的内容应根据谈判中双方达成的一致意见，具体明确规定整个合同期内合作各方的权利与义务，包括争端的解决等。由于国际经济合作项目的内容十分广泛，合同的种类也不一样，谈判时应根据所要签订的合同明确谈判的重点，制定不同的谈判策略。

主要的国际经济合作项目合同形式有以下几种。

（一）国际投资合作合同

根据直接投资的不同种类，可分为合资经营合同与合作经营合同。

（1）合资经营合同是指合资双方为设立合资企业就相互权利、义务关系达成一致意见而订立的文件。主要内容包括：合资各方名称，国籍；企业投资总额，各方出资方式及比例，股权转让规定；合营期限、解散及清算程序；董事会、管理机构及其人员构成；劳动工资、财务、会计、税务、保险；产品销售与服务；违约责任及处理，争议的解决等等。合同签订中要注意几个问题：外国资本在合资经营企业中的持股比例，各国有不同的规定，这直接关系到对公司的控制及利益分配、资产分配、董事任免等关键问题；外汇平衡问题；以技术作为投资的比例问题，对于技术的资本化各国规定不一，在合同签订时要对掌握技术情报、确定合理技术作价以及技术引进的限制等问题加以注意。

（2）合作经营合同是合作经营组织经营的基础，合同是调解、仲裁或诉讼的基本依据。合作经营合同应明确规定：投资方式与构成；盈亏分配的方式与比例；财产所有权的归属；投资的回收；企业的清算；企业的经营管理结构等问题。

（二）补偿贸易合同

这种合同的每一款项都需要经过交易双方商洽决定，包括引进的设备和技术性能、抵偿产品、价格、结算、币制、合同履行期限、运输、保险、罚则、仲裁等等，核心问题是抵偿品的确定和双方对产品的作价问题。因此合同的主要内容是：（1）确定进口商品的具体品名、详细规格、性能或技术规范等等；（2）确定返销或回购的产品；（3）商品作价；

(4) 支付和结算;(5) 外资偿还期限;(6) 保险;(7) 处罚与仲裁。

(三) 对外加工装配贸易合同

除了与一般商品进出口合同类似外,签订加工装配合同应注意的有关问题是:(1) 有关来料、来件的到货时间和质量问题;(2) 明确订立双方有关加工装配成品的权利义务问题;(3) 合理规定加工装配中的材料损耗和费用开支;(4) 有关加工装配的工缴费问题;(5) 规定加工费的支付方式;(6) 有关加工装配产品的产地证和配额问题;(7) 保险;(8) 奖励与处罚。

(四) 国际技术贸易合同

国际许可证合同是技术贸易合同中的主要形式,它指双方当事人为共同实现专利权、专有技术使用权和商标权有偿转让的特定目标而规定双方权利和义务的法律性文件。技术贸易的合同内容较多。以专有技术转让合同为例,就包括"前言"、"定义"、"技术转让的范围和内容"、"价格与支付"、"资料交付"、"标记和发运单据"、"技术资料的修改和改进"、"考核和验收"、"保证与索赔"、"侵权和保密"、"税费"、"不可抗力"、"合同生效终止及其他"和"法定地址"等,而且包括种类繁杂的附加条款。一项技术贸易合同的签订需要经过交易双方长期的反复磋商和修改。另外,对于技术贸易中的侵权、技术改进、税收、出口限制、合同适用法律等问题要在签订合同时尤其加以重视。

(五) 国际劳务合作合同

一般包括劳务合同和国际承包工程合同。劳务合同的主要内容有:派遣人员的条件要求;人员的安排、更换、解雇;双方的责任;工资计算、各种费用的承担;各种节假日的规定;受聘人员的生活待遇等等。上述内容都要在合同中详细加以说明,以免引起纠纷。国际工程承包合同是确立工程业主和工程承包人之间的法律关系和责任权利关系极为重要的文件。由于各种承包项目的性质不同,承包合同形式也不尽相同,一些国际性组织和机构编制有"标准合同",应用最广泛的是由"国际顾问工程师联合会"编制并经几个国际组织批准的《土木建筑工程(国际)施工合同条款》。

(六) 国际租赁合作合同

这是属于经济合同的范畴,租赁合同是出租人和承租人为租赁一定财产而明确相互权利义务的协议。租赁合同是租赁业务中众多合同中的主要部分,租赁合同的内容一般包括一般性条款和专业性特殊条款。租赁合同中应予明确规定:合同当事人;租赁物件;租赁期;租金;租赁物件的购买与交货;纳税;租赁物件的保管、使用及有关费用;租赁物件的灭失及损毁;保险;违反合同;延迟利息的支付;出租物件的抵押;租赁期满后租赁物件的处理;担保人;争议的解决。由于一笔国际租赁业务涉及多方当事人和多笔业务,因此与国际租赁有关的合同还有进出口销售合同、贷款合同等等。

国际经济合作项目合同还包括国际咨询合同、国际发展援助合同、保险合同、旅游合作合同、区域经济合作合同等等,种类繁多,为广泛复杂的国际经济合作项目服务。另外,合同证明的附件是合同的组成部分。

二、国际经济合作项目的合同谈判

国际经济合作项目谈判是东道国政府、企业(法人)或自然人同投资国政府、国际经济组织、外国财团、企业或自然人就如何合作及通过市场竞争满足双方需求而进行正式磋

商的活动。即在平等互利的基础上，双方就某个国际经济合作项目（如投资合作项目、技术转让项目、国际工程承包项目等）的合作事宜而进行的磋商。在磋商中，各方就合作项目的内容、规模、期限、实施方案、各方的权利和义务等提出各自的要求和条件，同时也考虑对方提出的要求和条件。在对外经济合作谈判中，要求合作各方都应采取合作的态度，以平等互利原则作为基础。谈判双方既是合作伙伴，又是对手，双方在权利和义务问题上必然存在着矛盾，事实上，谈判的主要目的就是为了解决这种矛盾。当然，谈判双方都对所磋商的合作项目有达成一致意见的共同愿望，尤其国际经济技术合作项目更是如此，因为双方可能在很长的合同期内甚至续约期内成为长期的合作伙伴。所以，谈判时各方应在实力的基础上，本着平等互利的原则，通过磋商进行解释、说理，以取得对方理解，或对原来提出的要求和条件作出某些合理调整或适当让步，以达成共识、签订协议和合同。这就是谈判的全过程。西方谈判专家这样评价谈判结果："所谓成功的谈判，应该是双方愉快地离开谈判桌。谈判的规则是没有哪一方是失败者，双方都是胜利者。"

（一）国际经济合作项目谈判前的准备

任何对外经济合作谈判，首先要做好谈判的准备工作，这是谈判圆满成功的前提。国际经济技术合作项目内容繁多，需要磋商的问题也多，谈判前的准备工作尤为重要，要求也很高，应力求做到"知彼知己，百战不殆"。

1. 通晓谈判的主客体

谈判的主体是指谈判各方，既可以是政府或国际组织、法人（企业和经济组织）或经济实体（不是法人但实际上拥有财产的经济组织和机构），也可以是自然人（公民）。在谈判和签订合同以前，谈判各方的代表应该出示法人代表证书，表明具有合法代表资格。谈判各方即主体间关系可以有三种形式：第一种是两国两方，第二种是两国多方，第三种是多国多方的合作关系。对谈判各国、各地区的国民经济发展情况要十分熟悉，包括生产、市场、金融、资源、交通、运输、通讯、文化教育等情况，还应了解各国的对外政策、经济政策，对本单位的生产、技术、经营管理情况更要掌握得具体且准确。

谈判的客体是指合作的项目和合作的方式，即不仅包括生产要素国际转移的内容范围和方式，还涉及营销因素（产品系列、销售地点、促进销售和价格）组合的合作。合作的客体的经济关系有投资合作、信贷合作、技术合作、劳务合作、发展援助合作、三来一补合作等等。根据合作项目的目标和内容，进行充分准备，弄清本企业及合作对象在经济贸易、技术、法律、金融财务四个方面所具备的条件、所处的背景和对开展合作的要求等。如在经济贸易方面，包括合作项目的目标、内容、规模、期限、产品、销售以及设备或技术的价格、交货期、交货方式等；在技术方面包括诸如企业生产技术、工程技术水平、要求获得的国外技术以及与项目有关的设备等技术上的要求等；在法律方面包括与合作项目有关的我国各项政策法规、税收以及应考虑的合同条款等；在金融财务方面包括如资金、信贷、外汇、费用、支付方式以及项目的收益等。这些问题还须经过可行性研究，从技术和经济财务分析等方面加以论证和评估。

2. 选择合作的方式和合作伙伴

在进行经济合作之前，及时、充分、准确地掌握有关项目的大量市场信息资料，可以使谈判获得主动权。(1) 合作方式不同，谈判内容的准备也就不同，要仔细研究与项目有关的经济贸易、技术、法律、金融财务四个方面所具备的条件、所处的背景，对每一个细节都不能疏忽；（2）在合作伙伴的选择上，首先要了解合作对象的资信，包括信誉、财务状况信用，资本、生产、市场实力背景，公司性质，董事会的组成和董事长等主要成员，资金、经营范围和经营情况，银行给予公司何种贷款便利和银行评价等；认真分析合作对象的业务范围是否与合作项目相同（或相似），对对方初步提出的意向、条件、要求要认真研究，力求从中分析出对方的意图；全面了解合作对方国家的法律制度、政治经济文化背景、业务上的习惯做法、人口素质、财政税收等环境因素。总之，只有知彼知己和通过对比分析才能拟定出切实可行的谈判方案，并根据信息反馈不断修正谈判方案和调整谈判策略。

3. 掌握国际市场和竞争对手情况

进行对外经济合作，必须搜集、掌握国际商品市场、金融市场、技术市场、劳务市场、工程承包市场等的行情变化，而且面对国际市场的激烈竞争，要密切注意竞争对手的实力、意图、行动，分析、研究对策，作为谈判时的参考资料。

4. 组成谈判班子

谈判班子的组成，应是专业面广、多元化的人才结构，由精通业务、经济、技术、法律、金融和财务会计的人员组成，并配备较高水平层次的翻译人员。谈判小组主谈人是关键，不但要有较高的业务水平，还要有较强的组织领导能力，能客观地分析、判断对方的意图，见多识广，有较高的文化素养。而团长是礼节上的配置，一般可由具有一定威望的人或领导出任。谈判班子应少而精，一般以4～6人为宜，谈判班子人员之间一定要相互了解，相互补充，团结和谐，一致对外。

5. 制定谈判方案

掌握了可靠的有关信息之后，就可以制定谈判方案。对于国际经济技术合作项目，都应进行项目的可行性研究，从技术上、效益上进行分析研究，经过评估论证和决策选定最佳方案。然后充分准备谈判时所需资料和文件，包括投资洽谈会和项目意向书，这是寻找项目合作对象的方式，可以为下一步项目洽谈工作打下良好的基础。合同谈判准备文件是重要的准备工作，包括合同草案，以及供对方索取的和供自己一方准备谈判所需的经济技术和市场资料，还可要求对方提供相应的资料文件和合同草稿。这些都是制定谈判方案的依据。谈判方案应包括：（1）目标，主要是指在合作项目中有关双方权利与义务的各个条款的目标，以及可能接受的最低目标和对每一个目标成功概率的估算；（2）明确谈判小组、小组主谈人、小组成员的权限和分工；（3）谈判期限；（4）通讯联络和请示汇报制度；（5）初步拟定建议的合同文本；（6）确定基本的谈判原则等等。

（二）国际经济合作项目合同谈判

1. 谈判原则

在谈判中要始终如一坚持一些基本原则：（1）法律原则。合作项目必须以协议的法律形式明确双方在合作过程中的权利和义务，遵守东道国法律和不损害东道国的社会公共利益，并有权获得所在国法律保护。（2）平等互利原则。（3）对等原则。指双方谈判地位的平等、双方向另一方提出的要求的对等、优惠对等以及形式对等等原则。（4）合作项目联合统一对外原则。有利于提高东道国国际经济合作宏观经济效益，防止多头重复引进。

2. 谈判策略

国际经济合作项目的谈判是谈判双方面对面交换意见和磋商的过程。在正式谈判中，先由各方提出各自的要求和条件，对取得一致意见的问题加以肯定；对分歧和矛盾则由各方予以说明或向对方提出问题，要求对方让步、向自己的条件靠拢，争取经过磋商，双方逐步妥协，使谈判成功，最后签订合同。谈判的策略是促进成功谈判的重要因素。

（1）创造良好的谈判开端。在谈判开始时，要创造一个热烈、积极的良好开端，使洽谈气氛诚挚、和谐、轻松和认真。为此，1）要对客户所在国的风俗习惯及其个人性格有一个较好的了解，尊重各地人民的习惯和性格特点；2）谈判要充分体现合作的诚意，要遵守约定的时间准时赴约，可以在洽谈前做好友好的非业务性安排，如迎接、住宿安排、根据对方习惯合理安排与所谈项目有关的工厂、场地、实验室等的实地参观访问，还应备妥提供给对方的书面资料、样品、样本、图纸等等，使对方感到我方准备工作周到，有利于促进合作的洽谈气氛；3）利用开谈之初短暂的双方见面，互致问候、寒暄、交谈（指旅程经历、个人爱好、风俗习惯等中性话题），创造融洽的谈判气氛。

（2）谈判过程是以实力为基础，进行意志力的较量。谈判过程可以划分为五个阶段：摸底、报价、磋商、成交、认可和批准阶段。在谈判中，实力的强弱是自始至终影响到谈判地位和谈判结果的根本因素，因此要清楚自己的实力地位，并且充分利用它来把握大局。然而意志的较量也至关重要，在一定条件下可以凭借其从劣势转化为优势。

1）在摸底阶段，双方主要是开局陈述、倡议、重新审定谈判方针、明确各自意图，这要求我方发言简洁明了，不涉及双方敏感问题，以求同存异的态度提出各种设想和解决问题的方案，并根据摸底形势重新审定自己的策略。

2）在报价和磋商阶段，谈判人员应根据谈判方案和掌握的各种信息，对谈判对方提出的要求和条件进行认真的研究分析，对不合理的部分向对方提出，通过说理，使对方撤销其不合理的要求和条件，以理服人。一般情况下，在谈判中既要有自己的“底线”，又要设法预测出对方的“底线”，以取得谈判的主动权。这就要求谈判人员能掌握各种情报，随时分析对方的思想动机，采取“货比三家”原则，获得不同对手的要求、条件、报价等有关资料，作出比较，利用对手之间的竞争求胜的心理，迫使对方降低他们的条件，向我方的要求和条件靠拢。谈判程序可采用纵向谈判和横向谈判两种。纵向谈判是从一个问题入手，谈得深入透彻后，再彻底解决第二个问题，逐个解决问题。横向谈判又称“一揽子谈判”，即由双方确定会谈的基本范围，然后讨论该范围中的每一个问题，采取综合平衡的一揽子方法。在谈判过程中我们在弄清对方意图的同时，要充分显示我方的实力和我们拥有的优势，增强对方举办合作项目的信心和达成协议的愿望。在实力的基础上，谈判的过程还是一个双方意志的较量过程；在谈判中要取得主动就应采取攻势策略，当发现对方人员提出的要求、条件或对我方的提问有前后矛盾或肯定是一个弱点时，应掌握这一机会，进行反提问，取得主动，然后进一步提问。另一种情况是在回答对方的提问时，也要善于反提问，以限制对方的提问范围。这样，既可以防止在谈话中暴露自己的某些意图，又可以摸清对方提问的真实意图，变被动为主动。

在国际经济合作项目中，应尽可能地掌握有关的先例，不少技术转让、直接投资等合作项目就是因为掌握了先例迫使对方让步，其关键则是情报的收集。而且，整个谈判小组的密切配合是谈判顺利进展的关键。这要求小组要有明确分工，协调一致，共同对外。

（3）促进达成协议的策略。策略运用得当有助于双方合作与达成协议。

1）休会：使双方有机会调整和充实自己的策略，考虑新的建议，调整预期目标，使双方精力和注意力得以恢复，作出阶段性回顾与展望。当谈判出现低潮或僵局，休会可调整谈判班子或发挥班子集体力量，讨论共同寻找解决问题的办法。

2）提出最后期限：使双方集中精力挖掘潜力，互惠互让，防止拖拉松散。不过要注意不能过早提出截止期限，防止谈判不欢而散。

3）让步原则：在最后期限谈判中，在坚持原则的情况下，对次要问题提出让步的建议，以取得对方的让步。

4）开诚布公：往往胸怀坦荡，直言不讳，不断提供积极建议的一方，会引起对方的以诚相待，达成协议。

5）专门成立小组：当谈判受阻时，由双方派人设立专门小组，进行专题研究，提出新建议，可取得互利结果。

6）非正式接触：在谈判出现僵局时，可用非正式接触如打高尔夫球、观光游览、便宴等活动来缓和气氛。

7）沟通与礼节：送礼是一门艺术，正确把握好沟通与礼节，经常是达成协议的必要手段。

8）了解对方思想状况，解除其思想顾虑：往往在签订协议之前，谈判方有许多方面的顾虑，可以从我方实力、对方所要求的利益、对方谈判人员个人利害得失等方面打消对手的疑虑，促使其一锤定音，达成协议。

（三）国际经济合作项目合同的签订

一个国际经济合作项目经过谈判并取得一致意见以后，谈判的目的达到——签订合同。

1. 国际经济合作项目合同的特征与作用

（1）合作合同是一种法律协议，有效合同受法律保护，签订的合同须符合所在国法律、条例、法令规定的手续，方能生效。合作双方在合同中的法律地位是平等的，合同一经签字，缔约当事人必须信守，严格执行。合同的当事人必须具有法人资格或其他合法身份，即是具有法定行为能力的法人或自然人。

（2）国际经济合作合同的作用：明确当事人的合法身份，载明当事人在该项经济合作关系中的权利和义务，约束当事人履行其义务，依法保障当事人的权益，为解决当事人之间的争议提出最基本的法律依据，保证合同目的实现。

（3）合同正式文本的起草工作很重要，文本由谁起草，谁就掌握主动。因为要想把第一稿全部推翻，重新搞第二稿是很困难的，总是按着第一稿的方式走。许多外国公司都聘有经验丰富、能熟练起草合同文本的律师。

2. 国际经济技术合作项目合同的内容和形式

国际经济技术合作项目的内容不一，合同种类与内容也不一样，各种项目签订不同的合作合同（前面已有详细介绍）。由于国际经济技术合作项目谈判过程较长，内容也较复杂，所以合同的一些预备性文件如意向书、会谈纪要、备忘录等一经确认，就成为合同的附件，与合同具有同等效力。

国际经济技术合作项目合同的内容要就合作各方的权利义务作出明确具体的规定。合同一般应具备以下条款：（1）当事人名称、国籍；（2）签订日期、地点；（3）合同类型；（4）合同标的的技术条件、标准；（5）履行的期限、地点和方式；（6）价格条件及支付方式；（7）合同转让条件；（8）违反合同的赔偿责任；（9）合同发生争议时的解决方法；（10）合同使用的文字及其效力。

［思考题］

1. 简述市场信息系统的组成。为什么在国际经济合作中有必要建立市场信息系统？
2. 市场信息调研有何特性？从调研对象来看，它包括哪些内容？
3. 国际经济合作项目的经济环境主要包括哪几个方面？
4. 国际经济合作项目的政治和法律环境分别包含哪些因素？
5. 简述国际经济合作项目可行性研究的基本内容。
6. 简述国际经济合作项目可行性研究的具体步骤。
7. 简述国际经济合作项目的风险种类。
8. 简述国际经济合作项目的风险防范及处理措施。
9. 简述国际经济合作项目的谈判原则。
10. 简述国际经济合作项目谈判的基本策略。

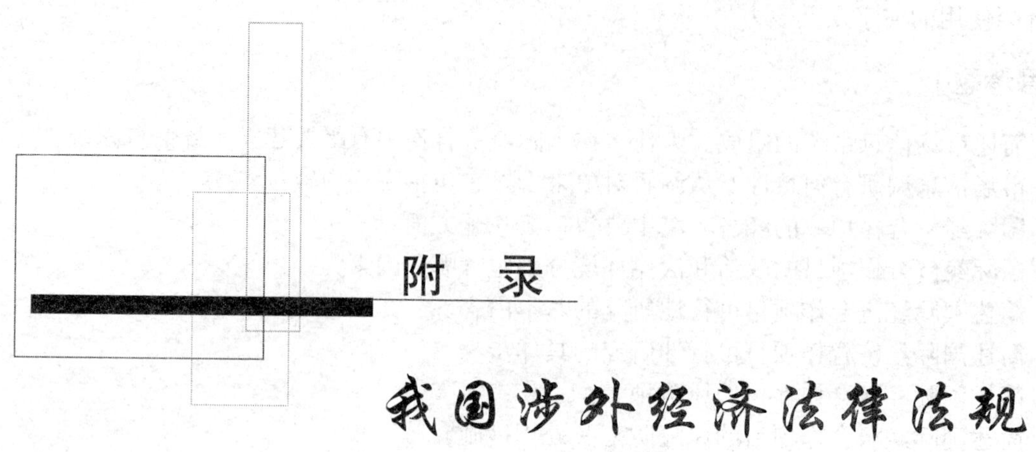

附　录

我国涉外经济法律法规

中华人民共和国中外合资经营企业法

（1979年7月1日第五届全国人民代表大会第二次会议通过
根据1990年4月4日第七届全国人民代表大会第三次会议
《关于修改〈中华人民共和国中外合资经营企业法〉的决定》修正
根据2001年3月15日第九届全国人民代表大会第四次会议
《关于修改〈中华人民共和国中外合资经营企业法〉的决定》第二次修正）

第一条　中华人民共和国为了扩大国际经济合作和技术交流，允许外国公司、企业和其他经济组织或个人（以下简称外国合营者），按照平等互利的原则，经中国政府批准，在中华人民共和国境内，同中国的公司、企业或其他经济组织（以下简称中国合营者）共同举办合营企业。

第二条　中国政府依法保护外国合营者按照经中国政府批准的协议、合同、章程在合营企业的投资、应分得的利润和其他合法权益。

合营企业的一切活动应遵守中华人民共和国法律、法规的规定。

国家对合营企业不实行国有化和征收；在特殊情况下，根据社会公共利益的需要，对合营企业可以依照法律程序实行征收，并给予相应的补偿。

第三条　合营各方签订的合营协议、合同、章程，应报国家对外经济贸易主管部门（以下称审查批准机关）审查批准。审查批准机关应在三个月内决定批准或不批准。合营企业经批准后，向国家工商行政管理主管部门登记，领取营业执照，开始营业。

第四条　合营企业的形式为有限责任公司。

在合营企业的注册资本中，外国合营者的投资比例一般不低于百分之二十五。

合营各方按注册资本比例分享利润和分担风险及亏损。

合营者的注册资本如果转让必须经合营各方同意。

第五条　合营企业各方可以现金、实物、工业产权等进行投资。

外国合营者作为投资的技术和设备，必须确实是适合我国需要的先进技术和设备。如果有意以落后的技术和设备进行欺骗，造成损失的，应赔偿损失。

中国合营者的投资可包括为合营企业经营期间提供的场地使用权。如果场地使用权未作为中国合营者投资的一部分，合营企业应向中国政府缴纳使用费。

上述各项投资应在合营企业的合同和章程中加以规定，其价格（场地除外）由合营各方评议商定。

第六条　合营企业设董事会，其人数组成由合营各方协商，在合同、章程中确定，并由合营各方委派和撤换。董事长和副董事长由合营各方协商确定或由董事会选举产生。中外合营者的一方担任董事长的，由他方担任副董事长。董事会根据平等互利的原则，决定合营企业的重大问题。

董事会的职权是按合营企业章程规定，讨论决定合营企业的一切重大问题：企业发展规划、生产经营活动方案、收支预算、利润分配、劳动工资计划、停业，以及总经理、副总经理、总工程师、总会计师、审计师的任命或聘请及其职权和待遇等。

正副总经理（或正副厂长）由合营各方分别担任。

合营企业职工的录用、辞退、报酬、福利、劳动保护、劳动保险等事项，应当依法通过订立合同加以规定。

第七条　合营企业的职工依法建立工会组织，开展工会活动，维护职工的合法权益。

合营企业应当为本企业工会提供必要的活动条件。

第八条　合营企业获得的毛利润，按中华人民共和国税法规定缴纳合营企业所得税后，扣除合营企业章程规定的储备基金、职工奖励及福利基金、企业发展基金，净利润根据合营各方注册资本的比例进行分配。

合营企业依照国家有关税收的法律和行政法规的规定，可以享受减税、免税的优惠待遇。

外国合营者将分得的净利润用于在中国境内再投资时，可申请退还已缴纳的部分所得税。

第九条　合营企业应凭营业执照在国家外汇管理机关允许经营外汇业务的银行或其他金融机构开立外汇账户。

合营企业的有关外汇事宜，应遵照中华人民共和国外汇管理条例办理。

合营企业在其经营活动中，可直接向外国银行筹措资金。

合营企业的各项保险应向中国境内的保险公司投保。

第十条　合营企业在批准的经营范围内所需的原材料、燃料等物资，按照公平、合理的原则，可以在国内市场或者在国际市场购买。

鼓励合营企业向中国境外销售产品。出口产品可由合营企业直接或与其有关的委托机构向国外市场出售，也可通过中国的外贸机构出售。合营企业产品也可在中国市场销售。

合营企业需要时可在中国境外设立分支机构。

第十一条 外国合营者在履行法律和协议、合同规定的义务后分得的净利润，在合营企业期满或者中止时所分得的资金以及其他资金，可按合营企业合同规定的货币，按外汇管理条例汇往国外。

鼓励外国合营者将可汇出的外汇存入中国银行。

第十二条 合营企业的外籍职工的工资收入和其他正当收入，按中华人民共和国税法缴纳个人所得税后，可按外汇管理条例汇往国外。

第十三条 合营企业的合营期限，按不同行业、不同情况，作不同的约定。有的行业的合营企业，应当约定合营期限；有的行业的合营企业，可以约定合营期限，也可以不约定合营期限。约定合营期限的合营企业，合营各方同意延长合营期限的，应在距合营期满六个月前向审查批准机关提出申请。审查批准机关应自接到申请之日起一个月内决定批准或不批准。

第十四条 合营企业如发生严重亏损、一方不履行合同和章程规定的义务、不可抗力等，经合营各方协商同意，报请审查批准机关批准，并向国家工商行政管理主管部门登记，可终止合同。如果因违反合同而造成损失的，应由违反合同的一方承担经济责任。

第十五条 合营各方发生纠纷，董事会不能协商解决时，由中国仲裁机构进行调解或仲裁，也可由合营各方协议在其他仲裁机构仲裁。

合营各方没有在合同中订有仲裁条款的或者事后没有达成书面仲裁协议的，可以向人民法院起诉。

第十六条 本法自公布之日起生效。

中华人民共和国中外合作经营企业法

(1988年4月13日第七届全国人民代表大会第一次会议通过
根据2000年10月31日第九届全国人民代表大会常务委员会第十八次会议
《关于修改〈中华人民共和国中外合作经营企业法〉的决定》修正)

第一条 为了扩大对外经济合作和技术交流，促进外国的企业和其他经济组织或者个人(以下简称外国合作者)按照平等互利的原则，同中华人民共和国的企业或者其他经济组织(以下简称中国合作者)在中国境内共同举办中外合作经营企业(以下简称合作企业)，特制定本法。

第二条 中外合作者举办合作企业，应当依照本法的规定，在合作企业合同中约定投资或者合作条件、收益或者产品的分配、风险和亏损的分担、经营管理的方式和合作企业终止时财产的归属等事项。合作企业符合中国法律关于法人条件的规定的，依法取得中国法人资格。

第三条 国家依法保护合作企业和中外合作者的合法权益。合作企业必须遵守中国的法律、法规，不得损害中国的社会公共利益。国家有关机关依法对合作企业实行监督。

第四条 国家鼓励举办产品出口的或者技术先进的生产型合作企业。

第五条 申请设立合作企业，应当将中外合作者签订的协议、合同、章程等文件报国务院对外经济贸易主管部门或者国务院授权的部门和地方政府(以下简称审查批准机关)审查批准。审查批准机关应当自接到申请之日起四十五天内决定批准或者不批准。

第六条 设立合作企业的申请经批准后，应当自接到批准证书之日起三十天内向工商行政管理机关申请登记，领取营业执照。合作企业的营业执照签发日期，为该企业的成立日期。合作企业应当自成立之日起三十天内向税务机关办理税务登记。

第七条 中外合作者在合作期限内协商同意对合作企业合同作重大变更的，应当报审查批准机关批准；变更内容涉及法定工商登记项目、税务登记项目的，应当向工商行政管理机关、税务机关办理变更登记手续。

第八条 中外合作者的投资或者提供的合作条件可以是现金、实物、土地使用权、工业产权、非专利技术和其他财产权利。

第九条 中外合作者应当依照法律、法规的规定和合作企业合同的约定，如期履行缴足投资、提供合作条件的义务。逾期不履行的，由工商行政管理机关限期履行；限期届满仍未履行的，由审查批准机关和工商行政管理机关依照国家有关规定处理。中外合作者的投资或者提供的合作条件，由中国注册会计师或者有关机构验证并出具证明。

第十条 中外合作者的一方转让其在合作企业合同中的全部或者部分权利、义务的，必须经他方同意，并报审查批准机关批准。

第十一条 合作企业依照经批准的合作企业合同、章程进行经营管理活动。合作企业的经营管理自主权不受干涉。

第十二条 合作企业应当设立董事会或者联合管理机构，依照合作企业合同或者章程的规定，决定合作企业的重大问题。中外合作者的一方担任董事会的董事长、联合管理机构的主任的，由他方担任副董事长、副主任。董事会或者联合管理机构可以决定任命或者聘请总经理负责合作企业的日常经营管理工作。总经理对董事会或者联合管理机构负责。合作企业成立后改为委托中外合作者以外的他人经营管理的，必须经董事会或者联合管理机构一致同意，报审查批准机关批准，并向工商行政管理机关办理变更登记手续。

第十三条 合作企业职工的录用、辞退、报酬、福利、劳动保护、劳动保险等事项，应当依法通过订立合同加以规定。

第十四条 合作企业的职工依法建立工会组织，开展工会活动，维护职工的合法权益。合作企业应当为本企业工会提供必要的活动条件。

第十五条 合作企业必须在中国境内设置会计账簿，依照规定报送会计报表，并接受财政税务机关的监督。合作企业违反前款规定，不在中国境内设置会计账簿的，财政税务机关可以处以罚款，工商行政管理机关可以责令停止营业或者吊销其营业执照。

第十六条 合作企业应当凭营业执照在国家外汇管理机关允许经营外汇业务的银行或者其他金融机构开立外汇账户。合作企业的外汇事宜，依照国家有关外汇管理的规定办理。

第十七条 合作企业可以向中国境内的金融机构借款，也可以在中国境外借款。中外合作者用作投资或者合作条件的借款及其担保，由各方自行解决。

第十八条 合作企业的各项保险应当向中国境内的保险机构投保。

第十九条 合作企业可以在经批准的经营范围内，进口本企业需要的物资，出口本企业生产的产品。合作企业在经批准的经营范围内所需的原材料、燃料等物资，按照公平、合理的原则，可以在国内市场或者在国际市场购买。

第二十条 合作企业依照国家有关税收的规定缴纳税款并可以享受减税、免税的优惠待遇。

第二十一条 中外合作者依照合作企业合同的约定，分配收益或者产品，承担风险和亏损。中外合作者在合作企业合同中约定合作期满时合作企业的全部固定资产归中国合作者所有的，可以在合作企业合同中约定外国合作者在合作期限内先行回收投资的办法。合作企业合同约定外国合作者在缴纳所得税前回收投资的，必须向财政税务机关提出申请，由财政税务机关依照国家有关税收的规定审查批准。依照前款规定外国合作者在合作期限内先行回收投资的，中外合作者应当依照有关法律的规定和合作企业合同的约定对合作企业的债务承担责任。

第二十二条 外国合作者在履行法律规定和合作企业合同约定的义务后分得的利润、其他合法收入和合作企业终止时分得的资金，可以依法汇往国外。合作企业的外籍职工的工资收入和其他合法收入，依法缴纳个人所得税后，可以汇往国外。

第二十三条 合作企业期满或者提前终止时，应当依照法定程序对资产和债权、债务进行清算。中外合作者应当依照合作企业合同的约定确定合作企业财产的归属。合作企业期满或者提前终止，应当向工商行政管理机关和税务机关办理注销登记手续。

第二十四条 合作企业的合作期限由中外合作者协商并在合作企业合同中订明。中外合作者同意延长合作期限的，应当在距合作期满一百八十天前向审查批准机关提出申请。

审查批准机关应当自接到申请之日起三十天内决定批准或者不批准。

第二十五条 中外合作者履行合作企业合同、章程发生争议时，应当通过协商或者调解解决。中外合作者不愿通过协商、调解解决的，或者协商、调解不成的，可以依照合作企业合同中的仲裁条款或者事后达成的书面仲裁协议，提交中国仲裁机构或者其他仲裁机构仲裁。中外合作者没有在合作企业合同中订立仲裁条款，事后又没有达成书面仲裁协议的，可以向中国法院起诉。

第二十六条 国务院对外经济贸易主管部门根据本法制定实施细则，报国务院批准后施行。

第二十七条 本法自公布之日起施行。

中华人民共和国外资企业法

（1986年4月12日第六届全国人民代表大会第四次会议通过
根据2000年10月31日第九届全国人民代表大会第十八次会议
《关于修改（中华人民共和国外资企业法）的决定》修正）

第一条 为了扩大对外经济合作和技术交流，促进中国国民经济的发展，中华人民共和国允许外国的企业和其他经济组织或者个人（以下简称外国投资者）在中国境内举办外资企业，保护外资企业的合法权益。

第二条 本法所称的外资企业是指依照中国有关法律在中国境内设立的全部资本由外国投资者投资的企业，不包括外国的企业和其他经济组织在中国境内的分支机构。

第三条 设立外资企业，必须有利于中国国民经济的发展。国家鼓励举办产品出口或者技术先进的外资企业。

国家禁止或者限制设立外资企业的行业由国务院规定。

第四条 外国投资者在中国境内的投资、获得的利润和其他合法权益，受中国法律保护。

外资企业必须遵守中国的法律、法规，不得损害中国的社会公共利益。

第五条 国家对外资企业不实行国有化和征收；在特殊情况下，根据社会公共利益的需要，对外资企业可以依照法律程序实行征收，并给予相应的补偿。

第六条 设立外资企业的申请，由国务院对外经济贸易主管部门或者国务院授权的机关审查批准。审查批准机关应当在接到申请之日起九十天内决定批准或者不批准。

第七条 设立外资企业的申请经批准后，外国投资者应当在接到批准证书之日起三十天内向工商行政管理机关申请登记，领取营业执照。外资企业的营业执照签发日期，为该企业成立日期。

第八条 外资企业符合中国法律关于法人条件的规定的，依法取得中国法人资格。

第九条 外资企业应当在审查批准机关核准的期限内在中国境内投资；逾期不投资的，工商行政管理机关有权吊销营业执照。

工商行政管理机关对外资企业的投资情况进行检查和监督。

第十条 外资企业分立、合并或者其他重要事项变更，应当报审查批准机关批准，并向工商行政管理机关办理变更登记手续。

第十一条 外资企业依照经批准的章程进行经营管理活动，不受干涉。

第十二条 外资企业雇用中国职工应当依法签订合同，并在合同中订明雇用、解雇、报酬、福利、劳动保护、劳动保险等事项。

第十三条 外资企业的职工依法建立工会组织，开展工会活动，维护职工的合法权益。

外资企业应当为本企业工会提供必要的活动条件。

第十四条　外资企业必须在中国境内设置会计账簿，进行独立核算，按照规定报送会计报表，并接受财政税务机关的监督。

外资企业拒绝在中国境内设置会计账簿的，财政税务机关可以处以罚款，工商行政管理机关可以责令停止营业或者吊销营业执照。

第十五条　外资企业在批准的经营范围内所需的原材料、燃料等物资，按照公平、合理的原则，可以在国内市场或者在国际市场购买。

第十六条　外资企业的各项保险应当向中国境内的保险公司投保。

第十七条　外资企业依照国家有关税收的规定纳税并可以享受减税、免税的优惠待遇。

外资企业将缴纳所得税后的利润在中国境内再投资的，可以依照国家规定申请退还再投资部分已缴纳的部分所得税税款。

第十八条　外资企业的外汇事宜，依照国家外汇管理规定办理。

外资企业应当在中国银行或者国家外汇管理机关指定的银行开户。

第十九条　外国投资者从外资企业获得的合法利润、其他合法收入和清算后的资金，可以汇往国外。

外资企业的外籍职工的工资收入和其他正当收入，依法缴纳个人所得税后，可以汇往国外。

第二十条　外资企业的经营期限由外国投资者申报，由审查批准机关批准。期满需要延长的，应当在期满一百八十天以前向审查批准机关提出申请。审查批准机关应当在接到申请之日起三十天内决定批准或者不批准。

第二十一条　外资企业终止，应当及时公告，按照法定程序进行清算。

在清算完结前，除为了执行清算外，外国投资者对企业财产不得处理。

第二十二条　外资企业终止，应当向工商行政管理机关办理注销登记手续，缴销营业执照。

第二十三条　国务院对外经济贸易主管部门根据本法制定实施细则，报国务院批准后施行。

第二十四条　本法自公布之日起施行。

中华人民共和国对外贸易法

(1994 年 5 月 12 日第八届全国人民代表大会常务委员会第七次会议通过
2004 年 4 月 6 日第十届全国人民代表大会常务委员会第八次会议修订)

目　录

第一章　总　则

第一条　为了扩大对外开放，发展对外贸易，维护对外贸易秩序，保护对外贸易经营者的合法权益，促进社会主义市场经济的健康发展，制定本法。

第二条　本法适用于对外贸易以及与对外贸易有关的知识产权保护。

本法所称对外贸易，是指货物进出口、技术进出口和国际服务贸易。

第三条　国务院对外贸易主管部门依照本法主管全国对外贸易工作。

第四条　国家实行统一的对外贸易制度，鼓励发展对外贸易，维护公平、自由的对外贸易秩序。

第五条　中华人民共和国根据平等互利的原则，促进和发展同其他国家和地区的贸易关系，缔结或者参加关税同盟协定、自由贸易区协定等区域经济贸易协定，参加区域经济组织。

第六条　中华人民共和国在对外贸易方面根据所缔结或者参加的国际条约、协定，给予其他缔约方、参加方最惠国待遇、国民待遇等待遇，或者根据互惠、对等原则给予对方最惠国待遇、国民待遇等待遇。

第七条　任何国家或者地区在贸易方面对中华人民共和国采取歧视性的禁止、限制或者其他类似措施的，中华人民共和国可以根据实际情况对该国家或者该地区采取相应的措施。

第二章　对外贸易经营者

第八条　本法所称对外贸易经营者，是指依法办理工商登记或者其他执业手续，依照本法和其他有关法律、行政法规的规定从事对外贸易经营活动的法人、其他组织或者个人。

第九条　从事货物进出口或者技术进出口的对外贸易经营者，应当向国务院对外贸易主管部门或者其委托的机构办理备案登记；但是，法律、行政法规和国务院对外贸易主管部门规定不需要备案登记的除外。备案登记的具体办法由国务院对外贸易主管部门规定。对外贸易经营者未按照规定办理备案登记的，海关不予办理进出口货物的报关验放手续。

第十条　从事国际服务贸易，应当遵守本法和其他有关法律、行政法规的规定。

从事对外工程承包或者对外劳务合作的单位，应当具备相应的资质或者资格。具体办法由国务院规定。

第十一条　国家可以对部分货物的进出口实行国有贸易管理。实行国有贸易管理货物的进出口业务只能由经授权的企业经营；但是，国家允许部分数量的国有贸易管理货物的进出口业务由非授权企业经营的除外。实行国有贸易管理的货物和经授权经营企业的目录，由国务院对外贸易主管部门会同国务院其他有关部门确定、调整并公布。

违反本条第一款规定，擅自进出口实行国有贸易管理的货物的，海关不予放行。

第十二条　对外贸易经营者可以接受他人的委托，在经营范围内代为办理对外贸易业务。

第十三条　对外贸易经营者应当按照国务院对外贸易主管部门或者国务院其他有关部门依法作出的规定，向有关部门提交与其对外贸易经营活动有关的文件及资料。有关部门应当为提供者保守商业秘密。

第三章　货物进出口与技术进出口

第十四条　国家准许货物与技术的自由进出口。但是，法律、行政法规另有规定的除外。

第十五条　国务院对外贸易主管部门基于监测进出口情况的需要，可以对部分自由进出口的货物实行进出口自动许可并公布其目录。

实行自动许可的进出口货物，收货人、发货人在办理海关报关手续前提出自动许可申请的，国务院对外贸易主管部门或者其委托的机构应当予以许可；未办理自动许可手续的，海关不予放行。

进出口属于自由进出口的技术，应当向国务院对外贸易主管部门或者其委托的机构办理合同备案登记。

第十六条　国家基于下列原因，可以限制或者禁止有关货物、技术的进口或者出口：

（一）为维护国家安全、社会公共利益或者公共道德，需要限制或者禁止进口或者出口的；

（二）为保护人的健康或者安全，保护动物、植物的生命或者健康，保护环境，需要限制或者禁止进口或者出口的；

（三）为实施与黄金或者白银进出口有关的措施，需要限制或者禁止进口或者出口的；

（四）国内供应短缺或者为有效保护可能用竭的自然资源，需要限制或者禁止出口的；

（五）输往国家或者地区的市场容量有限，需要限制出口的；

（六）出口经营秩序出现严重混乱，需要限制出口的；

（七）为建立或者加快建立国内特定产业，需要限制进口的；

（八）对任何形式的农业、牧业、渔业产品有必要限制进口的；

（九）为保障国家国际金融地位和国际收支平衡，需要限制进口的；

（十）依照法律、行政法规的规定，其他需要限制或者禁止进口或者出口的；

（十一）根据我国缔结或者参加的国际条约、协定的规定，其他需要限制或者禁止进口或者出口的。

第十七条 国家对与裂变、聚变物质或者衍生此类物质的物质有关的货物、技术进出口，以及与武器、弹药或者其他军用物资有关的进出口，可以采取任何必要的措施，维护国家安全。

在战时或者为维护国际和平与安全，国家在货物、技术进出口方面可以采取任何必要的措施。

第十八条 国务院对外贸易主管部门会同国务院其他有关部门，依照本法第十六条和第十七条的规定，制定、调整并公布限制或者禁止进出口的货物、技术目录。

国务院对外贸易主管部门或者由其会同国务院其他有关部门，经国务院批准，可以在本法第十六条和第十七条规定的范围内，临时决定限制或者禁止前款规定目录以外的特定货物、技术的进口或者出口。

第十九条 国家对限制进口或者出口的货物，实行配额、许可证等方式管理；对限制进口或者出口的技术，实行许可证管理。

实行配额、许可证管理的货物、技术，应当按照国务院规定经国务院对外贸易主管部门或者经其会同国务院其他有关部门许可，方可进口或者出口。

国家对部分进口货物可以实行关税配额管理。

第二十条 进出口货物配额、关税配额，由国务院对外贸易主管部门或者国务院其他有关部门在各自的职责范围内，按照公开、公平、公正和效益的原则进行分配。具体办法由国务院规定。

第二十一条 国家实行统一的商品合格评定制度，根据有关法律、行政法规的规定，对进出口商品进行认证、检验、检疫。

第二十二条 国家对进出口货物进行原产地管理。具体办法由国务院规定。

第二十三条 对文物和野生动物、植物及其产品等，其他法律、行政法规有禁止或者限制进出口规定的，依照有关法律、行政法规的规定执行。

第四章 国际服务贸易

第二十四条 中华人民共和国在国际服务贸易方面根据所缔结或者参加的国际条约、

协定中所作的承诺，给予其他缔约方、参加方市场准入和国民待遇。

第二十五条　国务院对外贸易主管部门和国务院其他有关部门，依照本法和其他有关法律、行政法规的规定，对国际服务贸易进行管理。

第二十六条　国家基于下列原因，可以限制或者禁止有关的国际服务贸易：

（一）为维护国家安全、社会公共利益或者公共道德，需要限制或者禁止的；

（二）为保护人的健康或者安全，保护动物、植物的生命或者健康，保护环境，需要限制或者禁止的；

（三）为建立或者加快建立国内特定服务产业，需要限制的；

（四）为保障国家外汇收支平衡，需要限制的；

（五）依照法律、行政法规的规定，其他需要限制或者禁止的；

（六）根据我国缔结或者参加的国际条约、协定的规定，其他需要限制或者禁止的。

第二十七条　国家对与军事有关的国际服务贸易，以及与裂变、聚变物质或者衍生此类物质的物质有关的国际服务贸易，可以采取任何必要的措施，维护国家安全。

在战时或者为维护国际和平与安全，国家在国际服务贸易方面可以采取任何必要的措施。

第二十八条　国务院对外贸易主管部门会同国务院其他有关部门，依照本法第二十六条、第二十七条和其他有关法律、行政法规的规定，制定、调整并公布国际服务贸易市场准入目录。

第五章　与对外贸易有关的知识产权保护

第二十九条　国家依照有关知识产权的法律、行政法规，保护与对外贸易有关的知识产权。

进口货物侵犯知识产权，并危害对外贸易秩序的，国务院对外贸易主管部门可以采取在一定期限内禁止侵权人生产、销售的有关货物进口等措施。

第三十条　知识产权权利人有阻止被许可人对许可合同中的知识产权的有效性提出质疑、进行强制性一揽子许可、在许可合同中规定排他性返授条件等行为之一，并危害对外贸易公平竞争秩序的，国务院对外贸易主管部门可以采取必要的措施消除危害。

第三十一条　其他国家或者地区在知识产权保护方面未给予中华人民共和国的法人、其他组织或者个人国民待遇，或者不能对来源于中华人民共和国的货物、技术或者服务提供充分有效的知识产权保护的，国务院对外贸易主管部门可以依照本法和其他有关法律、行政法规的规定，并根据中华人民共和国缔结或者参加的国际条约、协定，对与该国家或者该地区的贸易采取必要的措施。

第六章　对外贸易秩序

第三十二条　在对外贸易经营活动中，不得违反有关反垄断的法律、行政法规的规定实施垄断行为。

在对外贸易经营活动中实施垄断行为，危害市场公平竞争的，依照有关反垄断的法律、行政法规的规定处理。有前款违法行为，并危害对外贸易秩序的，国务院对外贸易主管部门可以采取必要的措施消除危害。

第三十三条 在对外贸易经营活动中，不得实施以不正当的低价销售商品、串通投标、发布虚假广告、进行商业贿赂等不正当竞争行为。

在对外贸易经营活动中实施不正当竞争行为的，依照有关反不正当竞争的法律、行政法规的规定处理。

有前款违法行为，并危害对外贸易秩序的，国务院对外贸易主管部门可以采取禁止该经营者有关货物、技术进出口等措施消除危害。

第三十四条 在对外贸易活动中，不得有下列行为：

（一）伪造、变造进出口货物原产地标记，伪造、变造或者买卖进出口货物原产地证书、进出口许可证、进出口配额证明或者其他进出口证明文件；

（二）骗取出口退税；

（三）走私；

（四）逃避法律、行政法规规定的认证、检验、检疫；

（五）违反法律、行政法规规定的其他行为。

第三十五条 对外贸易经营者在对外贸易经营活动中，应当遵守国家有关外汇管理的规定。

第三十六条 违反本法规定，危害对外贸易秩序的，国务院对外贸易主管部门可以向社会公告。

第七章 对外贸易调查

第三十七条 为了维护对外贸易秩序，国务院对外贸易主管部门可以自行或者会同国务院其他有关部门，依照法律、行政法规的规定对下列事项进行调查：

（一）货物进出口、技术进出口、国际服务贸易对国内产业及其竞争力的影响；

（二）有关国家或者地区的贸易壁垒；

（三）为确定是否应当依法采取反倾销、反补贴或者保障措施等对外贸易救济措施，需要调查的事项；

（四）规避对外贸易救济措施的行为；

（五）对外贸易中有关国家安全利益的事项；

（六）为执行本法第七条、第二十九条第二款、第三十条、第三十一条、第三十二条第三款、第三十三条第三款的规定，需要调查的事项；

（七）其他影响对外贸易秩序，需要调查的事项。

第三十八条 启动对外贸易调查，由国务院对外贸易主管部门发布公告。

调查可以采取书面问卷、召开听证会、实地调查、委托调查等方式进行。

国务院对外贸易主管部门根据调查结果，提出调查报告或者作出处理裁定，并发布公告。

第三十九条 有关单位和个人应当对对外贸易调查给予配合、协助。

国务院对外贸易主管部门和国务院其他有关部门及其工作人员进行对外贸易调查，对知悉的国家秘密和商业秘密负有保密义务。

第八章　对外贸易救济

第四十条　国家根据对外贸易调查结果，可以采取适当的对外贸易救济措施。

第四十一条　其他国家或者地区的产品以低于正常价值的倾销方式进入我国市场，对已建立的国内产业造成实质损害或者产生实质损害威胁，或者对建立国内产业造成实质阻碍的，国家可以采取反倾销措施，消除或者减轻这种损害或者损害的威胁或者阻碍。

第四十二条　其他国家或者地区的产品以低于正常价值出口至第三国市场，对我国已建立的国内产业造成实质损害或者产生实质损害威胁，或者对我国建立国内产业造成实质阻碍的，应国内产业的申请，国务院对外贸易主管部门可以与该第三国政府进行磋商，要求其采取适当的措施。

第四十三条　进口的产品直接或者间接地接受出口国家或者地区给予的任何形式的专向性补贴，对已建立的国内产业造成实质损害或者产生实质损害威胁，或者对建立国内产业造成实质阻碍的，国家可以采取反补贴措施，消除或者减轻这种损害或者损害的威胁或者阻碍。

第四十四条　因进口产品数量大量增加，对生产同类产品或者与其直接竞争的产品的国内产业造成严重损害或者严重损害威胁的，国家可以采取必要的保障措施，消除或者减轻这种损害或者损害的威胁，并可以对该产业提供必要的支持。

第四十五条　因其他国家或者地区的服务提供者向我国提供的服务增加，对提供同类服务或者与其直接竞争的服务的国内产业造成损害或者产生损害威胁的，国家可以采取必要的救济措施，消除或者减轻这种损害或者损害的威胁。

第四十六条　因第三国限制进口而导致某种产品进入我国市场的数量大量增加，对已建立的国内产业造成损害或者产生损害威胁，或者对建立国内产业造成阻碍的，国家可以采取必要的救济措施，限制该产品进口。

第四十七条　与中华人民共和国缔结或者共同参加经济贸易条约、协定的国家或者地区，违反条约、协定的规定，使中华人民共和国根据该条约、协定享有的利益丧失或者受损，或者阻碍条约、协定目标实现的，中华人民共和国政府有权要求有关国家或者地区政府采取适当的补救措施，并可以根据有关条约、协定中止或者终止履行相关义务。

第四十八条　国务院对外贸易主管部门依照本法和其他有关法律的规定，进行对外贸易的双边或者多边磋商、谈判和争端的解决。

第四十九条　国务院对外贸易主管部门和国务院其他有关部门应当建立货物进出口、技术进出口和国际服务贸易的预警应急机制，应对对外贸易中的突发和异常情况，维护国家经济安全。

第五十条　国家对规避本法规定的对外贸易救济措施的行为，可以采取必要的反规避措施。

第九章　对外贸易促进

第五十一条　国家制定对外贸易发展战略，建立和完善对外贸易促进机制。

第五十二条 国家根据对外贸易发展的需要，建立和完善为对外贸易服务的金融机构，设立对外贸易发展基金、风险基金。

第五十三条 国家通过进出口信贷、出口信用保险、出口退税及其他促进对外贸易的方式，发展对外贸易。

第五十四条 国家建立对外贸易公共信息服务体系，向对外贸易经营者和其他社会公众提供信息服务。

第五十五条 国家采取措施鼓励对外贸易经营者开拓国际市场，采取对外投资、对外工程承包和对外劳务合作等多种形式，发展对外贸易。

第五十六条 对外贸易经营者可以依法成立和参加有关协会、商会。

有关协会、商会应当遵守法律、行政法规，按照章程对其成员提供与对外贸易有关的生产、营销、信息、培训等方面的服务，发挥协调和自律作用，依法提出有关对外贸易救济措施的申请，维护成员和行业的利益，向政府有关部门反映成员有关对外贸易的建议，开展对外贸易促进活动。

第五十七条 中国国际贸易促进组织按照章程开展对外联系，举办展览，提供信息、咨询服务和其他对外贸易促进活动。

第五十八条 国家扶持和促进中小企业开展对外贸易。

第五十九条 国家扶持和促进民族自治地方和经济不发达地区发展对外贸易。

第十章 法律责任

第六十条 违反本法第十一条规定，未经授权擅自进出口实行国有贸易管理的货物的，国务院对外贸易主管部门或者国务院其他有关部门可以处五万元以下罚款；情节严重的，可以自行政处罚决定生效之日起三年内，不受理违法行为人从事国有贸易管理货物进出口业务的申请，或者撤销已给予其从事其他国有贸易管理货物进出口的授权。

第六十一条 进出口属于禁止进出口的货物的，或者未经许可擅自进出口属于限制进出口的货物的，由海关依照有关法律、行政法规的规定处理、处罚；构成犯罪的，依法追究刑事责任。

进出口属于禁止进出口的技术的，或者未经许可擅自进出口属于限制进出口的技术的，依照有关法律、行政法规的规定处理、处罚；法律、行政法规没有规定的，由国务院对外贸易主管部门责令改正，没收违法所得，并处违法所得一倍以上五倍以下罚款，没有违法所得或者违法所得不足一万元的，处一万元以上五万元以下罚款；构成犯罪的，依法追究刑事责任。

自前两款规定的行政处罚决定生效之日或者刑事处罚判决生效之日起，国务院对外贸易主管部门或者国务院其他有关部门可以在三年内不受理违法行为人提出的进出口配额或者许可证的申请，或者禁止违法行为人在一年以上三年以下的期限内从事有关货物或者技术的进出口经营活动。

第六十二条 从事属于禁止的国际服务贸易的，或者未经许可擅自从事属于限制的国际服务贸易的，依照有关法律、行政法规的规定处罚；法律、行政法规没有规定的，由国务院对外贸易主管部门责令改正，没收违法所得，并处违法所得一倍以上五倍以下罚款，没有违法所得或者违法所得不足一万元的，处一万元以上五万元以下罚款；构成犯罪的，依法追究刑事责任。

国务院对外贸易主管部门可以禁止违法行为人自前款规定的行政处罚决定生效之日或者刑事处罚判决生效之日起一年以上三年以下的期限内从事有关的国际服务贸易经营活动。

第六十三条　违反本法第三十四条规定，依照有关法律、行政法规的规定处罚；构成犯罪的，依法追究刑事责任。

国务院对外贸易主管部门可以禁止违法行为人自前款规定的行政处罚决定生效之日或者刑事处罚判决生效之日起一年以上三年以下的期限内从事有关的对外贸易经营活动。

第六十四条　依照本法第六十一条至第六十三条规定被禁止从事有关对外贸易经营活动的，在禁止期限内，海关根据国务院对外贸易主管部门依法作出的禁止决定，对该对外贸易经营者的有关进出口货物不予办理报关验放手续，外汇管理部门或者外汇指定银行不予办理有关结汇、售汇手续。

第六十五条　依照本法负责对外贸易管理工作的部门的工作人员玩忽职守、徇私舞弊或者滥用职权，构成犯罪的，依法追究刑事责任；尚不构成犯罪的，依法给予行政处分。

依照本法负责对外贸易管理工作的部门的工作人员利用职务上的便利，索取他人财物，或者非法收受他人财物为他人谋取利益，构成犯罪的，依法追究刑事责任；尚不构成犯罪的，依法给予行政处分。

第六十六条　对外贸易经营活动当事人对依照本法负责对外贸易管理工作的部门作出的具体行政行为不服的，可以依法申请行政复议或者向人民法院提起行政诉讼。

第十一章　附　则

第六十七条　与军品、裂变和聚变物质或者衍生此类物质的物质有关的对外贸易管理以及文化产品的进出口管理，法律、行政法规另有规定的，依照其规定。

第六十八条　国家对边境地区与接壤国家边境地区之间的贸易以及边民互市贸易，采取灵活措施，给予优惠和便利。具体办法由国务院规定。

第六十九条　中华人民共和国的单独关税区不适用本法。

第七十条　本法自 2004 年 7 月 1 日起施行。

中华人民共和国反倾销条例

(2001 年 11 月 26 日中华人民共和国国务院令第 328 号公布
根据 2004 年 3 月 31 日《国务院关于修改〈中华人民共和国反倾销条例〉的决定》修订)

第一章 总 则

第一条 为了维护对外贸易秩序和公平竞争，根据《中华人民共和国对外贸易法》的有关规定，制定本条例。

第二条 进口产品以倾销方式进入中华人民共和国市场，并对已经建立的国内产业造成实质损害或者产生实质损害威胁，或者对建立国内产业造成实质阻碍的，依照本条例的规定进行调查，采取反倾销措施。

第二章 倾销与损害

第三条 倾销，是指在正常贸易过程中进口产品以低于其正常价值的出口价格进入中华人民共和国市场。

对倾销的调查和确定，由商务部负责。

第四条 进口产品的正常价值，应当区别不同情况，按照下列方法确定：

(一) 进口产品的同类产品，在出口国（地区）国内市场的正常贸易过程中有可比价格的，以该可比价格为正常价值；

(二) 进口产品的同类产品，在出口国（地区）国内市场的正常贸易过程中没有销售的，或者该同类产品的价格、数量不能据以进行公平比较的，以该同类产品出口到一个适当第三国（地区）的可比价格或者以该同类产品在原产国（地区）的生产成本加合理费用、利润，为正常价值。

进口产品不直接来自原产国（地区）的，按照前款第（一）项规定确定正常价值；但是，在产品仅通过出口国（地区）转运、产品在出口国（地区）无生产或者在出口国（地区）中不存在可比价格等情形下，可以以该同类产品在原产国（地区）的价格为正常价值。

第五条 进口产品的出口价格，应当区别不同情况，按照下列方法确定：

(一) 进口产品有实际支付或者应当支付的价格的，以该价格为出口价格；

(二) 进口产品没有出口价格或者其价格不可靠的，以根据该进口产品首次转售给独立购买人的价格推定的价格为出口价格；但是，该进口产品未转售给独立购买人或者未按进口时的状态转售的，可以以商务部根据合理基础推定的价格为出口价格。

第六条 进口产品的出口价格低于其正常价值的幅度，为倾销幅度。

对进口产品的出口价格和正常价值，应当考虑影响价格的各种可比性因素，按照公平、合理的方式进行比较。

倾销幅度的确定，应当将加权平均正常价值与全部可比出口交易的加权平均价格进行比较，或者将正常价值与出口价格在逐笔交易的基础上进行比较。

出口价格在不同的购买人、地区、时期之间存在很大差异，按照前款规定的方法难以比较的，可以将加权平均正常价值与单一出口交易的价格进行比较。

第七条　损害，是指倾销对已经建立的国内产业造成实质损害或者产生实质损害威胁，或者对建立国内产业造成实质阻碍。

对损害的调查和确定，由商务部负责；其中，涉及农产品的反倾销国内产业损害调查，由商务部会同农业部进行。

第八条　在确定倾销对国内产业造成的损害时，应当审查下列事项：

（一）倾销进口产品的数量，包括倾销进口产品的绝对数量或者相对于国内同类产品生产或者消费的数量是否大量增加，或者倾销进口产品大量增加的可能性；

（二）倾销进口产品的价格，包括倾销进口产品的价格削减或者对国内同类产品的价格产生大幅度抑制、压低等影响；

（三）倾销进口产品对国内产业的相关经济因素和指标的影响；

（四）倾销进口产品的出口国（地区）、原产国（地区）的生产能力、出口能力，被调查产品的库存情况；

（五）造成国内产业损害的其他因素。

对实质损害威胁的确定，应当依据事实，不得仅依据指控、推测或者极小的可能性。

在确定倾销对国内产业造成的损害时，应当依据肯定性证据，不得将造成损害的非倾销因素归因于倾销。

第九条　倾销进口产品来自两个以上国家（地区），并且同时满足下列条件的，可以就倾销进口产品对国内产业造成的影响进行累积评估：

（一）来自每一国家（地区）的倾销进口产品的倾销幅度不小于2%，并且其进口量不属于可忽略不计的；

（二）根据倾销进口产品之间以及倾销进口产品与国内同类产品之间的竞争条件，进行累积评估是适当的。

可忽略不计，是指来自一个国家（地区）的倾销进口产品的数量占同类产品总进口量的比例低于3%；但是，低于3%的若干国家（地区）的总进口量超过同类产品总进口量7%的除外。

第十条　评估倾销进口产品的影响，应当针对国内同类产品的生产进行单独确定；不能针对国内同类产品的生产进行单独确定的，应当审查包括国内同类产品在内的最窄产品组或者范围的生产。

第十一条　国内产业，是指中华人民共和国国内同类产品的全部生产者，或者其总产量占国内同类产品全部总产量的主要部分的生产者；但是，国内生产者与出口经营者或者进口经营者有关联的，或者其本身为倾销进口产品的进口经营者的，可以排除在国内产业之外。

在特殊情形下，国内一个区域市场中的生产者，在该市场中销售其全部或者几乎全部的同类产品，并且该市场中同类产品的需求主要不是由国内其他地方的生产者供给的，可以视为一个单独产业。

第十二条 同类产品，是指与倾销进口产品相同的产品；没有相同产品的，以与倾销进口产品的特性最相似的产品为同类产品。

第三章 反倾销调查

第十三条 国内产业或者代表国内产业的自然人、法人或者有关组织（以下统称申请人），可以依照本条例的规定向商务部提出反倾销调查的书面申请。

第十四条 申请书应当包括下列内容：

（一）申请人的名称、地址及有关情况；

（二）对申请调查的进口产品的完整说明，包括产品名称、所涉及的出口国（地区）或者原产国（地区）、已知的出口经营者或者生产者、产品在出口国（地区）或者原产国（地区）国内市场消费时的价格信息、出口价格信息等；

（三）对国内同类产品生产的数量和价值的说明；

（四）申请调查进口产品的数量和价格对国内产业的影响；

（五）申请人认为需要说明的其他内容。

第十五条 申请书应当附具下列证据：

（一）申请调查的进口产品存在倾销；

（二）对国内产业的损害；

（三）倾销与损害之间存在因果关系。

第十六条 商务部应当自收到申请人提交的申请书及有关证据之日起60天内，对申请是否由国内产业或者代表国内产业提出、申请书内容及所附具的证据等进行审查，并决定立案调查或者不立案调查。

在决定立案调查前，应当通知有关出口国（地区）政府。

第十七条 在表示支持申请或者反对申请的国内产业中，支持者的产量占支持者和反对者的总产量的50％以上的，应当认定申请是由国内产业或者代表国内产业提出，可以启动反倾销调查；但是，表示支持申请的国内生产者的产量不足国内同类产品总产量的25％的，不得启动反倾销调查。

第十八条 在特殊情形下，商务部没有收到反倾销调查的书面申请，但有充分证据认为存在倾销和损害以及二者之间有因果关系的，可以决定立案调查。

第十九条 立案调查的决定，由商务部予以公告，并通知申请人、已知的出口经营者和进口经营者、出口国（地区）政府以及其他有利害关系的组织、个人（以下统称利害关系方）。

立案调查的决定一经公告，商务部应当将申请书文本提供给已知的出口经营者和出口国（地区）政府。

第二十条 商务部可以采用问卷、抽样、听证会、现场核查等方式向利害关系方了解情况，进行调查。

商务部应当为有关利害关系方提供陈述意见和论据的机会。

商务部认为必要时，可以派出工作人员赴有关国家（地区）进行调查；但是，有关国家（地区）提出异议的除外。

第二十一条 商务部进行调查时，利害关系方应当如实反映情况，提供有关资料。利害关系方不如实反映情况、提供有关资料的，或者没有在合理时间内提供必要信息的，或者以其他方式严重妨碍调查的，商务部可以根据已经获得的事实和可获得的最佳信息作出裁定。

第二十二条 利害关系方认为其提供的资料泄露后将产生严重不利影响的，可以向商务部申请对该资料按保密资料处理。

商务部认为保密申请有正当理由的，应当对利害关系方提供的资料按保密资料处理，同时要求利害关系方提供一份非保密的该资料概要。

按保密资料处理的资料，未经提供资料的利害关系方同意，不得泄露。

第二十三条 商务部应当允许申请人和利害关系方查阅本案有关资料；但是，属于按保密资料处理的除外。

第二十四条 商务部根据调查结果，就倾销、损害和二者之间的因果关系是否成立作出初裁决定，并予以公告。

第二十五条 初裁决定确定倾销、损害以及二者之间的因果关系成立的，商务部应当对倾销及倾销幅度、损害及损害程度继续进行调查，并根据调查结果作出终裁决定，予以公告。

在作出终裁决定前，应当由商务部将终裁决定所依据的基本事实通知所有已知的利害关系方。

第二十六条 反倾销调查，应当自立案调查决定公告之日起 12 个月内结束；特殊情况下可以延长，但延长期不得超过 6 个月。

第二十七条 有下列情形之一的，反倾销调查应当终止，并由商务部予以公告：

（一）申请人撤销申请的；

（二）没有足够证据证明存在倾销、损害或者二者之间有因果关系的；

（三）倾销幅度低于 2%的；

（四）倾销进口产品实际或者潜在的进口量或者损害属于可忽略不计的；

（五）商务部认为不适宜继续进行反倾销调查的。

来自一个或者部分国家（地区）的被调查产品有前款第（二）、（三）、（四）项所列情形之一的，针对所涉产品的反倾销调查应当终止。

第四章 反倾销措施

第一节 临时反倾销措施

第二十八条 初裁决定确定倾销成立，并由此对国内产业造成损害的，可以采取下列临时反倾销措施：

（一）征收临时反倾销税；

（二）要求提供保证金、保函或者其他形式的担保。

临时反倾销税税额或者提供的保证金、保函或者其他形式担保的金额，应当不超过初裁决定确定的倾销幅度。

第二十九条 征收临时反倾销税，由商务部提出建议，国务院关税税则委员会根据商务部的建议作出决定，由商务部予以公告。要求提供保证金、保函或者其他形式的担保，由商务部作出决定并予以公告。海关自公告规定实施之日起执行。

第三十条 临时反倾销措施实施的期限，自临时反倾销措施决定公告规定实施之日起，不超过4个月；在特殊情形下，可以延长至9个月。

自反倾销立案调查决定公告之日起60天内，不得采取临时反倾销措施。

第二节 价格承诺

第三十一条 倾销进口产品的出口经营者在反倾销调查期间，可以向商务部作出改变价格或者停止以倾销价格出口的价格承诺。

商务部可以向出口经营者提出价格承诺的建议。

商务部不得强迫出口经营者作出价格承诺。

第三十二条 出口经营者不作出价格承诺或者不接受价格承诺的建议的，不妨碍对反倾销案件的调查和确定。出口经营者继续倾销进口产品的，商务部有权确定损害威胁更有可能出现。

第三十三条 商务部认为出口经营者作出的价格承诺能够接受并符合公共利益的，可以决定中止或者终止反倾销调查，不采取临时反倾销措施或者征收反倾销税。中止或者终止反倾销调查的决定由商务部予以公告。

商务部不接受价格承诺的，应当向有关出口经营者说明理由。

商务部对倾销以及由倾销造成的损害作出肯定的初裁决定前，不得寻求或者接受价格承诺。

第三十四条 依照本条例第三十三条第一款规定中止或者终止反倾销调查后，应出口经营者请求，商务部应当对倾销和损害继续进行调查；或者商务部认为有必要的，可以对倾销和损害继续进行调查。

根据前款调查结果，作出倾销或者损害的否定裁定的，价格承诺自动失效；作出倾销和损害的肯定裁定的，价格承诺继续有效。

第三十五条 商务部可以要求出口经营者定期提供履行其价格承诺的有关情况、资料，并予以核实。

第三十六条 出口经营者违反其价格承诺的，商务部依照本条例的规定，可以立即决定恢复反倾销调查；根据可获得的最佳信息，可以决定采取临时反倾销措施，并可以对实施临时反倾销措施前90天内进口的产品追溯征收反倾销税，但违反价格承诺前进口的产品除外。

第三节 反倾销税

第三十七条 终裁决定确定倾销成立，并由此对国内产业造成损害的，可以征收反倾销税。征收反倾销税应当符合公共利益。

第三十八条　征收反倾销税，由商务部提出建议，国务院关税税则委员会根据商务部的建议作出决定，由商务部予以公告。海关自公告规定实施之日起执行。

第三十九条　反倾销税适用于终裁决定公告之日后进口的产品，但属于本条例第三十六条、第四十三条、第四十四条规定的情形除外。

第四十条　反倾销税的纳税人为倾销进口产品的进口经营者。

第四十一条　反倾销税应当根据不同出口经营者的倾销幅度，分别确定。对未包括在审查范围内的出口经营者的倾销进口产品，需要征收反倾销税的，应当按照合理的方式确定对其适用的反倾销税。

第四十二条　反倾销税税额不超过终裁决定确定的倾销幅度。

第四十三条　终裁决定确定存在实质损害，并在此前已经采取临时反倾销措施的，反倾销税可以对已经实施临时反倾销措施的期间追溯征收。

终裁决定确定存在实质损害威胁，在先前不采取临时反倾销措施将会导致后来作出实质损害裁定的情况下已经采取临时反倾销措施的，反倾销税可以对已经实施临时反倾销措施的期间追溯征收。

终裁决定确定的反倾销税，高于已付或者应付的临时反倾销税或者为担保目的而估计的金额的，差额部分不予收取；低于已付或者应付的临时反倾销税或者为担保目的而估计的金额的，差额部分应当根据具体情况予以退还或者重新计算税额。

第四十四条　下列两种情形并存的，可以对实施临时反倾销措施之日前 90 天内进口的产品追溯征收反倾销税，但立案调查前进口的产品除外：

（一）倾销进口产品有对国内产业造成损害的倾销历史，或者该产品的进口经营者知道或者应当知道出口经营者实施倾销并且倾销对国内产业将造成损害的；

（二）倾销进口产品在短期内大量进口，并且可能会严重破坏即将实施的反倾销税的补救效果的。

商务部发起调查后，有充分证据证明前款所列两种情形并存的，可以对有关进口产品采取进口登记等必要措施，以便追溯征收反倾销税。

第四十五条　终裁决定确定不征收反倾销税的，或者终裁决定未确定追溯征收反倾销税的，已征收的临时反倾销税、已收取的保证金应当予以退还，保函或者其他形式的担保应当予以解除。

第四十六条　倾销进口产品的进口经营者有证据证明已经缴纳的反倾销税税额超过倾销幅度的，可以向商务部提出退税申请；商务部经审查、核实并提出建议，国务院关税税则委员会根据商务部的建议可以作出退税决定，由海关执行。

第四十七条　进口产品被征收反倾销税后，在调查期内未向中华人民共和国出口该产品的新出口经营者，能证明其与被征收反倾销税的出口经营者无关联的，可以向商务部申请单独确定其倾销幅度。商务部应当迅速进行审查并作出终裁决定。在审查期间，可以采取本条例第二十八条第一款第（二）项规定的措施，但不得对该产品征收反倾销税。

第五章　反倾销税和价格承诺的期限与复审

第四十八条　反倾销税的征收期限和价格承诺的履行期限不超过 5 年；但是，经复审确定终止征收反倾销税有可能导致倾销和损害的继续或者再度发生的，反倾销税的征收期限可以适当延长。

第四十九条 反倾销税生效后，商务部可以在有正当理由的情况下，决定对继续征收反倾销税的必要性进行复审；也可以在经过一段合理时间，应利害关系方的请求并对利害关系方提供的相应证据进行审查后，决定对继续征收反倾销税的必要性进行复审。

价格承诺生效后，商务部可以在有正当理由的情况下，决定对继续履行价格承诺的必要性进行复审；也可以在经过一段合理时间，应利害关系方的请求并对利害关系方提供的相应证据进行审查后，决定对继续履行价格承诺的必要性进行复审。

第五十条 根据复审结果，由商务部依照本条例的规定提出保留、修改或者取消反倾销税的建议，国务院关税税则委员会根据商务部的建议作出决定，由商务部予以公告；或者由商务部依照本条例的规定，作出保留、修改或者取消价格承诺的决定并予以公告。

第五十一条 复审程序参照本条例关于反倾销调查的有关规定执行。

复审期限自决定复审开始之日起，不超过12个月。

第五十二条 在复审期间，复审程序不妨碍反倾销措施的实施。

第六章 附则

第五十三条 对依照本条例第二十五条作出的终裁决定不服的，对依照本条例第四章作出的是否征收反倾销税的决定以及追溯征收、退税、对新出口经营者征税的决定不服的，或者对依照本条例第五章作出的复审决定不服的，可以依法申请行政复议，也可以依法向人民法院提起诉讼。

第五十四条 依照本条例作出的公告，应当载明重要的情况、事实、理由、依据、结果和结论等内容。

第五十五条 商务部可以采取适当措施，防止规避反倾销措施的行为。

第五十六条 任何国家（地区）对中华人民共和国的出口产品采取歧视性反倾销措施的，中华人民共和国可以根据实际情况对该国家（地区）采取相应的措施。

第五十七条 商务部负责与反倾销有关的对外磋商、通知和争端解决事宜。

第五十八条 商务部可以根据本条例制定有关具体实施办法。

第五十九条 本条例自2002年1月1日起施行。1997年3月25日国务院发布的《中华人民共和国反倾销和反补贴条例》中关于反倾销的规定同时废止。

中华人民共和国反补贴条例

（2001 年 11 月 26 日中华人民共和国国务院令第 329 号公布
根据 2004 年 3 月 31 日《国务院关于修改〈中华人民共和国反补贴条例〉的决定》修订）

第一章　总　则

第一条　为了维护对外贸易秩序和公平竞争，根据《中华人民共和国对外贸易法》的有关规定，制定本条例。

第二条　进口产品存在补贴，并对已经建立的国内产业造成实质损害或者产生实质损害威胁，或者对建立国内产业造成实质阻碍的，依照本条例的规定进行调查，采取反补贴措施。

第二章　补贴与损害

第三条　补贴，是指出口国（地区）政府或者其任何公共机构提供的并为接受者带来利益的财政资助以及任何形式的收入或者价格支持。

出口国（地区）政府或者其任何公共机构，以下统称出口国（地区）政府。

本条第一款所称财政资助，包括：

（一）出口国（地区）政府以拨款、贷款、资本注入等形式直接提供资金，或者以贷款担保等形式潜在地直接转让资金或者债务；

（二）出口国（地区）政府放弃或者不收缴应收收入；

（三）出口国（地区）政府提供除一般基础设施以外的货物、服务，或者由出口国（地区）政府购买货物；

（四）出口国（地区）政府通过向筹资机构付款，或者委托、指令私营机构履行上述职能。

第四条　依照本条例进行调查、采取反补贴措施的补贴，必须具有专向性。

具有下列情形之一的补贴，具有专向性：

（一）由出口国（地区）政府明确确定的某些企业、产业获得的补贴；

（二）由出口国（地区）法律、法规明确规定的某些企业、产业获得的补贴；

（三）指定特定区域内的企业、产业获得的补贴；

（四）以出口实绩为条件获得的补贴，包括本条例所附出口补贴清单列举的各项补贴；

（五）以使用本国（地区）产品替代进口产品为条件获得的补贴。

在确定补贴专向性时，还应当考虑受补贴企业的数量和企业受补贴的数额、比例、时间以及给予补贴的方式等因素。

第五条 对补贴的调查和确定，由商务部负责。

第六条 进口产品的补贴金额，应当区别不同情况，按照下列方式计算：

（一）以无偿拨款形式提供补贴的，补贴金额以企业实际接受的金额计算；

（二）以贷款形式提供补贴的，补贴金额以接受贷款的企业在正常商业贷款条件下应支付的利息与该项贷款的利息差额计算；

（三）以贷款担保形式提供补贴的，补贴金额以在没有担保情况下企业应支付的利息与有担保情况下企业实际支付的利息之差计算；

（四）以注入资本形式提供补贴的，补贴金额以企业实际接受的资本金额计算；

（五）以提供货物或者服务形式提供补贴的，补贴金额以该项货物或者服务的正常市场价格与企业实际支付的价格之差计算；

（六）以购买货物形式提供补贴的，补贴金额以政府实际支付价格与该项货物正常市场价格之差计算；

（七）以放弃或者不收缴应收收入形式提供补贴的，补贴金额以依法应缴金额与企业实际缴纳金额之差计算。

对前款所列形式以外的其他补贴，按照公平、合理的方式确定补贴金额。

第七条 损害，是指补贴对已经建立的国内产业造成实质损害或者产生实质损害威胁，或者对建立国内产业造成实质阻碍。

对损害的调查和确定，由商务部负责；其中，涉及农产品的反补贴国内产业损害调查，由商务部会同农业部进行。

第八条 在确定补贴对国内产业造成的损害时，应当审查下列事项：

（一）补贴可能对贸易造成的影响；

（二）补贴进口产品的数量，包括补贴进口产品的绝对数量或者相对于国内同类产品生产或者消费的数量是否大量增加，或者补贴进口产品大量增加的可能性；

（三）补贴进口产品的价格，包括补贴进口产品的价格削减或者对国内同类产品的价格产生大幅度抑制、压低等影响；

（四）补贴进口产品对国内产业的相关经济因素和指标的影响；

（五）补贴进口产品出口国（地区）、原产国（地区）的生产能力、出口能力，被调查产品的库存情况；

（六）造成国内产业损害的其他因素。

对实质损害威胁的确定，应当依据事实，不得仅依据指控、推测或者极小的可能性。

在确定补贴对国内产业造成的损害时，应当依据肯定性证据，不得将造成损害的非补贴因素归因于补贴。

第九条 补贴进口产品来自两个以上国家（地区），并且同时满足下列条件的，可以就补贴进口产品对国内产业造成的影响进行累积评估：

（一）来自每一国家（地区）的补贴进口产品的补贴金额不属于微量补贴，并且其进口量不属于可忽略不计的；

（二）根据补贴进口产品之间的竞争条件以及补贴进口产品与国内同类产品之间的竞争条件，进行累积评估是适当的。

微量补贴，是指补贴金额不足产品价值1%的补贴；但是，来自发展中国家（地区）

的补贴进口产品的微量补贴，是指补贴金额不足产品价值2%的补贴。

第十条 评估补贴进口产品的影响，应当对国内同类产品的生产进行单独确定。不能对国内同类产品的生产进行单独确定的，应当审查包括国内同类产品在内的最窄产品组或者范围的生产。

第十一条 国内产业，是指中华人民共和国国内同类产品的全部生产者，或者其总产量占国内同类产品全部总产量的主要部分的生产者；但是，国内生产者与出口经营者或者进口经营者有关联的，或者其本身为补贴产品或者同类产品的进口经营者的，应当除外。

在特殊情形下，国内一个区域市场中的生产者，在该市场中销售其全部或者几乎全部的同类产品，并且该市场中同类产品的需求主要不是由国内其他地方的生产者供给的，可以视为一个单独产业。

第十二条 同类产品，是指与补贴进口产品相同的产品；没有相同产品的，以与补贴进口产品的特性最相似的产品为同类产品。

第三章 反补贴调查

第十三条 国内产业或者代表国内产业的自然人、法人或者有关组织（以下统称申请人），可以依照本条例的规定向商务部提出反补贴调查的书面申请。

第十四条 申请书应当包括下列内容：

（一）申请人的名称、地址及有关情况；

（二）对申请调查的进口产品的完整说明，包括产品名称、所涉及的出口国（地区）或者原产国（地区）、已知的出口经营者或者生产者等；

（三）对国内同类产品生产的数量和价值的说明；

（四）申请调查进口产品的数量和价格对国内产业的影响；

（五）申请人认为需要说明的其他内容。

第十五条 申请书应当附具下列证据：

（一）申请调查的进口产品存在补贴；

（二）对国内产业的损害；

（三）补贴与损害之间存在因果关系。

第十六条 商务部应当自收到申请人提交的申请书及有关证据之日起60天内，对申请是否由国内产业或者代表国内产业提出、申请书内容及所附具的证据等进行审查，并决定立案调查或者不立案调查。在特殊情形下，可以适当延长审查期限。

在决定立案调查前，应当就有关补贴事项向产品可能被调查的国家（地区）政府发出进行磋商的邀请。

第十七条 在表示支持申请或者反对申请的国内产业中，支持者的产量占支持者和反对者的总产量的50%以上的，应当认定申请是由国内产业或者代表国内产业提出，可以启动反补贴调查；但是，表示支持申请的国内生产者的产量不足国内同类产品总产量的25%的，不得启动反补贴调查。

第十八条 在特殊情形下，商务部没有收到反补贴调查的书面申请，但有充分证据认为存在补贴和损害以及二者之间有因果关系的，可以决定立案调查。

第十九条 立案调查的决定，由商务部予以公告，并通知申请人、已知的出口经营者、进口经营者以及其他有利害关系的组织、个人（以下统称利害关系方）和出口国（地区）政府。

立案调查的决定一经公告，商务部应当将申请书文本提供给已知的出口经营者和出口国（地区）政府。

第二十条 商务部可以采用问卷、抽样、听证会、现场核查等方式向利害关系方了解情况，进行调查。

商务部应当为有关利害关系方、利害关系国（地区）政府提供陈述意见和论据的机会。

商务部认为必要时，可以派出工作人员赴有关国家（地区）进行调查；但是，有关国家（地区）提出异议的除外。

第二十一条 商务部进行调查时，利害关系方、利害关系国（地区）政府应当如实反映情况，提供有关资料。利害关系方、利害关系国（地区）政府不如实反映情况、提供有关资料的，或者没有在合理时间内提供必要信息的，或者以其他方式严重妨碍调查的，商务部可以根据可获得的事实作出裁定。

第二十二条 利害关系方、利害关系国（地区）政府认为其提供的资料泄露后将产生严重不利影响的，可以向商务部申请对该资料按保密资料处理。

商务部认为保密申请有正当理由的，应当对利害关系方、利害关系国（地区）政府提供的资料按保密资料处理，同时要求利害关系方、利害关系国（地区）政府提供一份非保密的该资料概要。

按保密资料处理的资料，未经提供资料的利害关系方、利害关系国（地区）政府同意，不得泄露。

第二十三条 商务部应当允许申请人、利害关系方和利害关系国（地区）政府查阅本案有关资料；但是，属于按保密资料处理的除外。

第二十四条 在反补贴调查期间，应当给予产品被调查的国家（地区）政府继续进行磋商的合理机会。磋商不妨碍商务部根据本条例的规定进行调查，并采取反补贴措施。

第二十五条 商务部根据调查结果，就补贴、损害和二者之间的因果关系是否成立作出初裁决定，并予以公告。

第二十六条 初裁决定确定补贴、损害以及二者之间的因果关系成立的，商务部应当对补贴及补贴金额、损害及损害程度继续进行调查，并根据调查结果作出终裁决定，予以公告。

在作出终裁决定前，应当由商务部将终裁决定所依据的基本事实通知所有已知的利害关系方、利害关系国（地区）政府。

第二十七条 反补贴调查，应当自立案调查决定公告之日起 12 个月内结束；特殊情况下可以延长，但延长期不得超过 6 个月。

第二十八条 有下列情形之一的，反补贴调查应当终止，并由商务部予以公告：

（一）申请人撤销申请的；

（二）没有足够证据证明存在补贴、损害或者二者之间有因果关系的；

（三）补贴金额为微量补贴的；

（四）补贴进口产品实际或者潜在的进口量或者损害属于可忽略不计的；

（五）通过与有关国家（地区）政府磋商达成协议，不需要继续进行反补贴调查的；

（六）商务部认为不适宜继续进行反补贴调查的。

来自一个或者部分国家（地区）的被调查产品有前款第（二）、（三）、（四）、（五）项所列情形之一的，针对所涉产品的反补贴调查应当终止。

第四章　反补贴措施

第一节　临时措施

第二十九条　初裁决定确定补贴成立，并由此对国内产业造成损害的，可以采取临时反补贴措施。

临时反补贴措施采取以保证金或者保函作为担保的征收临时反补贴税的形式。

第三十条　采取临时反补贴措施，由商务部提出建议，国务院关税税则委员会根据商务部的建议作出决定，由商务部予以公告。海关自公告规定实施之日起执行。

第三十一条　临时反补贴措施实施的期限，自临时反补贴措施决定公告规定实施之日起，不超过 4 个月。

自反补贴立案调查决定公告之日起 60 天内，不得采取临时反补贴措施。

第二节　承　诺

第三十二条　在反补贴调查期间，出口国（地区）政府提出取消、限制补贴或者其他有关措施的承诺，或者出口经营者提出修改价格的承诺的，商务部应当予以充分考虑。

商务部可以向出口经营者或者出口国（地区）政府提出有关价格承诺的建议。

商务部不得强迫出口经营者作出承诺。

第三十三条　出口经营者、出口国（地区）政府不作出承诺或者不接受有关价格承诺的建议的，不妨碍对反补贴案件的调查和确定。出口经营者继续补贴进口产品的，商务部有权确定损害威胁更有可能出现。

第三十四条　商务部认为承诺能够接受并符合公共利益的，可以决定中止或者终止反补贴调查，不采取临时反补贴措施或者征收反补贴税。中止或者终止反补贴调查的决定由商务部予以公告。

商务部不接受承诺的，应当向有关出口经营者说明理由。

商务部对补贴以及由补贴造成的损害作出肯定的初裁决定前，不得寻求或者接受承诺。在出口经营者作出承诺的情况下，未经其本国（地区）政府同意的，商务部不得寻求或者接受承诺。

第三十五条　依照本条例第三十四条第一款规定中止或者终止调查后，应出口国（地区）政府请求，商务部应当对补贴和损害继续进行调查；或者商务部认为有必要的，可以对补贴和损害继续进行调查。

根据调查结果，作出补贴或者损害的否定裁定的，承诺自动失效；作出补贴和损害的肯定裁定的，承诺继续有效。

第三十六条 商务部可以要求承诺已被接受的出口经营者或者出口国（地区）政府定期提供履行其承诺的有关情况、资料，并予以核实。

第三十七条 对违反承诺的，商务部依照本条例的规定，可以立即决定恢复反补贴调查；根据可获得的最佳信息，可以决定采取临时反补贴措施，并可以对实施临时反补贴措施前90天内进口的产品追溯征收反补贴税，但违反承诺前进口的产品除外。

第三节 反补贴税

第三十八条 在为完成磋商的努力没有取得效果的情况下，终裁决定确定补贴成立，并由此对国内产业造成损害的，可以征收反补贴税。征收反补贴税应当符合公共利益。

第三十九条 征收反补贴税，由商务部提出建议，国务院关税税则委员会根据商务部的建议作出决定，由商务部予以公告。海关自公告规定实施之日起执行。

第四十条 反补贴税适用于终裁决定公告之日后进口的产品，但属于本条例第三十七条、第四十四条、第四十五条规定的情形除外。

第四十一条 反补贴税的纳税人为补贴进口产品的进口经营者。

第四十二条 反补贴税应当根据不同出口经营者的补贴金额，分别确定。对实际上未被调查的出口经营者的补贴进口产品，需要征收反补贴税的，应当迅速审查，按照合理的方式确定对其适用的反补贴税。

第四十三条 反补贴税税额不得超过终裁决定确定的补贴金额。

第四十四条 终裁决定确定存在实质损害，并在此前已经采取临时反补贴措施的，反补贴税可以对已经实施临时反补贴措施的期间追溯征收。

终裁决定确定存在实质损害威胁，在先前不采取临时反补贴措施将会导致后来作出实质损害裁定的情况下已经采取临时反补贴措施的，反补贴税可以对已经实施临时反补贴措施的期间追溯征收。

终裁决定确定的反补贴税，高于保证金或者保函所担保的金额的，差额部分不予收取；低于保证金或者保函所担保的金额的，差额部分应当予以退还。

第四十五条 下列三种情形并存的，必要时可以对实施临时反补贴措施之日前90天内进口的产品追溯征收反补贴税：

（一）补贴进口产品在较短的时间内大量增加；

（二）此种增加对国内产业造成难以补救的损害；

（三）此种产品得益于补贴。

第四十六条 终裁决定确定不征收反补贴税的，或者终裁决定未确定追溯征收反补贴税的，对实施临时反补贴措施期间已收取的保证金应当予以退还，保函应当予以解除。

第五章 反补贴税和承诺的期限与复审

第四十七条 反补贴税的征收期限和承诺的履行期限不超过5年；但是，经复审确定终止征收反补贴税有可能导致补贴和损害的继续或者再度发生的，反补贴税的征收期限可以适当延长。

第四十八条 反补贴税生效后，商务部可以在有正当理由的情况下，决定对继续征收反补贴税的必要性进行复审；也可以在经过一段合理时间，应利害关系方的请求并对利害关系方提供的相应证据进行审查后，决定对继续征收反补贴税的必要性进行复审。

承诺生效后，商务部可以在有正当理由的情况下，决定对继续履行承诺的必要性进行复审；也可以在经过一段合理时间，应利害关系方的请求并对利害关系方提供的相应证据进行审查后，决定对继续履行承诺的必要性进行复审。

第四十九条 根据复审结果，由商务部依照本条例的规定提出保留、修改或者取消反补贴税的建议，国务院关税税则委员会根据商务部的建议作出决定，由商务部予以公告；或者由商务部依照本条例的规定，作出保留、修改或者取消承诺的决定并予以公告。

第五十条 复审程序参照本条例关于反补贴调查的有关规定执行。

复审期限自决定复审开始之日起，不超过12个月。

第五十一条 在复审期间，复审程序不妨碍反补贴措施的实施。

第六章 附 则

第五十二条 对依照本条例第二十六条作出的终裁决定不服的，对依照本条例第四章作出的是否征收反补贴税的决定以及追溯征收的决定不服的，或者对依照本条例第五章作出的复审决定不服的，可以依法申请行政复议，也可以依法向人民法院提起诉讼。

第五十三条 依照本条例作出的公告，应当载明重要的情况、事实、理由、依据、结果和结论等内容。

第五十四条 商务部可以采取适当措施，防止规避反补贴措施的行为。

第五十五条 任何国家（地区）对中华人民共和国的出口产品采取歧视性反补贴措施的，中华人民共和国可以根据实际情况对该国家（地区）采取相应的措施。

第五十六条 商务部负责与反补贴有关的对外磋商、通知和争端解决事宜。

第五十七条 商务部可以根据本条例制定有关具体实施办法。

第五十八条 本条例自2002年1月1日起施行。1997年3月25日国务院发布的《中华人民共和国反倾销和反补贴条例》中关于反补贴的规定同时废止。

The Law of the People's Republic of China on Chinese-Foreign Equity Joint Ventures

(Adopted on July 1, 1979 at the second session of the fifth National People's Congress, and amended pursuant to the "Decision on Amendment of 'The Law of the People's Republic of China on Chinese-Foreign Equity Joint Ventures'" passed on April 4, 1990 at the Third Session of the Seventh National People's Congress. Second amendment was made at the Ninth Session of the Fourth National People's Congress pursuant to the "Decision on Amendment of 'The Law of the People's Republic of China on Chinese-Foreign Equity Joint Ventures'" passed on March 15, 2001.)

Article 1 With a view to expanding international economic cooperation and technological exchange, the People's Republic of China permits foreign companies, enterprises, other economic entities or individuals (hereinafter referred to as foreign parties) to incorporate themselves within the territory of the People's Republic of China into equity joint ventures with Chinese companies, enterprises or other economic entities (hereinafter referred to as Chinese parties) on the principle of equality and mutual benefit, and subject to authorization by the Chinese government.

Article 2 The Chinese government protects, by the legislation in force, the investments of foreign parties, the profits due them and their other lawful rights and interests in equity joint ventures, pursuant to the agreements, contracts and articles of association approved by the Chinese government.

All the activities of an equity joint venture shall be governed by the provisions of the laws and regulations of the People's Republic of China.

The state will not nationalize or expropriate any equity joint venture. Under special circumstances, based on the needs of the public, equity joint ventures may be expropriated under legal procedures and given appropriate compensation.

Article 3 All parties to an equity joint venture shall submit their agreements, contracts and articles of association to the state department in charge of foreign trade and economic cooperation (referred to as the examination and approval authority hereinafter) for examination and approval. The examination and approval authority shall decide whether to approve or disapprove within three months. Once approved, the equity joint venture shall register with the state department for the administration of industry and commerce, and start operation after receiving its business license.

Article 4 An equity joint venture shall take the form of a limited liability company.

In the registered capital of an equity joint venture, the proportion of the investment contributed by the foreign party (parties) shall in general not be less than 25 percent.

The profits, risks and losses of an equity joint venture shall be shared by the parties to the venture in proportion to their contribution to registered capital.

The transfer of one party's share in the registered capital shall be effected only with the consent of the other parties to the venture.

Article 5 Each party to an equity joint venture may contribute cash, capital goods, industrial property rights, etc. , as its investment in the venture.

The technology or equipment contributed by any foreign party as investment shall be truly advanced and fit for China's needs. In cases of losses caused by deception through the intentional provision of outdated equipment or technology, compensation shall be paid for the losses.

The investment contributed by a Chinese party may include the right to the use of a site provided for the equity joint venture during the period of its operation. In case such a contribution does not constitute a part of the investment from the Chinese party, the venture shall pay the Chinese government a fee for its use.

The aforesaid various contributions shall be specified in the contracts and the articles of association of the equity joint venture, and the value of each contribution (excluding that of the site) shall be ascertained by the parties to the venture through joint assessment.

Article 6 An equity joint venture shall have a board of directors with a composition stipulated in the contract and the articles of association after consultation between the parties to the venture; each director shall be appointed and replaced by his or her own side. The chairman and the vice chairman shall be chosen through consultation by the parties to the venture or elected by the board of directors. If one side of the venture assumes the office of the chairman, the other side shall assume the office(s) of vice chairman. The board of directors shall decide on important issues concerning the equity joint venture on the principle of equality and mutual benefit.

The board of directors is empowered to discuss and decide, pursuant to the provisions of the articles of association of the equity joint venture, all fundamental issues concerning the venture, namely expansion projects, production and business programs, the budget, distribution of profits, plans concerning manpower and pay scales, the termination of business, the appointment or hiring of the president, vice president(s), the chief engineer, the chief accountant and auditors, as well as their functions, powers and remuneration.

The president and vice president(s) (or the general manager and assistant general manager(s) in a factory) shall be chosen from the various parties to the equity joint venture.

Matters concerning the employment, discharge, remuneration, welfare, labor protection, labor insurance, etc. , of the workers and staff members of an equity joint venture shall be stipulated according to law through the conclusion of a contract.

Article 7 The workers and staff members of an equity joint venture shall establish their trade union organization in accordance with the law to carry out trade union activities and safeguard their lawful rights and interests.

An equity joint venture shall provide necessary conditions for the venture's trade union to carry out its activities.

Article 8 The net profits of an equity joint venture shall be distributed among the parties to the venture in proportion to their respective shares in the registered capital after the payment of an equity joint venture income tax on its gross profit pursuant to the tax laws of the People's Republic of China and after the deductions therefrom as stipulated in the articles of association of the venture for the reserve funds, the bonus and welfare funds for the workers and staff members and the expansion funds of the venture.

An equity joint venture may, in accordance with provisions of the relevant laws and administrative rules and regulations of the state on taxation, enjoy preferential treatment for tax reduction or exemption.

A foreign party who re-invests any part of its share of the net profit within Chinese territory may apply for the restitution of a part of the income tax paid.

Article 9 An equity joint venture shall, on the strength of its business license, open a foreign exchange account with a bank or any other financial institution, which is permitted by the state agency for foreign exchange control to handle foreign exchange transactions.

An equity joint venture shall conduct its foreign exchange transactions in accordance with the Regulations of the People's Republic of China on Foreign Exchange Control.

An equity joint venture may, in its business operations, obtain funds from foreign banks directly.

All insurance of an equity joint venture shall be furnished by insurance companies within the Chinese territory.

Article 10 An equity joint venture may purchase raw materials, fuels and other goods needed in the authorized business scope in the domestic market or the international market on the principle of fairness and reasonableness.

An equity joint venture is encouraged to market its products outside China. It may distribute its export products on foreign markets through direct channels, its associated agencies or China's foreign trade establishments. Its products may also be sold on the Chinese market.

Whenever necessary, an equity joint venture may set up affiliated agencies outside China.

Article 11 The net profit that a foreign party receives as its share after performing its obligations under the pertinent laws and agreements and contracts, the funds it receives at the time when the equity joint venture terminates or winds up its operations, and the other funds may, in accordance with the foreign exchange regulations, be remitted abroad in the currency or currencies specified in the contracts concerning the venture.

A foreign party is encouraged to deposit in the Bank of China the foreign exchange it is entitled to remit abroad.

Article 12 The wages, salaries or other legitimate income of foreign employees of an equity joint venture, after payment of personal income tax under the tax laws of the People's Republic of China, may be remitted abroad in accordance with foreign exchange regulations.

Article 13 The operating periods of equity joint ventures may be handled differently according to their particular line of business and circumstances. Equity joint ventures engaged in certain lines of business shall specify operating periods in their contracts, while equity joint ventures engaged in other lines of business may choose whether or not to specify their operating periods. In the cases of equity joint ventures that specify operating periods, if the parties to the venture agree to extend the operating period, the venture shall apply to the examination and approval authority six months before the expiration of the operation period. The examination and approval authority shall, within one month after receipt of the application, decide whether to approve or disapprove.

Article 14 If there occur heavy losses, the failure of a party to perform its obligations under the contract and the articles of association, force majeure, etc., the equity joint venture may terminate the contract through consultation and agreement by the parties, and subject to approval by the examination and approval authority and to registration with the state department for industry and commerce administration. In cases of losses caused by a breach of contract, the financial responsibility shall be borne by the party that has breached the contract.

Article 15 Disputes arising between parties to an equity joint venture which the board of directors fails to settle through consultation may be settled through conciliation or arbitration by an arbitral body of China or through arbitration by an arbitral body agreed upon by the parties.

All parties to an equity joint venture who do not have an arbitration contract beforehand or who do not reach a written arbitration agreement afterward may appeal to the People's Court.

Article 16 This law comes into force as of the date of promulgation.

Law of the People's Republic of China on Sino-Foreign Cooperative Enterprises

(Approved by the First Session of the Seventh National People's Congress on April 13, 1988, revised in accordance with the Decision to Revise the Law of the People's Republic of China on Sino-Foreign Cooperative Enterprises made at the 18th meeting of the Standing Committee of the Ninth National People's Congress on October 31, 2000, promulgated by Order No. 41 of the President of the People's Republic of China to go into effect on the day of promulgation)

Article 1 This Law is formulated to expand economic cooperation and technological exchanges with other countries, help foreign enterprises and other economic organizations or individuals (hereinafter referred to as foreign cooperators) to establish Sino-foreign cooperative enterprises (hereinafter referred to as cooperative enterprises) in the People's Republic of China with enterprises or other economic organizations of the People's Republic of China (hereinafter referred to as the Chinese cooperators) in accordance with the principle of equality and mutual benefit.

Article 2 When establishing cooperative enterprises, the Chinese and foreign cooperators shall, in accordance with the regulations of this Law, set the investment or cooperation conditions, the distribution of the profits or products, the share of risks and losses, the method of management, the ownership of the properties of the enterprises when the cooperation ceases and other issues covered in the cooperative enterprise contracts.

Cooperative enterprises that conform to the regulations of Chinese laws on the qualification of legal persons may acquire the status of Chinese legal persons.

Article 3 The state protects, in accordance with law, the lawful rights and interests of cooperative enterprises and Sino-foreign cooperators.

The cooperative enterprises shall obey the provisions of laws and regulations of China, and shall not harm the social or public interests of China.

The relevant organs of the state will implement supervision over the cooperative enterprises in accordance with law.

Article 4 The state encourages the establishment of product export and high-tech production cooperative enterprises.

Article 5 When establishing a cooperative enterprise, the cooperators shall submit the agreement, contract, articles of association and other documents signed by the two parties to the department in charge of foreign economic relations and trade of the State Council or other organs or local governments authorized by the State Council (hereinafter referred to as the examination and approval organs). The examination and approval organs shall, within 45 days after receiving the application, decide whether to approve or reject it.

Article 6 After an application for establishing a cooperative enterprise is approved, the enterprises shall apply for registration at the relevant industrial and commercial administrative organ, and receive a business license within 30 days after receiving the approval certificate. The date when the business license of a cooperative enterprise is issued is the date the enterprise is established.

The cooperative enterprises shall conduct tax registration with the taxation organs within 30 days after their establishment.

Article 7 Any important changes in the cooperative contracts, discussed and agreed by all the Chinese and foreign parties involved, shall be reported to the examination and approval organs for approval; if the changes concern legal industrial and commercial registration items or tax items, the enterprises shall register such changes with the industrial and commercial administrative and taxation organs.

Article 8 The investment or cooperative conditions supplied by the Sino-foreign cooperators can be cash, material objects, land-use rights, industrial property rights, non-patent technology or other property rights.

Article 9 The Chinese and foreign cooperators shall carry out their obligations, providing investment in full and cooperation conditions in time, in accordance with the provisions of laws and regulations, and the agreements in the cooperative enterprise contracts. If the obligations are not carried out in time, the industrial and commercial administrative organs shall set a time limit for them to carry out the obligations. If the cooperators still do not carry out the obligations within the time limit, the examination and approval organs and the industrial and commercial administrative organs shall deal with the case in accordance with relevant state regulations.

The investment or cooperation conditions provided by the Sino-foreign cooperators shall be testified by Chinese certified public accountants or other relevant organs, which shall issue testimonials to this effect.

Article 10 If one side of the Sino-foreign cooperators wishes to transfer whole or part of its rights and obligations in the cooperative enterprise contract, it shall obtain the agreement of the other side and the approval of the examination and approval organs.

Article 11 The cooperative enterprises shall manage the business in accordance with the approved cooperative enterprise contracts and articles of association. The right of the cooperative enterprises to manage the business by themselves shall not be interfered with.

Article 12 A cooperative enterprise shall have a board of directors or a joint management organ, which will make decisions on important issues of the cooperative enterprise in accordance with the regulations of the contracts and articles of association of the cooperative enterprise. One side of the Sino-foreign cooperators shall hold the post of chairman of the board of directors or director of the joint management organ. The other side shall be the vice-chairman of the board of directors or deputy director of the joint management organ. The board of directors or the joint management organ shall make decisions to appoint or employ the chief manager, who shall be responsible for the daily operations and management. The chief manager shall be responsible to the board of directors or the joint management organ.

If the Sino-foreign cooperators wish to entrust another party besides themselves to manage their cooperative enterprise, a unanimous agreement must be made by the board of directors or the joint management organ. And then the cooperative enterprise shall report this decision to the examination and approval organs for approval, and register the change with the industrial and commercial administrative organ.

Article 13 A labor contract, made in accordance with law, shall set the employment, dismissal, remuneration, welfare, labor protection, labor insurance and other items for the staff of the cooperative enterprise.

Article 14 The workers of the cooperative enterprise shall set up union organizations in accordance with law, carry out union activities and protect the lawful rights and interests of the workers.

The cooperative enterprise shall provide the necessary conditions for the activities of the workers' union of the enterprise.

Article 15 The cooperative enterprise shall set up account books in China, submit accounting statements in accordance with regulations, and accept the supervision of the financial and taxation organs.

If a cooperative enterprises is in violation of the above regulations by not setting up accounting books in China, the financial and taxation organs shall impose a fine, and the industrial and commercial administrative organ can order it to cease operation or even evoke its business license.

Article 16 The cooperative enterprises shall open foreign exchange accounts with the banks or other financial organs designated by the state foreign exchange control organs for handling foreign exchange businesses.

Issues of cooperative enterprises concerning foreign exchange shall be dealt with in accordance with state regulations on the control of foreign exchange.

Article 17 The cooperative enterprises may seek loans from financial organs in China as well as organs abroad.

The loans and guarantees used by the Sino-foreign cooperators as investments or cooperation conditions shall be arranged by themselves.

Article 18 The various kinds of insurance coverage for cooperative enterprises shall be furnished by insurance organs in China.

Article 19 Cooperative enterprises may import the materials they need and export their products within the approved business range. The cooperative enterprises may purchase the necessary raw materials, fuels and other materials within the approved business range in the domestic or international market, in accordance with the principles of being fair and reasonable.

Article 20 Cooperative enterprises must pay taxes and enjoy preferential treatment such as tax reduction or exemption in accordance with relevant regulations of the state.

Article 21 The Chinese and foreign cooperators shall distribute the profits or products and share the risks and losses in accordance with the cooperative enterprise contracts.

If all the fixed properties of a cooperative enterprise are to belong to the Chinese cooperator at the expiration of the contract, according to the cooperation contract, the Sino-foreign cooperators may arrange for the foreign cooperator to take back its investments before the expiration of the contract.

If a cooperative enterprise contract stipulates that the foreign cooperator shall take back its investments before paying income tax, the cooperative enterprise must send an application to the financial and taxation organs, for examination and approval in accordance with state taxation regulations.

As in the above provisions, if the contract stipulates that the foreign cooperator take back the investment before the expiration of the contracts, the Sino-foreign cooperators shall share the responsibility for the debts of the cooperative enterprise in accordance with the provisions of laws and the cooperative enterprise contract.

Article 22 The lawful profits of the enterprises, other lawful incomes of the foreign cooperators after they have performed their legal obligations and the funds shared when the cooperation is terminated may be remitted abroad in accordance with law.

The salary and other lawful incomes of the foreign employees of cooperative enterprises may be remitted abroad after paying individual income tax in accordance with law.

Article 23 Cooperative enterprises shall clear the assets, creditor's rights and debts when the cooperative enterprise contracts expire or end before the expiration time. The Chinese and foreign cooperators shall confirm the ownership of the assets of the cooperative enterprises in accordance with the cooperation contracts.

When the cooperation comes to an end or ends before the expiration time, the cooperative enterprise shall cancel its registration with the relevant industrial and commercial administrative and taxation organs.

Article 24 The cooperation time limit shall be decoded by the Sino-foreign cooperators and stipulated in the cooperation contract. If the Chinese and foreign cooperators wish to extend the cooperation time limit, they shall send an application to the relevant examination and approval organ 180 days before the expiration date of the cooperation contract. The examination and approval organs shall, within 30 days after receiving the application, decide whether to approve or reject the application.

Article 25 The Chinese and foreign cooperators shall solve all disputes arising in the course of performance of the cooperative enterprise contract and the articles of association by negotiation or mediation. In case the Chinese and foreign cooperators do not wish to solve the dispute by negotiation or mediation, or negotiation or mediation has proved unsuccessful, the two parties may take the dispute to the Chinese arbitration organs or other arbitration organs in accordance with the arbitration provisions in the cooperative enterprise contracts or written arbitration agreements made after the dispute has arisen.

If the Chinese and foreign cooperators have not stipulated arbitration provisions in the cooperative enterprise contract and failed to reach any agreement in writing after the emergence of a dispute, they can file a lawsuit with a Chinese court.

Article 26 The department in charge of foreign economic relations and trade of the State Council shall draw up rules for the implementation of this Law, which will come into effect after the State Council has given its approval.

Article 27 This Law shall go into effect on the day it is promulgated.

Revised Law on Wholly Foreign-Owned Enterprises

(The law was adopted at the Fourth Session of the Sixth National People's Congress on April 12, 1986, and revised in accordance with the "Decision on Modifying the Law of the People's Republic of China on Foreign Capital Enterprises" at the 18th Session of the Standing Committee of the Ninth National People's Congress on Oct. 31, 2000.)

Article 1 To expand economic cooperation and technical exchange with foreign countries and promote the development of China's national economy, the People's Republic of China permits foreign enterprises, other foreign economic organizations and individuals (hereinafter collectively referred to as "foreign investors") to set up enterprises with foreign capital in China and protects the legitimate rights and interests of such enterprises.

Article 2 "Foreign capital enterprises" in this law refers to those enterprises established in China by foreign investors exclusively with their own capital in accordance with relevant Chinese laws. Branches set up in China by foreign enterprises and other foreign economic organizations are not included.

Article 3 Foreign capital enterprises shall be established to help the development of China's national economy. Export-oriented and technologically advanced foreign capital enterprises will be encouraged.

The State Council will make provisions regarding the types of business that foreign capital enterprises are forbidden or restricted from engaging in.

Article 4 The investments of a foreign investor in China, the profits it earns and its other lawful rights and interests are protected by Chinese law.

Foreign capital enterprises must abide by Chinese laws and regulations and shall not engage in any activities detrimental to China's public interest.

Article 5 The state shall not nationalize or requisition any foreign capital enterprise. Under special circumstances required by public interest, foreign capital enterprises may be requisitioned by legal procedures, but appropriate compensation shall be made.

Article 6 The application to establish a foreign capital enterprise shall be submitted for examination and approval to the Ministry of Foreign Trade and Economic Cooperation (MOFTEC) or to another agency authorized by the State Council. The authorities in charge of examination and approval shall, within 90 days from the date they receive such application, decide whether to grant approval.

Article 7 After an application for the establishment of a foreign capital enterprise has been approved, the foreign investor shall, within 30 days from the date of receiving a certificate of approval, apply to the industry and commerce administration authorities for registration and to obtain a business license. The date of issue of the business license shall be the date of the establishment of the enterprise.

Article 8 A foreign capital enterprise that meets the requirements for being a legal corporation under Chinese law shall acquire the status of a legal Chinese corporation.

Article 9 A foreign capital enterprise shall make investments in China within the period approved by the authorities in charge of examination and approval. If it fails to do so, the State Administration for Industry and Commerce (SAIC) may cancel its business license.

The SAIC shall inspect and supervise the investment situation of a foreign capital enterprise.

Article 10 In the event of separation, merger or other major changes, a foreign capital enterprise shall report to and seek approval from the authorities in charge of examination and approval, and register the change with the SAIC authorities.

Article 11 Foreign capital enterprises shall conduct their operations and management in accordance with the approved articles, and shall be free from any interference.

Article 12 When employing Chinese workers' and staff, a foreign capital enterprise shall sign contracts with them according to the law, which shall clearly prescribe matters concerning employment, dismissal, remuneration, welfare benefits, labor protection and labor insurance.

Article 13 Workers and staff of foreign capital enterprises may organize trade unions in accordance with the law to conduct trade union activities and protect the lawful rights and interests of workers and staff.

Foreign capital enterprises shall provide necessary conditions for the activities of the trade unions in their respective enterprises.

Article 14 A foreign capital enterprise must set up account books in China, conduct independent accounting, submit the accounting statements as required, and accept supervision by the financial and tax authorities.

If a foreign capital enterprise refuses to maintain account books in China, the financial and tax authorities may impose a fine on it, and SAIC authorities may order it to suspend operations or revoke its business license.

Article 15 Foreign capital enterprises may purchase raw materials, fuels and other materials needed for their approved business based on the principles of fairness and reasonableness. These may be purchased in China or from the world market.

Article 16 Foreign capital enterprises shall apply to insurance companies in China for insurance coverage as needed.

Article 17 Foreign capital enterprises shall pay taxes in accordance with relevant state provisions and may enjoy preferential treatment for tax reduction or exemption.

An enterprise that reinvests its profits in China after paying the income tax may, in accordance with relevant state provisions, apply for partial refund of the income tax already paid on the reinvested amount.

Article 18 Foreign capital enterprises shall handle their foreign exchange transactions in accordance with the state provisions for foreign exchange control.

Foreign capital enterprises shall open an account with the Bank of China or with a bank designated by the state agency exercising foreign exchange control.

Article 19 The foreign investor may remit abroad any profits that are lawfully earned from a foreign capital enterprise, as well as other lawful earnings and any funds remaining after the enterprise is liquidated.

Foreign employees in a foreign capital enterprise may remit abroad their salaries and other legitimate income after payment of individual income tax in accordance with the law.

Article 20 With respect to the period of operation of a foreign capital enterprise, the foreign investor shall report to and secure approval from the authorities in charge of examination and approval.

For an extension of the period of operation, an application shall be submitted to the said authorities 180 days before the expiration of the period. The authorities in charge of examination and approval shall, within 30 days from the date such application is received, decide whether or not to grant the extension.

Article 21 When terminating its operations, a foreign capital enterprise shall promptly issue a public notice and proceed with liquidation in accordance with legal procedures.

Before the completion of liquidation, a foreign investor shall not dispose of the property of the enterprise, except for the purpose of liquidation.

Article 22 At the termination, the foreign capital enterprise shall nullify its registration with the SAIC and hand in its business license for cancellation.

Article 23 MOFTEC shall, in accordance with this law, formulate detailed rules for its implementation, which shall go into effect after being submitted to and approved by the State Council.

Article 24 This law shall go into effect as of the date of promulgation.

Foreign Trade Law of the People's Republic of China

(Adopted at the seventh meeting of the Standing of the Eighth National People's Congress on May 12, 1994; amended at the eighth meeting of the Standing Committee of the Tenth National People's Congress on April 6,2004.)

Table of Contents

Chapter I General Provisions

Article 1 The present Law is enacted for the purpose of broadening the opening to the outside world, developing foreign trade, maintaining the order of foreign trade, protecting the lawful rights and interests of the foreign trade business operators, and promoting the healthy development of the socialist market economy.

Article 2 The present Law applies to foreign trade and the protection of foreign-trade-related intellectual property.

The term "foreign trade" as mentioned in the present law refers to the import and export of goods, technology, and the international trade of services.

Article 3 The administrative department of the State Council in charge of foreign trade shall take charge of the nationwide foreign trade according to the present Law.

Article 4 The state practices a uniform system of foreign trade, encourages the development of foreign trade, and maintains an order of fair and free foreign trade.

Article 5 The People's Republic of China promotes and develops foreign trade relations with other countries and regions, concludes or accedes to regional economic and trade agreements such as customs or tariff union agreements, free trade zone agreements, etc., and joins regional economic organizations according to the principle of equality and reciprocity.

Article 6 In the field of foreign trade, the People's Republic of China grants, according to the international treaties and agreements it concluded or acceded to, most-favored-nation treatment or national treatment to other contracting parties or members, or grants most-favored-nation treatment or national treatment to its counterparts according to the principle of mutual benefit and reciprocity.

Article 7 For any country or region that takes discriminatory banning, restriction or other acts against the People's Republic of China in terms of trade, the People's Republic of China shall be entitled to adopt, in accordance with the actual circumstances, corresponding measures against them.

Chapter II Foreign Trade Business Operators

Article 8 The term "foreign trade business operator" as mentioned in the present Law refers to any legal person, other organization, or individual, that has handled industrial and commercial registration or other formalities for business operation and is engaged in the foreign trade business activities according to the provisions of the present Law and other relevant laws and administrative regulations.

Article 9 Any foreign trade business operator that is engaged in the import and export of goods or technology shall be registered for archival purposes with the administrative department of foreign trade of the State Council or the institution entrusted thereby, unless it is otherwise provided for by any law, administrative regulation or the foreign trade department of the State Council. The specific measures for archival registration shall be formulated by the foreign trade department of the State Council. Where any foreign trade business operator that fails to file for archival registration according to relevant provisions, the customs may not handle the procedures of customs declarations and release of the import or export goods.

Article 10 Anyone who is engaged in international service trade shall abide by the present Law and other relevant laws and administrative regulations.

An entity that is engaged in the overseas contracting of engineering projects or overseas labor cooperation shall have lawfully obtained corresponding competence or qualifications. The specific measures shall be formulated by the State Council.

Article 11 The State may employ the administration of state-run trade to the import and export of some goods. The import and export of the goods subject to the administration of state-run trade can be managed by the authorized enterprises only, with the exception, however, of the goods, which are allowed by the state to be partially imported or exported by unauthorized enterprises. The catalogue of the goods subject to the management of state-run trade and that of authorized enterprises shall be determined, adjusted and published by the foreign trade department of the State Council in collaboration with other relevant departments.

Where anyone who imports or exports, as in violation of Paragraph 1 of the present article, any of the goods subject to the management of state-run trade, the customs may not release the goods.

Article 12 A foreign business operator may accept the entrustment of other people and handle foreign trade businesses on their behalf within its scope of business.

Article 13 A foreign trade business operator shall submit to the relevant departments the documents and materials relating to its foreign trade activities in accordance to the provisions of the foreign trade department of the State Council and those of other relevant departments of the State Council. And the relevant departments shall keep the business secrets of the providers to themselves.

Chapter III The Import and Export of Goods and Technology

Article 14 The state allows the free import and export of goods and technology, unless it is otherwise provided for by any law or administrative regulation.

Article 15 The foreign trade department of the State Council may, where the monitoring of import and export so requires, employ the system of automatic license of import and export to some of the freely imported and exported goods, and publish the catalogue thereof.

For the goods subject to automatic license of import and export, if the consignor or consignee applies for automatic license prior to handling the formalities of customs declaration, the foreign trade department of the State Council and the institutions entrusted thereby shall grant approval. Where it fails to handle the formalities of automatic license, the customs may not release the goods thereunder.

To import or export any technology subject to free import and export, one shall have its contracts registered with the foreign trade administrative department of the State Council or the institution entrusted thereby for archival purposes.

Article 16 The state may restrict or forbid the import or export of relevant goods or technology if:

1. it is necessary to restrict or forbid the import or export for the purpose of maintaining state security, social public good or public morality;

2. it is necessary to restrict or forbid the import or export for the purpose of protecting human health or security, protecting the life or health of any animal or plant, or protecting the environment;

3. it is necessary to restrict the import or export for the purpose of implementing the measures relating to the import or export of gold or silver;

4. it is necessary to restrict or forbid the export of any of the exhaustible natural resources that are in short supply or subject to effective protection;

5. it is necessary to restrict the export due to the limited market capacity of the destination country or region;

6. it is necessary to restrict export due to the serious disorder of the export business management;

7. it is necessary to restrict the import for the purpose of establishing or accelerating the establishment of a particular domestic industry;

8. it is necessary to restrict the import of any form of product in the agriculture, animal husbandry, or fishing industry;

9. it is necessary to restrict the import for the purpose of safeguarding the international financial status of the state or of the international balance of payments;

10. it is necessary to restrict or forbid the import or export under any other circumstance as provided for in any other law or administrative regulation; or

11. it is necessary to restrict or forbid the import or export under any other circumstance as provided for in any international treaty or agreement that China has concluded or acceded to.

Article 17 The state may, for the purpose of defending state security, take any necessary measures for managing the import and export of any matter of fission or fusion or any matter that derives such matter and the import and export of any weapon, ammunition, or any other military supply.

When in war or for keeping international peace and security, the state may take any necessary measures in terms of the import or export of goods or technology.

Article 18 The foreign trade administrative department of the State Council may, in collaboration with any other relevant department of the State Council, formulate, adjust and publish catalogues of goods and technology restricted or forbidden from import or export according to the provisions of Article 16 or 17 of the present Law.

The foreign trade administrative department of the State Council may, independently or in collaboration with any other department of the State Council, make provisional decisions, upon the approval of the State Council and within the scope of Articles 16 and 17 of the present Law, on restricting or forbidding the import or export of certain goods or technology that are not found in the catalogue as mentioned in the preceding paragraph.

Article 19 The state adopts the system of quota, license, etc, to the goods subject to import or export restrictions, while adopts the system of license to the technologies restricted or prohibited from import or export.

For the goods and technologies subject to the administration of quota or license, they cannot be imported or exported unless it has been approved by the foreign trade department of the State Council independently or in collaboration with other departments of the State Council.

The state may practice tariff quota administration to some of the import goods.

Article 20 The quotas and tariff quotas for the import and export goods shall be distributed by the foreign trade department of the State Council or other relevant departments of the State Council within their respective duties in accordance with the principles of openness, fairness, impartiality, and efficiency. The specific measures shall be made by the State Council.

Article 21 The state practices a uniform system of commodity quality assessment, and makes authentications, inspections, and quarantined to the import and export commodities according to the provisions of relevant laws and administrative regulations.

Article 22 The state applies the administration system of origin to the import and export goods. The specific measures shall be formulated by the State Council.

Article 23 With regard to cultural relics, wild animals or plants, and the products thereof, if it is restricted or prohibited by any law or administrative regulation from import or export, the provisions of such laws and administrative regulations shall apply.

Chapter IV International Service Trade

Article 24 The People's Republic of China opens, in accordance with its commitments made in the international treaties and agreements of international service trade that it has concluded or acceded to, its market to the other contracting parties or members and grants them with the national treatment.

Article 25 The foreign trade department of the State Council and other relevant departments of the State Council may, according to the present Law or any other relevant law or administrative regulation, administer the trade of international services.

Article 26 The state may restrict or prohibit the trade of relevant international services if:

1. it is necessary to restrict or prohibit it for the sake of maintaining state security, social public good or public morality;

2. it is necessary to restrict or prohibit it for the purpose of protecting human health or security, protecting the life or health of any animal or plant, or protecting the environment;

3. it is necessary to restrict it for the purpose of establishing or accelerating the establishment of a certain domestic service industry;

4. it is necessary to restrict it for the purpose of ensuring the balance of international payments of the state;

5. it is necessary to restrict or prohibit it for any other reason as provided for in any law or administrative regulation; or

6. it is necessary to restrict or prohibit it for any other reason as provided for in any international treaty or agreement that China has concluded or acceded to.

Article 27 For the military-related trade of international services and the international service trade of any matter of fission or fusion or any matter that derives such matter, the state may take any necessary measures to safeguard the security of the state.

When in war or for keeping international peace and security, the state may take any necessary measures regarding the international service trade.

Article 28 The foreign trade department of the State Council formulates, adjusts, and publishes, in collaboration with other relevant departments of the State Council, market entry catalogues of the international service trade in accordance with the provisions of Articles 26 and 27 of the present Law and other relevant laws and administrative regulations.

Chapter V　Foreign-trade-related Intellectual Property Protection

Article 29 The state protects the intellectual property relating to foreign trade in accordance with relevant laws and administrative regulations concerning intellectual property.

Where any of the import goods violates any intellectual property right and, at the same time, endangers the foreign trade order, the foreign trade department of the State Council may take such measures as prohibiting the import of the relevant goods that the infringer has produced or sold for a certain period of time.

Article 30 In case any intellectual property right holder commits any of the acts of hindering the licensee from questioning the validity of the intellectual property right involved in the license agreement, conducting forced package license, or providing exclusive selling back conditions in the license agreement, etc. and, at the same time, endangers the fair competition order of foreign trade, the foreign trade department of the State Council may take necessary measures to eliminate such danger.

Article 31 Where any country or region fails to grant national treatment to the legal persons, other organizations, or individuals of the People's Republic of China in the protection of intellectual property rights, or fails to provide sufficient and effective intellectual property protection to the goods, technologies or services whose origin is the People's Republic of China, the foreign trade department of the State Council may, according to the present Law or any other law or administrative regulation, and according to the international treaties or agreements that the People's Republic of China has concluded or acceded to, take necessary measures against the trade with the said country or region.

Chapter VI　Foreign Trade Order

Article 32 No one may, in the business activities of foreign trade, implement any act of monopolization against the relevant anti-monopolization laws or administrative regulations.

Anyone who carries out any monopolizing act in its foreign trade business activities shall be dealt with in accordance with the relevant antimonopolization laws and administrative regulations. If any of the illegal acts as described in the preceding paragraph endangers the foreign trade order at the same time, the foreign trade department of the State Council may take necessary measures to eliminate the harm.

Article 33 No one may, in the business activities of foreign trade, conduct such unfair competition acts as selling commodities at unjustified low prices, colluding bid invitation and tendering for bid, disseminating false advertisements, or offering commercial bribes, etc.

Anyone who conducts any unfair competition act in its foreign trade business activities shall be dealt with in accordance with the relevant laws and administrative regulations regarding counteracting unfair competition.

If any of the illegal acts as described in the preceding paragraph endangers the foreign trade order at the same time, the foreign trade department of the State Council may take such measures as prohibiting the business operator involved from importing or exporting relevant goods or technologies so as to eliminate the said illegal act.

Article 34 No one may, in foreign trade activities, commit any of the following:

1. Forging or altering the marks of origin of the import or export goods; forging, altering or trading the certificates of origin, the licenses of import or export, the certificates of import or export quotas of the import or export goods, or any other certification documents of import or export;

2. Cheating for export refunds;

3. Smuggling;

4. Evading inspections and quarantined as provided for by any law or administrative regulation; or

5. Committing any other violation of law or administrative regulation.

Article 35 All foreign trade business operators shall abide by the provisions of the state regarding foreign exchange administration in their foreign trade business activities.

Article 36 Anyone who violates the present Law and endangers the foreign trade order shall be made public by way of announcements made by the foreign trade department of the State Council.

Chapter VII Foreign Trade Investigation

Article 37 In order to maintain the foreign trade order, the foreign trade department of the State Council may investigate into the following matters by itself or jointly with other relevant departments of the State Council in accordance with the laws and administrative regulations:

1. The impact of the import or export of goods or technology or international service trade on domestic industries and the competitiveness thereof;

2. The trade barriers of relevant countries or regions;

3. The matters that need to be investigated into for the purpose of determining whether it is necessary to take such foreign trade relief measures as antidumping, countervailing, or safeguard measures, etc.;

4. The evasion of trade relief measures;

5. The matters of foreign trade that concern the security or interest of the state;

6. The matters that need to be investigated into for the purpose of implementing Article 7, Paragraph 2 of Article 29, Article 30, Article 31, Paragraph 3 of Article 32, and Paragraph 3 of Article 33; and

7. Any other matter that need to be investigated into as a result of affecting the foreign trade order.

Article 38 When a foreign trade investigation is initiated, an announcement shall be issued by the foreign trade department of the State Council.

An investigation may be made by way of distributing written questionnaires, holding hearings, making site investigations, and entrusting other people to make the investigation, etc.

The foreign trade department of the State Council may, based on the result of investigation, put forward an investigation report or make a ruling, and make an announcement of it.

Article 39 Relevant entities and individuals shall offer cooperation and assistance in foreign trade investigations.

The foreign trade department of the State Council and other departments of the State Council as well as the functionaries thereof shall, in the process of foreign trade investigations, be obliged to keep to themselves the state secrets and commercial secrets that they have access to.

Chapter VIII Foreign Trade Relief

Article 40 The state may take appropriate trade relief measures according to the result of foreign trade investigations.

Article 41 In case any of the products of any country or region is dumped into China at an abnormally low price and thus causes substantial injury or the threat of substantial injury to an established domestic industry, or substantially impedes the establishment of a domestic industry, the state may take antidumping measures so as to eliminate or alleviate such injury or threat of injury or impediment.

Article 42 In case any product of any country or region is exported to any third country at an abnormally low price and thus causes substantial injury or the threat of substantial injury to an established domestic industry, or substantially impedes the establishment of a domestic industry, the foreign trade department of the State Council may, as per the request of the corresponding domestic industry, hold negotiations with the government of the third country, and urge it to take appropriate measures.

Article 43 Where any imported product is given, directly or indirectly, any special subsidy by the exporting country or region in any form, and thus causes substantial injury or threat of substantial injury to an established industry, or substantially impedes the establishment of a domestic industry, the state may take countervailing measures so as to eliminate or alleviate such injury or threat of injury or impediment.

Article 44 In case the sharp increase of any imported product brings about any serious injury or threat of serious injury to the domestic industry that produces identical product or directly competing products, the state may take necessary safeguarding measures so as to eliminate or alleviate such injury or threat of injury, and may provide necessary support to the industry concerned.

Article 45 In case the increase of any service provided by any service provider of any country or region to China has caused injury or threat of injury to the domestic industry that provides identical service or directly competing services, the state may take necessary relief measures so as to eliminate or alleviate such injury or threat of injury.

Article 46 In case the import of any product into China increases sharply as a result of the restriction of import by any third country, and thus causes injury or threat of injury to an established domestic industry, or substantially impedes the establishment of a domestic industry, the state may take necessary measures to restrict the import of the product.

Article 47 Where any country or region that has entered into any economic or trade treaty or agreement with the People's Republic of China violates the treaty or agreement so that the interest that can be enjoyed by the People's Republic of China according to the treaty or agreement is lost or injured or the achievement of the objective of the treaty or agreement is impeded, the government of the People's Republic of China is entitled to demand the country or region concerned to take appropriate measures of relief, and may suspend or terminate the performance of relevant obligations according to the relevant treaties or agreements.

Article 48 The foreign trade department of the State Council is, according to the provisions of the present Law or other relevant laws, responsible for the bilateral or multilateral discussions, negotiations, and dispute settlement.

Article 49 The foreign trade department of the State Council and other relevant departments of the State Council shall establish an emergency prewarning mechanism of the import and export of goods, technology, and international service trade so as to deal with the abrupt or abnormal situations in foreign trade and safeguard the economic security of the state.

Article 50 For the acts of evading the trade relief measures as provided for in the present Law, the state may take necessary anti-evasion measures.

Chapter IX Foreign Trade Promotion

Article 51 The state formulates its strategy for foreign trade development, establishes and improves its foreign trade promotion mechanisms.

Article 52 The state establishes and improves its foreign-trade-oriented financial institutions and establishes foreign trade development funds and risk funds according to the demand of foreign trade development.

Article 53 The state employs such foreign trade promotion measures as import and export credit, export credit insurance, export tax refund, etc. to develop its foreign trade.

Article 54 The state establishes a foreign trade public information service system so as to provide information services to the foreign trade business operators and the general public.

Article 55 The state takes measures to encourage foreign trade business operators to explore the international market, and employ diversified means including foreign investment, foreign engineering project contracting, and labor cooperation, etc. to develop its foreign trade.

Article 56 Foreign trade business operators may lawfully establish and join relevant associations and chambers of commerce.

Relevant associations and chambers of commerce shall abide by the laws and administrative regulations, and provide, according to their constitutions, services to their members in terms of production, marketing, information, training, etc. relating to foreign trade, plays the role of coordination and self-discipline, makes applications for foreign trade relief measures according to law, defends the interests of their members and the corresponding industry, passes onto the relevant department of the government the suggestions of their members regarding foreign trade, and conducts foreign trade promotion activities.

Article 57 The Chinese international trade promotion organizations carry out foreign contacts according to their respective constitutions, hold exhibitions, provide information, consultation and conduct other foreign trade promotion activities.

Article 58 The state supports and promotes small and medium-sized enterprises to engage in foreign trade.

Article 59 The state supports and promotes minority ethnic group regions and economically underdeveloped regions to engage in foreign trade.

Chapter X Legal Liabilities

Article 60 Anyone who violates Article 11 of the present Law by unlawfully importing or exporting any of the goods subject to state-run trade without authorization shall be fined up to 50,000 yuan by the foreign trade department of the State Council or other relevant departments of the State Council. If the circumstances are serious, the application of the offender for engaging in the import or export of the goods subject to state-run trade may be turned down for a period of three years as of the day when the decision on administrative sanction takes effect, or the authorization to engage in the import or export of goods subject to state-run trade that has already been granted may be canceled.

Article 61 Anyone who imports or exports any goods that are banned from import or export or unlawfully imports or exports any goods that are restricted from import or export without approval shall be dealt with and punished by the customs office according to relevant laws or administrative regulations. If the offence constitutes any crime, it shall be subject to criminal liabilities.

Anyone who imports or exports any technology that is banned from import or export or unlawfully imports or exports any technology that is restricted from import or export shall be ordered by the foreign trade department of the State Council to correct, and be fined two times up to five times the illegal proceeds and the illegal proceeds shall be confiscated. Where there are no illegal proceeds or the illegal proceeds are not as much as 10,000 yuan, it shall be fined 10,000 yuan up to 50,000 yuan. If the offence constitutes any crime, it shall be subject to criminal liabilities.

As of the day when the decision on administrative sanction as described in the two preceding paragraphs takes effect, the foreign trade department of the State Council or other relevant departments of the State Council may, within a period of three years, refuse to accept the offender's applications for import or export quotas or licenses, or prohibit the offender from engaging in the import or export of relevant goods or technology within a period of one year up to three years.

Article 62 Anyone who is engaged in any banned international service trade or is unlawfully engaged in any restricted international service trade without approval shall be punished according to relevant laws and administrative regulations. Where it is not provided for in any law or administrative regulation, it shall be ordered by the foreign trade department of the State Council to correct and be fined two times up to five times the illegal proceeds, and the illegal proceeds shall be confiscated. Where there are no illegal proceeds or the illegal proceeds are not as much as 10,000 yuan, it shall be fined 10,000 yuan up to 50,000 yuan. If the offence constitutes any crime, it shall be subject to criminal liabilities. The foreign trade department of the State Council may prohibit the offender from engaging in the business activities relating to international service trade for a period of one year up to three years as of the day when the offender is given an administrative sanction or criminal penalty.

The foreign trade department of the State Council may prohibit the offenders from engaging in the business activities of international service trade for a period of one year up to three years as of the day when the decision on administrative sanction as described in the preceding paragraph takes effect or as of the day when the judgment of criminal punishment takes effect.

Article 63 Anyone who violates Article 34 of the present Law shall bc penalized according to relevant laws and administrative regulations, If the offence constitutes any crime, the offender shall be subject to criminal liabilities.

The foreign trade department of the State Council may prohibit the offenders from engaging in relevant foreign trade activities for a period of one year up to three years as of the day when the decision on administrative sanction as described in the preceding paragraph takes effect or as of the day when the judgment of criminal punishment takes effect.

Article 64 In case anyone is banned from engaging in relevant foreign trade business according to Articles 61 through 64 of the present Law, the customs shall, during the period of banning, refuse to handle relevant customs inspection and release formalities for the relevant import or export goods of the foreign trade business operator according to the decision of banning made by the foreign trade department of the State Council, and the administrative department of foreign exchange or the designated foreign exchange banks shall refuse to handle relevant foreign exchange settlement and sale.

Article 65 Where any functionary of the department that is responsible for the administration of foreign trade according to the present Law neglects his duties, practices fraud for private benefits or abuses his power so that any crime is committed, he shall be subject to criminal liabilities. If the offence is not so serious as to constitute a crime, he shall be subject to administrative sanctions.

Where any functionary of the department that is responsible for the administration of foreign trade according to the present Law solicits any property from any other person by taking advantage of his position, or unlawfully accepts any property of any other person for the benefit of that person so that any crime is constituted, he shall be subject to criminal liabilities; if the offence is not so serious as to constitute a crime, he shall be subject to administrative sanctions.

Article 66 Where any of the parties concerned of foreign trade business activities is dissatisfied with the concrete administrative act made by the department that is responsible for the administration of foreign trade according to the present Law, it may apply for administrative reconsideration according to law or lodge an administrative action with the people's court.

Chapter XI Supplementary Provisions

Article 67 Where there are different provisions in any law or administrative regulation concerning the administration of the foreign trade of any military matter, any matter of fission or fusion or any matter that derives such matter and concerning the administration of import or export of cultural products, such provisions shall prevail.

Article 68 The state employs flexible measures and grants favorable treatment to and facilitates the trade between the border areas of China and those of neighboring countries as well as the frontier trade between border residents. The specific measures shall be formulated by the State Council.

Article 69 The present Law shall not apply to the separate customs territories of the People's Republic of China.

Article 70 The present Law shall come into force as of July 1, 2004.

Anti-dumping Regulations of the People's Republic of China

(Promulgated by the State Council on 26 November 2001, revised according to the Decision of the State Council on Amendments to the Anti-dumping Regulations of the People's Republic of China on 31 March 2004, and effective as of June 1, 2004.)

Chapter I General Provisions

Article 1 These Regulations are formulated in accordance with the relevant provisions of the Foreign Trade Law of the People's Republic of China to maintain order in foreign trade activities and to safeguard fair competition.

Article 2 Where products imported into the market of the People's Republic of China by way of dumping result in substantial injury or the threat of substantial injury to a related domestic industry that has already been established, or substantially impede the establishment of a related domestic industry, investigations shall be conducted and anti-dumping measures taken in accordance with these Regulations.

Chapter II Dumping and Injury

Article 3 The term "dumping" means the entrance into the market of the People's Republic of China of an imported product at an export price lower than its normal value in the ordinary course of trade.

The Ministry of Commerce shall be responsible for the investigation and determination of dumping.

Article 4 The normal value of an imported product shall be determined in accordance with the following methods:

1. where there is a comparable price for a product that is the same as the imported product in the market of the country (region) of export in the ordinary course of trade, that comparable price shall be the normal value; or

2. where there are no sales of the product that is the same as the imported product in the market of the country (region) of export in the ordinary course of trade, or the price or quantity of such product cannot be compared with that of the imported product on a fair basis, the comparable price for export of the product to a proper third country (region), or the cost of the same product in the original country (region) of its production plus reasonable expenses and profit, shall be the normal value.

If a product is not imported directly from its country (region) of origin, its normal value shall be determined in accordance with the provisions of Item 1 of the preceding paragraph; where the imported product is only in transit through the country (region) of export and there is no production of the product, nor a comparable price in the country (region) of export, the price of the same product in its country (region) of origin shall be the normal value.

Article 5 The export price of an imported product shall, in the light of different circumstances, be determined in accordance with the following methods:

1. where there is a purchase price that has been paid or a purchase price that is payable for the imported product, that price shall be the export price; or

2. where there is no export price to be found for the imported product or the export price is not reliable, the price inferred from the first resale price to an independent purchaser shall be the export price; where the imported product is not resold to an independent purchaser or it is not sold in its original form when it is imported, the price inferred on a reasonable basis by the Ministry of Commerce shall be the export price.

Article 6 The margin by which the export price for an imported product is lower than its normal value shall be the dumping margin.

The export price and normal value of an imported product shall be compared on a reasonable and fair basis, taking into account all the comparable factors that may have effects on the price.

In determining the dumping margin, the weighted average normal value shall be compared with the weighted average price of the product in all the export transactions involving the product, or the average value shall be compared with the export price on a transaction-by-transaction basis.

Where the export price varies significantly for different purchasers, in different districts or in different periods and a comparison in accordance with the method specified in the above paragraph is not possible, the weighted average normal value may be compared with the price for individual export transactions.

Article 7 The term "injury" means substantial injury or the threat of substantial injury to a related domestic industry that has already been established caused by dumping or substantial impediment to the establishment of a related domestic industry because of dumping.

The Ministry of Commerce shall be responsible for the investigation and determination of injury. Investigations of injury related to domestic industries involving agricultural products shall be conducted by the Ministry of Commerce in conjunction with the Ministry of Agriculture.

Article 8 In determining the injury caused by dumping to a related domestic industry, the following items shall be examined:

1. the volume of the dumped products, including the absolute quantity of the dumped product or the increased quantity of the dumped product as compared to the same product

produced or consumed in China or the probability of a large increase of imports;

2. the price of the dumped product, including price decreases of the dumped product or the impact of the price of the dumped product on the price of the same product in China in the form of a significant suppression or lowering of the latter price;

3. the impact of the dumped product on related economic factors and indexes of the related domestic industry;

4. the production capacity, export capacity and stockpiles of the dumped product in the country (region) of export and the country (region) of production; and

5. other factors that cause injury to the related domestic industry.

The determination of a threat of injury shall be made based on facts, but not on the basis of accusations, inferences or remote possibilities.

The determination of injury to a related domestic industry caused by dumping shall be made according to definite evidence; injury not related to dumping shall not be attributed to dumping.

Article 9 If a dumped product is imported from two or more countries (regions) and both of the following conditions are true, the impact of that imported product on the related domestic industry may be assessed cumulatively:

1. the dumping margin of the dumped product from each country (region) is not less than 2% and the quantity of its import is not negligible; and

2. a cumulative assessment is appropriate in view of the conditions for competition between the dumped product that has been imported and between that imported product and the same product produced in China.

Negligible means that the quantity of the dumped product imported from one country (region) is less than 3% of the total quantity of the product imported, but an exception shall be made if the quantity of the dumped product from one of a group of countries (regions) accounts for less than 3%, but the total quantity of the product from this group is more than 7% of the total quantity of all imports of the product.

Article 10 The impact of a dumped product on a related domestic industry shall be assessed with reference only to the same product produced in China and, if that is not possible, reference shall be made to the narrowest group of products or the narrowest scope of production covering a product of the same kind produced in China.

Article 11 The term "domestic industry" means all producers of the like product within the territory of the People's Republic of China, or producers whose total output of the same product accounts for the majority of output of the same product in China. However, if a domestic producer is affiliated with the exporter or importer of the dumped product, or itself is an importer of the dumped product, that producer may be excluded.

In special cases, producers for a regional market in which such producers sell all or nearly all their products of the same kind and in which the demand for the same product is not met by a supply from producers in other districts of China may be regarded as a separate industry.

Article 12 The term"like product" means a product that is the same as the dumped product; where there is not a product that is the same as the dumped product, a product very closely resembling the dumped product shall be regarded as the like product.

Chapter III Anti-dumping Investigation

Article 13 A domestic industry or a natural person, legal person or relevant organization representing the domestic industry (the Petitioner) may lodge a written application for an anti-dumping investigation with the Ministry of Commerce in accordance with the provisions of these Regulations.

Article 14 An application shall include the following items:

1. the name, address and other relevant information of the Petitioner;

2. a full description of the imported product in which an investigation is sought, including the name of the product, the country (countries) (region(s)) of export or the country (countries) (region(s)) of origin concerned, the known exporter(s) or producer(s), information on the price at which the product concerned is consumed on the domestic market(s) of the country (countries) (region(s)) of export or of the country (countries) (region(s)) of production, information on the export price, etc.;

3. the quantity and value of the like product produced in China;

4. the impact of the quantity and price of the imported product on the related domestic industry; and

5. other information the Petitioner deems necessary.

Article 15 The following supporting documents shall be attached to the application:

1. evidence of dumping of the imported product in which an investigation is sought;

2. evidence of injury caused to the domestic industry; and

3. evidence of causation between the dumping and the injury.

Article 16 Within 60 days after receiving a Petitioner's written application and relevant supporting documents, the Ministry of Commerce shall examine the qualifications of the Petitioner as the domestic industry or representative of the domestic industry, the contents of the application and the attached supporting documents and shall decide whether the case should or should not be filed for investigation.

Prior to the decision to initiate an investigation, the government(s) of the country (countries) of export concerned shall be notified thereof.

Article 17 Among the supporters and the opponents to an application, if the output of the supporters accounts for more than 50% of the total output of both the supporters and the opponents, the application shall be deemed to have been lodged by the domestic industry or on behalf of the domestic industry and the investigation shall be activated; if the production of the domestic supporters for the application accounts for less than 25% of the total output of the same product produced in China, an investigation shall not be initiated.

Article 18 In special cases, even if the Ministry of Commerce has not received a written application for investigation, it may decide to initiate an investigation if there is sufficient evidence that dumping and injury have occurred and there is definite causation between the dumping and the injury.

Article 19 The decision to initiate an investigation shall be publicly announced by the Ministry of Commerce, and the Petitioner, the known exporter(s) and importer(s), the government(s) of the country (countries) (region(s)) and other interested organizations and individuals (collectively, the Interested Parties) shall be notified thereof.

Upon announcing the decision to initiate the investigation, the Ministry of Commerce shall provide copies of the text of the application to the known exporter(s) and the government(s) of the country (countries) (region(s)) of export.

Article 20 The Ministry of Commerce may collect information from the Interested Parties and conduct the investigation by means of questionnaires, sample-taking, hearing sessions, on-the-spot verifications and other methods.

The Ministry of Commerce shall provide opportunities for the Interested Parties to state their opinions and arguments.

The Ministry of Commerce may, when it considers it necessary, send personnel to a country (region) concerned for an investigation; however, an exception shall be made if the country (region) concerned objects.

Article 21 When the Ministry of Commerce conducts an investigation, the Interested Parties shall report the situation accurately and provide relevant information. If an Interested Party fails to report the situation accurately or to provide relevant information, or fails to provide necessary information within a reasonable period of time, or adopts other means to impede the investigation, the Ministry of Commerce may make a ruling based on the facts already obtained and the best information available.

Article 22 If an Interested Party believes that any disclosure of the information it has provided will cause serious harm, the party may request the Ministry of Commerce to treat such information as confidential.

If the Ministry of Commerce deems such request to be well grounded, they shall treat the information provided by the Interested Party as confidential and request the said party to supply a non-confidential abstract of such information.

The information treated as confidential shall not be disclosed without the permission of the party who has provided such information.

Article 23 The Ministry of Commerce shall allow the Petitioner and Interested Parties to access the files of the case with the exception of the information treated as confidential.

Article 24 The Ministry of Commerce shall, on the basis of investigation findings, determine preliminarily whether the dumping, the injury and the causation between the dumping and the injury are substantiated and announce such preliminary finding publicly.

Article 25 If the preliminary finding confirms dumping and injury and causation between the two, the Ministry of Commerce shall continue the investigation on the dumping and dumping margin as well as the injury and the extent of injury. They shall make final findings respectively based on their investigations, and the final findings shall be announced publicly.

Prior to the making of the final findings, the Ministry of Commerce shall notify all the known Interested Parties of the basic facts according to which the final findings are to be made.

Article 26 An anti-dumping investigation shall be completed within 12 months from the date when the decision to investigate the case was announced; under special circumstances, the period may be extended, but the extended period shall not be more than six months.

Article 27 An anti-dumping investigation shall be terminated in any of the following circumstances and a public announcement shall be made by the Ministry of Commerce:

1. where the Petitioner withdraws the application;

2. where there is insufficient evidence that dumping and injury have occurred or that there is causation between the dumping and the injury;

3. where the dumping margin is less than 2%;

4. where the actual or potential quantity of the imported product or the injury caused is negligible; or

5. where the Ministry of Commerce deems that it is no longer appropriate to continue the anti-dumping investigation.

Where any of the circumstances listed in Item 2, 3 or 4 of the preceding paragraph is applicable to the products of one or some of the countries (regions), the anti-dumping investigations involving those products shall be terminated.

Chapter IV Anti-dumping Measures

Section One: Provisional Anti-dumping Measures

Article 28 If a preliminary finding determines that injury to a domestic industry as a result of dumping has occurred, the following provisional anti-dumping measures may be adopted:

1. a provisional anti-dumping duty; or

2. a request for a deposit, a letter of guarantee or other types of guarantee.

The amount of the provisional anti-dumping duty and the amount of the deposit, a letter of guarantee or other types of guarantee shall not exceed the dumping margin as determined by the preliminary finding.

Article 29 In imposing a provisional anti-dumping duty, the Ministry of Commerce shall make a suggestion and the State Council Commission for Custom Duty Rules shall, on the basis of the suggestion, make a decision and the decision shall be publicly announced by the Ministry of Commerce. With regard to a request to be made for a deposit, a letter of guarantee, or other types of guarantee, the Ministry of Commerce shall make the decision and publicly announce such decision. Customs shall implement such decisions as of the date specified in the public announcement.

Article 30 The time limit for imposing provisional anti-dumping measures shall not exceed four months from the date specified in the public announcement on the provisional anti-dumping measures. Under special circumstances, the time limit may be extended to nine months.

No provisional anti-dumping measures shall be imposed within 60 days of the public announcement of the anti-dumping investigation.

Section Two: Price Undertaking

Article 31 During the period of anti-dumping investigation, the exporter of the dumped product may propose to the Ministry of Commerce to undertake to change the price or to stop exporting at dumping price levels.

The Ministry of Commerce may make price undertaking proposals to the exporter.

The Ministry of Commerce shall not force the exporter to make price undertakings.

Article 32 Failure of the exporter to make a price undertaking or to accept a price undertaking proposal shall not affect the anti-dumping investigation and the findings of the investigation. If the exporter continues to dump the imported product, the Ministry of Commerce shall have the right to determine that a threat of injury is increasing.

Article 33 When the Ministry of Commerce determines that a price undertaking is acceptable and in the public interest, it may decide to suspend or terminate the anti-dumping investigation and not to adopt provisional anti-dumping measures or impose a provisional anti-dumping duty. The decision on the suspension or termination of the anti-dumping investigation shall be publicly announced by the Ministry of Commerce.

If the Ministry of Commerce rejects the price undertaking, it shall give reasons to the exporter concerned.

The Ministry of Commerce shall not seek or accept price undertakings prior to making a preliminary finding that dumping and injury resulting from dumping has actually occurred.

Article 34 After suspension or termination of the anti-dumping investigation in accordance with the provisions of Paragraph One of Article 33 hereof, the Ministry of Commerce shall resume the investigation of the dumping and the injury at the request of the exporter or, if the Ministry of Commerce deems it necessary, it may resume the investigation of the dumping and the injury.

The price undertaking shall automatically cease to be effective if the finding on the dumping or the injury based on the investigation is negative, while the price undertaking shall continue to be effective if the finding on the dumping and the injury based is positive.

Article 35 The Ministry of Commerce may request the exporter to regularly provide information and data on performance of its price undertaking and the Ministry of Commerce shall verify such information and data.

Article 36 If the exporter has breached its price undertaking, the Ministry of Commerce may decide to resume the anti-dumping investigation immediately in accordance with the provisions hereof. It may, on the basis of the best information available, adopt provisional anti-dumping measures and, in addition, impose an anti-dumping duty on the product imported within 90 days prior to the adoption of the provisional anti-dumping measures, excluding the products imported before the breach of the price undertaking.

Section Three: Anti-dumping Duty

Article 37 If the final finding determines that injury has occurred to a domestic industry as a result of dumping, an anti-dumping duty may be imposed. Imposition of anti-dumping duty shall be in the public interest.

Article 38 In imposing an anti-dumping duty, the Ministry of Commerce shall make a suggestion and the State Council Commission for Custom Duty Rules shall, on the basis of the suggestion, make a decision and the decision shall be publicly announced by the Ministry of Commerce. Customs shall implement the decision as of the date specified in the announcement.

Article 39 The anti-dumping duty is applicable to products imported after the final finding is publicly announced, except in cases specified in Articles 36, 43, and 44 hereof.

Article 40 The anti-dumping duty shall be paid by the importer of the dumped product.

Article 41 The rate of the anti-dumping duty shall be determined separately according to the dumping margin of each exporter. If anti-dumping duty needs to be imposed on products of which the exporters are not included in the anti-dumping investigation, the rate of the anti-dumping duty shall be determined on a reasonable and fair basis.

Article 42 The amount of the anti-dumping duty shall not exceed the dumping margin determined by the final finding.

Article 43 If the final finding determines that substantial injury has occurred and previous provisional anti-dumping measures have been applied, the anti-dumping duty may be retroactively imposed for the period in which provisional anti-dumping measures have been implemented.

If the final finding determines that there exists a threat of substantial injury and previous provisional anti-dumping measures have been applied under circumstances where, if pre-emptive provisional anti-dumping measures were not adopted, it would lead to a final finding that substantial injury would occur, the anti-dumping duty may be retroactively imposed for the period in which provisional anti-dumping measures have been implemented.

If the anti-dumping duty determined in the final finding is higher than the provisional anti-dumping duty that has been paid or is payable or than the estimated amount for the guarantee, the difference shall not be paid; if the anti-dumping duty determined by the final finding is lower than the provisional anti-dumping duty that has been paid or is payable or than the estimated amount for the guarantee, the difference shall be refunded on the basis of the specific conditions or the amount of the duty shall be re-calculated.

Article 44 If the following two circumstances exist concurrently, the anti-dumping duty may be imposed retroactively on the dumped product imported within 90 days before the date on which the provisional anti-dumping measures began to be implemented, excluding products imported before the anti-dumping investigation began:

1. the dumping of the dumped product has previously caused injury to a domestic industry or the importer of that dumped product knows or should have known that the exporter of that product is dumping that product and that the dumping will cause injury to a domestic industry; and

2. a large quantity of the dumped product has been imported within a short period of time and the remedial effect of the anti-dumping duty to be adopted may possibly be seriously undermined.

Where, after the Ministry of Commerce has initiated investigation, there is sufficient evidence to prove that the two circumstances listed in the preceding paragraph exist concurrently, it may adopt the necessary measures such as import registration towards the relevant dumped product in order to retroactively impose anti-dumping duty.

Article 45 If the final finding determines that no anti-dumping duty shall be imposed or the finding does not provide for a retroactive imposition of the anti-dumping duty, the provisional anti-dumping duty and deposit already collected shall be refunded and the letter of guarantee and other types of guarantee shall be released.

Article 46 An importer of the dumped product who has definite evidence that the amount of the anti-dumping duty already paid exceeds the dumping margin may apply to the Ministry of Commerce for a rebate. The Ministry of Commerce shall verify the application and, after confirmation, make a suggestion, and the State Council Commission for Custom Duty Rules may, on the basis of the suggestion, make a decision for the rebate. The decision shall be implemented by customs.

Article 47 After the anti-dumping duty is imposed on the dumped product, if a new exporter of the product who did not export that product to the People's Republic of China within the period of investigation is able to prove that it is not associated with any of the exporters on whom anti-dumping duties have been imposed, it may apply to the Ministry of Commerce for a separate determination for its dumping margin. The Ministry of Commerce shall immediately make an examination and then a final finding. In the process of the examination, the measures specified in Item 2 of Paragraph One of Article 28 hereof may be applied, but no anti-dumping duty shall be imposed on that product.

Chapter V Time Limit for Anti-dumping Duty and Price Undertaking and Review

Article 48 The time limit for the imposition of anti-dumping duty and the performance of the price undertaking shall not exceed five years. If a review determines that the termination of the anti-dumping duty may result in the continuation or recurrence of the dumping and injury, the time limit for the imposition of the anti-dumping duty may reasonably be extended.

Article 49 After the anti-dumping duty is imposed, the Ministry of Commerce may, with good reasons, decide to make a review of the necessity to continue the imposition of the anti-dumping duty. After a reasonable period of time, the Ministry of Commerce may also decide to make a review of such necessity at the request of an Interested Party after examination of the relevant supporting documents provided by that Interested Party.

After the price undertaking comes into effect, the Ministry of Commerce may, with good reasons, decide to make a review of the necessity to continue the performance of the price undertaking. After a reasonable period of time, the Ministry of Commerce may also decide to make a review of such necessity at the request of an Interested Party after examination of the relevant supporting documents provided by that Interested Party.

Article 50 The Ministry of Commerce may, on the basis of findings of the review, propose to retain, modify or revoke the anti-dumping duty in accordance with the provisions hereof and the State Council Commission for Custom Duty Rules shall, on the basis of the suggestion, make a decision. The decision shall be publicly announced by the Ministry of Commerce. The Ministry of Commerce may also make a decision to retain, modify or revoke the price undertaking in accordance with the provisions hereof and publicly announce the decision.

Article 51 For the procedure of a review, reference shall be made to the relevant provisions relating to anti-dumping investigations hereunder.

The time limit for the review shall not exceed 12 months from the date on which the decision for the review was made.

Article 52 In the process of the review, the review procedure shall not affect the implementation of the anti-dumping measures.

Chapter VI Supplementary Provisions

Article 53 Any party who objects to the final finding made under the provisions of Article 25 hereof, or to the decision on the imposition of the anti-dumping duty and the decision made under the provisions of Chapter IV hereof on the retroactive imposition of duty, duty rebate or the imposition of duty on new exporters, or to the decision for a review under the provisions of Chapter V hereof may apply for an administrative review and may also bring an action in the people's court according to the law.

Article 54 A public announcement made under the provisions hereof shall state important situations, facts, reasons, evidence, results and conclusions.

Article 55 The Ministry of Commerce may take proper measures to prevent activities for evading the anti-dumping measures.

Article 56 If any country (region) has applied discriminatory anti-dumping measures to goods exported from the People's Republic of China, the People's Republic of China may, depending on actual circumstances, adopt corresponding measures to be applied to that country (region).

Article 57 The Ministry of Commerce shall be responsible for consultations with foreign parties, notices, and dispute settlements relating to anti-dumping matters.

Article 58 The Ministry of Commerce may formulate detailed procedures for implementation in accordance with these Regulations.

Article 59 These Regulations shall take effect as of 1 January 2002 and the provisions relating to anti-dumping in the Anti-dumping and Anti-subsidy Regulations of the People's Republic of China promulgated on March 25, 1997 shall be repealed at the same time.

Countervailing Regulations of the People's Republic of China

(Promulgated by Order No. 329 of the State Council of the People's Republic of China on November 26, 2001. Amended on the basis of the Decision of the State Council on Amendments to the Countervailing Regulations of the People's Republic of China on March 31, 2004.)

Chapter I General Provisions

Article 1 The present Measures are hereby formulated in accordance with the relevant provisions of Foreign Trade Law of the People's Republic of China with a view to maintaining foreign trade order and fair competition.

Article 2 In case that imported products are subsidized, which causes material damage or constitutes a threat of material damage to an already established domestic industry, or causes a material impediment to the establishment of a domestic industry, an investigation shall be conducted and countervailing measures shall be taken in accordance with the present Regulations.

Chapter II Subsidy and Damage

Article 3 The term "subsidy" shall refer to the financial contribution or any form of income or price support which is conferred by the government or any public body of the exporting country (region) and which brings a benefit to the receiver.

The government or any public body of the exporting country (region) is hereinafter uniformly referred to as the government of the exporting country (region).

The term "financial contribution" as mentioned in Paragraph 1 of this Article shall include the following:

1. direct provision by the government of the exporting country (region) of funds in the forms of allocations of money, loans, capital contribution, etc., or potential direct transfer by such government of funds or debts in the forms of loan guarantees, etc.;

2. waiver of or failure to collect by the government of the exporting country (region) the income receivable;

3. provision by the government of the exporting country (region) of goods or services other than general infrastructure, or purchase by the government of the exporting country (region) of goods;

4. payments made by the government of the exporting country (region) to a funding

mechanism, or carryout of the above-said functions by entrusting or directing a private body.

Article 4 The subsidy against which the investigation is conducted and the countervailing measures taken in accordance with the present Regulations must have the characteristic of special orientation.

Subsidies under any of the following circumstances shall be deemed to have the characteristic of special orientation:

1. subsidies obtained by some enterprises or industries which are clearly determined by the government of the exporting country (region);

2. subsidies obtained by some enterprises or industries which are clearly provided in the laws or regulations of the exporting country (region);

3. subsidies obtained by the enterprises or industries within some specified areas;

4. subsidies obtained on the condition of export achievements, including all items of subsidies enumerated in the illustrative list of export subsidies attached in the present Regulations;

5. subsidies obtained on the condition that the products of a country (region) are used to substitute those imported to this country (region).

When the characteristic of special orientation of the subsidy is determined, such factors as the number of enterprises subsidized, the amount, proportion, duration and means, etc. of the subsidy granted to the enterprises shall also be considered.

Article 5 The Ministry of Commerce shall be responsible for the investigation on and determination of subsidy.

Article 6 The amount of subsidy for imported products shall be calculated in the following methods with different circumstances being distinguished:

1. where the subsidy is granted in the form of gratuitous allocation of money, the amount of subsidy shall be calculated on the basis of the amount actually received by the enterprises;

2. where the subsidy is granted in the form of a loan, the amount of subsidy shall be calculated on the basis of the balance between the interest to be paid by the enterprise receiving the loan under the condition of normal commercial loan and the interest of the said loan;

3. where the subsidy is granted in the form of a loan guarantee, the amount of subsidy shall be calculated on the basis of the difference between the interest to be paid by the enterprise if not being guaranteed and that to be paid by the enterprise if being guaranteed;

4. where the subsidy is granted in the form of a contributed capital, the amount of subsidy shall be calculated on the basis of the capital amount actually received by the enterprise;

5. where the subsidy is granted in the form of provision of goods or services, the amount of subsidy shall be calculated on the basis of the difference between the normal mar-

ket price of the goods or services and the price actually paid by the enterprise;

6. where the subsidy is granted in the form of purchasing goods, the amount of subsidy shall be calculated on the basis of the difference between the price actually paid by the government and the normal market price of the goods;

7. where the subsidy is granted in the form of waiver of or failure to collect the income receivable, the amount of subsidy shall be calculated on the basis of the difference between the amount to be paid in accordance with the law and that actually paid by the enterprise.

For the subsidies other than those enumerated in the preceding paragraph, the amount of subsidy shall be determined in a fair and reasonable method.

Article 7 The term "damage" shall refer to the fact that subsidy has caused material damage or constituted a threat of material damage to an already established domestic industry or has caused a material impediment to the establishment of a domestic industry.

The Ministry of Commerce shall be responsible for the investigation on and determination of damage; of which the countervailing investigation on the damage to a domestic industry involving agricultural products shall be conducted by the Ministry of Commerce in collaboration with the Ministry of Agriculture.

Article 8 When determining the damage caused to a domestic industry by subsidy, the following matters shall be examined:

1. the impact of the subsidy which may be caused to the trade;

2. the quantity of the subsidized imports, inclusive of the absolute quantity of the subsidized imports or the massive or non-massive increase of the quantity as compared with the manufacture or consumption of the domestic products of the same category, or the possibility of the massive increase of the subsidized imports;

3. the price of the subsidized imports, inclusive of the price cuts of the subsidized imports or the impacts such as great restraint or reduction, etc. to the price of the domestic products of the same category;

4. the impacts of the subsidized imports upon the relevant economic factors and targets of the domestic industry;

5. the manufacturing capacity, export capability of the exporting country (region) and the country (region) of origin on the subsidized imports as well as the inventory of the products under investigation;

6. other factors which cause damage to the domestic industry.

The threat of material damage shall be determined on the basis of the facts instead of only one of the accusation, presumption and minor possibility.

The damage caused by subsidy to a domestic industry shall be determined on the basis of affirmative evidence, and no factor other than subsidy that causes damage shall be attributed to subsidy.

Article 9 Where the subsidized imports come from two or more countries (regions), and meanwhile meet the following conditions, a cumulative evaluation may be conducted upon the impacts caused by the subsidized imports to a domestic industry:

1. the amount of subsidy to the imported goods from each country (region) is not a minimal subsidy, and the volume of imported products may not be negligible;

2. it is proper to conduct a cumulative evaluation on the basis of the competition conditions between the subsidized imports as well as between the subsidized imports and the domestic products of the same category.

The term "minimal subsidy" shall refer to a subsidy with its amount to be less than 1% of the value of the products; however, a minimal subsidy of the subsidized imports from a developing country (region) shall refer to the subsidy with its amount to be less than 2% of the value of the products.

Article 10 The evaluated impacts on the subsidized imports shall be separately determined with regard to the manufacture of the domestic products of the same category; where they may not be separately determined with regard to the manufacture of the domestic products of the same category, the manufacture of the narrowest product group or scope which includes the products of the same category shall be examined.

Article 11 The term "domestic industry" shall refer to all the manufacturers within the People's Republic of China of the domestic products of the same category or the manufacturers within the People's Republic of China whose total output accounts for the large part of the aggregate output of the domestic products of the same category, except for any of those domestic manufacturers who is associated with an export operator or import operator, or he himself is an import operator of the subsidized products or products of the same category.

Where, under particular circumstances, the domestic manufacturers in a regional market sell the whole or nearly the whole of the products of the same category in the said market, and the products of the same category in the said market are not mainly supplied by the domestic manufacturers of other places, they may be regarded as a separate industry.

Article 12 The term "products of the same category" shall refer to the products identical to the subsidized imports; where there are no identical products, the products which are most similar to the features of the subsidized imports shall be the products of the same category.

Chapter III Countervailing Investigations

Article 13 A domestic industry or a natural person, legal person or relevant organization representing a domestic industry (hereinafter uniformly referred to as the applicant) may file a written application to the Ministry of Commerce in accordance with the present Regulations for countervailing investigation.

Article 14 The application letter shall contain the following contents:

1. name, address and relevant information of the applicant;

2. an entire statement on the imported products under application for investigation, including product name, involved exporting country (region) or country (region) of origin, the known export operator or manufacturer, etc.;

3. a statement on the quantity and value of the domestic products of the same category;

4. the impacts of the quantity and price of the imported products under application for investigation to the domestic industry;

5. other contents which the applicant considers necessary to state.

Article 15 The application letter shall be attached with the following evidence:

1. the existence of subsidy of the imported products under application for investigation;

2. the damage to domestic industry;

3. the causal link between the subsidy and damage.

Article 16 The Ministry of Commerce shall, within 60 days after receiving the application letter and the relevant evidence submitted by the applicant, examine whether the application is filed by or on behalf of the domestic industry, the contents of the application letter and the evidence attached to it, etc., and decide whether to initiate an investigation or not. The examination period may be properly extended under particular circumstances.

Before deciding to initiate an investigation, an invitation shall be sent out to the government of the country (region) from which the products under possible investigation for making negotiation about the matter of subsidy.

Article 17 Where, among the manufacturers in a domestic industry who support or dissent from the application, the output of the supporters accounts for 50% or more of the total output of the supporters and dissenters, it shall be deemed that the application is filed by or on behalf of the domestic industry, and the countervailing investigation may be initiated; however, if the output of the domestic manufacturers who support the application is less than 25% of the total output of the domestic products of the same category, the countervailing investigation shall not be initiated.

Article 18 Where, under particular circumstances, the Ministry of Commerce does not receive a written application for countervailing investigation, but has sufficient evidence to consider there exist a subsidy and damage and between which there is a causal link, it may decide to initiate an investigation.

Article 19 The decisions on initiating an investigation shall be announced by the Ministry of Commerce, and shall be notified to the applicant, the known export operators, import operators and other interested organizations or individuals (hereinafter uniformly referred to as the Interested Parties) as well as the government of the exporting country (region).

Once the decision on initiating an investigation is announced, the Ministry of Commerce shall provide the known export operators and the government of the exporting country (region) with the text of the application letter.

Article 20 The Ministry of Commerce may know information from the Interested Parties and conduct the investigation by means of issuing questionnaires, taking samplings, holding hearings and conducting on-the-spot checks, etc.

The Ministry of Commerce shall offer the relevant interested parties and the government of the interested country (region) with opportunities for stating their viewpoints and grounds of argument.

The Ministry of Commerce may, when considering it necessary, send functionaries to the relevant country (region) for conducting the investigation, except where the relevant country (region) concerned objects to the investigation.

Article 21 When the Ministry of Commerce is conducting an investigation, the Interested Parties and the government of the interested country (region) shall tell the truth and provide relevant materials. Where the Interested Parties or the government of the interested country (region) fails to tell the truth or fails to provide the relevant materials, or fails to provide necessary information within a reasonable time limit, or seriously hampers the investigation in other forms, the Ministry of Commerce may make an adjudication on the basis of the facts available.

Article 22 Where the Interested Parties or the government of the interested country (region) considers that the divulgence of the materials provided by them will cause seriously bad effects, it may apply to the Ministry of Commerce for treating the materials as confidential materials.

Where the Ministry of Commerce considers the application for confidentiality is justifiable, it shall treat the materials provided by the Interested Parties or the government of the interested country (region) as confidential materials, and meanwhile require the Interested Parties or the government of the interested country (region) to provide a copy of non-confidential outline of the materials.

The materials treated as confidential materials shall not be divulged without the consent of the Interested Parties or the government of the interested country (region) who provides them.

Article 23 The Ministry of Commerce shall permit the applicant, the Interested Parties and the government of the interested country (region) to have access to the relevant materials of the case, except where the materials are treated as confidential ones.

Article 24 During the period of the countervailing investigation, reasonable opportunities shall be given to the government of the country (region) from where the products under investigation come to negotiations. The consultation shall not hamper the Ministry of Commerce from conducting the investigation or taking countervailing measures in accordance with the present Regulations.

Article 25 The Ministry of Commerce shall, upon the investigation result, make initial awards on subsidy and damage as well as on whether the causal link between the subsidy and damage is tenable, and make an announcement accordingly.

Article 26 Where the initial awards affirm the subsidy and damage as well as the causal link between the subsidy and damage, the Ministry of Commerce shall continue the investigation on the subsidy, the amount of subsidy, the damage and its extent, and shall make final awards upon the investigation result. And the final awards shall be announced accordingly.

Before the final awards are made, the Ministry of Commerce shall notify all the known Interested Parties and the government of the interested country (region) of the basic facts upon which the final awards are made.

Article 27 A countervailing investigation shall be ended within 12 months as of the date of announcement of the decisions on initiating the investigation; under particular circumstances, the time limit may be extended, provided that the extension shall not exceed 6 months.

Article 28 Under any of the following circumstances, the countervailing investigation shall be terminated and be announced by the Ministry of Commerce:

1. the applicant revokes the application;
2. there is not enough evidence to prove the existence of subsidy, damage or the causal link between the subsidy and damage;
3. the amount of subsidy is minimal;
4. the actual or potential import volume of the subsidized imports or the damage is negligible;
5. the countervailing investigation does not need to be continued after an agreement has been reached upon the negotiations with the government of the relevant country (region); or
6. the Ministry of Commerce considers it is not appropriate to continue the countervailing investigation.

Where the investigated products from one or more countries (regions) are under any of the circumstances enumerated in Items 2,3,4 and 5 of the preceding paragraph, the countervailing investigation with regard to the involved products shall be terminated.

Chapter IV Countervailing Measures

Section One Provisional Measures

Article 29 Where the initial awards establish the subsidy and the consequent damage to a domestic industry, provisional countervailing measures may be taken.

Provisional countervailing measures may be taken in the form of levying provisional countervailing duty under the guarantee of caution money or guarantee letter.

Article 30 The adoption of provisional countervailing measures shall be proposed by the Ministry of Commerce and be decided on by the Tariff Policy Committee under the State Council upon the proposition of the Ministry of Commerce, and shall be announced by the Ministry of Commerce. The customs shall execute such measures as of the date provided in the announcement.

Article 31 The time limit for the provisional countervailing measures shall not exceed 4 months as of the date of entry into force of the announcement of the decisions on provisional countervailing measures.

No provisional countervailing measure may be taken within 60 days as of the date when the decision on initiating a countervailing investigation is announced.

Section Two Commitment

Article 32 Where, during the period of countervailing investigation, the government of the exporting country (region) proposes commitments on cancellation or limitation of subsidy or other relevant measures, or the export operators propose commitments on changing the price, the Ministry of Commerce shall give sufficient consideration.

The Ministry of Commerce may propose suggestions on pricing commitments to the export operators or the government of the exporting country (region).

The Ministry of Commerce may not force the export operators to make commitments.

Article 33 The refusal of the export operators or the government of the exporting country (region) to make pricing commitments or to accept the suggestions on pricing commitments shall not hamper the investigation and determination of the countervailing cases. Where the export operators continue subsidizing the imported products, the Ministry of Commerce shall have the right to determine that the threat of damage is more likely to arise.

Article 34 Where the Ministry of Commerce considers that the commitments are acceptable and conform to the public interests, it may decide to suspend or terminate the countervailing investigations, instead of taking any provisional countervailing measure or levying countervailing duty. The decisions on suspending or terminating the countervailing investigation shall be announced by the Ministry of Commerce.

Where the Ministry of Commerce does not accept the commitments, it shall state the reason to the relevant export operators.

Before making an affirmative initial award on subsidy and damage caused therefrom, the Ministry of Commerce shall not seek or accept commitments. In case that an export operator has made commitments, the Ministry of Commerce shall not seek or accept commitments without the consent of the government of the country (region) where the export operator comes from.

Article 35 After suspending or terminating the investigation in accordance with Paragraph 1 of Article 34 of the present Regulations, the Ministry of Commerce shall, upon the request of the government of the exporting country (region), continue investigating the subsidy and damage; or the Ministry of Commerce may, when considering it necessary, continue investigating the subsidy and damage.

Upon the investigation result in the preceding paragraph, if a negative adjudication on subsidy or damage is made, the commitments shall automatically become invalid; if an affirmative adjudication on subsidy and damage is made, the commitments shall continue to be valid.

Article 36 The Ministry of Commerce may require the export operators or the government of the exporting country (region), whose commitments have been accepted, to provide periodically the relevant information and materials for implementing the commitments, and may verify such information and materials.

Article 37 With respect to the violation of commitments, the Ministry of Commerce may immediately decide to resume the countervailing investigation in accordance with the present Regulations; and may, upon the best information available, decide to take the provisional countervailing measures, as well as to retrospectively levy the countervailing duty on the products imported within 90 days before the provisional countervailing measures were taken, except where the products were imported before the commitments are violated.

Section Three Countervailing Duty

Article 38 Where the efforts for completing negotiation come to no effect, the final awards affirm the subsidy and the consequent damage caused to the domestic industry, countervailing duties may be levied. And the levy of countervailing duties shall conform to the public interests.

Article 39 The levy of a countervailing duty shall be proposed by the Ministry of Commerce and be decided on by the Tariff Policy Committee under the State Council upon the proposition of the Ministry of Commerce, and shall be announced by the Ministry of Commerce. The customs shall execute such levy as of the date prescribed in the announcement.

Article 40 The countervailing duty shall be applicable to the products imported after the final awards have been announced, except for those circumstances provided in Articles 37, 44 and 45 of the present Regulations.

Article 41 The taxpayers of the countervailing duty shall be the import operators of the subsidized imports.

Article 42 The countervailing duty shall be separately determined on the basis of the amount of subsidy of different export operators. Where the countervailing duty needs to be levied upon the subsidized imports of the export operators, which are not actually investigated, an examination shall be made immediately, and the applicable countervailing duty shall be determined in a reasonable method.

Article 43 The amount of countervailing duty shall not exceed the amount of subsidies determined in the final awards.

Article 44 Where the final awards determine the existence of the material damage, and prior to which a provisional countervailing measure has been taken, the countervailing duty may be levied retrospectively to the period of the provisional countervailing measure.

Where the final awards affirm the existence of the threat of material damage, and a provisional countervailing measure has been taken under the circumstance that an award of material damage will be made if no provisional countervailing measure has been taken in advance, the countervailing duty may be levied retrospectively to the period of the provisional countervailing measure.

Where the countervailing duty determined in the final awards is higher than the caution money or the amount guaranteed in the guarantee letter, the difference shall not be collected; where it is lower than the caution money or the amount guaranteed in the guarantee letter, the difference shall be refunded.

Article 45 Where the following three circumstances coexist, the countervailing duty may be retrospectively levied upon the products imported within 90 days before the provisional countervailing measures were taken:

1. the subsidized imports increase in a large quantity in a short time;
2. such increase has caused irremediable damages to the domestic industry; and
3. such imports benefit from the subsidy.

Article 46 Where it is decided in the final awards not to levy the countervailing duty, or it is not decided yet in the final awards to retrospectively levy the countervailing duty, the caution money collected during the period of taking the provisional countervailing measures shall be refunded, and the guarantee letter shall be cancelled.

Chapter V Time Limit for and Re-examination of Countervailing Duty and Commitments

Article 47 Neither the time limit for levying the countervailing duty nor that for implementing the commitments shall exceed 5 years; however, where it is re-examined and determined that the termination of the levy of the countervailing duty is likely to lead to the continuance or re-occurrence of the subsidy or damage, the time limit for levying the countervailing duty may be properly extended.

Article 48 After the countervailing duty has taken effect, the Ministry of Commerce may decide with a justifiable reason to re-examine the necessity of continuing the levy of countervailing duty; it may also, after a reasonable period of time, upon the request of the Interested Parties and after having examined the corresponding evidence provided by the Interested Parties, decide to re-examine the necessity of continuing the levy of countervailing duty.

After the commitments have taken effect, the Ministry of Commerce may, with a justifiable reason, decide to re-examine the necessity of continuing the implementation of the commitments; it may also, after a reasonable period of time, upon the request of the Interested Parties and after having examined the corresponding evidence provided by the Interested Parties, decide to re-examine the necessity of continuing the implementation of the commitments.

Article 49 The Ministry of Commerce shall propose suggestions on the reservation, amendment or cancellation of the countervailing duty upon the re-examination result and in accordance with the present Regulations, and the Tariff Policy Committee under the State Council shall, upon the proposition of the Ministry of Commerce, make decisions, which shall be announced by the Ministry of Commerce. The Ministry of Commerce may also decide to reserve, amend or cancel the pricing commitments in accordance with the present Regulations and announce such decisions.

Article 50 The re-examination procedures shall be followed with reference to the relevant provisions in the present Regulations on countervailing investigations.

The time limit for re-examination shall not exceed 12 months, commencing from the date when the re-examination is decided on.

Article 51 The re-examination procedures shall not hamper the countervailing measures during the period of re-examination.

Chapter VI Supplementary Provisions

Article 52 Where anyone refuses to accept the final awards made in accordance with Article 26 of the present Regulations, or refuses to accept the decision made in accordance with Chapter IV of the present Regulations on whether to levy countervailing duty or not and the decision on the retrospective levy, or refuses to accept the re-examination decision made in accordance with Chapter V of the present Regulations, he may apply for administrative reconsideration in accordance with the law, or lodge a complaint to the people's court according to law.

Article 53 An announcement made in accordance with the present Regulations shall state such contents as important information, facts, reasons, basis, result and conclusion, etc.

Article 54 The Ministry of Commerce may take appropriate measures to prevent acts of evading the countervailing measures.

Article 55 Where any country (region) takes discriminative countervailing measures on the products exported from the People's Republic of China, the People's Republic of China may, upon the actual circumstances, take corresponding measures against the country (region).

Article 56 The Ministry of Commerce shall be responsible for negotiating with foreign parties about countervailing issues as well as notification and dispute settlement of such matters.

Article 57 The Ministry of Commerce may formulate relevant detailed implementation measures in accordance with these Regulations.

Article 58 These Regulations shall be implemented as of January 1, 2002. The provisions on countervailing in the Anti-Dumping and Countervailing Regulations of the People's Republic of China as promulgated by the State Council on March 25, 1997 shall be repealed at the same time.

教学支持说明

中国人民大学出版社经济分社与人大经济论坛（www. pinggu. org）于2007年结成战略合作伙伴后，一直以来都以种种方式服务、回馈广大读者。

为了更好地服务于教学一线的任课教师与广大学子，现中国人民大学出版社经济分社与人大经济论坛做出决定，凡使用中国人民大学出版社经济分社教材的读者，填写以下信息调查表后，发送电子邮件、邮寄或者传真给我们，经过认证后，我们将会向教师读者赠送人大经济论坛论坛币200个，向学生读者赠送人大经济论坛论坛币50个。

教师信息表	学生信息表
姓名：	姓名：
大学：	所读大学：
院系：	所读院系：
教授课程：	所读专业：
联系电话：	入学年：
E-mail：	QQ等联系方式：
论坛id：	E-mail：
使用教材：	论坛id：
论坛识别码（请抄下面的识别码）：	使用教材：
	论坛识别码（请抄下面的识别码）：

我们的联系方式：

E-mail：gaoxiaofei11111@sina. com

邮寄地址：北京市中关村大街甲59号文化大厦1506室中国人民大学出版社经济分社，100872

传 真 号：010－62514775

附：人大经济论坛（www. pinggu. org）简介

人大经济论坛依托中国人民大学经济学院，于2003年成立，致力于推动经济学科的进步，传播优秀教育资源。目前已经发展成为国内最大的经济、管理、金融、统计类在线教育和咨询网站，也是国内最活跃和最具影响力的经济类网站：

- 拥有国内经济类教育网站最多的关注人数，注册用户以百万计，日均数十万经济相关人士访问本站。
- 是国内最丰富的经管类教育资源共享数据库和发布平台。
- 提供学术交流与讨论的平台、经管类在线辞典、数据定制和数据处理分析服务、免费的经济金融数据库、完善的经管统计类培训和教学相关软件。

论坛识别码：pinggu _ com _ 1545967 _ 4210768